石田和男教育著作集〔第三巻〕

子どもをつかむ実践と思想

石田和男教育著作集編集委員会〔編〕

花伝社

石田和男教育著作集　第三巻「子どもをつかむ実践と思想」◆目次

◆論文1（一九七一年）

やっと探しあてた生活綴方——西小学校教育研究のあゆみから

自主的な研究発表会

1

六〇年代の前半における学力、特に知力の偏重、教育の中味より外形を整えるための教育諸施策が、子どもと学校に対してその影響をあらわにしはじめていた頃、本校では「質の高い教育」をめざして、真の学力を充実させることに力点をおいた実践と研究がすすめられてきた。

今日での改訂通知票の範ともなるべき、西校式通知票としての、「児童手帳」の作成や、国語科を中心とした各教科における科学的系統的な指導計画の作成など、当時の実践・研究の方向と内容を示す研究物は多い。

だがこうした「質の高い教育」を追求するための学力充実を中心とした研究は、一方において教科の教育に諸科学の成果をとりいれるという点で大きな成果を収めたが、一方では子どもを丸ごと把《つか》み、その内面からの自発性をひきだすという点で不十分さを残していた。そのことは、時にテスト、点数重視の気風を子どもの中に生みだし、無気力、無関心という形で、生活開拓の意欲を減少させる結果となって、具体的にあらわれていた。

2

六〇年代の後半に至って、その矛盾は全職員の問題となり、学力の充実を科学の系統性の側にのみ力点をおくのでなく、子どもの内面からの自発性を重視することによって、真に子どもの生活力として充実させる必要が考えられた。

そのため、学力をあまりに細分化し、学習において知識の断片としてのテスト主義を生みだしていた「児童手帳」を改めることをはじめとして、知識テストにかわる人間把握の方法と、表現活動を重視したさまざまな実践・研究がすすめられた。

たとえば、全校的には「教育調査」と名づけた典型児を選んでの、人間性、自主性発見のための調査活動を全職員で実施したり、子どもの表現活動の一方法として「私の新聞づくり」や「クラブ活動」を展開するなど、現実生活の中で、雑草のごとく息づいている、子どもたちの人間性、自主性をみつけだし、それを教室の中心に持ち込み、教育として組織することに努力した。

3

六〇年代末期になると、雑草のごとき子どもの地肌が、学校の中に一応の座を占め、「西校の子どもは、粗野だが快活で人なつこい」などといわれるように、子ども本来の楽天性が目だちはじめた。

人間性、自主性の外面は、子どものための、子どもの手による、運動会の組織化や、「自由な時間」に代表される、自主的・集団的な学習活動になってあらわれてきたし、内面は、「私の新聞」の枠を越えて、生活ノートや綴方作品による表現へと発展して、学校文集の発行にまで至ったのである。

こうして、学校は、子どもを軸として動きはじめたが、同時に「やかましい」「だらしがない」などと言われるように、磨きをかけられない地肌の組織化と表現では、生活を楽しむことはできても、真に生活を開発し得る質とはなり難く、質の高い学力としての、生きる力の充実という点で新しい矛盾を生みだしてきた。そして「生活教育」の問題をめぐって、全職員の間に再び反省の必要が生じた。

それは、「人間尊重、生活重視」という学校教育方針の具体化にあたって、職員個々の実践における重点のかけ方と方法の差異が、「方針がちがっている」と感じるほどに、へだたりを示してきたことのなかによくあらわれていた。

そのことは、これまでの人間性・自主性を発展させる実践が生みだした、新しい矛盾の認識において共通理解が得られなかったことでもあるが、何よりも、学校教育方針の理念において、共通理解を深めていないことから生ずるもので、いわば学校教育方針の無力化・形骸化を意味するものであった。

4

この矛盾は、職員の間では、個々の実践を総括し、個々の教育方針を明確化することによって、その一致点、統一点を求めながら、それまでの学校教育の理念において共通理解を深めるという方向で克服がおこなわれた。
それは、「学校教育方針づくり」という特別研究課題を設定し、比較的長期にわたって、実践を裏づけとしながら、全職員の衆知で究明することになった。そのための素材として、個々の職員が現実の実践の中で把み得た「私の教育方針——西校教育を考える——」を綴る仕事からはじめられた。学校では、それをプリント冊子にまとめ、個々の教師の実践としての教育行動が、いかなる方針から生じているかを知り合い、学びあう資料として全職員に配り、それをもとに研究を重ねた。

この仕事は、方針が明確でなかった者には教師の責務としての「自己の教育」を探る必要を生じさせたし、誰もが方針を書き綴るという過程で、無力化、形骸化していた学校教育方針と自己の教育との調和・連関を実際的に考えるという作用を及ぼした。さらにまた、同じ学校のなかまとしての同僚に対して、自己の方針を明らかにするという点で、ウソもかざりもない素裸の事実を示さねばならないという綴方的効用をもたらしたのであった。

この研究会活動のなかで、それまで死文化していた学校教育方針は、その内容が埋められて、「生活と教育」についても統一的な理解を深め、生きてはたらく方針として再生したのである。それとともに、個々の職員の方針が位置づき、確信をもった実践への意欲と創造性が生じてきた。

地肌は「生活に根ざし、生活を変革する」内容の力として、実践的には量的にも質的にも発展する芽として把まれたのである。それは、児童会の新しい組織化と、多様な行事による活動、クラブ、部落子ども会等における民主的・集団的な活動、あるいは、学校労働実習の新しい試みなどになってもあらわれたが、子どもを全面的に把むための、各種の意識・要求調査活動や、綴方作品を中心とした多面的な表現活動と表現月間の設定などによる、表現の探求や各種文集製作の活発化のほか、一般的には各教科活動における授業改善、その一部としての歌集づくりや自主教材の作成など、「生活に根ざして、ほんものを考え、みんなといっしょにねうちある生活をつくりだす」子どもをそだてる営みが、多面的に展開しはじめたのである。

5

七〇年代に入り「ひとりひとりの人間をだいじにし、のびのびとしながら、しっかり学習し、なかまづくりをすすめる」ことを、全校の一致した具体的方針として、六〇年代の総括のうえに新しい歩みをはじめた。

全校的な研究主題としては、「ねうちある生活をつくりだす、ほんものの人間を育てる」をあげ、実践・研究の重点として、

1　生活をみつめ、生活を考えさせる
2　たしかな知識を身につけさせる
3　ゆたかな情操をやしなう
4　じょうぶな体を育てる
5　なかまといっしょに行動する
6　たのしい学校生活をつくる

以上の六課題を選んで、実践を裏づけに、個人、学年（連合学年）、教科、全校、民教研班など、多様な形態での研究をすすめた。

個人研究は、月一回の定例発表会に、あらかじめ月割で選ばれている何人かが、資料をもとに、時には研究授業を通して発表するという、小教育学会のようなものでまとめた。学年（連合学年）、教科部、教科外部、民教研班は、それぞれ月一回の研究会を開き、所定のテーマをもとに検討する。また、全校共通問題は、月一回の全校研究会で検討するという具合で、校内だけでも比較的に研究の機会は多かったが、この研究会のなかで、子どもの生の姿として登場したのが、多くは綴方を中心とした表現作品であった。

こうして綴方が具体的な作品を通して、子どもと実践を語り、子どもの「物の見方・考え方」など、発達の可能性を実際に示すに及んで、全校の職員の「生活綴方」に対する関心は高まってきた。そして「生活綴方」が生活表現の一形態であっても、それを単なる一形態にとどめず、その中に子どもの生きるしるしを見出し、生命の躍動をみつけ、子どもたちがもつ人間としてのおどろきや悲しみ、喜びや怒りを感じとり、発見することは、教師としての喜びであるし、教育としての意味深さを持つのだという共通理解がうまれ、「綴方このめんどうなもの」を越えて、共通の実践・研究課題へと発展してきたのである。

そこで本七〇年度の教育研究計画をたてるにあたり、全職員の共通課題となった「生活綴方」を、一般研究の他に、特別研究の対象として、全校的に組織的な実践・研究を推進することにしたのである。

6

以上、要を得ないままに、本校における教育実践、研究としての「生活綴方」の根と芽を、経過にそって述べてみた。だが、教育効率化が叫ばれ、教育改革構想が先導的に具現化されている今日、ともすれば子どもたちも

与えられた目標へ向かっての自主性以外、実生活において新しい無力状態を示すことが心配される。そして、与えられた体制が、実生活と遊離した勉強を強いるという形で、子どもに迫ることが案じられる。このときにあたり、子ども自身の実生活に育まれた「生活実感」をこそ頼りにし、内面のひだにふれながら、あえて〝ムリ、ムダ、ムラ〟を本領とする「生活綴方」の実践にこだわるのは、本校の教育が確かな上にもより確かに、子どもの地肌にふれながら、母なる大地とでもいうべき現実生活にどっかと根づきたいからである。

生活綴方の教訓――その実践・研究から

本校の生活綴方研究は、当初に述べたように日が浅い。実際にはこれからというところである。したがって、研究成果としての理論も、実践上の新しい問題も、各学年部会での問題提起以上に究められていない。

だが、ここでは、全校的に問題となったいくつかの事項の中から、今後の実践のよすがとして考えてみなくてはならない若干の問題を、今までの教訓として整理してみることにした。

1

生活綴方の実践にあたって、第一に留意すべきは、生活綴方の精神ともいうべき、生活の開発をこそ重視すべきであるという点についてである。

それは、綴方が具体的な事実に則して、現実を直視するということで、現実をリアルに把えることを、その生命としているが、その場合、綴方におけるリアルな把握とは、人間の内面における感動となってとらえられた事実を、その感動を構成する事実としての内面をも含めた生活現実として、ありのままに再現し客観化しなければならないことを意味している。

そのことはまた、綴方の特性を、単に事実を再現する方法の問題として吟味すべきではなくて、事実をとらえる内的意欲と問題意識としての「生活実感」――主体的な現実認識の萌芽（坂元忠芳）――の有無と、その性質の問題として論じなければならないことを物語るのである。

そうしたことからも、生活綴方の実践において第一の眼目とすべきことは、あくまでも子どもの内面としての「生活実感」と、その内面を規定する生活現実の状況であって、綴方作品と綴方方法は、その開発のためにのみ、重視されるべきものなのだということである。

2

第二に留意すべきは、第一の留意から生ずることでもあって、綴方指導の原理は「何を書くかによって、どう書くかが決められるべきだ」が、その「何」は「どう」との関係によって、より内容をゆたかにするものであるということについてである。

その場合「何」は、通常「題」という形での生活現実の意識化にほかならないが、それは自らの五体、五感を通して把み得た「生活実感」としての疑念、感動の量と質をあらわすものである。そのために、「何」をゆたかに貯えさせるかが、指導の第一の要諦である。

また、「どう」は、一般的には表現方法としてとらえられるべきものであるが、綴方指導における「ありのまま」に代表される表現指標は、それ自体、現実への肉迫と、生活の開発という点で、独自に追求されなければならないが、同時に、「どう」を伴うことによって、その追求には、より具体的な内容を与えることができるといわねばならない。

綴方指導が、その代名詞のように、「ありのまま」の言葉であらわされるのは、以上の故であろうが、日常的な実践にあたって「ありのまま」をさらに適切な指標として具体化する必要があるのは、単に方法だけの問題ではないからなのである。

3

第三に留意すべきは、綴方作品の中に、生きた子どもの、その内面を探り出し、作品を通して子どもの持つ無限の発達の可能性を発見することの必要についてである。

これは、子どもの綴方作品が、その程度においてどのようなものであれ、その中には、生活現実と苦闘している生きた子どもの現実があり、生きる証としてのある断面が綴られている事実をどのように教育的配慮をもって読みとるかという問題である。

子どもが綴る一言の中に――たとえそれがどのようなものであれ、生活の重みとの関係でしかあらわすことのできない子どもの内面をさぐることは、教師の子ども観を生きたものとするためにも、欠くことのできないものである。

それはまた、教育の基本である個性としての魂を、どのようなものとして把み、その中に発達の可能性をどのように見出すかという、教師の特性にかかわることとして理解しなければならない。

教師がいかなる子どもの中にも、人間としての現実と、その発達の可能性を具体的に発見することは、子どもの教育観を正し、人間的交流としての教育作用を有効にする必須の要件であるからなのである。

このことは、教師が真に綴方に惚れることができることによって生ずるが、それは同時に、方法としての綴方を捨てることができる教師の確かな眼を育てることを意味しているのではなかろうか。

4

第四に留意すべきことは、「生活綴方」を実践することによって、教師の生き方が正され、父母、地域の変革が要請されるということについてである。

子どもが、生活現実をありのままに綴るということは、自らの変革なしに発展し得ないものであるが、その場合、教師が人間として、その体を通して前進の途を示すことなしに、子どもに、生活開発としての変革を自覚的に促すことはできない。「教師が前へ進むとき、子どもは前へ向いてゆく」(国分一太郎)という言葉は、その教育的関係を物語っているが、それはまた、教師自らが「生活綴方」の精神による生き方を具現し、たじろぐことなく自らの生活の変革をなしとげることによって、教師としての生き方を、子どもとともに正す必要のあることを示している。


さらに、子どもの生活綴方的発展は、「そんなことを書くでない」という父母の叱責によって、たえず困難に直面する。社会矛盾が集中的にあらわれる家庭では、子どもの内面における疑念や感動を生みだす機会はきわめて多い。その点からも「生活綴方」の実践は、必然的に子どもに対し家庭の変革の必要を生みだすが、その実践を営む教師の問題としても、家庭・地域の変革が要請されてくるのである。

それはまた、学校教育における、教師と父母の両側面の役割が統一的に果たされてこそ、子どもの発達が真に保障されることを意味しているのである。

5

第五の留意点は「生活綴方」の実践が、子ども・教師・父母の集団との連携を必要とし、可能とする点についてである。

この場合、生活綴方は内面の交流という特性から、きわめて有効に作用するが、この集団化・組織化の必要については、教育一般として余りに多く論じられているので、説明は省略する。

＊一九七一年二月、学校単位としては恵那地域で初めて

の生活綴方教育研究会が中津川市立西小学校で開かれた。この記録はその際の資料集である『西の綴方』からのものである。『「恵那の教育」資料集』第二巻、『恵那の生活綴方教育』別巻3にも再録されている。

◆論文2（一九七二年）

わかる学習を創るため若干の問題提起

「すべての子どもにわかる学習」を保障する問題は、「わからない学習」の実態が〔中教審・文部省〕教育改革構想の進行と具体化にみあった教科書改訂のなかで、特徴的にあらわれてきていることから考えてみても、その解決は、教育改革構想全体に対する国民的な教育全般にわたる要求実現の運動とたたかいとの関係において発展させなければならないものだと考えます。

けれどその基礎はあくまで教育現場における実践に求められなければならないわけです。その意味において、ここでは「わかる学習」を具体的な実践の場で考えるための若干の問題を提示して、共通の課題を探る討議の資料に加えていただきたく思います。

第一には、学習がわからなくなってきている実態を、その原因にまでさかのぼって、みんなで正しく把握することの必要についてです。

この調査と教科書検討は、まさにそのことをねらいとしておこなったものですが、こうした形だけでなく、もっと多様な内容と方法において実践的に調査、検討をおこない、さまざまな事実をだしあいながらみんなで本当のことをみつけだすことがまず必要なことと考えます。

わからない学習の状態とその原因について共通の認識を持つことをぬきにして、実践における正しい方策を生みだすことはできないからです。

その場合、可能な限り学習の主体者である子どもたちと共に、一緒に追求するということが実践的な調査・研究として大切だと思います。

その例として、H中学D先生の報告を紹介します。D先生は中学二年の数学を担任しておられますが、来年度からの教科書改訂にともない、移行テキストを教材として、「連立三元一次方程式」を指導された〔テキストで二時間配当になっていたのを三時間実施〕後で、生徒に理解度を聞かれたのです。その結果、「大体わかった〇％」「半分位わかった五三％」「少ししかわからん四七％」という回答が出たので、その事実を示して級全体での討論を組織されたのです。そうしたら、わからない理由として、最初に多く出されたのは「予習復習が不足していた」「不明のまますごして質問しなかった」「自分の学習が不足」などで、ほとんど自己の責任としてわからない理由があげられていたのに、一人の女生徒が「教科書が少なすぎるのではないのか」と発言したとたん、討論に活気がでてきた。「三年生の教科書をみたらもっとよくわかった」「移行テキストはまとまりすぎてわかりにくい」「練習問題が少なすぎる」「わかりかけたら次へ進んでしまう」「時間がすくない」など、移行テキスト（教科書）と学習への不満がいっぱいだされながら、わからない理由が常に自己の側にあるのではないという問題に発展していった末、家庭学習や移行教材の検討まで話題となりながら、結論として、クラス全員の者が「あと二～三時間、連立三元一次方程式の授業をしてほしい」と要求したというのです。

この報告でもわかるように、わからない学習の実態と原因が子どもと共に探られる場合は、学習主体者の要求として、わかる学習への実践的な方途が具体的に生みだし得るといえるのではないでしょうか。

第二には、わかる学習における量の問題を単に時数や頁数の増加の必要としてだけとらえるのではなくて、学習方法まで含めた実践の質を変え得る量の問題として追求することの必要についてです。

この調査や教科書検討は、学習がわからなくなってきている原因を、教科書における学習の時数などの面だけに量の基準をおいて問題にしてきましたが、実際に学習がわからないという場合の子どもの声には、教科書の説明がわかりにくいという問題が含まれています。このことは、わかりにくい説明の量を増しても、わかりにくい説明を読む時間を増しても解決できることではありません。また、量として減少された新教科書は、学習方法全般が実物・実地から離れた、机上での操作や抽象的な学習によって組みたてられていることが多いのも特徴の一つです。この場合も、先と同様で、具体物に即したり自らの五体を駆使したり、実際の場にでかけたりしなければ、いくら学習や時間を増してもわかるまでに至らないという問題が含まれています。

だから学習がわかるための量を考えるときには、それぞれの分野の学問が、特性として本来もっている科学の方法にそった学習方法を用いうる量を問題にしなければ、量によって「わかる学習」を追求する意味はなくなってしまうのです。いわば、わかる学習が持つべき原則にたって、その原則を具体化する実践としての質をぬきにしては、わかる学習の量は考えられないのだと思います。

そのことを具体的に示す例として、つぎにN小学校の六年生の子どもたちが答えてくれた『算数がよくわかった時』を記してみましょう。
○分数で、先生が表をかいて何度もゆっくり教えてくれてまた家でやりなおすとき。
○面積の公式のとき、紙で折ったり、ハサミで切ったり、ちがうところへならべて考えたりしたとき。
○比例のとき、水槽の中へ金網を入れて水を入れながら勉強したように、実際に道具を使ってやるとき。
○友達と一緒に勉強するときはあんきに話しあってやれるので。
○先生が少しずつプリントをすってくれて、自分で勉強をやるとき。
○人に教えてもらって、こんどわからない人に教えてやるとよくわかる。
これに対して、『算数がよくわからなかった時』ということでは多くの者が、
○先生が早口でしゃべり、黒板へ早く書いて写すだけのときは全然考えるひまもない。
○先生がよくわかる子のいうことだけをきいて、早くすすめてしまうとき。
などをあげています。

これらの例に示されているような学習は、方法の上で時間的にも量が問題にならなければならないことを物語っていますが、わかる学習における量の問題は、学習の内容・方法をふくめて、みんながわかるものに変えていくこととしてはじめて正しく問題になり得るのだと思います。

第三には、わかる学習を実践的に切り拓くためには、わからない子どもを中心にすえたみんなの学習を具体的・創造的に追求することの必要についてです。

この調査結果にもあらわれていますが、勉強がおもしろい〈わかる〉ことの原因には、友だちとの関係が最も大きな比重を占めている事実や、『勉強がよくわかった時』ということの中で「人（友だち）に教えてもらって、こんどわからない人に教えてやるとよくわかる」とか「友だちといっしょに勉強するとき」などと六年生の子どもが言っていることは別の言葉でいえば、わかる学習は、みんな（友だち）との関係をぬきにしては考えられないし、本当にわかることは、本当のなかまづくりをすすめることによって実現するのだということではない

のでしょうか。

　その意味で、いま、学習のわからない子どもが増しているということの裏には、学習がわかるという子どものの「わかる」内容が本物になっていかないという問題がひそんでいると思います。だから学習において、わからない子をそのままにしておいて、わかる子だけが先へすすむということがおこなわれれば、先へすすんだ子ども自体が本当にはわからないことを、わかるとしているだけのことにしかならないのだと考えられます。

　その点で、わからない子どもが中心にすえられて、みんなではげましあい、みんなでわかりあう学習を創りだすことが、本当にはわかる子がよりわかり、だれもがわかる結果を生むことになるのだと思います。

　そのためには、さまざまなことが考えられますが、どうしても欠かせない問題として「わからない子の人間的な自覚と、わかる学習に対する自発性を高めさせる」必要があると思います。

　わからない子がわからない事実を正しくつかみ、わからないことの持つ意味を深く考え、わからないことに対する人間的な怒りをきちんと抱かなければならないのです。そのことをどのように「なかま」のなかでつくりだしていくのか。いわば、わからない子のもつべき学習権をなかま全体の学習権の問題としてどのように広く深くつかませるかという問題です。

　そのことができない限り、わからない子どもを中心にすえることはできないとおもうからです。それは、中心にすえられることが単なる同情やあわれみの変形としての形だけの協同学習形態であってはならないと思うからなのです。

　以上で「わからない学習」の調査・検討・問題提起についての報告を終ります。調査が不充分であったり、検討がずさんであったり、問題提起が粗雑であったりして、まことにまとまりのない報告に終ってしまったことを心苦しく思います。「みんながわかる学習」は、教師自らの実践がなかまのなかで交流され拡げられて、みんなではげましあい、わかりあうことがなければ創りだせないものだと考えます。

＊一九六〇年代後半以降、全国的に「わからないまま」授業がすすめられる「落ちこぼれ・落ちこぼし」が問題となった。恵那でも「勉強のわからない子がふえている」として、中津川市教育研究所が調査を行ない、石田はこの論文を執筆した。〈資料〉『勉強のわからない子がふえている』（『研究紀要第一集』一九七二年）。

◆論文３（一九七二年）

教育百年記念祭への二つの便り

その一

Nさん。あなたのお便りのなかにありました――こよなく地域を愛している教師たちの努力は、みごとに展覧会に集約されていましたし、一丸となった教師たちの姿には、子どもたちと教育への「献身」といえるまでに、はりつめた美しさを感じました。――の、くだりでは、多少の面映さをおぼえながらも、あなたのご親切を、とても嬉しく読みました。こんなに賞めてもらうと、展覧会の苦労もけしとんでしまいそうになりますが、やっぱり、あの展覧会には、田舎街の素人づくりとしての、ぎこちなさや、みぐるしさが、いっぱいあったと思います。このつぎには、そんなあたりについての苦言でも、どっさりお聞かせください。

ところで、――あの展覧会は、どのようにして生れてきたのですか。――という、あなたからのおたずねに、どうおこたえしたらよいのか、迷ってしまいます。

生れたというからには、生れるだけのタネとハタケがあったわけですが、それを、あの展覧会の経過として、順を追ってお知らせしても、それだけでは、ほんとうのタネやハタケがはっきりしないような気がするのです。そこで、たいへん一般的なことですが、やはりあの展覧会の背景とでもいうべきことを、改めてたどってみることにしました。このことは、あなたもすでに充分ご承知のこととは思いますが……Nさん。この詩をご存知ですか。

逝いて還らぬ教え児よ
私の手は血まみれだ
君を縊ったその綱の
端を私は持っていた

しかも人の子の師の名において

竹本源治

これは、戦前の、戦争に連なる教育と、それをすすめた教師の、深いなげきと、再びそれをくり返すまいとする反省と決意の気もちをうたったものですが、この心情こそ、戦後の民主的な教育改革を支え、平和憲法にもとづく教育基本法の立場を理解してきた、日本の教育界に共通する精神であろうと思います。

ところが、Nさん、あなたからのお便りのなかに――敗戦直後の、おそろしいまでの混乱と欠乏のなかで、地域の父母・住民が、心血をそそいで築きあげた六・三制の民主教育は、当初の理想どおりに充実されないで、いつしか、私ども地域庶民のねがいとははるかに遠いところの存在になってしまっているような気がする。――と述べておられますような状況が、最近の教育にはいっぱい出てきているのです。

Nさん。中津川教育文化展覧会は、教育百年と教育基本法二五年を記念して開かれたものですが、それが計画された年、いわば教育九九年目の、昨四六年度当初だけでもふりかえってみましょう。

「来春から小学校の教科書が新しくなる。その内容がいくつか紹介されはじめた。たとえば『天孫降臨が登場した』といわれる。憲法九条の説明から『戦力を持たない』という部分が消え、『北千島や南樺太に国境線が引かれた』という。……全体が大手を振って危険な方向へ進んでいるように思われる。実質的な『国定教科書化』への道である。」と、四五年五月二二日に朝日新聞が危惧したことが、そのまま改められることもなく、そのうえ、一年生で1から5までの数理解、記数法までを一校時（四五分）に終らせるとか、二年生でそれまで七五字の新出漢字を七〇字ふやして、一四五字にするなどの、とてつもない改訂が、「教育内容の精選」の名のもとに、すべての教科にわたっておこなわれ、四月には新教科書として教育現場へおろされてきました。こうした新教科書の出現は、当然、教育現場に大きな困惑と、新しい混乱をひきおこしましたが、そんな折、六月二日には、「全国的に約半数の子どもが学習内容を理解していない」という調査結果が、全国教育研究所連盟から発表され、世の人々は大きなショックをうけましたが、そのことは、あなたの記憶にも新しいことと思います。

「こんなとき、まず本能的に頭にうかぶ自衛策は、『なんとか落ちこぼれないように』わが子をしった激励することでしょう。かくして町の本屋さんには、ワーク・テストブックがあふれ、子どもから遊びを奪い、子ども本来のあるべき姿はそこなわれていきます。『よく学びよく遊ぶ』という小学校教育の目標は、いまや死語となりつつあります。教育の過熱は、その弊害が叫ばれながら、根本的にはなにひとつ解決されることのないままに、いやおうなく当事者をまきこんでいくでしょう。『子どもを伸び伸びとした環境のなかで、心豊かな人間に育てたい』それは、すべての親に共通した願いではないでしょうか。」（朝日新聞・声・村松美智子・三十三歳主婦）と、親の不安と不満は、広がっていきました。

そして、そのショックのさなか、六月二日には、中央教育審議会から「今後における学校教育の総合的な拡充整備のための基本的施策について」と題した答申がおこなわれ、発表されたのです。いわゆる「教育改革構想」です。

これは、教育現場を中心にして、国民的な危惧や、不満となっている教育の現状を、戦後の教育基本法の立場で解決し、発展させるのではなくて、新しい装いをとっているものの、教育を「いつかきた道」へ引きもどすものだとして大きな問題となりました。「幼児学校」「飛び級」「無学年制」「四・四・四制」などの言葉として、さまざまな不安が語られたわけですが、Nさん、きっとあなたもその中に加わっておられたことでしょう。

Nさん。「幼児学校」や「飛び級」のことを、あなたたちがどのように問題とされたかは存じませんが、これは先程引用させていただきました、あなたのお便りのなかの――おそろしいまでの混乱と欠乏のなかで、地域の父母・住民が心血をそそいで築きあげた、六・三制の民主教育――、その是非にかかわることとして、地域の父母・住民がそそいだ心血の意味そのものを問われている問題だと思います。それはまた、教科書裁判の杉本判決のなかでも明らかにされた「国民の教育権」と、「国家の教育権」との選択を内奥に秘めた、踏み絵としての問題なのだともいえそうです。それだけに、「教育改革構想」については、七〇年代の日本の進路の問題として、国民的に大きく拡がったのだと思います。

答申発表の翌日の朝日新聞社説は、――六・三制の民主教育にそそがれた地域の父母・住民の心血――の意味を、また別の言葉で鮮明にしているようです。

「戦後の教育改革の原則は平和と民主主義であり、この原則にしたがって教育の構造、内容、方法も一変した。ところが戦後日本の最初の課題は経済復興であり、やがて目標は経済成長に移った。政府・与党の判断では、この政策遂行のためには、戦後教育の原則よりも、明治教育のそれがより適切とされたと思われる。政府・与党と教育界との対立は、少なくとも部分的には明治教育と戦後教育の対立であった。二十余年の歴史をかえりみると、明治教育の伝統に不死鳥のような強さがあったことを痛感せざるをえない。…………この状況のもとで、平和と民主主義の教育はあらためて深い意味をもつものである。」（四六年六月十二日）と――。

Nさん。新聞記事をたくさん引用させていただきながら、ずいぶんくどくどと申し上げてきましたが、それは、あの展覧会のほんとうのタネやハタケが、こんなところに芽生え、育くまれていたのだということを、ぜひ知っていただきたかったからです。

Nさん、このタネとハタケが、あの展覧会に実るまでのことを、すこしお知らせいたしましょう。

先に申しあげましたような、教育九九年目の全国的な教育状況は、当然、私たちの地域でも問題となりました。それまでも、みんなで考え、究めてきました教育の基本的な方向とあり方をめぐる論議は、四六年度当初の、新しい混乱の中で、具体的な営みを通して、いっそう活発に拡がりました。それは単に、教職員の間だけでなく、PTAや、民主教育を育てる会などの、父母・市民と教職員の間でも、何度も話題となりました。また、この町にある、市教委を含めた教育者団体会議（四者会議とも呼ばれています）でも、いく度となく、研究と論議が重ね合わされました。

そうしたなかで、以前から、中津川市教育研究会や、教育研究所でとりあげていました教育研究の基本方向としての「地域に根ざした教育の創造」という課題が、父母・市民を含めた共通の課題として、考えあわれるようになっていきました。それは、課題であると同時に、現状の教育状況を打開し発展させる共同の立場としても理解されるようにすすみつつあるようですが――。

そして、こうしたみんなの論議は、「地域に根ざした教育」という共通課題について、みんなの生活・教育経験が生かされながら、だれもが共通的に理解しあえる、問題提示と検討の場を求めるようになりました。また、このように「地域に根ざした教育文化を創造する」条件と基盤が拡がるにしたがって、そのための新しい運動の必要も生じてきました。

Nさん、すこしまわりくどく申しあげすぎたのかもしれませんが、あの展覧会は、その新しい運動の一つとして発想されたのです。それは、「地域に根ざした教育文化」を、だれもが、考えあい、わかりあえる場と方法ということで、第一に、地域の人々の生活や経験がよせあえること。
第二に、抽象的な論議としてではなく、具体的であること。
第三に、部分的、局部的でなく、全体が見通せること。
第四に、基本的な命題がつらぬかれること。
というような条件をみたしながら、中津川教育文化展覧会の構想は固まっていったのです。

それと同時に、翌年四七年度は、教育百年、教育基本法二五年という、歴史的な教育の年にあたるわけです。だとすれば、この展覧会を軸にして、「地域に根ざした教育文化を創造する」事業を地域に拡げることこそが、地域のなかにあって、この年を歴史的にも意義ある年にすることではなかろうか、ということで、教育百年と、教育文化展覧会とが結びあっていったというわけです。

Nさん、とても理屈っぽい便りになってしまって恐縮です。これから後は、あなたのお便りにありましたように、教育委員会を中心として、一丸となった教師たちの努力が動輪となって、地域の人々に支えられ協力されながら、あの展覧会を織りなしていったわけですが、その間の詳しいことは、あなたのご想像におまかせいたします。

Nさん。まだまだお知らせしなければならないことがたくさんあるように思われもしますし、こんな返事では、せっかくのあなたからのおたずねにたいするこたえにはならないとも考えられますが、筆の不味《まず》さは私の貧しさの故として、ご判読くだされば幸いです。Nさん、あなたからの苦言をお待ちしております。Gより

その二

Mさん。展覧会の折に、あなたは——「なつかしい」の声に圧倒されますね。このなつかしさというのは何でしょうか。——という問題を、ふと、口にされましたが、おぼえておられますか。

あの時には、忙しさに追われていましたので、つい「そうですね」といった程度で、あの問題にはふれずじまいでしたが、展覧会のあと、そのことを思いだし、研究所のなかまたちと、すこし話し合ってみました。別にはっきり結論がでたというわけではありませんが、この問題のなかには、現在の教育のあり方の基本にかかわることが、たくさん含まれているようにも考えられますので、あなたのご意見もおききしたく、便りを思いたったようなわけです。Mさん、はじめに、展覧会期間中に、

事務局へ寄せられました、ある参観者の方からの感想の一つを紹介させてもらいます。これは、展覧会のとき、参観者の方にお配りした感想用紙、あのガリ版刷りのものですが、あれの両面に、美しい文字でビッシリ書いてあったものです。

展覧会へは、二度参観に来ました。やはり自分の学んだ時代（第五分野）のコーナーが、いちばん強い印象を与えました。

あの一つ一つの資料には懐しい思い出があり、ニガイ思い出があり、忘れたことを思い出させてくれる物があり、感無量でありました。自分の記憶がマチがっていたりして、そのマチガイが多年自分を苦しめた重大な意味を持つことでありましたので、深い困惑を味わいました。私にとって、このコーナーの資料は、単なる「資料」ではなくて、生命がジカにひびいてくる何かでありました。

ガリ版刷りの一枚の賞状にも、古い一葉の写真にも、生徒の一冊の日記にも、ノートの紙質にも、つぎはぎだらけの足袋にも、先生の名前にも、通信簿にも、言うに言えない思いがありました。

ことに一父母から学校長に差出された一葉のハガキの訴えの必死さ、哀切さには痛烈に胸をえぐられ、私は涙を感じてしばらくクギづけにされてしまいました。生徒に弁当を持ってこいとは何という心ない仕打ちか、というのですから親として二重に傷ついていられるわけです。たまらなくなりました。心の窮迫を救えなかった、一人のお母さんのイメージが額に焼きつきました。

このような尊い資料を保存されていた方、そして発掘された方、人目にさらすことを承知された方の、人間の勇気に心からの敬意を表します。

私とほぼ同年の生徒のノートは、事務局の方のご好意により、手にふれ、頁を繰ることをゆるして頂きました。あの小さな文章は、いろんなことを考えさせてくれました。最後までノートを大切に大切に使用していること、意外にムツカシイ漢字を使いこなしていること、そして生活をみつめることを教えられないできた生徒の作文であるということ、物や物の動きに対し、まるでないがしろにされた作文教育の実体をここにみたという気がいたしました。

いま一冊の別のノートには、教科書がわりの書き写しがありましたが、

工場だ機械だ／鉄だよ音だよ／

あの合目的的に徹した詩は、今更ながらヒドイと思いました。「千早城」（？）の写しが全部書かれていないの

は、あれは丸暗記させられたからでしょうね。

直立不動の姿勢で、一言一言を明セキに大声で読みあげるのが当時の読方のあり方でした。体罰も容しゃをせぬ苛酷なものでした。ノート提出者の生徒は優秀な成績をおさめた人だということが一見して判りました。ただし、今の国語教育にキチンと朗読させることがなおざりにされていることへの、あれは無言の批評になっているのではないでしょうか。ある時代の文化の低下を示す最も端的な例は、質問が露骨であり、回答が単純なこと、(例○×式)だと思いますが、この視点から評価すれば、あの当時私たちの受けた教育の質は、決して低いものではなかったと、私は今にして改めて思い至りました。

物質こそ欠乏していても、なお、教育の場では、精神の高さは失われてはいなかったと、熱いものが胸にこみあげてきました。

「かぼちゃ競技」(?)の一葉の写真でありますが、あの陰には五人一組の「下肥当番」という制度がありました。今から思えば笑い話でありますが、学校の便所の汲取口に大きな錠をかけ、ひんぴんとして盗られる下肥を守ったのであります。教頭先生がそのカギを持っておられました。

恵北中学時代に入っても、春夏秋冬をぶっ通しでまる二年間、一枚切りの服ですごされた若い独身の先生がおられ、これが女生徒の関心のマトで、いつすり切れるか話題を呼んでいたのです。そしてこの新任の教師の月給が、闇米にして一斗買えなかった時代でありました。もう一人の女の先生が月給で一斗二升もお米が買えたと不用意に洩らし、生徒の父母に反感を買ったことがありました。憎んではならない人を憎まなければならなかった、暗い救いのない荒廃もやはり一つの現実だったのです。

しかし、その当時は東でも西でも南でも、学校では担任の先生でなくとも〔これは危険だ〕という生徒の家には、よそのクラスの先生でも出掛けられ、親と話合う自由がありました。自由というより正しいことは誰がやっても正しいという教育者の情熱と良心が職場の中に確立されていたのです。現に私の進学に対しては、担任の先生は「見込みなし」とされたのに、別の先生が二晩も父母を口説きにこられました。結局、落第し、担任の先生の言が当っていたのですが、教師の自由が外からも内からも保障されていたのだと思います。

(小島登志夫三十九歳、印刷業)

Mさん、なつかしさの問題のこたえは、小島さんの感想のなかに、もうでてしまっているようにも考えられますが、どうですか。あの展覧会場で発せられた「なつかしい」の言葉が、すべて小島さんのようにするどい眼と、きびしい立場からのものばかりだということはできないでしょうが、その根底には小島さんと同じような、――単なる資料ではなくて、生命がジカにひびいてくる何か――があったから、思わず「なつかしい」という言葉が口をついてでたのではないでしょうか。私も、よく展覧会と名のつく催しを観にいくことがありますが、「りっぱだ」、「すばらしい」、「めずらしい」などという気持ちを抱くことはあっても、「なつかしい」といった言葉に代表されるような気持ちになることはありません。それは、そこに陳列、展示されている資料が、どんなにすぐれて価値あるものであっても、そこに自分が加わっていないこと、自己の生活が再現されていないことに起因しているからだと思います。

その点で、あの展覧会の展示資料のなかには、名もなく貧しいものであるけれど、庶民の生命と生活を語り、再現している資料が多かったから「なつかしい」という声によって、多くの人々が、自分を見出し、自分を確認してくれたのだと考えられるのです。

Mさん、ひとり勝手な、推量や判断になっているようでしたら、ご注意ください。

ところで、問題は、なつかしさの内容にあると思いますが、あの展覧会のなかで多くの人が「なつかしい」という言葉を吐きながら、思わず手を触れようとされたものに、教科書と文集が目立っていました。かつて同級生であったと思われるような人が揃って参観された場合など、文集をパラパラとめくりながら、それでいて文章に目を通すというのでもなく、そのころのようすを夢中になって、憶いだしながら、まるで語り合わねばならぬとでもいった意気込みで、しゃべっておられる光景を、よくみかけました。が、ここには一冊の文集を通して、過去の生活が、人間関係が、そして教育が、再現されながら、自己がたどった人生のなかで、再構成されているさまを読みとることができました。

また、教科書の場合でも、古びて手垢のついた教科書を、感慨深げにめくりながら、昔を思い出すことしきりといった風情で立ちどまっておられるご年配の方の中には、その教科書を媒介として、人生のどこかを再現しておられる様子をみることができました。

特に、中年とおぼしき方が立ちどまってみられた教科書では、「キグチコヘイハ　テキノタマニ　アタリマシタガ　シンデモ　ラッパヲ　クチカラハナシマセンデシタ」と「サイタ　サイタ　サクラガサイタ」の文章がひろげられていた、修身と読本が他を引きはなしていました。けれど、この場合、「なつかしい」という言葉は、「キグチコヘイ」ではほとんど聞かれず、「サイタ　サイタ」に集中していたようです。

Mさん、この二つの文章は、いま中年の方たちの受けた教育を、ある意味で代表し、象徴している教材でもあろうかと思いますが、そこでの「なつかしい」という言葉の吐き出され方のちがいを、どう観たらよいでしょうか。

「キグチコヘイ」の文章は、戦前の教育を受けた人なら、だれもが覚えているといわれる程、印象的なものです。それが、どんなにつよい印象を与えるものであるかは、この展覧会をみたいまの子どもたちが書いた、つぎの文を読んでみてくだされぱよくわかると思います。

「文化会館で一ばん心にのこったことは、本にのっとったけど『キグチコヘイハ　テキノタマニ　アタリマシタガ　シンデモ　ラッパヲ　クチカラハナシマセンデシタ。』という文がのっとった。ぼくは、その本を見て、心にじーんとひびいてきた。

しんでもラッパを口からはなしませんでしたというところが、なんか心にやきついて、忘れんみたいな感じがする。その本はなにかと、おかあさんに聞いたら『修身というやつやよ』と言った。おとうさんは『先ぱいに、こうやって頭をさげるやつよ』と言って、ぼくの頭をおさえて頭を下げさした。……」

（中津川西小五年　国次雅司）

ここには、内容の良し悪しは別にして、教材力とでもいえそうな、文章とさし絵のもつ感覚的効力を感じることができますが、そしてそれがいつまでもこの教材を忘れさせないでいるのだと思いますが、ほんとうの教育力にはなることができない悲哀を感じるのです。

それは、子どもの現実生活や、人間関係とは無関係に、感覚だけをゆさぶって、一定の方向に心情を規制しようとするための効力は、教育力ではないと思うからです。だから、他から与えられ、強制された印象は残っても、内面での納得をともなう生活実感を持たないから「なつかしい」ものにはなり得ないのではないでしょうか。

Mさん、これにくらべて、「サイタサイタ」の教材に対しては「なつかしい」の声がたくさんでましたが、これとても、教育力としては同じことがいえるのではないのでしょうか。

展覧会のあと、いま中年の方たちに「サイタサイタ」の教材を、どう教わったのかきいてみました。ほとんどの人は、この教材での自分の受けた授業の記憶をもっていませんでした。一年生に入学したときの先生のようす、友だちとの関係、教室の風物などが、この教材をめぐる記憶の内容のようです。あえて教材としていえば、ま新しいインクのにおいと、色つきの絵のところにある文字の大きさのようなものが、忘れ得ぬこととして残っているようです。

そうした意味で、この教材をみて「なつかしい」といわれるそこには、はじめて学校へ入った喜びと期待、そして、新しい生活変化、それに対する担任教師と友だちの織りなす人間模様などが、教育の記憶として浮かんできていることが理解できるのです。

Mさん、くだらぬことを長々と書きつらねすぎたようですが、結論を急ぎましょう。

Mさん、あの展覧会でだされた「なつかしい」という言葉は、結局、展示物を通して、自己の生活と生き方がさまざまな人間関係をともなって再現してきた場合につき出てくるものだったようです。そして、展覧会では、その自己再現が、教育全体の流れの中で、再編成され、位置づけられて客観的に把えられるという意味をもっていたようです。

「……自己の人間形成期の教育の時代的位置づけができたことです。どの時代に、そのような指向で教育された自分であるかを、客観的に眺めることができました。しかし、そうかといって、考え方の軌道修正は簡単にできそうもありません。親子の意見相違は、この辺にあるのだろうか？……」（中津川南小　伊藤卓郎　父親）

この感想などは、展覧会の持っている、自己の再現と再編成の意味を指摘しておられるのだと思います。また、なつかしさとしての自己再現は、教育という窓からみれば、ほんとうの教育力がはたらいている場合にのみ、展示物である物質としての資料を媒介としておこなわれるもののようです。

そうしたことからいえることは、あの展覧会のなかで「なつかしい」という声をたくさん聞くことができたというのは、この地域の過去の教育や文化のなかに、ほんとうの教育力がたくさん含まれていたという事実を改めて確認したことにもなりますが、その教育力をつくりだし得た物質としての、教育・文化遺産が、ゆたかにあり、それが展覧会資料として、ほりおこされていたからだともいえると思います。

いいかえれば、地域の教育は根絶やしではなかったし、それは、一見、つまらないとされてしまいそうな物質を介在して残されているものだということがいえそうです。

Mさん、それにしましても、現在の教育はこれから、何十年かのちに、なつかしさに満ちあふれることができるのでしょうか。「地域に根ざした教育文化の創造」といっても、究極のところ、あの展覧会にみられたなつかしさの原理のうえに、うちたてられなければならないのだともいえそうです。その意味では、なつかしさを生みだすことができるような教育ということのなかに、「地域に根ざした教育」を具体的に創りだすことも、また一つの道ではなかろうか、とさえ思うのです。

そのためには、なつかしさとして記憶にのこる教育力をつくりだす、ほんとうの物質的媒介としての教材や、精神的媒介としての人間作用など、「地域の味は手づくりの味」などという言葉と共に、また夢がふくらんでくるようです。

Mさん、あなたがだされていた「なつかしさ」の問題について、思いつくままに書きつらねてみましたが、あなたのご意見もぜひおきかせいただきたく存じます。

恵那山にも初雪がふり、目の前に冬将軍が訪れてきています。が、冬来りなば春遠からじというわけです。また、お会いできる日をたのしみにしています。

（昭四七・十二・一）Gより

＊学制施行から一〇〇年、教育基本法制定から二五年を迎えた一九七二年に石田らの発案によって恵那地域の教育の歴史資料を集めて展示した教育百年記念祭が行われた。石田はこの時の感想をもとにして、「なつかしさ」を呼び起こす教育こそ「ほんものの教育」であると述べ、「ほんものの教育」の追究を訴えた。教育百年記念祭実行委員会編『目で見る地域の教育一〇〇年史』（一九七二年）に掲載。『「恵那の教育」資料集』第二巻に再録。

◆論文4（一九七三年）

調査と提言——今日の子どもたちと性

調査結果にあらわれた問題点

調査結果には、あまりに多くの問題がふくまれていて何をどのように問題とすべきかとまどいを覚えますが、ここでは、今日の状況の中で特に重要だと考えられる点のいくつかを問題として指摘しながら、性と教育について気づいたままを述べてみることにします。

その第一は、子どもたちの性関心は、社会の退廃的現象の直接的な反映として、高められているという点です。

今日の社会には、「性公害」といわれるまでに商品化され享楽化された性が公然と放置され、氾濫していて、それが子どもたちへの影響を配慮することなく、あらゆる機会にあらゆる形で提供されていて、子どもたちの性関心を異常に刺激しています。

その状況は、たとえば「『網走番外地』のマンガで勃起する」「週刊誌が性の先生だ」「野原へいけば使用ずみのコンドームがいっぱいある」「××山の広場のところで、二人でやっとるとこをみちゃった」というような子どもたちの証言や、あるいは「ボインタッチ・ヌード写真・ポルノ・エロ本・フリーセックス・レズ・ホモ・変態」などという子どもたちのエッチ言葉が、家庭や学校を通してではなく、すべて社会から直接に子どもたちに与えている現象であり、用語であるということの中にも、よくあらわれています。

そして、こうした性現象や性用語は、「妙な理性で自分をおさえるより、行動的になって、どんどん『セックス』をやってしまいなさい。ゆきずりの愛であればこそ、若者の特権だとぼくは思うのです。一夜、若い男女が結ばれても、翌朝、お互いに微笑を交し、握手ぐらいして『さようなら』、そんな『セックス』をお勧めします。相手の名さえ知らぬ契りであっても、〝あの人は今、どうしているだろう〟という思い出、そういう思いやりが純粋だと思う」（増田貴光『女学生ロマン』一九七一年九月号）というような性観念とともに、どんどん子どもたちの間へ広げられていき、人間としての思慮を不要とした衝動としての性行動が純粋なものとして勧められ、子どもたちの行動意欲をかりたてるという結果をつくりだしているようです。

それは、調査の中で「いちばんエッチなことは」という場合、性交や女体への直接的な接触など、間接的でない性行為をあげている者が、全体の六割あまりとなってあらわれていることからもうかがうことができますが、性が人間の内面を無視した衝動的行為として強調されているところにも、今日の社会がもたらしている性の退廃をみることができます。

そして、その退廃は、「どうして、そんな週刊誌をみるのや」という質問に対して、五年生の子どもが「ちんぽをたたせるためにさ」と答えるように、精通現象のない子どもたちでも興奮を求め、快感を求めるために、ますます享楽的、技巧的に広がっていく傾向にあるようです。

「人類の歴史から見ましても、性のいとなみ方は、つねにその社会体制と密着し、社会体制が変わりますと、性のいとなみ方も変わります。ぎゃくに、性行動の変様は、社会体制の変革を促すことになり、各時代・地域社会で、性はつねに重大な課題であり、大きな背景をせおってきたわけです」（福世武次『おかあさんはうちゅうせん』）といわれるように、性のいとなみ方が、その社会体制の反映である限り、いまの子どもたちの上にあらわれている性関心はまた、今日の社会そのものがもつ性関心にほかならないわけです。

その点で、性が人間の生き方の問題としてとらえられないで、享楽の手段として技巧化され、商品化されながら退廃化の度を強めている今日の状況は、現在の社会体制の矛盾の深刻さのあらわれであると考えられます。

その第二は、子どもたちの性理解〈性関心の内容〉には、「学習がわからない」状態が典型的にあらわれているという点です。

今日の教育の大きな特徴の一つは「学習がわからない状態が増えている」という点にありますが、この調査結果は、学習がわからない状態――その状況と意味――をよく物語っているように思われます。

この調査結果を通覧してみますと、「何でも知っているが、もとのことは何にもわかっていない」ということを感じます。性の現象と行為についてはこんなことまで知っているのか――やれるのか、ということにびっくりしますが、性の原理、科学については、こんなにまで知らないのか、ということにおどろかされます。実は、こうしたおどろきは、子どもたちの他の面でもいくつかみられることなのです。

たとえば、ある中学校の話ですが、数学としての計算がほとんどできず、指を使って一位数の加法しかやれない子どもでも、日常生活の中では、金をもたせれば百円以上の買い物でも、つり銭をまちがいなくわりだし、山芋掘りなどではその繁殖場所を的確にみつけたり、それを掘りだす計算能力が異常に高いという事情があり、しかもそうした傾向が、最近いろいろの分野で全体に増えてきているということの報告をうけたことがあります。この例などは、数量を、生活現象・行為としては知り得ても、数理計算としては理解できないことをしめしています。

このことは、数量についての「やれるが、わからない」という事例ですが、この調査結果にあらわれている子どもたちの性理解の状態は、いまの数理解の状態とおなじです。ただ、中学生の数理解の場合は、それが最近の新しい傾向であっても、まだ全体の状況として広がっていないのにくらべて、性の場合は、この調査結果にしめされているように、ほとんど全体が「できるけれど、わかっていない」、いわばほんとうに知ってはいないという状況としてあらわれているちがいがあるだけで、基本的にはおなじ性質の状態であると思います。

性の場合、「できるが、わからない」状態が全般の傾向となってあらわれるのは、「性」をほんとうの学習の対象としてほとんどあつかっていないし、学習で取りあつかったとしても、生活の実感とは遊離したところでの「保健」や「理科」での一般的な説明となっていて、子どもたちの関心と要求に即したほんとうの意味での学習になっていない、いわば学習がおこなわれていないことに起因しているわけですが、その意味で、性については「学習がわからない」状態がすべての子どもの傾向になっているのだと考えられます。

ところで、先の中学生の例でもみられますように、「学習がわからない」という状態は、現実的には、何もできない、何も知らないというのではなくて、現象的な行為はできるし、その方法は知っているけれど、その事象のもつ意味や原理が理解されないという点で、まさに人間的形態をとった動物的、機械的な行動となっていくところに危険があるのだといえるのです。

特に「性」の問題は、もっとも生物本能的な現象であるだけに、人間にとっては、科学、道徳、芸術、政治、経済などを集約したもっとも人間的な意志と行為になって具体化されなければならないと思うのです。いわば、生物的本能と能力が根をすえていながら、道徳と科学が統一された人間的行為として具現されることが――そのための知識と自覚をこそ大切にしなければならないと考えられるのです。そして、それはまた、教育と学習を通じて得させるべきものなのに、「学習がわからない」＝「学習がない」という状態が、そこに集中してあらわれているところに、今日の大きな問題があると思います。

その第三は、子どもたちの性関心・性理解の中には、「わかる学習」への要求と可能性がふくまれているという点です。

子どもたちの日常生活における性をめぐる男女の不平等的現象は、道徳的な裁きだけでは納得できない要因をもっていて、女の子には「どうして男の子はあんなにエッチなことをしたがるのか」というような疑問をたえずもたせているし、つぎの詩のように、男の子には女体の不思議さについて、いつも頭の中をよぎるような疑問がつくられているのです。

女はかわっている
女には　ちんぼがない
女は毛が長い
大きくなって　けっこんして
赤ちゃんを生む
女はふしぎだ

（五年・男子）

こうした日常的な現象への疑問とともに、その疑問につらなる自己の肉体変化への関心とふしぎさは、年齢がすすむにしたがって、すべての子どもたちのどこかにひそむ正当な学習要求となって存在しているのです。

それらを「性と人体についてのふしぎさ、知りたいこと」という形で直接ひきだしてみれば、学習対象となりうる問題がいっぱいあることがわかるのです。この問題を学習としてどのように組織だてるかはさておくとしても、これらの問題の底に流れている子どもたちの要求こそ、「わかる学習」への必要性と可能性としてうけとらなければならないと思うのです。

性の教育についての提言

ところで、こうした問題をもつ「子どもたちの性」に対して、教育はどのように対処すべきでしょうか。いま「性教育」という名でさまざまな試みがおこなわれ、各種の論議がすすめられているようですが、それらの実態を詳細に知らない私は、私たちの間でどれだけか試みたことと論じあったことから考えられる若干の問題を、私見の形で述べてみることにします。

その第一は、子どもたちと性の問題を、学校教育の今日的な実践的課題として正しく位置づけなければならないということです。

それは、今日の地域性をもふくめて、伝統的な習俗としての教育性（大田堯先生）を保ち、その地域の健全な発展を保障する国家社会であれば、性の異常性をもコントロールする（性の圧迫や支配ではない）機能を自然に保持するわけで、子どもたちの性の問題も、今日のように不自然で異常な状態をしめすことはないのであろうと考えられますが、現在のように、地域が失われ国家社会が退廃しているなかでは、学校教育が十分に教育機能を発揮して性を退廃とたたかう人間の問題としてとりあげ、実践的に具体化しなければならないと考えるからです。

今日の社会にあらわれている「子殺し、子捨て」の風潮は、性の無知（学習がわからない）とからんで、さまざまな異常事態をかもしだしています。たとえば、過日も新聞で報道されていた「中学二年生女子の出産と子殺し」などは、性行為だけが目的となっている状況を端的にあらわしている事例だと思います。それは子殺し以外に道を求めることができなかった人間の悲劇でありますが、この悲劇につらなる要素は、いまの子どもたちのすべての者に存在している性理解ではないでしょうか。

そしてこの場合、考えられることは、単なる性技術としての性知識が不足していたことに問題があるのではなくて、性が人間の問題としてまるごとつかまれていなかったところに、ほんとうの問題があるのだと思います。

学校は、子どもたちに基本的な知識や基礎的な技術を獲得させますが、その技術や知識を単なる道具としてだけではなく、生き方にかかわって得させることを本務としています。いま、子どもたちに性の問題を人間の問題として理解させることを学校教育の課題としなければならないと考えるのは、こうした理由からなのです。

その第二は、子どもたちの性の問題は、学校教育全体としての人間形成の問題として追究されなければならないということです。

このことは、学校教育全体のあり方にかかわることですが、現在の子どもたちの性関心が人間全体としての生き方と無関係に存在しているものではない限り、子どもたちの性の問題を学校教育全体のもつ問題としてとらえてみなければならないと思うのです。

学校教育が全体としてどのような人間を育てているのか、また、どのような生きがいを得させようとしているのかということをぬきにして、性の問題だけを正しくとりあげることはできません。あらゆる部分で、生き方とかかわりなく単なる知識や技術の問題として教育が存在しているのであるならば、性の問題もまた、そのようにしか位置づけられないと思うからです。

先にも述べたように、性の問題を人間の生き方にかかわる人間の問題として子どもたちにあきらかにさせることが大切である限り、第一に必要なことは、まるごととしての人間と、その生き方が理解されることだと考えるのです。ほんとうに人間がつかまれていれば、あえて性の問題などとりあげなくても（もちろん、性も人間の一部ですが）、性が快楽や不浄だけのものとしてとらえられないで、素朴であっても必要によって健康に理解されるものだと思います。

その点で、子どもたちの性関心・理解だけでなく、あらゆる部面での関心・理解が真に人間的になるためには、学校教育全体として性をふくめて人間形成の問題がすべての分野で総合的、具体的に追究されなければならないのです。

その第三は、子どもたちの性の問題を学校教育全体に解消してしまわないで、独自にとりあげ、実践が創造的に追究されなければならないということです。

前に述べたように、基本的には学校教育全体が人間を育てるという点で一貫性をもつことが性の問題をあきらかにすることにもなるわけです。けれど、今日の子どもたちの性の問題は、子どもたちにとってきわめて大きな関心事であるだけでなく、ほんとうのことがわかりたいという学習要求としてもつよいものになっている事実と、今日の学校教育の中心的な問題ともいえる「学習がわからない」状態の典型として性の問題があらわれていることなどに、さらに、中学生の胎児殺しや同棲生活、集団性交等の具体的行動となって子どもたちの人間的矛盾が深刻化している現実の中では、性の問題を大胆にとりあげて教育実践として具体化しなければならないと考えます。このことはまた、別のいい方をすれば、今日の子どもたちの性の問題は、人間としての矛盾の集中点となってあらわれているだけに、性の問題を通して人間を理解させることが必要で容易なのだともいえるのです。

このように、性の問題は、独自の教育課題として追究される必要を感じますが、その実践的具体化にあたっては、創造的な展開が大切だと思います。それはこの領域での実践が十分に一般化されていないということもありますが、真理を基本とした科学と道徳が人間の問題として具体的に統一されなければならないし、それがもっとも卑俗で私的な恥部のようにうけとられている関心事象を通して具現されなければならないからです。

その第四は、子どもたちの性の問題を学校教育の中で取りあつかうときは、学校教育の一般的な原則が適用されなければならないということです。

このことは、実践の中で具体的に明らかになることで、とりたてて申し述べるほどのことはないのかもしれませんが、ともすると、「性教育」ということで、教育一般の原則とは別個の原則を求めようとする向きがあるために、あえて付言するわけです。

私たちは、教育実践にあたって、子どもたちの生活現実とその中で内面の真実としてつかまれている生活実感をだいじにしますが、その実感が実感でとどまらないために、何よりも科学的真実としての科学の精神、内容、方法をも尊重します。さらに、科学が人間の生活に生きてはたらく力となるために、それが生き方にかかわって獲得されるように配慮します。こうした観点が性の問題についても適用されるべきことはもちろんですが、男女共学、普通授業など制度をふくめてもろもろの民主的な公教育の諸原則が生かされなければならないと考えるのです。

別の言葉でいえば、特殊化されがちな性の問題に、方向、内容、方法のすべてにわたって、一般的な教育原則をつらぬいた学習を具現することによって、真の教育的配慮をともなった人間の性教育ができるのだと思います。

性の学習における若干の問題について

ところで、この性の問題を実際の学習として具体化する場合に、もっとも困難で多様な条件に応じて創意を働かせなければならない点は、教育的配慮そのものにあると思います。そして、この配慮がほんとうにはどのようなものでなければならないかということは、実践のつみ上げによってよりあきらかにされるものだと考えられます。これまでに、私をふくめて私たちのまわりで実践されたささやかな経験となかまたちの討議のなかから、性の問題の学習における教育的配慮という点で共通的に検討してみたいくつかの問題を、思いつくままに記してみたいと思います。

第一は、性の問題をいつ学習として具体化するかという問題です。

これについては、きわめて一般的ないい方をすれば、子どもたちの問題意識と教師の必要性との関係で学習条件が存在していれば、年齢にかかわりなくいつでも取りあつかうことが大切だと思います。

けれど、性の問題について、生理の科学をふくめて集中的に学習化することが特に必要な時期ということでは、子どもたちが自己の肉体に性的な発達を自覚するころがいちばん適切ではないかと考えます。それは、女子が月経を、男子が勃起を自覚する小学五〜六年生と、男女ともに性ホルモン分泌が活発化し、女子が器官発達をし、男子が精通を自覚する中学二〜三年生、そして、性的発達が精神と肉体の双方において社会的に成熟しはじめ、性的欲望と興奮を自覚する高校二〜三年生の時期と思います。

第二は、性の問題をどのような内容の学習として具体化するかという問題です。

これについては、実に多様な実践がおこなわれていることと思いますので、それらから多くを学ばなければなりませんが、さしあたり基本的なものとして、つぎのようなことを考えます。

〔その一〕は、自然科学としての内容です。

その場合、人間の性を生物一般に解消してしまわないで、人間の性には種族維持をはかる生物一般の機能と行為が適用されるが、同時に、人間の性として生物的にも特性があり、それがどのようなものであるかを科学的にあきらかにすることが必要です。それには、サルから人間への労働の役割を基調とした人間の発達と人体の特徴とが、自然現象としての性の機能・器官・生殖行動をふくめて、ヒトの性の中で具体的にあきらかにされることが大切だと思います。

〔その二〕は、社会科学としての内容です。

人間社会における男女両性の社会的、人間的役割と、性のもつ社会的意味をあきらかにすることが大切だと思います。そのためには、「原始、女性は太陽であった」といわれるような母系制氏族集団から階級社会に変化・発展する中での、男性と女性との関係の変化と矛盾、そして社会体制の変化にともなって変遷する男女観、性観念、性様式など、さらに生産とのかかわりでとりあげられてきた庶民の中につらなる性の意味など、人類・民族の社会発展の歴史を裏づけとした性についての理解が、科学的、具体的になされることが必要だと考えます。

〔その三〕は、芸術としての内容です。

人間の生き方と男女の愛情とにかかわりながら、性のもつ人間的価値とその美しさ、その醜さなどを、芸術を通して理解させる必要があると思います。それには、文学・美術・音楽などの作品を通して、人類・民族が文化的所産として形象化してきた性の価値を具体的に理解することが大切だと思います。

〔その四〕は、保健としての内容です。

身体の発達にともなって生ずる生理現象としての性についての健康を保持し、性機能を健全に発達させる必要をあきらかにしなければならないと考えます。その場合、肉体に生じる性的現象については、人体の特性としての精神と肉体との関係から、正しくその現象に対処し「病《やまい》は気から」のように、不安・動揺が先行して性の健康をそこねることのないような理解が必要だと思います。そのためには、医学、体育学、性科学などの見地から性を理解するとともに、健康保持のための必要な方策・技術を科学的にあきらかにすることが大切だと考えます。

第三は、性の問題での学習における用語の問題です。

これについては、美しいひびき、新しいイメージなど、新造語の創造をめぐっていろいろの論があるようですが、子どもたちが日常的に理解し、使用している用語（俗語としての社会的に生きている言葉）を無視してはいけないと考えます。

それは、今日の子どもたちの性問題は、もっとも日常的な用語に集約されて内容がつかまれ、観念が形成されているからです。それが実際には卑俗なひびきをもち、科学とは無関係にうけとられているにしても、性の実感と関心がその用語を通して意識されている限り、その用語をぬきにして性問題をほんとうに理解させることはできないからだと思います。

このことは、だからといって、俗語だけを用いるべきだというのではありません。学術用語も外国語も、科学的、社会的理解の所産として教えなければならないことは当然です。

いわば、俗語の内容に科学を与えることによって、卑猥でしかないとうけとられている俗語を健康な俗語として位置づけ、その基礎の上につぎの発展を考えさせることが必要なのだと考えるからです。

第四は、性の問題の学習形態としての、男女共学の問題です。

今日の子どもたちの性問題は、一般的な人間としての矛盾の集中点のようにあらわれているだけでなく、男女の人間関係における不平等の集中点としてもあらわれています。

これは、社会的、歴史的に形づくられてきたものでありますが、特に今日の社会では、性を商品化することによって、この矛盾に拍車をかけています。それだけに、民主的な学校教育においては、この矛盾の意味をわからせ、男女両性の肉体的特性と人間的平等性を理解し自覚させるためには、この問題についての学習で、内容、方法、形態ともに男女平等をつらぬくことが必要だと考えられます。

このことはまた、別のいい方をすれば、今日の子どもたちの性の問題を学校教育として具体化するには、男女共学でおこなえる内容と方法にこそ今日的意義があり、そこに重点をおいて実践が検討されるべきだということになるようです。

第五は、性の問題を学習する場合の子どもたちと教師の関係の問題です。

これは、日常のあり方をぬきにしては考えられないことですが、相互が人間的にも教育的にも信頼しあえる関係をつよめることが特に大切だと思います。

前述しましたように、今日の子どもたちの性の問題は、人間の矛盾の集中点のようにあらわれているわけですから、この問題にふれることは、子どもたちにとっても、教師にとっても、自らの人間的恥部をさらけだすような問題としてうけとられていることが多いわけです。それだけに、この学習にあたっては、科学的真理と事実に対して平等の立場をとりうる学問的な信頼関係が、日常の人間関係としてつくりだされていることが大切だと思います。そうでなければ、性に対してほんとうにまじめな人間の問題として学習をすすめ、そのなかで性の退廃をつきぬけ、人間的自覚と自信をつよめる結果を生みだす保障はないのです。

第六は、性の問題についての教師自らの問題です。

これについては、僧侶と教員がいちばん助平だといわれるように、教師は師の名において性を健康なものとできない職業的とまどいがあるようです。けれど、ほんとうの問題は、教師もまた今日の社会的退廃の中で性体験と性観念をつくっているし、それが科学的に武装されず、社会的展望を十分にもちえないでいるところにあるのだと思います。

万葉の古人のように、自らの性をおおらかにうたいあげるだけの明るく健康な心情を、教師が自らの内につくりだすことが必要だと思います。そして、時には、精通経験のある中学生が、自らの精子の動きを女子生徒とともに顕微鏡でたしかめながら、神秘ともいえる人間の生命の科学を、美しさときびしさへの感動をこめてたのしく学ぶ明るさは、また、教師でなければ組織できない仕事であると思います。

＊勉強は「できるけれど、わかっていない」子どもたちの状態は、性についても同じことが言える。そして性についての誤った情報が氾濫する中で、子どもたちは不安

を感じ、あるいは問題行動を起こしかねない事態が進んだ。中津川教育研究所はこの問題を重く見て『研究紀要第二集』「〈ある調査報告〉今日の子どもたちと性――その教育についての提言――」として取り上げた。本稿はその中に掲載されたものの一部である。その後石田は本格的な思春期の性教育に取り組んでいく。

◆論文5（一九七四年）

地域に根ざす教育

生活破壊と子どもの状況

一九七三年は、大変な年で、異常な品不足と激しい物価高によって現わされ、人びとの生活が極度に破壊されたことが誰の目にも明らかになった年でした。これは、戦後支配の矛盾が凝集してどっと現れたもので、逆にいえば支配のもろさのあらわれです。「けんらんたる貧乏」とはいわれてきましたが、昨年の暮ほど急激に現われた年はなかったように思います。自動車はあるけれどガソリンがなく同時にトイレットペーパーがない。自動車持ちがトイレットペーパーなしということがこの日本で起きたのです。

これは、経済や政治のうえで集中して現わされたものですが、教育のうえでもそれに似合ったかたちで現わされていると思います。

しばらく流行した、三無主義とか、六無主義（無気力、無関心、無感動、無能力、無学力、無責任）で子どもがとらえられていましたが、一方では、スリル、スピード、セックスには関心が高く、人間として無気力、無関心、無能力ではなく、非常に有能性を発揮し、積極的です。これは、みんなが期待する積極性ではなく、刹那的で享楽的ですが、そこに爆発的エネルギーが発揮されていきます。そこには、人間として生きたことを実感したいというものがあると思います。方向としては、まちがっているし、傾向としてはいいとはいえませんが、やはり子どもたちが、怒ったり、悩んだりという、人間として生きたいという願いを今の体制の中で現わしたものだと思います。

結局、ものごとを見たり、決めたりする多様な価値をバラバラにもっており、人格として統一しきれないで生きていると思います。一方からいえば、人生に絶望という爆弾をかかえ、いつささいな動機で自爆するかも知れないといったものです。

一昨年から、昨年にかけて日本の青少年の非常に多くの自殺があり、世界一の自殺国になっていますし、低年齢化しています。小学校二年生の子が遺書を書いて自殺した事件がありました。人生わずか九年で自殺するという絶望的な状況が底にひそんでいるということです。自殺した子だけが絶望しているのではなしに、どの子もほんのささいな動機でいつ自殺するかわからないというものが含まれていると思います。子どもばかりでなく、老人の自殺、心中、子捨てなど、まさに人間そのものが絶望した状況をもたらしています。

人間の絶望がすすむ傾向は、地域の地方化といわれるように、地域の破壊が急速にすすんでいるあらわれです。高度成長政策と、そのための人づくり政策、中教審路線政策の破綻の現われであり、人間の基本的生活が破壊されてしまったところでおきた矛盾だと思います。

地域とは民主主義の定着した場所

こわされた「地域」とは何かですが、教育という目から見て地域とは、中津川市教育委員長三宅武夫先生は、「地域とは立場で、自分の身が立つ場所で、立ち得る範囲が大きくなればなるほど地域は当然ひろがっていく、いいかえれば、自分の一種の立場なのだから一定の囲いの中にあるものだ」と、いってみえます。東京大学の大田堯先生は「地域は、民衆が抵抗し、自衛しながら生活を創造する場所」と規定されたようです。私ふうに勝手に翻訳解釈してみると、人間の歴史的発展の中で、人間としての基本的な生活を身につけていく場所で、人間の歴史的発展の中で蓄積された人間の基本的資質というか、基本的な生活を身につけていく場で、教育の上で地域は大きな意味を持つもので、その内容は、人間として実感を持つということです。まさに人間的実感を持ち続けながら、自分が納得できる生活が存在する場所だということです。別な意味でいえば、嫌いなこと、好きなことでも選択すればいくつかありますが、嫌いなことをしても納得して、そうした状況に、自分の中で一つ越えていける生活が存在できるというところで、地域というのは、民主主義をつらぬいているところです。生活の場で民主主義が存在しなければ、人間的な実感とか、自分が納得できる生活はないわけで、民主主義が、歴史的に定着している場所であり、そこが破かいされるということだから、人間として、不安定になる状況を生み出しているのだと思います。

地域が教育する力を持っている

「地域に根ざす教育」は、歴史的につくり出されてきた所産である人間の基本的基礎的な生活、いわば、労働、生産、言語、習俗、慣行というものが存在する教育で、人間の一番生活の土台になる生活がそのまま現われる教育です。内容として一番大事なことは、人間の内面、心の内側の問題で、一つは「生きがい」の問題です。生きがいとは「やる気」で、自発性といわれますが、実際には「やる気」ということです。もう一つは、連帯です。「つれ」です。「やる気」と「つれ心」がいつもきちんと安定している生活が、「地域に根ざす教育」でつくり出されなければならない問題です。

地域の生活は、非常にのろまで、同じことのくりかえしです。しかし、のろまで同じことをくり返すようにみえても、そこに人間としての発達を自然にうながす有効なものが、地域の生活にあったわけです。今の子どもにはそういうものがなくなってしまっています。のろまにみえたり、同じことをくり返し、反復しているようにみえたりすることに、自然の発達を促して、人間を発達させる生活があると思います。

本日の集会資料の中にも、小さいときの水あそびをめぐっておかあさんが書いたものがでていましたが、水あそびひとつとっても、同じ川で毎年泳ぎながら、一年ずつ深みに行きます。あそこの淵で泳げるのは何年生で、何年生になると、あの淵から飛びこめるようになる。あそこで泳ぐのは、何年生でないとむつかしいというように、自然の中で同じ場所で、同じように毎日あそんだり、暮しているけれどそこでいろいろな発達が促されていったものです。それは必ずしも何メートル泳げるかとか、浮いて早く泳げるかというとらえ方ではなく、水というものを体を通して知っていく、水の性質を体がよく知っていて、あの淵はうずがあるから何年生にならなければいけないとか、あそこの飛びこみ場所はせまいし、下の方が深くなっているから何年生にならなければ無理といったとらえ方で、水の性質を自然に知っていくというようなことがその中にはあったわけです。このように、のろまではあるが、生活を成り立たせていた地域は、地域そのものに教育する力があったと思います。

「黄金の日没時」という言葉があります。子どもがほんとうに子どもになっていくのは、あの日暮れどきの自然との接触です。しかしこうした自然との接触は、非常にのろまなものなのです。今日の子どもたちの生活は、極度に中央集権化された社会、文化が直線的に子どもたちの中に入りこみ、それへの反応は非常に速いけれど、その反応の効率性だけの能力や発達が規制されてくると、何にどう反応させるかという内容はぬけて、無駄や無理のない工場のＺＤ運動ともいえる軽薄な生活で、スピードがあるようにみえますが、薄っぺらな生活が準備されていきます。その準備された生活の中で、子どもたちは、内面の不安を感じていくようになると思います。内面の安定感を持ち得ない現実に対して「地域に根ざす教育」を考えてみる必要があると思います。

そのひとつとして、例として適切ではありませんが、「言葉」を例にしてみますと、ぼくは小学校五年生のとき、中津川から飛騨の下呂へ転居しました。そこで一番困ったのが言葉でした。人を呼ぶとき中津川言葉で「オンシ」と呼ぶけど、全然わかってもらえません。むこうは「ワリャ」っていうからです。言葉が普通に使えるということは、どんなに重要なことかと、地域の持つ重みのようなものをそのとき感じました。「オンシ」では異国人になるわけです。「ワリャ」と自然に言えない。「ワリャ」と言ってはみても、内面がなければつかいきれない。それが言葉というものです。テレビから「ちょっとだけよ」が流行して子どもたちはさかんにいうが、それは、テレビ的な文化にしかなり得ません。ほんとうに生活の実感を持つ「ワリャ」の言い方とか、アクセントなど身につけることは大変なことだと思います。ぼくは山の中の木にむかって「ワリャ」という言葉を練習した覚えがありますが、それほどまでにして自学自習しましたがやはり「ワリャ」というのが相当恥しかったことを覚えています。また水泳ぎについても、中津川ではパンツをはいて泳いでいましたが、そこではまだフリキンでした。それに慣れるのに大変でした。それができるようにならなければ「ワリャ」とはいえないわけです。

このように、地域のもつ伝統は、なかなか身につかないものです。生活を持つということは大変なことで、真裸にならなければなれないものだと思うわけです。

今の子どもたちがつかう言葉の裏に、どんな重い歴史があるのでしょうか。自分の歴史もふくめて、淡白な軽妙なかたちでものごとが処理されてしまっています。

「ワリャ」というまでの自学自習は、学校の点数には出てきませんが、ぼくの人生には相当に大きな影響を与えています。成績のいかんにかかわらず「ワリャ」を身につけなければ生きていけない、そうした経験は、いろいろな意味であとに生きていると思います。

このように、生活から学んでいくものは、重いものです。例えば、人間として、「我慢」を覚えるとき、「我慢」という言葉はよく知っているけれど「我慢しなけりゃいけない」「ぼくは我慢する」と、「我慢」という言葉が先にたって、我慢の中味はなにもないという状態は随分あります。「我慢」は、人間としての論理を身につけていく我慢を、実際の生活を通して身につけていかねばならない問題だと思います。

こうした点から考えると、生活破壊ということは、自然や、生活様式を変えてきただけでなしに、派手ではありませんが、何ものにも耐えていける生活を一挙にくずしてきてしまったといえます。

中央の事情で、いっきに地域の生活様式が変わってしまうことが、先日の石油危機がもののみごとに証明しましたが、いつまでもいろりに火をたいていなければならないということではありませんが、重厚な地域の生活があったなら、石油くらいであのようにおびえなくてもよかったのではないかと思います。中央の事情で石油がどうかなれば全てがこわされてしまう生活、テレビがなくなってしまえば、まったく娯楽がないという子ども、いや子どもばかりでない家族が随分あると思います。そういう現実でいえば、手づくりというか、自分たちの手で創っていく文化の基盤がこわされてきていると思います。

あの石油危機が石油だったからあれくらいですみましたが、もし米だったら（米の現在の自給は半分程度、食糧そのものが四〇%くらいしか自給できない）どうなるのか。『日本沈没』という小説がよく売れるように、そういう危機をいつも持っており、そういうもろさを地域の破壊がもたらしています。それは同時に、人間の内面においての安定性を失ってきているのです。

もっと、自然との接触を深めながら自分の体で創りあげていくという重い生活で鍛えられた「やる気」と「生きがい」で人間同士を信頼させていく必要があると思います。けれど今は信頼感がまったく失なわされてしまっています。

人間信頼の教育は地域で創り出せる

教育の持つ基本的な機能は人間への信頼です。ものごとが理解されるということは、人間が理解されるということであり、人間が信頼しあえる基礎は、人間が信頼にたるものであるとみていくことです。

人間関係やものごとが正しくみていけないということは、地域が失なわれ、生活が失なわれてきていることからきていると思います。それは、生活の量が失なわれたということだけではなく、生活の質も失なわれてしまっているため、生活の中でしか得ることのできない人間の質そのものが結びつかなくなってきています。

教育と生活が分離してしまった問題が、さまざまなかたちで地域やふるさとをつくり出している課題としていわれています。

その中で、一番危険なものが、都知事選のとき、自民党側が持ち出してきた「東京ふるさと計画」といったものだと思います。このあいだ、ＮＨＫテレビの「ふるさとのうた祭り」で、「とうきょう・ふるさと」をひらがなで書き、「東京にはふるさとがない」としきりに持ち出していました。これらの「東京ふるさと計画」に象徴される「ふるさと計画」は、経済同友会が、今日の社会的危機に対応して資本家を中心にした支配体制維持のために「ふるさと」をつくらなければならないといっているものです。その「ふるさと」とはどういうものかというと、街の真中に立派な市民広場という公園をつくり、そこへみんながいって愉快にお話ができるような場所で、企業が率先してやらなくてはならないという運動として提唱しているものです。

街に高層ビルを建て、人間を空へ空へとおいやり、地上にみどりや水を持ってきて、そこにみんなが集まり、花火や音楽を楽しもうというイメージになるかと思います。昔の、熊さん八っつぁんのあの長屋は横に列んでいましたが、今の長屋は、厚い壁の中にしきられ、縦に並び人間が孤立するかたちで、人間の連帯ができにくい状況になっています。そこにかたちだけ「ふるさと」めいたものをもちこんで、古い郷愁をさそいだそうとしたり、行事を復活させ情緒を描きだそうとしても、それは人びとの心を安定させる「ふるさと」にはなり得ません。もっと基本的に地域をとらえなおしてみなければ、地域というものは創られてはきません。

地域のとらえなおしは、地域と人間の基本を教育の原点としてふまえ、生きがいと連帯のある生活を創出していくことをぬきには実際にはなりたちません。

地域に根ざす教育の創造――わかる学習――

生きがいと連帯の生活が重要な内容となる「地域に根ざす教育」を創造する今日的意義をふまえて、私たちの東濃民主教育研究会は「生活に根ざし、生活を変革する」ということを主要なテーマにしています。「生活に根ざし、生活を変革」することが「地域に根ざす教育」のなかみだと考えています。「地域に根ざした教育」をすすめていくときの課題は、人間の生きがいと連帯だと先程申しましたが、そのいちばんの基礎は、ものが「わかる」のか、「わからない」のかにつきると思います。

「期待される人間像」には「人間にとって、個人は自由であり、自由でいちばん重要なものは自発性」だとあります。いいかえれば「やる気」です。「やる気」が人間を自由にする基本といっています。そのかぎりでは私もそうだと思います。

自発性の内容は自由で、自由には、自由と責任があり、責任を果す自由というのが期待される人間像の論理展開の方法ですが、自発性の論理や思考は「ものがわかる」「自分がわかる」ということがあって出てくるものです。期待される人間像でも、人間の気持が大切だといっていますが、自発性は自由であり半面責任があるといっている。しかし、そんなものではないと思います。自発性は「わかる」ということが基礎になってはじめて自発性といえます。

今の日本の教育の大きな課題は「わからない」ということであり、「わからない」ということほど教育の頽廃の条件はありません。

教育という仕事は「ものがわかっていく」ということであるのに「わからない」者がだんだんふえている現実が問題なのです。

「地域に根ざす教育」の中心的今日的課題は「わかる学習」を実際に創造していく仕事になると思います。

「わかる」ことが、教育の根幹であり、これがなければ教育になりませんし、「わかる」ことがなければ「自発性」は出てきません。「思考力」とか「論理的思考力」とかいわれますが、結局は「考える」ことをぬきにして「自発性」は出てきません。

このように、「ものごとがわかる」ということをどうとらえたらいいかということが大きな問題で、国民的問題でもあり、「わかる学習」を創り出すことが国民的教育要求の中心的な内容だろうと思います。

学習が「わからない」というのは戦後教育の凝集ということですが、いってみれば戦後三十年にわたって行われた教育、明治からいえば学校教育百年になりますが「わからないものがふえている」という現実は悲劇的であり、この「わからない」ということは先生の教え方が悪いというだけでなく、教育の制度や内容・方法が持つ矛盾の結果として「わからない」わけです。そして、あの先生だからわかるとか、わからない、あの学校だからわかる、わからないという問題ではなく、ひとつの方法で解決するというようになかなかいかないところにこのえらさ（難しさ）があり、運動が必要であり、さまざまな実践が自由に展開されなければならないと思います。

創り出す仕事は、あらゆる民主的な教育の原理・原則、あるいは遺産が教訓として生かされなければなりませんが、「わかる学習」は原則的なものでなければなりませんし、原則的ということは創造的なものです。「わかる学習」の基本的、原則的ということは「生きがい」にいいかえられるし、自発性と仲間としての連帯性が発見されていくものです。そして自覚され、意図的に発展されるものが学習の内容と方法、評価として生かされることが必要だと思います。それも、学校で原理として生かされるということだけではなしに生活として具体化され、生活に具体化されたときにわかるものだと思います。いってみれば、生きがいや連帯性が発見され、自覚され具体的な生活の場で生きて使われ、さらに原理・原則として高められる作用があって、ほんとうにわかっていくと思います。

「地域に根ざす教育」の実践

「地域に根ざす教育」の具体的実践ですが、時間と資料がないとくわしく申し上げられませんが、ここ数年来、この地方では、生活綴方、教科による科学性の具体化（科学的系統性）の実践、自主的教材の作成、労働と生産を学校で組織的に扱う生産教育、「手づくり教室」といった伝承文化の教室など、あちこちの学校で行われています。また昔あった左義長といった行事を地域や学校も新しく再現する仕事、一年生から六年生まで縦割部落別チームに編成した運動会と、随分いろいろな実践が報告され、成果をあげています。

これらはすべて、わかる学習につながる、地域に根ざした教育創造の仕事なのです。これらの実践をこと細かに報告するとよいと思いますが、こうした実践がどのように必要かということのひとつの例で申し上げますと恵那郡山岡町の先生の話ですが、部落別に学校行事を組んでいったら、子どもたちは生き生きと能動的であった。夏休みに、ヘビが蛙を飲んでいるのを初めて見たといってびっくりするのが、一年生も六年生もみな同じだったそうです。実際に高校生だってそれを見たことのない子がたくさんいると思います。山の中で馬鹿なと思うけれど、そういう生活になってきています。いろいろな実践のもっている価値をもう一度みなおしてみる必要を思います。

もう一つは、もっと意図的に行われた話で恵那郡付知小学校の「畑つくり」の実践です。

一年生に、ものを作り出す力と、ものを大事にすることをなんとか具体化しなければと「ものづくり」として、みんな力を合わせはたらき、食べられるものを作り出す喜びを知らせようと、五月の初めに問題をなげかけたところ、「すいか」「トマト」「いちご」「きゅうり」と出たが、いちばん世話がかからなくて成長もよくわかる観点から、「とうもろこし」と「大豆」をつくることで話がすすめられました。

そこで種まきをする。数人の子が種を持ってきた。

「先生、トウ菜ノ種　水ノ中ニ入レテマクトイイッテオバアチャンガ言ッタニ」（とう菜はとうもろこしのこと）

という話で、とうもろこしを一晩水の中に入れ、次の日、給食をすましてから種まきにかかる。たかしは給食がおそくなったので

「畑におるで　早く食べておいで」

と言って畑へ出る。

種まきをしてしまっても、たかしの姿がみえないので行ってみると、もう家に帰ってしまっていた。夕方、たかしの親から電話があった。

「〝ボクハ　種ヲマカナンダデ　明日　トウ菜ガ食べレンモ〟といって泣いているけど、なんのことかわかりませんが何ですか」

という。わけを話し、たかしに

「なんで帰ったの」

というと

「畑ガドコカワカラナンダモンデ　ミンナ家へ行ッタト思ッタ」

という。何度も一年生を受け持ってきたが、このような失敗は初めてだ。〝うっかり先生〟であることを反省したが

「とう菜は、芽が出て大きくなってからしか食べられない、夏になって水あびの頃しか食べれんよ」

と話すと、

「マンダ食エンノカ」

と、やっとわかってくれた。

種をまいたら次の日食べられると思っている。やることなすこと子どもにとっては、とにかく未知の経験で、その過程が大事と考え次の日、たかしにも種をまかせた。

種まきをしてから、毎日青いものが少しみえると

「先生、芽ガ出タ」

というので見にいくと草がちょっと顔を出している。十日ほどで本ものの芽が出た。子どもたちは目をかがやかせながら

「フムナヨ　フムト　トウ菜食べレンゾ」

と注意し合った。豆がこぼれて土をかぶせようと思ったら、芽を出しているのをみつけ、豆が割れた間から芽

が出ていると大発見である。双葉がでたとき
「豆ダッタトコガ　葉ニナットルナ」

「コノ葉ッパ　豆ノ形シトルシ　固イニ」

と、経験でいろいろわかった。畑へ行くたび
「豆ノ葉ッパ　三ツイッショニ出トルトコト二ツイッショノトコアルニ」

「葉ッパニ　穴ガアイトル」

「虫ガオル　豆食ベチャウデ　ヤッツケレ」

などまったく生き生きしている。草取りしながら「草なんでとるの」と聞くと
「キレイニ　センナランデ」

「草ト豆ト　イッショニ　ナッチャウデ」

　とかいう。草の根が肥をすってしまうことがなかなかわからない。そこで土の勉強をする。川原の砂、運動場の土、畑の土とくらべて知っていることをみんなで話し合い、そこでわかったことは、畑の土には栄養があるので、ミミズや虫の幼虫がいることがわかった。草取りをしていてミミズが出てくると悲鳴をあげていた子も、しまいにはうばい合いでつかんで、池に走って池の魚にやるようになった。

「豆ニモ　トウ菜ニモ　ゴ飯食ベサセナアカンニ」

「豆やとう菜のご飯は何か知っとる」

　と聞くと、水、肥料、おしっこ、うんこなどといい、「豆ハ灰ガイイヨナ」などということを子どもがまた家から聞いてきていう。

「灰ってなに」

灰を知らない子がいっぱいいる。するとまさふみ君が
「火ヲタクト　赤コウナルラ、ソノ次ニ黒ウナッテソノ次ニ白ウナッテ残ルヤツ　ソレガ灰」

学力がある。人に説得できる。とにかく灰ということだけ知っていても、ほんとうにそのものを知らない子がいるわけです。まさのりの説明を聞いて、

「アア、ソンナラ知ットル」

「家デ　ゴミモヤスケド　ソンナ灰ナンカ　チットモデテコヤヘンヨ」

　まさにビニール時代である。次の日、まさのりが家から灰をいっぱい持って来た。みゆきがとうもろこしの肥料にと鶏糞を姉ちゃんに手伝ってもらい、遠いところから持ってきた。鶏糞の中から蛾がたくさん出てきて蛾騒動になった。

「鶏ノウンコ　アリンコ　好キヤナア」

さっそく畑へ持っていって
「コンドカラ　コヤシ持ッテ来タラ　下駄箱ニオイトイタ方ガ　イイナア」

と、蟻をつぶした。

とうもろこしの花をみた。細い白い花がひらひら重っていたら、家で畑や田を手伝うもりいちが、親に聞いてきたのか、

「コレニサワッチャアカンゾ　コレガナイトトウ菜ナランゾ」と、いった。

七月に日照が何日も続いた。水のことは誰も気づかない。

「みんな暑いで、何回も水飲みたいっていってるけど、とう菜も飲みたいって言っとらへんかな」

というと
「アッソウヤ　トウ菜　足ガナイデ　水ヲ飲ミニ行ケン」

といい、それから毎日水かけをした。

とうもろこしの成熟は、夏休みに入ってからだったが、夏休みの登校日にみんなでゆでて食べた。

「コンナウマイトウ菜ハ　初メテヤデ　家へ残シテイッテヤル」

と、食べたいのを我慢して残していった子もいます。

枝豆は、二学期にはいってから「十より大きい数の勉強」でさっそく使えた。

「先生　豆　フクランドルゾ　モウ食ベレルニ」

ということで
「そんなら、かんじょうして三十六ずつ取っておいで」

というと、真剣に数えてとってきます。取って教室に入り「もういちど数えよう」というと、何度数えてもわからなくなる子がいる。どうしたらいいかということで、十ずつまとめて、ばらはばらでならべるということがわかり、ならべて数える。たらない子は、何回も畑へ走って行ってとる。それで、十ずつのまとまりと、バラの勉強をし、ゆでて食べた。食べるときも、さっそく殻を十ずつならべていくつ食べるか数える競争で食べた。

大きい数に興味を持ち出したので、一本の木にいくつの豆がついているかも数えた。一つの種からこんなに沢山の豆ができたということが実感としてわかったようだ。

豆の枝で、バリカンやヘビを作ることを知っている子がいて、みんなでバリカンやヘビをつくって遊んだ。

畑がせまいので、すぐそばに、かにのいる溝に興味がわき、草取りのときに行ってしまう子がいたりするとみんなが気がついて
「コラ　トウ菜　食ワセンゾ」

と、呼んだりする。みんなといっしょにやりたいという集団の初歩的な力も、この畑つくりを通して身につけたように思う。

という実践で「算数も理科も、集団づくりも身についていく、低学年の教育は総合的なもので、生活綴方の土台である、自分の体をつかって、自然や社会に対してはたらきかけるということと同列ではないか」とこの先生は報告してみえますが、「わかる」ためにはいろいろあり、体を通して「わかる」わかり方は今の子どもたちには驚きなのです。

「わかる学習」実践の教訓

「わかる」ための研究はまだなされなければなりませんが、いまあげた実践もふくめて、いくつかの実践からの教訓を次にのべてみたいと思います。

そのひとつは、「わかる」ということは、感覚器官を通して確められたものが基礎になるということです。感覚器官を通すということは、五体を通して自分の体で覚えていくことであり、言い方を変えれば、生活の実感を大事にし、実感をもとにものが考えられていくということです。

二つめは、概念を自分の力、言葉でとらえることができるときです。概念は言葉として生まれ、言葉で表現されます。東大の大田堯先生の「地域に根ざす教育」という講演の中で、「言葉は大切で、人間が言葉の主人公にならなければならない」といわれました。自分の力でとらえるということは、自分の言葉でものがわかっていくということですが、言葉はわかるけれどもものがわからないという現実があります。事物が自分の言葉でわかるということが「わかる」ということなのです。

さらに「わかる学習」とは、生活にもとづくもので、生活の中にこめられたものですが、生活とは集団的思考のぶつかりあいで高められるもので、集団をぬいたら、「わかることにはなり得ません」。集団思考で時間をかけ、順序正しくていねいに教えていくことだと思います。そして、そういう教育は、無理や無駄のあるものです。もう少しくわしくのべてみます。

ありのままな事実をありのままに

「わかる学習」の基礎は、あたりまえのことをあたりまえにみること、ありのままの事実をありのままにみつめさせることです。

子どもたちは、自然や家庭が破壊され、あそびや労働から見離され、人間としてつり合いのとれた発達ができる条件を失っています。そこへ、つめこみ教育と丸暗記教育、テレビの情報への反応だけが、あたかも認識であるかのように入ってきます。しかし、それは認識にはなりません。認識のもとになる感覚の正常な訓練が妨げられ、感覚そのものが麻痺しているという問題があります。

生活点における集団化

「わかる学習」の集団とのかかわりは、生活をする場所に、生活集団である「つれ」をつくり出すことが基礎になると思います。

人間が社会的に存在している自然の集団は性別、年令などが混成した縦の集団です。しかし現在はそうした基本的な集団が、子どもたちのところでもなくなってしまっています。

地域が破壊されてしまっているから、子どもたちが家へ帰ったときの集団がなくなり、生活する場に集団がないから、地域の生活が成りたたず、自然な集団がなくなってしまっています。

強制され、統制され、今日の差別の体制に学級集団もくみこまれてしまっています。

学級ではどうにもならない子、自からなにもできないと決めている子が、地域別集団を基礎にした運動会では最上級生として、涙ぐましい努力で小さい子の世話をし、自分も一生懸命がんばったというのです。学級では、走ることでも、誰が速いかすでに決っていて、能力による差別の形態を子ども自身すでに持っています。地域へいくとそこがなく、能力とか、効率という枠から離れ、人間というものを知りあったり、援助と協力という関係がつくられ、ほんとうの個性が生かされ、個性が保障される場所で、それが昔の「つれ」なのだと思います。

人間の教育として一番原則的、初歩的、原理的な実践上の問題をかかえている障害児の教育問題（乳幼児の教育問題もそうだと思いますが）は、より原則的でなければなりませんが、京都の与謝の海養護学校の報告によると「子どもたちにとって基本的基礎的集団は縦割りの集団」とありましたが、「地域に根ざした教育」を考える場合、集団的な生活ができるかどうかが大きな問題で、「民主少年少女団」というようなものもあるし、豆学校の教訓もありますが、集団的伝統に「つれ」といわれる集団を、いまどうつくりだすかという問題です。

地域の集団での特徴は、管理がなく、差別がありません。民主主義が具体的に存在する場で、能力、個性がみんな認めあえる「つれ」で、そういう「つれ」でなければ「つれ」になりません。

昨年から具体的に実践されている子ども交流会というような行事は、ともに生きるための協力といたわりを定着させようと、クラブ活動とか部活動ではない、生活点における集団化がねらわれたものです。

「地域に根ざす教育」は憲法と児童憲章の具体化

「地域に根ざす教育」で、もうひとつ申し上げたいのは、子ども達のバラバラで不統一な価値観を、統一させていく基礎をどこに持ったらよいのか、価値の基準は何かということです。それをぼくは、憲法や児童憲章の立場の具体化にあると思います。主権在民、基本的人権の尊重、平和と国際連帯の精神、平和と友情の精神を、具体的価値を与えていくことだと思います。「一＋一＝二」をわからせていくと同時に主権在民も同じ基本原理としてとらえさせなければならないと思います。

　価値観の欠除している、もしくは存在しないともいえる部分は、「性」「政治」「生活」の「三つのセイ」だと思います。生物本能につながる性は、本能的には動くが価値観がない、価値基準がないから、非常な乱れをもたらしているのだと思います。次に、人間の基本的要求、人間が人間になっていく鍵は政治的な要求です。その政治にたいする価値観もスポイルされており、政治については全然関心がありません。したがって、生活の基本である生きる値打ちが価値としてとらえられない生活そのものに問題があります。そういう意味からいえばこの「三つのセイ」にもっとメスをあてていき、価値を発見させなければ本当の価値はわからないと思います。「一＋一＝二」は真理だということといっしょに、自分の肉体的本能の価値も真理としてわからなければなりません。

　一方でいま、「愛」がわからない。男女の「愛」だけではなしに、人類の「愛」、祖国の「愛」もわからず、生物的本能だけがむきだしになっています。「愛」がわかる価値は、憲法と性とか、生きる値打ちというように直接的に説明するわけではなく、具体的にとらえていかせますが、人間の基本的意識としては、憲法の立場でとらえなければなりません。

　だから、もっと、政治的に目を開かせ、生きる値打ちを自覚的につかませ、生きるめあてを持って生きる力を自分の体の中で展望できる立場を持たせることが必要です。主権在民ということはそういうことだと思います。

　自分の中に生きていく権利、生きていく力をみつけだすことがなく、自分を生かすも殺すも他人さまでは主権者になりようがありません。

「地域に根ざす教育」は国民の教育権の確立の具体的な仕事

「地域に根ざす教育」を、今日的課題とした場合、実際にどう実現していくかという問題は、子どもの学習権、父母の教育権、国民の教育権確立のための具体的な仕事であり、個々の教師の努力ということでなしに、学校全体の方針として、学校全体にひろげ、さらにいくつかの学校が集まった地域での学校群の問題として広げていくことが、その活動と内容になると思います。

今日、特に、教育内容の分野での活動で、「わかる学習」の創造は、新しい地域づくりの教育内容の仕事で、当然、父母、市民といっしょに創りあげていかねばならず、新しい今日の情勢にあった教育運動をひろげていかねばならないと思います。

この地域で一九七二年に開いた「中津川の教育百年展」は、地域民衆の教育百年を整理展覧しました。地域に生きた人びとの、生きた教育経験を、事物を通して結集したものです。それは、自分の教育経験を出し合い、生きた事物で地域に根ざした教育を、教育基本法の立場で再編成して、教育とはどういう意味を持っているか、地域の中にある教育はなにかをさぐりあてようとしたわけですが、次の年（一九七三）さらに教育百年祭の成果をふまえ、「秋の教育祭」としてくりひろげられたいくつかの運動のしめくくりとして、地域に生きた生活経験を記録し、資料を集め、そうした生きた生活の中にある教育性を発掘しようとしてとりくんでいるのが、「中津川の民俗」の調査と記録運動です。

地域の人びとがもっている教育経験や教育力を、あますところなく発掘する仕事は、民衆の求めている教育をくみとる仕事として大切です。

教育要求は他にもいろいろあり、例えば、「乳児保育所をつくれ」「保育一元化のためにどうしたらよいか」という条件整備もありますが、そうしたさまざまな具体的教育要求を、広くて厚い底辺での運動を持ちながら、その土台の上に花開かせ、おたがいに作用させながら発展させていくわけです。

こうした経験は、中津川市では「市民参加の教育」として「中津川教育市民会議」として結集されようとしています。

それはさまざまな教育運動をする団体の総結集体で、広範な市民の教育での統一点をみつけていこうと、この二〜三年来の運動の成果としてすすんできています。こうした活動が、地域で広がる大きさだけが地域に根ざす教育、わかる学習の発展と結びつくという関係を持っていると思います。

教師の集団的力量が運動をひろげる

「地域に根ざす教育」の運動をひろげながら「わかる学習」を追究していく基本は、教師の集団的力量に求められます。

いま職場は、まったく忙しい。忙しいのにはりがない、忙しく動きまわっているのにまとまりがない、職場に支配が浸透し、一人ひとりが孤立させられている結果のあらわれだと思います。

したがって職場で、教育についての論議や民主主義が非常に低くなってきており、ささいなことで憎み合うという状態があります。そうしたものが逆に大きなものを求めるのかストには結集されていきます。ストのような大きいことができるのに、小さなことではけんかになるといった状況が職場の中にあるということです。

「小異を保留して大同につけ」といわれるように、いろいろな意見を保留しながら大同につくことが、いま大切だという意味だと思いますが、「わかる学習」はまさに大同になりうる内容だと思います。

「生活綴方で」「いや教科で」「集団づくりで」といった議論ではなく、それらの小異にこだわらず、そうかといってその小異をすてるのではなく、全体として「わかる学習」をつくりだしていく大同をみんなで求めていく力量が結集されることだと思います。

中津川市の教育委員長の三宅先生が「『小異をすてて大同につく』という言葉があるが、小異は捨ててはいけない、大事にしながら大同につくことが大切」といわれました。自分の意見はきちんと持って大同につくことです。

教育の目標を明確にするとか、教師の生活や教育を守るためにストライキという大同にはつけるが、ストが終わると職場がゴチャゴチャするのは、ストに匹敵する大同がないということです。

「大同とはなにか」。これこそ、みんなが探りあてなければならない問題ですが、少なくともすべての人がいま結集しうる問題として「わかる学習」をつくり出す中に、大同の内容があるだろうと思います。そして、職場で、自分の言葉で生み出し、その点で一致した教育活動をすすめることです。それは、教師の思想や教育観のちがいからみつけるのではなしに、子どもの中でみつけていくことだと思います。子どもというものは、その大同をみんなさらけだしているのではないでしょうか。

こうした立場でものごとをさがし出していけば、明るい職場をつくり出すことができるし、職場は子どものことで論議の花が咲くようになり、「地域に根ざした教育」をつくり出す教師の側の保障であり、団結の保障だと思います。

教育に民主主義をつらぬく

ぼくは昨年、少し性の問題を調べ、なまいきに、その実態を発表しましたが、性の問題をとり扱って思ったことは、その実態がものすごくひどいということです。いってみれば、愛情と生きるめあてがわからないということです。

愛情を具体的にどうわからせるかということで、家庭でいえば、愛情のある生活を実際につくることだと思い、おかあさんたちにもいっています。親は「性教育」とは「子どもが聞いたらどう答えればよいか」ということだと想像してみえます。それにたいして「これは、愛情をつらぬく生活をお宅の中につくって、生活の基本的な習慣を身につけるしかない」というと、「なんだ」と悲しい顔をされます。

今日も「地域に根ざす教育」とはなにかといえば結局は「あたりまえのことを、あたりまえのようにやっていくこと」だと、だれもが知っていることですが、民主主義を、すみずみまでつらぬいていく教育だと思います。

子どもたちの中で自殺者が多く出るという時代は、教師にとっても苦しいときです。私の記憶でも、全国的に子どもがたくさん自殺した時期は、今から十年ほども前、岐阜県でいえば、教育の正常化という名のとてつもない教育破壊が教師一人一人に行なわれたときだし、全国的にいえば、学力テスト体制が職場のすみずみまで支配したときでした。

その頃、ぼくは県教組の仕事をしていましたが、美濃市の年配の先生が、泣くにも泣けない言葉で、「私は長い間、教員をしてきて、子どもに強くなれといって教えた。その結果、何人かの子どもを戦争でなくしてしまった。もう二度とそのようなことはしたくないと日教組に入って一生懸命殺さないような教育をしてきた。私は、盗みも、けがもさせなかった、うそも教えなかった。それなのになぜこんなひどいめにあわなければならないのか」といわれた。

盗みもけがもさせず、うそを教えないという三つが、その先生の民主主義であり、それがこわされるのが正常化であったと思います。そういうときにやはり死を求める子が多く出てきたのです。

今の子どもたちが死を求めるということはそれと同じ

性質のことが問われているわけです。そこでは、まったくあたりまえのことを守るかどうかが、民主主義として大切なのではないかと思います。

＊子どもの生活実感を実践の出発点とする生活綴方教育にとって、地域はまさにその基盤であり、不可欠のものである。この論文で、石田は、東濃民教研が追究してきた「地域に根ざす教育」を「生活に根ざし、生活を変革する教育」とし、その全体像を提示した。第七回東海保問研研究集会での講演記録。『民主保育』第一三号に掲載。講演は一九七四年一月十二日。

◆論文6（一九七三年）

ありのままの教育と生活綴方

生活綴方の生きている中学校

けさ、授業をみせていただいて、そのあと、三年の研究会へ一緒にお邪魔していましたが、それだけのことから感じたことを申し上げるのは大変恐縮ですけれど、一口にいってびっくりしました。〝百聞は一見に如かず〟というわけですが、やはり、来てみてよかったと思いました。私が考えていた中学生のイメージとは、相当違っていました。そういう点で、随分優れた研究や実践を積み重ねてこられたということを感じたわけです。それを、いま、ご発表になったいろいろな長い経過や、今年度の取り組みというところから、私たちは十分汲み取らなければならないと感じました。なにかまとめて、ものを申し上げることはできませんが、感じたことを先に申し上げて、それからあと、つまらぬことを申し上げたいと思います。

第一に生活綴方が生きているということを強く思いました。そういう意味で、子どもがすなおだという感じを非常に強くもちました。

この〝すなお〟というのは、小学校の一年生の子どもを見たときの〝すなお〟というものをそのまま残していながら、なにか〝たのもしさ〟というものを一つ含めた〝すなお〟ということです。〝すなお〟が正しく発展すると、ああいう子どもになるのかなあと感じました。研究会の中でもＰＴＡの会長さんがいってみえましたが、テレビの見過ぎということが文章のなかに少しも汲みとれぬという発言でした。テレビの見過ぎと言われたり、週刊誌、マンガに見られるような状況が、まったく子どもたちにみられないという点で、私が接している中学生とは随分違った感じをもちました。

二つめに感じたことは、綴方そのものを含めて、小集団活動から始まった、息長い、子どもを中心にした実践が定着してきたということです。

子どもが、具体的にものごとをとりあげて問題にすることができるということ、それから、先程の〝すなおさ〟に共通すると思うのですけれど、ものごとを非常に具体的に見ているということです。それが、ありのままの一番基本になることではないかと思います。

そんな状況が、子ども同士の発言などとか、授業の中にも多く見られました。そうした実践を生むということは、全体に、なんのために書かせるのかという問題にからみながら、問題を発展させていくという方向がとられているからだということです。

それで、中学校での生活綴方という意味で感じたことですが、抽象的ないい方で恐縮ですけれど、ごく普通の生活の中にあらわれたさまざまな問題という、その具体的な生活事象を綴ることの中で、それをそのままにとどめて、そのことだけを問題にしていく傾向が強いというか、それは、小学校の場合には子どもたちの学習は成り立っていくけれど——中学校での特性をふまえていうとすれば、一般的な問題をきちんとすえこんで、それとの関連で具体的な事象を見ることが重要だということです。

きょうの例で申しますと、中学三年生の咲子さんが書いてきた文は、進学が迫ってきた中で、英語の先生が「おんしたち（きみたち）、もっとしっかりした姿勢で勉強せないかんやないか」ということを大変長くいっておられる。そして、「質問がどんどんでるような勉強をすることがおんしたちの勉強になる。質問もようせん（よくしない）ような勉強ってものは、おんしらの勉強にならんで、もっと質問を作ってこいっていっておいたのに、質問ないのか……」というようなことをいって、大変激励されるのに対して、咲子さんは質問をもっており、質問しようか、しまいか、しようかしまいか迷いながら、だんだん質問をするところへ踏み切っていくという過程をえがいたものだと思うのですけれど、その場合に、質問をしていく立場というか、質問をどうしてもしなければならない気持ちをもっと強くもっているならば、うんと悩んだ傾向がもっとたくさん出てくるし、質問をどうしてもしなければならないという立場が、もっとはじめからとられていたならば、作品がもっと発展したと感じるわけです。その場合にやはり質問するかしないかという具体的な授業の中での生活事象における心の動きや内面の葛藤が、高校進学という一般的な課題ともっと結びついたならば、もうひとつ発展した問題としてとらえられるのではないだろうか、ということを感じたわけです。

そういう意味で、なんのために書かせるのかという問題は、実は、その一般的な課題と具体的な生活の事象とが結びついていくというかたちで具体化されていくものではなかろうかということです。そこになにか、綴方と他の教科とが結びつかざるを得ないものなのだということをみるわけです。

以上のようなことをきょうの授業を見せていただいて感じました。

それから、もう一つ加えておきたいことは、こうした実践は、小集団を基礎にしながら、子どもたちの仲間づくりがいつも中心にすえられていったこと。同時に、それと同じ立場で同じ姿勢で先生たちの連帯がいつも教育実践を保証してきたことの表われではなかったかということを、しみじみ感じました。

そういう点で、すばらしい成果を挙げておられるわけで、私はここで何を話したらよいのか、いまでも困っているわけですが、来てよかったということだけは、強く感じております。本当にありがとうございます。

勉強のわからなさと自殺が激増する子どもと教育の状況

ところで、お話したいことは、ここに「ありのままの教育と生活綴方」と書いてあるのですが、ありのままの精神が生き続けていく教育が必要なのではないかということです。結論から先に申し上げますと、ありのままを貫き通したとき、今日の教育の状況のもとで、子どもたちがよく発達していくのではないかということです。

学校の一般的任務を先に考えるとすれば、それは、子どもたちの人間的な能力ないしは社会的本能を発達させながら、世界というか自然や社会についての基本的な知識あるいは基本的な技術を身につけさせて、そして、生きる自信や生きる目あてをきちんとした力として与えていくことだと思います。

そういうことから見た場合に、いまの子どもたちの特徴的な問題とはなんでしょうか。先程の実践報告の中でも、子どもたちの状態をお話しになっていたのですが、今日の社会の中で一番大きい問題は、子どもたちが勉強すること自体がわからないというか、それが無意味になってきていることです。いいかえれば、勉強がわからない子が激増しているという全国的な状況です。それと同時に、子どもたちの自殺が激増しています。これが、今日の最大の特徴なんだということです。

勉強がわからないとか、生きる自信がないというかたちで自殺していく。それが増えていく。まさに今日の社会の悲劇を集約できると思います。

同時に、勉強がわからなくなったり、自殺が増えてくることの中には、日本の教育の堕落の現象を見ることができるということです。

そして、それは遠いところの話ではなくなってきました。今年になってから東濃の土岐市で子どもが自殺しています。近道を通ると、もうここへ来るやろうかなどと、だれもが考えるようになってきています。

ここの子どもも、それと同質のものをもっているだろうという問題ですが、さいわい、そういうものが自殺という傾向をとって表れたり、わからないというかたちで表れたりせずに、付知中学校でいえば、子どもの人間的本能を結びつけていく実践によって、そういう傾向をくいとめています。すなわち、そういう堕落に対して学校が抵抗している。あるいは、大きな影響力をもっていて、現在ここに現れてこないのです。

けれど、社会一般の傾向でいったら、子どもたちの中に、そのような現象が現れており、何か遠いところの話ではないと思います。

自分のところの子どもの中にも、たえず、ほんの些細なことでそうなる危険をいつも認めざるを得ないということは、多くの人が感じています。そうなってもらっては困るから、そういう記事はなるべく子どもたちに見せないようにする、新聞記事などにそういうのがあると、中学三年の子をもっているおかあさんで、その新聞を一生懸命隠される人があります。隠すから知らないわけではないのです。隠そうが隠すまいが、生きる自信がないところに原因があるわけで、自殺したことで母親が新聞を隠したり、テレビの自殺の画面を隠してみても、それによって子どもがよくなるというものではないと思います。わからなくなったり、生きる自信がないというところに手を入れなければ、なんともしようがないことです。

こうしたことは、子どもの中に現れるだけではなく、当然、社会全体にも現れております。日本は、高度経済成長によって、世界の経済大国になっているわけで、この二、三日のドル・ポンド・フランの問題にからんで、円の切上げで大騒ぎになっておりますが、世界の中で大騒ぎになるほど、日本は経済大国になっていることは間違いありません。日本の動向いかんによって、世界の経済がゆるがされるような状況にもなっています。

そういう、世界一、二ともいわれるような経済大国になっている中で、一方では、老人の自殺とか親子心中といったことが、またまた激増しています。そうしたことと、子どもたちの間で生きる自信がなくなっていることと、関係がないわけではなくて、大ありだろうと思います。教育の上で子どもたちが生きる自信をなくしていることは、老人の自殺とか親子心中が増えてきているといった、社会的現象に見合って出てきているのだということです。

有吉佐和子の『恍惚の人』という小説が、膨大な部数売れたことは、みんなの中に〝いつ自分がそうなるか〟という危機感があるからだろうし、読めば共感するからさらにひろがるのです。これは、経済大国だとか列島改造政策だとかいうものによってだんだん具体化されてゆく中での一種の社会的矛盾なんだと思います。そしてそれに見合った人づくり政策が、ここ十数年来重ねられてきたなかで、「期待される人間像」、多様化といった政策が基本になり、それが中教審路線といわれる型になって、教育改革構想が推進され具体化されてくる段階で、子どもたちの学習の〝わからない量〟が増えてくる、自殺が増えてくるという状況が生まれてきたのであって、単に子どもの思い違いでそうなったというものとしてみることはできないのです。

私たちは、そうした一般的現象をつかみとらなければならないと思います。そこのところの認識というか、つかみ方が間違ってくると、子どものせいだとか、あそこの家の遺伝のせいだとか、先生が悪いからだとかいうようなことにしてしまうのです。それで、その先生がいなくなりさえすれば、生きいきするかというと、そうはならないし、その親がとろいからだといって、その親がなくなればよくなるかというと、別に、なくなってよくはならないのです。問題が一般的になってきていることをはっきりつかむことが大事です。

なかには、特殊なかたちで現れることはあるでしょうが、抹梢的なことが加味されて現れることはあるとしても、一般的にはそういう現象として現れてくるといえるのではなかろうかと思うのです。そうなってくるもとには、今日の日本全体にとられている教育政策といわれるものに、そして、それが教科書などになって具体化されてきているものの中でつかみとっていく必要があるだろうし、そういう危険が自殺という形として現れてきているということも考えられます。

この点で、私が申し上げるより、他の人の言葉を借りた方が適確だと思いますので、いまからそれこそ六十年余も前の一九一一年、かつての帝政ロシヤの現象として、そこでは生徒の自殺がうんと増えてきていたのです。しかも、試験期になると自殺が増えてきたという中で、クループスカヤという人が書いている「生徒のあいだでの自殺と自由な労働学校」という文献から共通の問題を拾ってみたいと思います。

そこでは、子どもたちの自殺がだんだん増えていくなかで「恐ろしいのは死という事実そのものではない。もちろん、若い命が消えていくのは痛ましいが、死ということそれ自体はかなり自然な、平凡な現象である。恐ろしいのは、子どもがかくまでも恐ろしい精神状態に、それほどまでの絶望におちいっているということである。その精神状態という点からみると、自殺か自殺未遂かの区別はつけられない」といっているのです。一九〇九年には二百人以上の生徒が自殺をはかったという、まさに日本の現象と同じです。

そしてまた、自殺を考えるということ、自分で自殺について頭の中をよぎらせたことがあるという生徒がいっぱいいることが報告されています。

それがなぜかという問題について、子どもたちがしばしば些細な動機で死んでしまうということを「かれらを人生につなぎとめておけるなにものもないということ、親や教師や友だちに囲まれていながら、かれらはひどく孤独であること、周囲のものが子どもの内面の世界にはまったく関心をはらっていない」といっています。だから、その内面の世界に対して、子どものもっている心の内側に目をつけていったなら、そういうようなことは避けられるということをクループスカヤは指摘しています。

生活綴方は、そういう意味で、子どもの心の内側のところへ目をつけていくという作用をすすめてきた日本の独得の方法だろうと思います。

再びクループスカヤに戻りますと、もちろん当時の状況からいえば、そのようになってくるのは、「そっくりそのまま学校のせいにしてはならない。この点でもっとも重要な役割を演じているのは、子どもの心理に重苦しく作用しているロシヤの現実である」といっています。

ほんとうにそうだと思います。何か学校のせいで、急に子どもが勉強がわからなくなったり、あるいは、自殺しなければならないというようなことではないのです。日本の現実が重苦しく子どもにのしかかっているということが一番の基本だろうと思うのですが、すべてを周囲の社会的状況に起因しているものとしてしまうことも、まったく馬鹿げたことだと思います。

クループスカヤは、「学校の影響力はあまりにも弱いのであるが、それは、学校が生徒の創意性をよびおこさず、かれの精神的・道徳的な要求に応えず、生徒をまるごとつかむことをしないで、かれに授けられる学問を受身的に受け取らせることしかしていない」。なお「学校はそれに対して、社会のその俗悪に拍車をかけるような役割すらしている」から、そういう現象が起きるんだということをここでは述べております。

そういう意味で、付知中学校が、生徒をまるごとつかむとか、子どもの内面に目を向けるという仕事を生活綴方を軸におきながら進めてこられ、これからも発展させようとしておられることは、非常に大事なことではないかと思います。

クループスカヤが書いているように、学校が、生活から恐ろしく遊離しており、生徒の心の内面がつかめないとか、あるいは、生徒を点数でしかかみないとか、あるいは、お行儀がいいというような非常に外見的でバラバラにしかみることができず、子どもを一人の生きた人間として、その一番基本のところをきちっとつかむことができないということは、やはり、生活と教育が遊離しているからそうなってくるのだという問題としてとらえる必要があると思います。

ありのままの精神を貫いたとき「懐かしい教育」として残る

昨年十月、皆様にもいろいろご迷惑をかけたり、ご協力を願ったりして行われた〝中津川教育文化展覧会〟の教訓が、やはりそうであったと私たちはいま感じております。

あの展覧会は、日本の教育百年を、いまの教育基本法二十五年という立場から見つめ直してみようということが基本であったのですが、それは同時に、庶民の目で教育を見つめることでありますし、地域の立場から教育を考えることなのですが、先程、教育長さんもいってみえましたけれど、真実を重視するという立場から教育を見つめ直すことであり、その場合、日本の教育の中に、どういう真実と、真実でないものが流れていたのか、そういうものがどう作用しあったのかということを、実際の事物を通して見ていくことが基本の仕事としてやられました。

そこで、非常に特徴的だったこととして、展覧会を見た多くの人の中から、「うわぁ懐かしい」という声がたくさん聞かれました。あそこではき出された〝懐かしい〟ということは、一体どういう意味をもっているのでしょうか。

私どもがいろいろな展覧会を見に行った場合、〝すばらしいなあ〟とか〝立派だ〟とかいうことを感じますけれど、〝懐かしい〟ということはなかなか感じないわけです。感じられないのは、自分の生活がそこにないからです。いくら立派なものが展示されていても、〝懐かしい〟ことにはならないのですが、あそこに出されたものは、庶民の生きてきた歴史が随分出されましたから、懐かしいのは当然で、そういう意味で懐かしいのだけれど、それでも〝懐かしい〟といわれるものと、いわれないものとがあります。いろいろな具体的事物が並んでいますが、「懐かしい」ということばが集中するものと、〝はーん〟と素通りするものと、貴重なものだとみられても〝懐かしい〟というふうにならないものとは分かれるのです。〝懐かしい〟ということばが吐きだされたところをずうっと集約してみますと、細かく申し上げている余裕がありませんが、結局、学校と生活が結びついていたものだったと私たちには判断できました。それは、小さいときに自分の生きていた現実の生活とかかわった事物、頭からたたき込まれたのでなく、実際に具体的なものを使ったり、見たりして得られたこと、それから、ひとりではなくて、みんなと一緒になってやった仕事の中で得られたもの、あるいは、自分の生き方にかかわったもの、このことがわかることによって自分が生きていく上で非常に大きな意味をもったもの、あのときにああいう目を開かされたので、それで自分は間違わなかったとか、あの時、ひどい目にあったけれど、あれで自分は生き方が変わってきたといったような、要するに、自分の生き方にかかわっているもの、そういうものを媒介にした事物……など、それらが〝懐かしい〟といわれ、そういうことと関係のないところは、めずらしいというふうになるのです。

そこで、〝懐かしい〟とあの展覧会の中でいわれていたことをもっとまとめて原理的にいえば、生活と教育とが結びついていた——学校と生活とがほんとうに結びついている——そういうものが懐かしいのだということです。そういうものは、たとえ戦争中というあれだけひどい時代だって、いくらでもありました。そういうことが発見できたのです。戦争中の教育は、全部お上の教育であって、全部間違いなんだということではなく、あの中でも先生たちは、さまざまな苦労をしながら、現実の生活と学校とを結びつけていた。大きな方向としての誤りはあったけれど、そして、その誤りがそのままストレートに、生活にかかわりなく出てきたものは、すこしも懐かしいものではなかったのです。

だからいま〝懐かしい〟という声となって残っているところに、なにか教育力といえそうなものが準備されていたと感じました。

そういう点から百年をみた場合に、展覧会から私たちが学ぶところは、いわば、懐かしさの原理というようなものと、そういうものが教育の中で一本貫き通されることが、地域に根ざした教育なんだなあということをしみじみ感じました。

ところで、いまの教育は懐かしいといえるでしょうか。いま、これを懐かしいかどうかいえというのは無理でしょうが、五十年くらいたった後、いま行われている事物をすべて持ってきて並べた時に、いまの子どもたちは〝うわあ、懐かしい〟などと、先生のことまで思い出して、とめどもなくしゃべるほど懐かしがるのかといえば、そうでない現象がたくさんあるだろうと思います。例えば、文部省の学力調査の用紙などを並べておいて、五十年くらいたったときに見にきたら〝うへえ、これは懐かしい〟などと、なかなかならんだろうということです。なぜ、ならないのかといえば、そこには自分の要求は少しもなかったからです。まさに、〝やらされた〟という中での資料だからです。そういう点で、百年展の中でも非常に特徴的だったのは、みんなが目をとめて見たものに、〝キグチコヘイ〟の修身の教材がありました。あれは、みんなが見ていかれました。キグチコヘイは「シンデモ　ラッパヲ　クチカラハナシマセンデシタ」という、まことに強烈な絵といい、文といい、教材としてはだれも忘れることができません。

展覧会を見た西校の四年生の子が、「ぼくの絶対忘れんものはあれやった。〝キグチコヘイは敵のたまにあたって死んでも、ラッパを口からはなしませんでした〟やった。ぼくは絶対忘れんよ。心にやきついてしまった」という感想文を書いていますように、いまの子どもが見てもやきついてしまうほど強烈なものですから、あれが大きい軸になっていた頃の私たちが忘れるわけはないのです。日本中のどんな年寄りから若い人まで、修身を習った人が共通して忘れられないものの筆頭にあげられるわけで、その意味では、展覧会でも、大勢の人が見ていったのですけれど、〝懐かしい〟ということばがすこしも出ませんでした。みんな強烈な印象を受けたものとして、そこに目をとどめたのです。けれど、懐かしいものであるというのは、単に強烈なものであるということとは違っているし、記憶にたくさんあることと、懐かしいということとは違っている。そういうことをあそこでも感じました。

そういう点で、懐かしさにつながる生活の現実を基礎にして学んでいく教育が、ほんとうに懐かしい教育だと思います。

その場合、懐かしさを貫いているものはなんだろうと考えてみますと、それはやはり、ありのままに物事をとらえることができたものだと思います。ありのままに物事がみつめられ、ありのままに物事をうけとめたとき、非常にすなおなかたちで、懐かしさとなって残るのだと思います。無理につめこまれて、ありのままとは違ったものとして受けとめられ、現実とは違って〝こうなのだ〟と注入され、自分の目で納得できずに物事がつかまれたものは、懐かしいものではないのです。強い印象はあっても、懐かしいものでないのは、生きていく上での教育力にはならなかったと思うのです。

だから、懐かしさの原理は、〝ありのまま〟が一番基本になっているのではなかろうかと思います。それは、一つに、現実の生活をありのままにみつめることであり、同時に、自分もありのままにみつめることができるように生きていく姿勢なんだろうと思います。

きょうも、中学三年生の研究会の中で、〝もっと肉薄してつかんでほしい〟〝もっと強くつかむような子どもに咲子がならんか〟といって、その先生はしきりに悩み、非常に期待されてみえましたが、その強く肉薄していく姿勢みたいなもの、そういうものが持てれば持てるほど、現実がもっとありのままにつかまれるのです。だから、方法としてありのままに現実がみつめられていくことと同時に、ありのままにみつめるような姿勢というか、意欲というか、そういうものとからみ合っていくものではないのかと考えます。そうしたものを育てていくことが、やがて、いまの教育が懐かしさに満ちあふれるようなものとして残るように思います。

懐かしさ一杯としてのなつメロが受け入れられているところに、なにか、そのメロディと一緒に生きてきた哀愁があると思います。年寄の方といっては語弊があるかと思うのですが、私どもを含めて、会合はよくなつメロ大会になります。すると、同じようなことを何回となくしゃべるのですが、それによって、生きてきたことを確かめているのです。なつメロとして語られること、それは、一生懸命生きてきたことが、自分の生き甲斐になっていることです。懐かしさが一杯あることは、一生懸命生きてきたことになるのだと思います。何十年か後に、懐かしさが何もないとしたら、そのとき、学校なり教育は、一生懸命生きさせることとはまったく無縁のものだったことになるわけです。いま一生懸命生きていくということの中でしか物事は学んでいけないと思います。いま、一生懸命ではなしに、物事だけを別に学んでいたら、やがて一生懸命になるとはいえないのです。いま一生懸命に学ぶことが、やがてそれが生きてくることになるという問題だと思うのです。そういう意味で、社会的動物としての人間は、人間的にも社会的にも、いまを精一杯生きていくことの大事さが、懐かしさの教育から学べることではないでしょうか。だから、別のことばでいえば、いま生きている中で、いまの自分の中で世界も社会もきちんとつかまれていくことではないのか。世界や地域や社会などとは全然別のところで生きるのではなくて、そういうように、問題がひとつにつかまれていくとき、学校は無力ではなくなると思うのです。いま大事なことは、その大きな影響力を子どもたちにもたせ、学校を無力から救うことだと思うのです。

生活実感を大切にすることが生活綴方の基本

その意味で、学校教育における生活綴方の役割は非常に大きいと考えます。

生活綴方という場合、一番土台になることは、自分の五体を使って、自然や社会にはたらきかけ、現実をつかむことを通しながら、人間の内面に、事実にもとづいた理解をきちんと蓄えていくこと、それは、実際にことにあたり、それにぶつかってみるなかで、そこから真実を獲得していくことです。

そして、そこで得られた真実が心の中に植えつけられてくるわけですが、その内面としての真実を、私たちは〝生活の実感〟と呼んでいます。その生活の実感をだいじにすることが、生活綴方の基本になるのです。また、先程のクループスカヤの言葉にありました、人間を丸ごとつかむことの基は、生活の実感をどうひきだし、どう理解するかというところにあると思います。つまり、子どもを丸ごとつかむために、私たちは、生活の実感を引きだすことを可能とする生活綴方の役割を重視するのです。

また、生活綴方は、子どもたちに生活を自覚させます。生活というのは、単なる動物的・生理的に生きつづけている状態をいうのではなく、意識的・意図的に現実と触れ合い、自然や社会へ能動的にはたらきかけていく、そのはたらきかけや、そこから受ける影響をいうものだと思いますが、それを自覚させる作用をするわけです。

時には意識的に生きても、自覚がないことはあります。それをもう一度再現させるために、思いおこさせたり、丹念に綴らせることによって、生きている生活そのものを自覚させることはできるのです。

そして、その生きる質を確かめてみるのです。自覚した生活であっても、その生活はくだらない生活なのか、ねうちある生活なのか、確かに自覚してやっていることであっても、人間的には意味があるのか、ないのかなど、いわば、自覚した生活の質を確かめることの中で、もっと意図的に生きていく生活の量を拡げるようにすること、つまり生活の質を自覚的に高めるようにすることが、生活綴方の仕事だと思います。

生活そのものを自覚させ、そして、その質を確かめさせ、意図的に生きる量を拡げていくという場合、あることでは大変自覚的であったけれど、他のことではちっとも自覚的でないということはいくらでもあります。そういう意味では、すべての事象に対して自覚的にしていくことが必要だし、そのことを通して人間としての本当の生き方をあらゆる事象の中に拡げていくことが、生活全体を自分の意志で動かすことができる人間にしていく一番大事なことだと思うのです。

今日の教育情勢に見合った問題としていえば、いま、物事の本質がなかなかわからないことと、生きていく自信や力がないことの中で、自覚して物事を見ていく生き方というか、自覚する生活の幅を拡げてその質を変えていくことは、本当にわかるというはたらきをしますし、本当に生きるねうちを自分で探して生きる自信を身につけていくことなのであって、今日の子どもの上に現れている社会的な状況の特徴に対応して、それにまったく対置したかたちで、生活綴方の役割が位置づけられてくるのだと思います。

生活綴方を軸にした教育を進めることによって、子どもの中に、自殺の危険をまったくみないという現象を生み出さなければならないし、当然生み出せるものだと思います。それは、自覚的に生活をみていくことになるからです。

そういう点で、生活をみるということが無自覚になっている子どもが、どんなに学校の点数がよくても、現実生活の矛盾にぶつかるとたんに、ほんの些細な動機で自殺をするのです。あんな成績のいい子が、高校へ行くための模擬テストをやったら悪かったというだけで、なぜ自殺しなければならないのか、うちの子はあれよりもっと下だけど、あれだけの点がとれれば、あっちこっちの学校の中から、まだいくらでも選ぶことができるのに、あの子は、それすらもみえなかったのかといわねばならぬほど、現実には模擬テストがちょっと低かったというだけで自殺したというようなことはいくらでもあります。それはやはり、現実の生活が全然つかめないし、そこで生きていく力が全然確かめられていないからですが、その意味では、自殺が増えたり、あるいは、学習がわからないという状況が増えれば増えるほど、生活綴方がうんと大事になるのではないかと思います。そこに、大きな教育的な役割をもつと思うからです。

その場合、生活綴方の中心とはいったい何ものかということですが、その基本になっていることを、いろんな言い方で先生は子どもにいっています。「もっとそこのところを詳しく書いてみよ」とか「もっと素直に詳しく」とか、だいたいそういうことが標準のことばになりながら、子どもに合いそうなことばを探して、なんとかわからせようとします。なかには、「もうちょっと長く書けんのか」といい、そのうちにだんだんと思いあまってしまって、「四年生になるのに四枚くらい書けんのか」などと、いい方がなくなるとそういうことばも出るほどなのですが、ねらいは何かというと、もっと詳しく書かせたいということです。

しかし、詳しくということがうまく子どもに伝わらないのです。〝詳しく〟といっても、詳しく書けるものではないのです。詳しくということのコツさえわかれば、子どもはいくらでも書くのですが、そのコツがうまく子どもとの関係でわからないから、〝詳しくなあ〟〝詳しくなあ〟と毎日くらい言う人もいます。学校へ行くと「詳しく」と書いてある教室があります。いくら書いておいても、子どもには詳しくということがわからないということがあるのです。問題は、詳しくとか素直にということが基調になってそのようにやっているのですが、そういうふうに物事をみていけるということは、つまり、「具体的に」ということだと思うのです。物事を具体的にみていきながら、そのままに生活を綴るというように、具体的な生活をそのまま綴っていくことが、綴方の基本だと思います。同時にそれが方法上の特質だと思うのです。

先生は、そこになると、たいへん多くのことばを子どもに与えます。感動したこと、びっくりしたこと、はっと思ったこと、心に強く焼きついたこと、くやしいこと、それから、自分だけが思ったこと、不思議だと思ったこと、考えたこと、そういうことがいっぱいあるだろうといいます。しかし、子どもは、ありそうでいてありません。並べれば並べるほど、「ない」というこたえが返されることがあります。

けれど、それは、いろいろなことをいいながらも、なんとか、子どもに問題をもってもらいたい、意図的な生活をしてもらいたいということの現れなのだと思います。その問題を本質的にひとまとめにしていえば、それは「ありのまま」ということであり、「ありのままに現実をみつめさせる」ことだろうと思います。それが綴方の一番中心なのだということです。

そして、ありのままということをそのまま子どもにいうと、またわからないので、それで困るわけです。「ありのままに書けよ。ありのままに書けよ」などといえばいうほど、ありのままではなくなってしまうのです。そこで「詳しく」といってみたり、「素直に書けよ」といってみたり、「驚きがそのまま出ている」とか、いろいろなことをいってありのままをわからせようとします。

先生が一貫してみているのは、さまざまないい方をするけれども、やはり、ありのままであるのかどうかが基本なのです。しかし、ありのままに現実がみつめられているのかどうかという場合に、ともすると勝手にありのままという一定の尺度を設けて、ここまでこなくてはいけないといって、ものをみているところに、何か悲劇があるのではないだろうかと思うことがあります。

自覚的に生きることで深まるありのままの見方

ありのままというのは発展するものなのだし、いつだって、ありのままがあります。どんなにつまらないことが書いてあっても、そこの中には、どこかにあるがままがあるわけです。ただ、ありのままの質が低かったり、ありのままとしてみる鋭さに欠けたり、ありのままが詳しさを伴っていなかったりするけれど、どこかに、現実をそのまま素直に反映する部分が、どんなにつまらない文章の中にだってあるのです。それだけでは足りないから「こんなやつあかん」といって捨ててしまうのでなく、そこから、「おまえのここが大事な芽なんだ」といって伸ばしてやりさえすれば、もっと変わるのです。例えば、家のお父さんのことを書くにしても、「家のお父さんはよく怒るお父さんです」ということだとか、あるいは、よくタバコを喫うとか、年齢がいくつとか、それだけのことでしかみれないようなところにも、ありのままはあるのです。非常に低い見方でも、うそではないわけで、ただ、具体的でないだけです。どれくらい喫うのか、たくさんといっても、その人の喫い方を具体的に表わしたものと比較してみれば、すぐわかるわけで、いま話をしていたと思ったら、こうやって消して、また隣の人と話をしていたと思ったら、もう、いつの間にかこちらから出してきて、またこうやりながら喫っているなどということも具体的に書けたら、ほんとにたくさん喫うことがよくわかる。それが、たった三十分の間で十本ぐらい喫ってしまったといえば、それはそれでえらく喫うことがわかるのです。それを、たくさん喫います。短い時間に十本ぐらい喫います。などといくら書いても、そういう意味では、なかなかありのままに伝わらないのですが、それでは、その段階でのありのままはないのかというと、その段階ではそれなりに反映しているのです。だから、そういう意味で、ありのままは、深めるものであって、一定の到達度がどこかにあって、そこに達したものがありのまま、そうでないものはありのまま以下などということはないのです。いつだって、教育と同時に深まっていくものだし、子どもの発達にしたがって深まっていくし、高まっていくというもので、生活を綴れば、その生活（綴方）を通してありのままは出てくるものですけれど、問題は、自分の五体でつかんできた、あるいは、意識的に生活してつかんできた場合には、そこのところのつかみ方が深まってくるというところにミソがあるのです。ボンヤリとながめさせておいて、お父さんをみている限りでは、どこまでいっても、ありのままはあるけれど低いのです。自分が能動的にお父さんにはたらきかけてみる時、「お父さん、どうしてそんなにタバコ喫うの。お父さん、こんなに喫うに」といったら、お父さんは、こういうことをいったなどというふうに書き出してくれば、そこには、子どもの自覚的なはたらきかけがあります。よりありのままになったのです。それで、もっとありのままにできるのです。もっとありのままにするためには、その能動的なはたらきかけを、もっと意識的にしなければならない、というものなのです。

この間、私の学校でもそういった話がありました。生活が大変貧しい家があって、お父さんが病気で働けない中で、その子どもが、そういう問題に目をつけて書くようになったのです。はじめのうちは、あんなことが書けるかと思っていた子が書けるようになってきた。そういうところに目をつけて書くということは、少なくとも、生活の目が拡がることであり、自分がどう生きていったらよいかをつかませるためには、そこを詳しく綴っていく子になってほしいと先生は願っていました。それは、ありのままということで求めた先生の要求だったのです。それで、その子は、うちのお父さんは病気で、そのためにうちは非常に貧しいという話を書いてきたのですが、そこでその先生はなんといったかというと「どうもこれだけでは足りん」というのです。一年前と比べれば、もうこの先生の期待した目標に到達しているのですが、その状況になってきたら、どうももの足りないのです。どうしても生活の実感がにじみ出ていません。だから、ありのままの質がもっと求められるわけです。その場合に、その先生がいうように、もっと生活がにじみ出てくるような作品になるには、どうすればよいのかといえば、その子が、うちの貧しい状況を単に眺めているのではなくて、その中で、自分が貧しさに耐えて生きていくことで、貧しさを克服する生き方をしたら、にじみ出てくるにきまっています。そこがなくて、じっと眺めているので、どこまでいっても貧しさは出てくるけど、にじみ出てこないのです。にじみ出てくるためには、そこで、自分が克服する生き方を親と一緒にやらなければならないのです。自分は依然として子どもであって、生活で苦しいのはお父ちゃんである。ただ、自分はお父ちゃんの子として苦しいのである、というだけでは駄目で、お父ちゃんと一緒に生活していく一家の人間として、そこで苦しさに耐えていく生活を新しくつくり出していくならば、そういうことが、身体を通してにじみ出ることはきまっているのです。そういう意味では、ありのままということは、行動を通して具体化されることがなかったなら、深まりはしないのです。そういう点で、きちんとした生き方が、実際の行動として具体化できるようになるにしたがって、ありのままというものは深まっていくものですが、相当深まった子の作品をもってきて、これがありのままかしらんと思って、自分の組の子どもは、ちっともそんなふうに書かないから駄目だと決めこんでしまうのでなく、適切な指導によって、その子もいくらでもそうなっていくのです。はじめから、だれもそんな子はいないのですし、また、子どもによっては、しっかりした生き方をし、いい文章を書いた子が〝なんでこんなとろいものしか書かんのやら〟というふうになることもあります。一年中期待していたら偶発的にひとつだけどえらいやつが出て、あとは凡打に終わってしまう子がいますが、偶然に出たと思っても、そのことについては必然的に出たのです。ということは、その問題については一生懸命生きたのだし、他のところでは、そういう目で生きていないので出るわけがないのです。あれだけのものを書ける子がなぜ他のことではこんなものしか書けないのかということはあたりまえだと思います。そこで生き抜いていく生活が拡がらない限り、すべての分野で出てくるわけがないという問題です。それで、ありのままというものは、現実をみつめる仕事なんでしょうけれど、それは、深まっていくものなのです。人間のからだを通してもっと深まっていくものなのだということとしてつかんでみれば、教育としてやらなければならないことはいくらでもあると思います。書かせることが教育ではない、というとおかしいのですけれど、なにか書かせておけば、ありのままになっていくわけではないのです。やはり、このところで、書いたものを通しながら、子どもの内面をつかんで、どう生きていくか、どれだけ真剣に物事にたち向かっていくのかということが、たえず子どもに自覚されてくるようなはたらきかけがない限り、ありのまがが深まっていくことにはならないというわけです。

それから、非常に一面的な問題で自覚したときには、そのことでは非常に詳しくなるけれど、他の問題で書くと、すこしも詳しくないということは、先程申し上げたことですが、これは自覚的に生きているから詳しくなるのです。一般的には、題がみつかると書きはじめるのですが、子どもは、意識的に生活したものを題材としてとらえて書くのですから、綴方でいうと、たいへん生きいきしてくるのです。だから、どんな綴方を書いても、たいへん生きいきしたことをいっぱい書くという子が出てくるのですが、それは、自分が自覚的に生きてきたところの問題としてつかんで書くわけですから、そういう意味では、綴方だけからみれば、非常に進んでいるというか、ありのままにものごとをみれるような状況ができてくるのです。けれど、その目がほかのことになると、パタッととまってしまう子があります。

中津川西小の依田先生の話ですが、綴方を書かせると非常にリアルに、素直に物事をみているし、いい発想をして生活をみる子どもが、ドッヂボールの相談をしていて、六十メートルぐらいの長いコートでやるということを平気で話し合っているので理解に苦しむというわけです。もし、生活綴方というようなもので物事がみられるなら、たとえ、現実に運動場へ出ていかぬ教室の中での相談だって、六十メートルというようなことを想定して球が投げられるものかどうか、ドッヂボールやれるのかどうか、少しは考えられないものかしらん、といってみえたわけですけれど、生活綴方のときに、非常に具体的に物事をみることと、そうでない部分とでちぐはぐになっていても、そんなに不思議なことではないと思います。綴方で具体的にものがとらえられるので、どんな生活でもいい具合になっているかというと、そうとは限らない。綴方に書いてくるときには、自覚的なものしか書いてこないわけで、無自覚の部分にいくと、六十メートルはポッと出てくるという問題です。

そういう点では、ありのままというのは、深まっていくものだというふうにとらえることと、それから、一度ある部分で深まったら、全部がありのままになるということにはならないということです。だから、なにかちぐはぐなことが、子どもの中に出てきますし、あれこれ観点が違うということです。

教科の学習をありのままの精神で貫くこと

綴方に書くような生活をするときと、そうでない何かをするときとの相違は、勉強のときとそうでないときにもよく現れます。

綴方のときのように、自分の目で勉強してくれさえすれば、おもしろくていくらでもわかっていくのに、勉強のときになると、とたんに自分の目がなくなることが多いのです。

「先生、なにやるや」とか「わからんも」と、自分で問題をさがしていくようにならないところがすこし悲しいところだと思います。そこから、綴方だけやっても教科の勉強はだめだとか、綴方なんかやっているから教科は落ちていくのだという話になってみたりしますが、結局は、教科の学習だって、ありのままという問題を一貫して貫いていく以外に、おもしろくて、わかっていくということはあり得ないのです。

そういう点からも、綴方と他の教科の関係のことを考えてみなくてはならないと思います。それは綴方を教科に広げるということばで、ずいぶんいろいろと論議されていると思いますが、わかったようであまりはっきりしていないとか、綴方を他の教科に広げるのだから、教科で綴方を書かせてみようかという話も出る始末です。ある学校で、数学の先生が綴方のような数学をやった。数学を綴方でやって変わるかと思ったけれど、ちっとも変わらなかったので「あんなものはだちかん（だめだ）」といって怒っていたという話を聞きましたが、書く数学や書く音楽などというわけにはいかない話で、そういう意味でいえば、科学なり芸術なりのもっている特性を生かす以外に教科は成立しようがないと思うのです。その教科の学問の基礎になっている芸術なり科学なりを、どういう立場でとらえていくかというときに、ありのままの精神でとらえていくことが、実は広げるということなのです。綴方の基本であるありのままの精神を、教科で生かすこと、教科へ生かしていくということ、もっと別のいい方をすれば、教科をありのままの精神で貫き通すことなのです。

そういう点で、いまの教科をみると、ありのままでない教科の授業がつくり出されてきている部分の方が多いだろうと思います。

教科は、科学や芸術の学問の基本になることを生活にかかわって学習するものですが、その学習にありのままの精神が貫かれるとき、その特性を通じた内容が一番わかることになりますし、納得がいくことだと思うのです。具体的にどうするかという問題が一番だいじなことでしょうが、そこを詳しく申し上げるゆとりもなくて恐縮ですが、それは、教科で現実の生活や具体的な事物を基礎として、科学の原理とか法則というものをきちんとつかんでいく。すなわち、原理を正しく自分のものとしてつかんでいくことだと思うのです。それが教科の本質であって、ありのままにつかむということが、ほんとうの教科学習として、ほんとうの芸術なり科学なりを学ぶことなのです。科学や芸術は、はじめに法則があってつくられたのではないのです。法則は、人間が現実に自然なら自然にはたらきかける中で築き上げてきたもので、いってみれば、自然とのたたかいの遺産として残されたものです。だからといって、なにも人類二千年なり五千年なり、あるいは、百万年といわれるその長い歴史をもう一度操り返させなければならないというわけではなくて、それをどうやってつかませるかという問題です。

その場合、子どもの示す関心なり生活を通して身体でつかむものの中に、原理の基礎はあるのです。いってみれば、その科学の本質というようなものを子どもはいくらでも実感としてもっていることがあるのです。先生が、気負って法則をいってしまうので、実感と違うことになってしまうことが多いのです。法則をいわずにいわせたら、法則をいう子がいくらでもいるのです。うまく原理としてまとめて公式にはできないが、公式と同じようにものをつかんでいる子はいくらでもいます。そこが出されて、それを科学として、公式として明らかにしていくことをしないと、先に公式をいってしまうので、自分のものをもっている実感と違うのが科学であって、自分のものは科学でないと思うので自信がなくなるのです。はたらきかけをいっぱいやっている子は、いろいろなことについて実感として公式めいたもの、このいい方も語弊がありますが、物事の本質に通ずることを知っていることが多いのです。それは、非常に一面的であるかもしれませんが、本質的なことを知っているのです。その本質的なことを子どものことばで引き出しながら、それを科学として検証していく仕事が、実は教科の仕事なのです。そういう意味でいったら、なにか、生活綴方的な教科などといわなくても、みんなが求めている本来の教科をすすめるということです。けれども、それをもっと意図的にすすめるとすれば、ありのままという生活綴方の教訓でもっと貫き通していく目を先生がもつかどうかということがだいじです。子どもの内面につかまれているものを土台にしてそれを引き出しながら、科学としてそれを組み替えていく仕事だということです。科学というものは、与え授けられるものではなくて、子どもが獲得していく仕事ものだと思います。自分が人間として獲得していく仕事であって、天から神様が授けてくれたものでもなんでもないのです。人間が何千年、何万年かの歴史を通して作り出してきたものなのです。だから、その科学を学ばせる場合、今の子どもたちの中にある生活実感に基礎をおいて、そこから出てきている真実、あるいは、真理なり法則なりを学ばせていかなければ、子どもには獲得の作用とはならないで、どこまでいっても押しつけられたものとなってしまうのです。

そういう意味で、生活綴方を他の教科に広げるということでは、何を基本におくかとすれば、本当の意味での教科の狙いを達成することであり、本来の意味での学問、科学が追求されることです。科学を科学でない方法で教えているからだめなのではないかというのが私の反省です。それは、科学をエセ科学で教えているといってもよいと思います。科学というのは、現実の物質との関係で作り出されていくものであり、そのはたらきかけの中で人間が認識してくるもので、あるいは、それを認識としてまとめあげていくものなのだと思います。その本当にはたらきかけるという部分、別のいい方をすれば、五体でつかむということ、あるいは一つの概念の基礎になっている物質を正確につかむということがなかったら、科学にはなり得ないだろうと思います。いまの教科では、ことばだけはいくらでも知っているが、中味は何も知らない子が出てくるのは当然であって、それは、科学でないからなのです。ことばは記憶し、反応としてのことばは出てくるけれど、ちっとも科学にならないという現象は、まさに、科学が科学の方法をとっていないからだと思うのです。生活綴方の場合には、何か生活の心に強く残ったものなり、はっと思ったことなりをありのままに綴ることが、その方法的特質であろうと思います。数学でいえば、文に綴るということで数学の科学は成り立つものではないのです。数理に抽象化しなければならないし、その数理に抽象化する仕事の土台が、具体的な事物にあるのです。事物のないところに数理はないわけです。そういう意味でいうと、事物をきちんと確かめていくこと、どの事物の中からどういう概念を作り出していくのかへの物質のもっている重さを本当に考えていかなければならないと思います。物質抜きの教育が、いま日本中で横行しているといってもいいと思います。百聞は一見にしかずといいますし、百見は一試にしかずといいます。一つも試さずにみているのです。ちらちらテレビで見て、なんでもわかっているような気で、一つもやってみたことがないし、なんにもわからない「もの識りたわけ」みたいなものです。ほんとに、一つひとつ確実に確かめさせていく。確実にからだを通してみさせていくことが、どんなにわかることにとって大切かということです。そのように、何か確実にものごとをからだを通してみさせたり、わからせたりしていくことを、ずうっと広げていくのが、ありのままということではないかと思います。

ありのままにつかむことは、そういうことではないのかと思います。そして、ありのままというのは、科学の特質によって、科学の方法によってその特質が生かされなければなりません。なにもかも書いたり数字になおせばいいというのではないのです。また、なにもかも数理化したり、言語化することではなくて、言語にも数にもならないで線と面とか色や陰影になったものが絵になるのでしょうし、数字にもならないし、ことばでは書き表せないものがリズムやメロディの音符になり、それが音楽になるというようなものです。だから、書けばいいというものではないし、数学さえやっておればいいというものではないのです。人間のあらゆる文化の特質を生かさなければならないと思います。けれど、どこまでも、生かすというのは、上から生かすものではなくて、自分のからだでつかんだ内面の真実をそこのところへ結びつけていく仕事として、はじめて、音楽が自分のものになるし、絵が自分のものになると思うのです。その場合、基本的なことは、やはりそれらの仕事を、必ずありのままの精神で貫き通すことが、本当にわかる一番のもとになるのではないかということです。ありのままの精神こそ、本当の教科のねらいでもあると思います。

ありのままの精神を科学の中で生かすこと

そういう点で、私の学校の先生で、こんなことをいっていた人がいます。その先生は、五年生の社会科で、日本の工業、近代の工業というところをたいへん熱心に調べさせました。三菱の工場へ行くにも、遠足に行くのと違って、前から問題をもって、自分の家での生活を綴ったり、家の人が働いている工場の問題なども話し合ったり、三菱にはどういう問題があるのかということも調べたりしながら、本当に興味と関心をたかめて三菱の工場へ行きました。それから、○○工業という中小企業へ行ったり、あるいは、小企業や家内工業をみたりして、学習してきました。子どもが生きいきと、からだを通して実際のものを見て、実感をもってものをつかんでいくときの学習には、たいへん感激しておられたように、はたからはみえました。「なにがねらいだったか」と聞くと、「実感を大事にする。生活の事実をみつめる。それから、主体的にものをみるということの三つの柱でやってきたが、これは、生活綴方と同じようなことだね」とその先生はいわれました。子どもたちは、中津の公害ということでは、例えば、公害についても、単に抽象的に川が汚れているというのではなく、実際に三菱の前の川へ行って手を入れてみたり、あるいは、〇〇製紙というところの近くへ行って、工場排水の中に手を入れたりすると、ヒリッと痛いし、そうでないところは、サラッとしているとか、それからヘドロの関係でも、ヌルッとするといった具合に、からだでつかんできて、疑問をもちながら、近代工業の問題を学習していきました。なにか非常に生きいきとしてよかったといいます。そうしてやっているうちに、そこからもう一つ突込まなければならない問題が残ったのです。簡単にいうと、ある中小企業に働きにいってみえるお母さんに聞いてみると、施設や設備は大変いいけど、質金は低いという話。それから、もっと下というか小企業のところへ行ってみると、働くときはみんなのんきそうで自由でニコニコしてしゃべりながらまったく楽しそうに仕事をしていて、働きにいくならああいうところへ行きたいなあと思うが、しかし、施設や設備は悪い、いったいなぜなんだろう。という問題が出てきました。けれど、時間がきたので、その次に進みましょうということになったのです。そうして、教科書では、日本の工業の種類というところへきたというわけです。日本の工業にはどういう種類があって、この種類は……といったとたんに、もう子どもたちは勉強する意欲がないので、写真を持ってきたり、あれこれやってみたけど、どうにも実感がない。困ってしまったといいます。

それはそうだろうと思います。なにか、そんなふうに広がっていくことが系統だと考えていると、また間違いをしないかということです。近代工業の特質を、三菱なら三菱、本州なら本州、あるいは中板なら中板というところで、具体的な事物に即して、お母さんの労働も加えながらつかんだものを、次は日本の工業というような教科書の説明へつないでいくことが系統だとつかめば、間違っていくのではないのか、それで工業はわかっていくことになるのか。そうなると、指導要領なり、教科書の問題をどうしても一度考え直してみる必要があると思います。もっとそこのところで面白くすれば、その日本の工業の問題でいえば、労働と生産という関係が正しく一貫してそこに生きてくれれば、工業の本質がわかるのに、急遽知識として「工業の種類」となってしまうため、そこで、せっかくの芽が断ち切れてしまって、その先生は悲しがっていました。ありのままの精神をもっと発展させていく場合に、問題はそのような恰好でも存在しているのではなかろうかと思うのです。

それと、ありのままの精神を科学の中に生かすとすれば、その科学の最も本質的な方法を生かすと同時に、最も原則的な立場をその学問の追求の上でとらなければならないという問題があります。例えば、いまの工業の問題について、生産と労働というように、そこの関係を明確にしていくということがなかったら、工業のもってい る意味は全然わからないと思います。賃金の問題にしても、安いか高いかということをいくらやっていても、なにも五年生の子どもに賃金をわからせよというのではありませんが、五年生の子なりに自分のからだで、お母さんの話や実際に見たことでつかんだことをもとに、生産と労働の問題を一番基本におかなければいけないと思います。生産力と生産関係のところが一番基本になっているのですが、それをどういうようにありのままに生かしていくのか、そこをありのままに追求していく姿勢がとられなかったら、学問になっていかないと思います。だから、あるところまで非常に生きいきしていて、途中から子どもたちが全然のってこなくなり、その先生が悲しんでいたことも、そういう意味で、別のいい方をすれば、文化というものの基礎となる物質を非常に大切にしなければならぬということです。物質を抜いてしまった概念が本当に横行しています。そこに今日のさまざまな悲劇が出てくる根本があるのだと思います。

そういうことが一番ひどいのは、子どもの性の意識、性の知識です。性の物質的基礎と性の概念とはまるで違っています。自分の肉体の中の物質としてはつかめないのに、性概念だけがいっぱい出てくるのです。一つの例として申しますと、中津川市南小の五年生で、性の意識調査をしました。「あなたが一番エッチと思うことはなんですか」という問に対して、ある子は、フリーセックスとコンドームと書いていましたけれど、フリーセックスとコンドームと書いた子のそういう概念の基礎に、自らの性の物質が実感として何もないのです。他の質問に対する回答をみると、いかに空虚かがよくわかるのです。物質としての自分のからだ自身がなんの変化もしていないのに、知ってだけはいるのです。どの五年生の子も、いろいろなことは知ってはいるが、自分の肉体という物質を通した概念はないのです。肉体という物質の変化すらなくて、いろいろなことをいかにも知っているようなふりをしているのです。ほんとうにテレビの見過ぎ程度ですまない問題だと思います。五年生の子がフリーセックス、コンドームなどという言葉を自然に覚えてしまうのです。このことからいっても、どんなに子どもというものは覚える意欲が強いかわかるわけですけれども、多くは悲しいかなそういう言葉だけなのです。そういう意味でいったら、子どもに意欲がないということではなくて、意欲を正しく発展させることが問題だということです。

そうしたことから考えれば、物質がもっている固有の意味をもっと大切にすることが「ありのまま」ということになるのではないかと思います。この場合、教科との関係でいえば、教科の中に生活をくぐらせるといういい方をしてもよいと思います。それは、生活の中に学問としての科学や芸術をきちんと見出すことでもあります。実際の生活の中に科学や芸術があるのだから、教科としての学問に実際の生活をくぐらせていかなければならないと思います。そういうことがありのままの教育なのだし、ありのままの精神に貫かれた教育なのではないかと思うのです。

そこで考えてみなければならないのは、教科に生活をくぐらせることですが、それには生活綴方で自らの生活を直視することによって得られる目が必要だと思います。その目は、科学そのものの目ではないけれど、生活をありのままにみつめることによって得られる、科学（学問）の基本となる目や態度であるからです。

それはまた、事物をありのままにみつめる目や態度といってもよいのですが、それが学問の特性にともなって具体的に生かされるとき、その特性に応じた科学の目と態度がうまれるのだと思います。いわば、生活綴方の中で得た目と態度を、教科（学問）の中に生かしていくことで、学問の特性に応じた科学・芸術の目と態度がつくられていくし、それが教科に生活をくぐらせる基本なのだと思うのです。

そして同時に考えなければならないことは、この生活をくぐらせて得られた科学の目と態度で、生活の中に新しい驚きと、疑問をひろげ、新しい問題をみつけていくのです。そして生活の中の問題を広げることで、綴方の題が広がり内容が深まっていくようになることです。生活の目と科学の目はそうした関係をもっていると思います。

だから、生活綴方と教科は、形の上で切り離されていても、ありのままということで結びあえば、双方で独得の方法をとりながら、相互に関連しあって、両者は発展するという関係をもっているということができます。

少しわかりにくいいい方をしたと思いますが、まとめていえば、生活綴方の目で科学がとらえられると同時に、科学の目で生活の問題が広がっていき、一般化するのだということです。

このことは、最初に申しあげましたように、ある意味で中学校の特質ではないかと思える具体的な生活事象の中に、科学的、一般的な問題をきちんともっている形で生活綴方が構築されてくるということにかかわっていると思います。

また、生活の具体的な事象が、科学の一般的問題として見えたり、一般的問題が生活の具体的事象としてみえるようになれば、教科の中で得られる科学は、本物の科学になるし、わかったものになるのだと思います。生活綴方と他の学問（科学）との間にはそうした関係があるのではなかろうかと思うのです。

書く内容を充実させて、自ら綴ることを

そういう点で、綴方でも教科でも、今の教育の中で一番大事なのは、「ありのまま」ということで一貫することなんだ、ということをくどいほど申し上げているのですが、その場合、方法の特質だけをねらいにしていてはいけないのではないかと思います。綴方の場合には、書くというか、綴るということが特性であって、綴方を読んだだけで、ありのままにものを綴る態度がわかるというわけにはいかないのです。どうしても、書かせなければ、綴らせなければ、絶対に、綴方で得られるものはわからないのです。綴方を多く読んでやったからわかるというわけにはいかないのです。綴るというその特性を生かすことによって、具体的に得られるものなのだと思います。けれどもまた、なんでも書けばよいというのが綴方のねらいではないはずです。先程は、保証ということばが出ていましたが、子どもが書いて得をしたというようにさせなければなりません。得というより、書いてよかったということです。作品としてもよかったといい得るようなときには、必ず内容があるからいいのですけれど、内容もないのに、書け、書けといってみても、いいのは出てこないのです。そんなときには、内容を作ることが先決であって、書かせることの特性にこだわってはならないと思います。書くというのが特性だから、書かせさえすればよいというものではないのです。綴方の缶詰みたいに、どこを開いても綴方が出てくるというわけにはいかないのです。どう書いたらいいかという問題は、書く内容があれば、子どもが自分で決めるものだと思います。どういうふうに書いたら、自分の気持ちが具体的に伝わるように書けるかということは、そんなに手をかけなくてもよいと思います。書く内容が胸にふくらんでくれば、子どもは自分で書き方を考えるものなのです。

子どもは強調するところは強調し、ぬくところはぬいていくのです。そういう意味でいったら、大事なことは書く方法の問題ではなくて、書く内容の問題なのだと思います。そこを本当に充実させてやることが、綴方を深めていく基本になるのだと思います。その特性を生かそうとすればするだけ、その特性である綴るという行為そのものに目が行き過ぎてしまって、「おんし、たんと書いたかよ。もっと書かんかよ」なんていうことばかりいっているのではなく、書かなければならない内容を、その特性に応じてはっきりさせていくことだと思います。

それと同じ意味で、教科の場合でもそうだろうと思うのです。自然科学という問題で、例えば、理科の場合に、実験だとか観察だとか、あるいは、飼育だとかいう方法の特性があるわけです。そして、そういうことを通さなければ、自然を科学化し、学問化していくというわけにはいかないと思います。そういう意味では、実験や観察ということが、非常に大切にされているわけですから、その特性を生かさなければいけないのです。それは、自然科学の一般的な方法上の原理だと思います。しかし、その場合に一番問題なのは、その科学の内容に意味がなければならないことです。綴方で、書くことだけを大事にしているのと同じように、理科では、問題の内容に意味があっても、その意味を理解させることをしないで、観察と実験という方法だけでは、ちっともわからないのです。実験の方法だけ教えてもらったが、なにをしたのだかわけがわからないようなことはいくらでもあります。具体的な自然現象を探究していく方法である実験や観察という方法上の必要なもの、それは、子どもが自分でつくりだすものだということです。綴方の場合、何を書くかがはっきりしていれば、どう書くかがわかるように、自然科学の場合でいうと、問題の意味をきちんとつかまえさせれば、そのことをどういう方法で調べていったらはっきりするかというときに観察や実験の方法の必要が生まれるのであって、観察や実験の必要もないのに、観察や実験からはじめていくのは、道具を揃えるだけで、ちっともおもしろくないということになるのです。そういうことが多いのではないでしょうか。問題をどうつかませるかを本当に大切にすることによって、方法は子どもたちがみつけ出していくような、そういう科学にしていかなければ、なんともならないと思うのです。

また、方法はさまざまあるのに、その多様性を抜いてしまって、ものを調べるにはこの方法しかないというように固定してしまっているのが多いのではないかと思います。五年生あたりの例でいえば、ミカンを調べるときと、水を調べるときと、塩水を調べるときと、砂糖水を調べるときと、つばを調べるときは、リトマス紙だけ。公害といってもリトマスのリの字も思いつかないということがあります。それはまったく、方法から入ってしまうからだと思うのです。

川の汚れを調べたいということでは、公害の検査方法で悩んでしまうことがありますが、例えば、子どもがリトマス紙を川へ突込んでみることすら思いつけないのは、水は中性のはずだということになっていて、川へ行って確かめなくても中性ということになってしまっているこ とがあるからです。

そういう点で「ありのままの精神」を貫くとすれば、その方法や態度としては、現実を直視して現実を具体的につかむ、そういうことが一番重要な方法上の特質だろうと思います。

内容としては、現実生活の中に、生きる課題としてそのことがつかまれていくかどうか、というところに特徴があると思います。

自分の生きていく課題として、どんな些細なことだったとしても、問題をもってきたときには、必ず、その方法を自分のものとして考えて作り出すことができるものです。どんなにつまらないことだって、例えば、花が一つあるとすれば、この花を、何という花か調べようとするとき、「美しいなあ。このかわった形はなんだろう」というようなこととして受けたときには、調べる方法はいくらでも考えるわけで、まず、聞きに行ってくるとか、似たようなものを探してみるとか、いろいろあるわけです。そんなこともなしに、「はい、菊です」とやってしまっては話にならないのです。自分の生きる課題といったときに、なにか、おそろしく大きいものをいっているわけではありません。もっと感動して得られる課題、驚きとしてみるとか、発見というような喜びとして受けることに、子どもには具体化されます。そこに、生きるねうちというようなものをみつければ、それを調べていく方法は子どもが自分で考えだすものです。そして、自分で考えていくことを相互に寄せ集めながら、もっと確かなものにしていくし、教師はそれを科学という方法でもって検証させていくという仕事になると思います。

ありのままの精神は地域に根ざす教育の基本

結論めいたことになりますが、やはり「ありのまま」というのは、基本的な精神であると同時に、内容としては深まっていくものだと思います。そして、方法としては具体化されれば、科学として構築されることもありますが、科学の前提としてとどまる場合もあるのです。けれど、科学そのものは、科学の特性にしたがって、ありのままを学問的に構築したものであると思うのです。

そうした点で、本当の学問を学ばせるためには、事実をありのままにつかませていくことを、本当に大事にしなければなりませんが、そのことが、わかる学習になり、子どもたちに自殺をさせない結果をもたらすことになると思います。そのために、生活綴方の実践はたいへん大事な意味をもつのだと思うのです。

また、生活綴方の実践で得られている教訓を、綴方の範囲でとどめたり、あるいは、教科での科学的な教育実践で得られている教訓を、綴方と結びつけずに、教科のある種の遺産としてとどめておくのではなく、双方で生みだしている教訓を、「ありのまま」というものできちんと結び合わせてみて、現実にたえ得る教育というか、現実を足場にして、現実を変えることができる教育を、実際に組み立てていくことが、地域に根ざした教育という場合の基本になるのではなかろうか、ということを中津川の教育百年展等をふり返ってみたりして思うわけです。

＊一九七一年に西小学校での生活綴方教育研究集会が行われて以降、恵那地域では生活綴方教育の研究と実践が広がり深まっていった。本論文は一九七三年二月の付知中学校綴方教育研究会での講演記録であり、七〇年代の生活綴方教育の理論の本格的な追求が開始されていく。『「恵那の教育」資料集』第二巻、『恵那の生活綴方教育』別巻3の双方に採録されているが、多少の表現の違いがある。ここでは『別巻3』に依った。

◆論文7（一九七三年）

教職員ストライキと子どもたちの教育
——四・二七をふりかえって

四・二七教職員スト（一九七三年）は、教職員のストライキを父母に支持されながら成功させると同時に、子どもの教育と安全を確保するにはどうしたらよいかという問題が全国的に大きく論議されました。

このことは、教職員ストがたたかいの力量を増してきたことを物語っていますが、それと共に、教職員ストの特性ともいうべき、教育性の問題について新しい発展の必要を示していると思います。

これまで私たちは、教職員ストは子どもを放棄するものだという非難と攻撃に対し、ストの場合は、日常的な教育形態はとらないが、子どもたちへの教育活動を捨てるものではないという立場を主張し、その創造的な実践の具体化に努めてきました。

それは、六〇年安保闘争時の段階では、自習という学習形態をとらせることによって実践化しましたし、十一・十三スト当時には、子どもたちに自主的な学習活動を創りださせるということで具体化しました。その場合、自主的な学習活動を補助するという意味で、事前に教師が手づくりの教材を準備したり、高学年児童に低学年児童の世話をさせるというように組織化するなど、自主性を基調としながらも、学習活動の内容には、一般的な教育内容を置くという点に特徴がありました。そして今度の四・二七ストでは、「ストライキ時の行動については、その意味の把み方から自発的に子どもたちが生みだすものであって、——教師の教育作用はそれを生みださせることにあるのです——教師が、その行動を指示するという形で準備したり与えたりするものではないという点を深く考えてみなければならない」（事務局ニュース第一号）ということで、教師のストライキ行動にふさわしい質の自主的な学習活動を生みださせるよう努めました。その結果、部分的ではありますが、全校生徒集会とか、学級討論会、生活綴方、見学、楽しみ会等々、以前にはみられなかった内容での自主的・集団的な学習活動（教育活動）を組織させることができました。

こうした活動は、教師のストライキ時における子どもたちの行動としては、その教育性という点で、極めて高い内容のものだと考えられますが、未だ全般的には、通常の自習という形態の内容にとどまっているところが多いようです。

ところで、教師のストライキ行動にふさわしい質の子どもたちの自主的・集団的な教育活動という場合、何を明確にしておく必要があるのでしょうか。その点について、全く私見ですが、若干の問題にふれてみたいと思います。

第一は、活動の性質が真に教育的なものでなければならないという点です。それは、子どもたちの共通の要求に基いた、真に自主的で集団的な（集団の単位、規模は条件によって異りますが）学習権を具体的に行使（表現）するようなものであると考えられます。

第二は、活動の内容が真に子どもたちの要求にそったものでなければならないという点です。それは、子どもたちに対する権力の支配意図に添うものであってはならないし、他から与えられたものであってもいけないということです。どんなに幼いこと、素朴なことであっても、子どもたち自身が、ほんとうに生みだしたものにねうちを求める必要があると思います。

第三は、活動の形態が真に民主的なものでなければならないという点です。それは、子どもたちの自覚に基いて、すべての子どもが自主的・自発的にすすめるようなことが大切だということですが、形態としても、すべての子どもが活動の内容を持つことができることをさせなければならないと考えます。

まことに粗雑ないい方ですが、以上のようなことが、創造的に具体化（指導として実践化）されるとき、教職員ストにふさわしい――スト時でなければできない――子どもたちの教育的活動が生れるのではないでしょうか。

では、このような活動を生みだすためには何が必要なのでしょうか。さまざまなことが考えられますが、最低の基本的なこととして、つぎのようなことが考えられます。

その第一は、教師が自らがおこなうストライキの必要性と正当性を含めて、その意義を、子どもたちによく理解させることです。それは、教師が真実の人間としての生き方を具体的に、自らの、そして連帯の行動として示すことですが、その場合何より大切なことは、教師としての人間的立場を、真面目に吐露することだと思います。

四・二七ストの場合、この点ではさまざまな実践が具体化されました。特にストライキの必要性については、教師たちがかかげている要求の切実さを具体的に真剣に話したという例が多かったようです。そして、人間的立場ということでは、処分を覚悟しての正義の行動なのだという点が強調されていたようです。これらの説明と訴えは、子どもたちによく理解され支持されたようですが、スト時における子どもたちの自主活動の組織化が充分に発展しなかったのは、教師の側の要求と行動の説明にとどまって、あとは「だから、みなさんでよく考えて、しっかりした学習活動を……」というようになってしまいがちだったところに起因しているようです。

そこで更に必要なこととして、その第二は、教師の要求と行動の正しさとその意義を理解させたら、それと同質の子どもたちの要求を引きだし自覚させ、教師のストライキ行動にふさわしい、質の高い行動を組織するための決意を促し、その意義を子どもたちが自らのものとして理解するように働きかけることです。このことは、日常的な教育活動の在り方と切り離して考えることができませんが、スト参加ということで教師としての人間的（教育的資質）の質を問題にするように子どもたちの人間的自覚と、その生きる立場を質の高い活動として具体化するように要求することでもあります。

それが、どこまで実現できるのかは、日常の教育活動と共に、「その第一」の成否にも関係しますが、子どもたちの意欲と、正義感・勇気に信頼を持ち、活動を保障するように努めることが必要だと思います。

つまらぬことを、わかりにくく述べすぎたようですが、教職員ストで子どもを真に教育する（変革する）という立場を更に発展させるために、思いつくまま、を記した次第です。なかまたちみんなの討論の素材となり、論議に花咲くようになればしあわせです。

なお、特殊学級、学校などでの心身障害児の問題や、親のスト支援の問題、学校管理や教育性保持の問題など、四・二七ストにまつわる教育上の諸問題については、基本的に子どもたちの学習活動（教育活動）をするという立場で考えることが必要だということだけを申し添えて、詳細に論じることを止めます。

おねがい　これに対する意見、反論、共同討議、状況報告など、どしどしお寄せください。（民教研事務局）

＊一九七三年四月二七日の教職員ストにおいて、岐教組恵那支部は、教職員ストの特性を考え、子どもたちの学

習権保障と統一されたストライキのあり方を生み出そうとした。『教研じむきょく』二号（一九七三年五月一〇日）。『「恵那の教育」資料集』第二巻に収録。署名は〈東濃民主教育研究会　石田和男〉。

◆論文８（一九七四年）

ありのままの精神でわかる学習の実践的追求と運動を

教育の基本的な方向をめぐって、先ほど、支部長のあいさつの中にもあったわけですけど、この十年をふりかえって、もう一度、一九七〇年代そのもの、言うなれば、今までの支配を消滅させていく時代、それにふさわしい教育の方向というものは、いったい何であろうか。本当に国民の教育になりうるような方向とは何であろうか、ということを深く考えてみる必要があるという意味の挨拶がありましたが、我々がかかげている生活に根ざし、生活を変革するという教育の方向がどんなに大事かという問題になってくる。生活に根ざし、生活を変革するということの持つ意味は、これを地域に広げて、運動として大きく地域そのものの教育運動をおこす方向として、地域に根ざす教育ということを今日我々はそう言っている。内容として、生活に根ざして生活を変革するということが、一番基本的な内容になる。それは、人間の歴史的な所産である。いわゆる、歴史的に人間がつくり出してきた、労働だとか言語だとか、あるいは集団だとか、習慣だとか、地域というものにまつわって存在している生活と科学、道徳、あるいは、芸術、体育など単に地域というものだけでなしに、全人類の知恵として出されてきた、文化というもの、それを獲得させることに結びつけていく、その中に、生きがいと連帯のある生活をつくりあげていくことが、地域に根ざし、生活に根ざし、生活を変革していくという内容になる。そのことのもっている意味は、今日ではますます重要になる。

一、わかる学習の核心は自発性を生み出すこと

そこで、生活に根ざし、生活を変革する教育の今日的な課題はいったい何なのか。今日の教育状況の中で、それはいったい、どこに焦点をあてて、我々は考えていったらいいのだろうか。その場合に、わかる学習の実践的創造ということが一番中心にならざるを得ない。学習が

わからないということは、今日の問題の最大の特徴になってきている。それは同時に、戦後の支配の教育の上にあらわれてきている矛盾の凝集である。戦後支配がこんなにひどくなって、生活の上でのひどさというのは、学習がわからないといった形であらわれてきている。わかるということは、別の意味でいえば、教育の一番根本の機能である。わかるということは同時に、自発性、やる気をつくっていく一番の内容である。学習がわからないという問題は、常にある教科の中で、ある関係がわからないとか、ある教科の中で、ある定理がわからないとか、ある問題が解けないという問題でなしに、人間の自発性そのものを、おしつぶしているところが一番の中心の問題である。何かの科目がわからないとか何かの教材が理解しにくいという問題にとどまる問題ではない。

それは、期待される人間像をみればよくわかる。期待される人間像として期待する内容は第一番目に、自由であることを強調している。その自由について、人格の中核を成すのは、自由である。それは、自発性であるといってもよいと言っている。人格の育成というか、完成が教育の主たる目標であるとすれば、その中核を成すものは自由である。その自由ということは、別の意味でいえば、自発性であるといっても良いと、中教審の基本になると期待される人間像はいっている。その場合、第一の定義として、その自由あるいは自発性というのは、自ら自分自身を律することができるというのが自発性の内容である。第二の定義としては、自由の反面は責任であることを強調している。そこまでくると、人格の中核というのが自由であり、自発性であるということについて、中教審が言おうとしている意図が非常にハッキリしてくる。少なくとも、人格の中核というものが自由であり、それが自発性であるということについて、我々は必ずしもそれを否定するものではない。やはり人間の一番中心は自発性である。その点で、知ることは自由を獲得していくことであると昔からの教訓として言われている。知るということ、言ってみればわかるということ、考えるということ、そのことが自由というものの内容にならざるを得ない。本当の意味でいうと、人格の中核をなす自由は、それは自発性といってもよいが、その自発性というものは、同時に、思考だとか、認識だとかいうものをもって、自発性といえる。そこのところがなかったら、自発性にはなりえない。自発性の如きにみえて、自発性ではない。

その点で、わかる学習という問題は子どもが人間として自由になっている、教育が教育になりうるさしせまった一番基本的な条件である。その点をぬいたら、自発性ということには、なりようがない。だから学習がわからないという状態は、本当の意味で自発的な人間をつくらないという問題、わかる学習ということは自発性をどう引きだすかという問題である。本当の人格というものを生み出し、本当の自発性を生みだし、自由というものを人間に自ら獲得させようとすれば、その内容として、わかるということがなかったら人間に成りえない。そこのところがくずされてきているという問題である。いろいろな形で、わからない問題がでてきているけれども、一番我々が考えてみなければならない大事な問題はそこのところである。

わからないという問題は、人格に自発性をおしつぶすことになるという問題であり、わからない状況というのは、制度だとか、内容だとか方法だとか、そういうものの矛盾の結果として出ている。何かによってわからない、先生の教え方が悪いのでわからないとか、ある教材が悪いのでわからないのだという問題などが重なっている。その教材そのものが一定の必要な制度から生じてきている、ある方法によって、生み出されてきているという意味でいえば、制度、内容、方法というものが、相互に関連しあった矛盾の結果として、わからないという問題は出てきているから、何か、一ところだけで解決してしまう問題ではもちろんない。けれども、わかる学習をすすめていく場合、一番基本になることは、子ども達の内面に、いわゆる自発性といえる、生きがいと連帯性を子ども達の内面に発見して、それを子ども達に自覚させて、それを発展させることをぬきにしたら、わかり得ない。わかるということは、実はそこのところをどう発展させていくかということであり、その点をわかる学習は、一番大事にしなければならないし、そこがくずされている点で、生活に根ざし生活を変革する教育という場合でも、一番そこのところに目をつけていかなければならない。それはそういった子ども達の内面に生ずる生きがいと、連帯性というものを、学習の内容、方法、あるいは今日やかましくいわれている評価、そういう部分に生かしながら、それを生活として子ども達が互いに、具体化することがなかったら、わかるということにはなりえない。そういう点で、わかる学習が、単に教科の中のある部分をどうするかということでなしに、そこを通じて子どもの内面における自発性と連帯性をどう発展させるかととらえてみる時に、わかる学習というのは、非常に大きな意味をもつ。

二、わかるとはどういうことか

生活に根ざし、あるいは運動として地域に根ざした教育をすすめていく場合の一番今日的な焦点の課題は、わかる学習の実践的創造のねらいということです。そこでわかる学習とはいったい何なのか。それは実践の広がりと、前進の状況の中に我々はそれをとらえることができる。

例えば、昨年度だけにとどまるわけではないけれど、生活に根ざし、生活を変革する教育として努力する中で、非常に生活綴方が広がってきている。あるいは、教科の科学性の追求という形で、自主教材が追求されている。あるいは、地域研究、子ども達に地域をみつめさせていくということと、地域の教材化をすすめていく。地域そのものを、教材としてとりあげていく、地域の中に教材をみつけていく、あるいは、子ども達に、伝統的に伝わっている地域の手づくりの道具とか、おもちゃを与えたり、そういうものをつくらせるという仕事の中で、労働や生産を実習して本当に子ども達のものにしていく。

そういう教育の実践だとか、集団活動の中で、特に昨年度強調された、部落を基礎としたたてわり集団を組織化していく仕事、あるいは、子どもの交流を拡大し、新しい行事をつくり出していくという問題、さまざまな実践があるわけですが、そういうことが今日このあと分科会等々で、十分論議される内容になると思います。

そういう実践の中に、わかる学習というものの広がりをめざしているわけだし、そこの中で、願っていることは何なのか。綴方をやることによって文書家をつくり、小説家をつくりあげることがねらいではない。子ども達の生活の中にある問題をどう意識させながら、子ども達の現実をみつめる目を開かせ、どう生きていく力を作っていくのか、どのように自発性を発揮させていくのか、どうやって仲間との結びつきを強めていくのかということが、綴方の中でもねらわれている。そういう意味で、実践の形態は、さまざまあるけれど、その中では、一貫してわかるという問題を追求している。このような実践は、単に教室での実践の量が増大しているだけではない。今日では、学校全体としてとりくみ、学校全体としての量になってきている。そういう意味では、教育の質になってきている部分が非常にたくさんある。あるいは、単にそれが学校というだけでなしに、いくつかの学校がかたまっている学校群としての地域的な共同体制として、わかる学習というものにとりくんでいくといった事態が、数多くみられるようになってきた。さらにそれは、幼、小、中を一貫する教育として、学校種別に、それらが重なり合いながら、相互に関連しあってすすめていくことだとか、あるいは、単に教師だけでなしに、父母との共同研究という形で市民と一緒になって、それがすすめられていくとかいうさまざまな形をとっている。それがそういう生活に根ざし、生活を変革する教育の創造の運動というものが広がってきている。

そういう点では、さまざまなテーマがあるけれど、すべてその根底にあるのは、わかる学習をどうつくり出していくのかということである。その実践の中で、どういう教訓を我々は引き出すことができるかという問題を申しあげてみたいと思います。

第一に、わかる学習という場合の「わかる」とはいったい何なのか。一番基本の問題として、人間の五体をつかって、物をつかめなければいけないとか、身体を全部つかって、物事がたしかめられていかなければいけないとかいわれるように、感覚器官を通して、物がたしかめられるということであり、その時にわかる基礎ができてくる。感覚器官をぬきにして、頭の中だけで抽象的に操作してもわかるということにはならない。したがって、コンピューターのような覚え方は駄目だ、と我々は言っている。感覚器官を通して、物がつかめる、だから、自然のものに触れてみなければいけないとか、身体でつかまなければいけないとか、いろいろなことをいい続けているわけです。そういうことがわかるということの第一条件である。

二つめには、例えば生活の実感ということばで我々が表現しようとしているように、自分の感覚器官を通して、物をたしかめることを累積しながら、自分の力で、自分の実感を伴いながら、概念として物事がつかまれていく。

漠然と冷たいとか熱いとかいう感覚、あるいは重いとか軽い、気分が悪いとかいい、そんなさまざまな気分だとか、感性みたいなものを通しながら物事がつかまれていくけれど、同時に、それはあこういうものなんだという概念として、物事が自分の力でつかまれるということが、わかるということの第二番目の条件になる。

概念として、自分の力でものがとらえられるということは、別の意味でいえば、概念は言語とともに生ずるわけだし、言語として表現できる、ことばとして概念というのは存在するわけだから、ことばとして物事が正確にわかる。いうなれば、自分のことばとして、物がわかった時にわかるということだ。自分のことばがなくて物がわかるということにはなかなかならない。自分のことばということは、自分でことばをつくるということではない。同じ共通のことばであるけれど、それは同時に、自分の概念として、その内容を構成している。

冬季大学の時に、大田堯先生が、地域に根ざした教育の大きな課題として、内容として、ことばをきちんと教える、ことばをつかませる、ことばの主人公にすることなんだと言われたわけですが、まさにそうであって、自分のことばで物がわかるということは、子どもをことばの主人公にすることである。ことばの主人公として、自分のことばで物がとらえられるようにする。そのことばを持つ時に、物事がわかったという。

三つめの問題は、単に、さまざまのものが概念として、いわば自分のことばとして物事がとらえられるだけでなしに、それが、自然や社会の因果関係だとか、法則だとか、そういう論理をもって、物がつかめたということ。社会や自然の因果関係や法則がきちんとつかめることが、論理的把握ともいえるし、科学的認識ともいえる。いわゆる物と物との結びつきやつながりや、そういう関係を通しながら、物の法則や、関係がきちんととらえられる。いうなれば「わかる」という問題はいろいろな形で論議されてきたけれど、そういうことではないか。感覚器官を通して、わかっていく、そして物がつかめる。自分のことばできちんと物がつかめる。さらに、法則や因果関係として物がとらえられる。そういう時がわかるということであり、そのようにまとめることができそうなことが、今までの「わかる学習」の、いろいろな実践の中での一つの教訓になるのではないだろうか。

そこで、わかるということはそうだとして、わかる学習はどうするんだという問題ですが、大きな意味でいえば、制度を含めたさまざまな運動も含みますが、せまく考えると、例えば、授業に即して、わかる学習ということを、いま少し整理してみれば、第一に、学習そのものが、生活に基づくという、生活に根づくという立場を貫いていく時に、わかる学習は学習になりうる。それは、事実を大切にするとか、現実をみつめると、我々がいっていることであって、事実を大事にするとか、実際の現実をちゃんと反映すると言っていることである。わかる学習ということは、生活に基づくという問題である。

二つめは、わかるということは仲間でわかるといわれるように、集団的な思考をぶつけ合うということである。

それは、みんなで考えるとか、わからないというものの立場を大事にしなければならない。わからないといっている者の中に実はわかる内容がある。だから、能力別に分けさえすれば、物事がすむというわけではないということをしきりにいうわけですが、集団的にみんなで考える、みんなで討議しあいながら、物事をたしかめていくという時に、ほんとうにわかるという内容がとらえられる。さらに時間をかけて、物事を順序正しく、ていねいに教えていく、あるいはていねいに学んでいくという、別の意味でいえば、無理、無駄、むらというものを、非常に大事にするわけです。無理、無駄、むらのあるような、そういうものを大事にしていくような教育と、そういう学習活動がすすめられる時に、それはわかる学習になる。

したがって、わかるという内容を、ほんとうに学習として組織し、具体化していくとすれば、今、申しあげたような、生活に基づき、仲間と一緒に考え合っていく集団的な思考をとりながら、無理、無駄、むらというものを大事にして、順序正しく、時間をかけて、ていねいに物事がわかっていくような、そんな学習を組織していくことが、今日、授業に即していえば、大事になってくるということが、今までの実践の一つの教訓といいうることではないだろうか。

三、わかる学習のための教訓

ところで、わかる学習を実際に具体化して教育としてわかる状況を組織化していくという場合に、どういうことが、今までのさまざまな実践の中から教訓として学びとらなければならないかという問題は、その第一に、事実をありのままにみつめることとして、四つほど申しあげます。

一つは、ありのままの事実をありのままにみつめさせることが、わかる学習の一番の基礎である。ありのままの事実を、ありのままにみつめさせるということをぬきにして、わかるということにはならない。いま子ども達は、自然や家庭というものが破壊されている、さらに、遊びだとか、労働から遠ざけられている。人間としてつり合いのとれた発達の条件を奪われている。科学的な認識といわれるような、そういった認識のもとになる感覚の正常な訓練の機会さえも子ども達には失われてきている。いわゆるわかるための感覚というものが、それ自体発達しないような状況であるだけに、現実をありのままに把握させることが、何よりも大切である。事実をありのままにみつめさせる、現実をありのままに把握させる、あるものをあるが如くに物がつかまれていく、そのようにつかむという仕事がなかったなら、わかるということになりえない。それが、生活綴方等の教育を中心にして、非常に多くの人達がとりくんでいる仕事であり、事実を事実として、ありのままにつかんでいくということがなかったなら、そういうことがつかめる人間になっていないということが今、問題となっている。事実が事実としてつかめるかどうかが一番大事である。そういう点では、生活綴方を中心としたさまざまな実践から、いくつかの教訓をさらに学んでいかなければならないし、わかる学習という場合にまず第一に、そういう点を我々は、強調しなければならない。その点を教訓としてくみとらなければならない。

二つめの問題は、生活点における集団、つれをつくることが、わかる学習の基礎となり、わかる生活の一番の土台になる。それは生活点における生活集団といってもいい。今日、学校の中で、民主的な実践がさまざまに行なわれているし、学級を基礎としてさまざまな実践が行なわれているけれど、その学級自体が、はじめのころに申しあげたように、大きな支配の中で差別の体制の中にくみこまれているという事実を、我々はまた逆にみなければならない。自分ところの学級だけは、あらゆるものから離れて解放されているなどといえない。自分のところの学校は、何物にもかえがたい自由というものだけは、いつでも保持しているなどと言えない。そういう点は、今日の体制の支配が、隅々まで浸透している中でみれば、学級自体が差別の体制の中に入っている。

今年の実践の中で、特徴的なことは、運動会その他をめぐって、地域の集団、部落単位の子ども達の活動、組織というものを基礎として、さまざまな学校行事をとりくんでみたその中で、学級の中ではどうしても発見できなかった新しい事態が、地域を基礎にした、部落を基礎にした生活点における集団の中では、まったくちがってあらわれてきている。

たとえば、走らせてみるという形をとってみた。誰と誰とが速いということを子どもたちはあらかじめ知っている。走ってはみるけれど、自分は選手にはなれないことを知っている。走るだけでも民主的で、それならおまえもがんばってみよといっても、がんばれないものにがんばってみよといって走らせて、おまえ、がんばらなかったから選手になれなかった、みんな走ってみてわかっただろう、やっぱりこの子だったとなる。しかし、部落の中ではもっとその選び方が違ってくる。子ども達は、何度も何度も走ったりするけれど、依然として、部落の中で、速いものは速いという問題はあるが、その速さを実は練習という形で、自分達でつくりあげて変えていくということを、子ども達はやっていく。そこが重要である。学級でいえば決めるところが民主的で、決め方が民主的であっても、どう能力を発展させていくかというところに、民主的な学習活動をぬきにしている。どうやって決めていくかというところの民主性だけが強調される。実は、自らの能力をもっと発展させていくところに民主性がある。その点が部落を基礎にした子ども達のさまざまな練習活動の中では、違ってきているという問題がたくさんある。そういう点で人間が社会的な存在として、集団というか、つれを、自然な集団を生み出している。その自然な集団というものは、生活点における、生活の場所において、性別だとか、年齢だとか、能力だとかが混合したすべての人間を含んだ「たて」の集団が自然な集団、いわゆるつれの自然な生活集団そのものが、今、破壊されてきている。そのものを組織することができなくなってきている。自然に自然な生活集団ができないところに今日の状況がある。そういう点では、自然な生活集団を組織していくという仕事、そこの中で、生活の場所に生活のつれをつくっていくという問題を、我々はもっと考えてみなければならない。

集団教育、まさに人間にとって集団をぬきにして成り立ちえないけれど、集団を単に、学級という枠の中で、あるいは学校という組織の中に作っておきさえすれば、集団になりうるのかどうか。問題は、生活する場所にどういう集団を自然な形で生みだすか、あるいは、どんなになくなっても何か自然な形であることを、どう組織的に、有機的に、発展させていくのかという問題、いってみれば、そこの生活点にある自然な集団を、管理もなければ、差別もないものとしてどうつくっていくのか。管理と差別がなくて、一人一人の個性が非常に保障されている、いうならば、民主主義が非常に具体化されている状態をどうつくりだしていくのか。一人一人の個性が保障されて、それが発展させられる集団をつくる課題である。無理にそこで何かやらされている集団ではない。そういう点では、わかる教育をすすめていく場合のわかる生活というと、本来の意味のわかる学習が、教室の中でどうわかる学習をやるかというだけでなしに、人間が社会に存在して、わかる生活をすすめていく場合の一番基本的な集団、そういう集団を、生活の中に生み出していく必要がある。そこが、わかる学習を具体化していく上で、昨年あたりから、大きく強調されてきている問題である。それを組織化していく上では、学級での集団のもつさまざまな教訓を、そこにまた生かさなければならないのは当然である。もっとも基本的な初歩的な基礎的な集団を我々はどのようにみていくか、学校へ来たから、学校の中で教室でつくるということでは、子どもになりえないという問題、生活する場所に、どのようなものを生み出させていくかという問題が一つある。

三つめの問題は、子ども達の社会的本能、いってみれば、人々のために役に立ちたいという人間がもっている社会的本能、何らかの形で人のために役に立ちたいということを正しく発展させながら、どのように対処していけばいいのかという基本的な意味での生活習慣を、どこを何を基礎にしてつけていくのかといえば、それは労働である。労働を通して社会的本能を発達させることは、基本的な社会的習慣をつくるもっとも基礎である。その点で、我々は労働という問題をもっと重視しなければならない。もっと重視するというより、今まで重視されてきたことを整理してみることである。労働が人間をつくり出したといわれるが、労働は人間の基本的・基礎的な諸能力を発達させる上で、欠くことができない。それは、労働を、単に生産労働として、あるいは工場における労働とか、農業における労働とかいうことだけでとらえるわけではない。

学校における教科学習の中でのさまざまな労働、ハサミをつかうことをはじめとして、さまざまなものがつくられる仕事、みんな労働である。いわゆる手足を働かせて、何かをつくりあげていく仕事をもっと、労働という概念の中で我々はとらえていく必要がある。教科だとか、教科外のさまざまな学校における労働だとか、あるいは家庭だとか、地域における生活として、子ども達がもっている労働だとか、そういうものが、子ども達の内部における社会的本能の正常な発達をうながしていくことは間違いない。そこが、ちっともできないから、人のために役に立つということがなかなかわからないし、そういう点で人々のために、どう自分が人の役に立っているかということは労働を通してわかってくるし、理解されてくる。それは同時に、人間としての基本的な生活習慣を、自然にまた、身につけさせていく。それは教育のいろいろな場所、中味でいえば、遊びというものを含めて、遊びから労働へといえると思うけれど、小さい子の遊びは、労働の模倣である。そういうことを含めて、遊びから労働へというものを我々は教育の中で、人間がわかる学習をすすめていく内容として、きちんといつも定着化させていかなければならない。これらの実践については、単に労働実習の実践に集約されるだけでなしに、物をつくり出したり、仲間と一緒に物をつくり出していく時、あるいは共同作業をしたり、何かしていく中で、子ども達の状態や、働きをもっと出し合うことによって、その内容を正確にすることができる。

少なくとも、生活習慣が、何ともだらしないが、どこでシャンとさせたらいいかということは、規律として物を与えることではない。規律というのは、労働の中で自然に身につけていく基礎がなければ、規律になりようがない。しかられるから仕方ないでこうする、怒られるで仕方がない。そうではなくて、必要だから、そうするのであり、必要だから物をかたづけておく。次の仕事のために必要だから、物をあるべき場所にかたづけておく。そういう問題は、労働という形を通さなければ、理解のしようがない。おこるでかたづけておくという問題ではない。

その点で、労働を通すという問題は、社会的本能の一番基礎になるものを、自然に子ども達に身につけさせていくことである。自分が物をつくってうれしい。例えば、横井さんが、グアム島にいた時に洋服をつくっていたことは、必ずしもあそこで着るために、ただちに用いるものではなかったとしても、人間の極限的な状況の中では、あのようなものとして具体化されたかも知れないけれど、少なくとも自分の働き、あるいは手足を動かすことが、自然に何らかの形で、他との関係において役に立つということに喜びを感じていたはずだ。物をつくったりしている時は、非常に子ども達は、その点、ハッキリよろこびとしてあらわす。そういう意味で、社会的本能ということ、人々のためにということ、またせまく考えて、何かやってやるんだという慈善的行為というところにおきかえてだけおくのではなしに、もっと自然に、物をつくり出していく、あるいは仲間でもっとつくっていく、そこには必ず、集団的な労作が、必然的に生じてくる。いってみれば、みんなでみんなのためのものを作っていく仕事をどのように組織していくかが問題である。そういうことをどう自分の体を通して、獲得させていくか、その中で、子ども達は規律も身につけることができる。あるいは、そこで規律を生み出すこともできる。例えば民教研の機関誌の№30の一番はじめにある、付知南小の土井陽子さんが、豆を子ども達に作らせた時の話（注・本巻の論文5に紹介）は、まさにそのことを、さまざまな形で具体化している。そこでは、子ども達は豆作りを通して、新しい自分達の規律の基礎をつくり出している。自覚を生み出している。労働を通すという問題も、そういうわかる学習の問題としてハッキリさせていく必要がある。

四つめの問題は、子ども達が非常に価値観がバラバラで安定しない、いわゆる連帯性と自発性が安定しないということからいえば、価値観の統一点ということは、憲法や教育基本法の立場を具体化することが基本である。我々は、その他のものを持ち込んできて、価値観の基礎にしようとしているわけではない。今、子ども達が生きていくうえで、物がわかっていく場合の価値、わかる価値の基礎が憲法と教育基本法の立場を、子ども達がどのように具体的につかむかということが問題になってくる。その他の思想だとか、その他の立場や心情を、子ども達の価値の基礎にしようとするものではない。その点が非常に大事なことではないか。その他のものを持ち込むというところに、偏向教育だとか、例えば、綴方をやることは間違っている、偏向教育だ、生活に根ざした教育などというのは、おかしいという攻撃がかかってくる。おかしいということである。憲法や教育基本法の立場を本当に身につけていくことを基本にすることすら、今は認められていない。安保の立場を身につけることが教育なんだ、お上の教育なんだ、と言われる。そんな中で、憲法や教育基本法の立場を子ども達が、本当の価値の中心においていくことが、わかるということの内容である。

　価値としての基準なんだという問題で、特に大事な問題は、やはり主権在民と、基本的人権の尊重、それから平和と国際連帯というか、戦争に反対する精神をほんとうに子ども達に身につけさせることである。そこがなかったらわかりようがない。自発性だとか、連帯性だとか、形の上ではいろいろとられても、その基本のものとして主権在民や基本的人権とか、平和と国際連帯という精神を、どう子ども達のものとしてやるのかという問題を我々は考えてみる必要がある。それを統一的な価値として、具体的につかませていく。特に価値観がバラバラになり、稀薄になっている、むしろ価値観そのものをそこでは教えないようになっている部分というのは、いったい何なのか。価値観が非常に不明確になっている。

　それは三つのせいの問題だと思う。いわゆるセックスの問題としてあらわれる性、まつりごととしての政治の問題、もう一つは、生活として生きていくねうちの問題、この三つのせいには本当に今、重きがおかれていない。そこのところの教育がない。セックスの性は、自分の肉体としての本能そのものの価値があるということに結びつく。肉体的に性本能が、本能だけがはけ口をさまざまに価値とは別のところに求めている。そこに価値が明確にされずにいる。従って、そこの問題では、子ども達は非常に悩みもするし、いろいろ理解に苦しむ状態があり、生物的本能そのものがむきだしになってきている。

　政治のところでは社会的要求が価値に結びついておこなわれないから、非常に偶発的で、偶然的に出る。社会的要求が価値観と一緒になって、その時の思いつきになり、真の要求にならない。どえらいいいことをいっていると思ってみていると、子ども達は、言うだけで、やる気がない。いい要求はいっぱい持っている。それは価値観そのものである。社会的な要求という問題、いうなれば、政治そのものの持つ価値、そのことがわからないので政治がわからない。人間的意志として、どう生きていくか、いってみれば、生きていく自覚として、そこに、いわゆる生きる値うち、生きるねらい、生きるめあてを明確にできていない。そういう点では、「せい」、いわゆるセックスだとか、政治だとか、あるいは、生きるめあてとしての生活だとかいうところに人間としての、人間的意志を一貫して持たせていくことが重要である。価値観を明確にすることによってはじめて、そこに、人間的意志を通すことができる。

例えば、政の問題についてそこに主権在民と基本的人権の尊重という精神が、ビッシリ入ったらなにも問題はない。主権在民といって、自分が主人公なんだという立場が政の問題になると、からっきし抜けてくる。同時に、基本的人権として、人間を尊重するという立場がない。そういう点では、主権在民、基本的人権の尊重、それから戦争に反対して平和を願うという平和と国際連帯の精神、そういう立場を一貫して貫いていくことを教育の価値にしていく必要がある。教育が生み出してくる価値としていく。そういう中ではじめて、子ども達は生きるめあてとして大きな願望を生み出すことができる。自らのうちに生きる力を自覚することができる。生きるねうちが自分の中に出てくる。それが実はわかるということである。そういう点で、児童憲章や憲法の立場は、今までしきりに言ってきたことである。けれど、今までの実践を大きくまとめて、わかる学習の立場を明確にするとすれば、今の四つの点である。ありのままにみつめるということ、生活点における集団、そこにつれができるという問題、労働を通して基本的な習慣を身につけていくという問題、価値の統一点が憲法であるという問題を、もう一度整理して明確にしておく必要がある。その点をふまえて新しい実践をさらに広げていく必要がある。

四、大同としてのわかる学習の追求

その場合に、わかる学習を実践していく、その実践的創造のためにはどういう問題があるか。最初にハッキリさせておくことは、今申しあげたようなことは、まったくあたり前のことで、特別のことはなにもない。今までやってきたことがみんな、集中的、全面的にやれただろうか。あるいは系統的にねばり強くやれたかどうか、いつもかもなんとかしたいと願ってきたこと、あるいは部分的にはやってきたことである。けれど、この当然なことが、今日では、反動的な教育支配とのきびしい対決なしにはできない点をハッキリさせなければならない。今の中教審路線の中では、きびしい対決というものを持たなかったら、そのことができない。それは同時に、政治革新という条件が半分あるとすれば、その政治革新にみあった教育革新の内容であって、大変なことではない。政治革新だって、大変なことではない。あたりまえの社会をつくるだけであって、今の憲法に即し、ファシズムの政治にはしないということが革新政治の基本である。民主主義の政治をつくることであって社会主義の国をつくるわけでもない。そのために革新三目標にしたがって、安保条約を破棄するような、そういう日本をつくって平和と中立の日本をつくるということが、政治革新の中心におかれている。それにみあった教育革新というのは、わかる学習をつくることであって、むずかしいことでも何でもない。難しいといえば難しいかも知れないが、法外のことをやるわけではない。今の憲法や、教育基本法を互いに具体化する仕事である。全部が全部具体化できなくても、せめてこの点はハッキリしたいし、それが教育革新の内容である。

そういう点では、政治革新にみあった教育革新、わかる学習とはその程度であり、そういう内容である。法外なことではない。法外なことではないことが、実はきびしい対決を必要とするというところが、今日の情勢である。どうしてかというと、一見自由にみえるけれど、必ずしも自由になっていない。支配の網の目が末端まで行きとどいている今日の社会、教育の上でいえば、入試だとか、時間数だとか、教科書だとか、あるいは通知表だとか、五段階の相対評価だとかいう形から、能力主義だとか、あるいは効率化だとか、つめこみ教育というものが、各教科、各教室まで浸透しているから難しい。自分のところの教室は自由だといっても、入試はぬき、時間数はぬき、教科書はなし、指導要領はなしにした教室などは実際にはない。それがあるから、それが末端まで浸透しているということは支配が末端まできているということである。末端までそういう形で支配されている中で、わかる学習をすすめることは、日常的な対決という問題をぬきにしたらできない。

しかも、その能率主義とか能力主義とか、つめこみ教育を、多くの子どもや父母をまきこんだ教育観にしている部分がたくさんある。だからよけいに難しい。教科書全部を教えることが、教科書がわかる、あるいは、教科書をとにかくすますことが教育だというようにとらえている子どもすらたくさんいる。54321の中で少ないものが5、5がみんなついたらそれは評価ではないと思っている子や親がたくさんいる。しかも自分のところの子どもだけが5にならないと困るし、5がたくさんついたら困るし、5がなかったら困る、なくても困るし、つきすぎても困るし、自分のところはつかないと困る。そのようにとらえている部分がたくさんある。だから五段階相対評価でも難しい。日常的に支配しているということはそういうことである。その中で、共通の困難がいくつか出てきている。

例えば、わかる学習、それはいいけれど、そのようなことが本当だと思うけど、間に合わない、もっとも困難なことはそれだと思う。それはいいけど、間に合わん、間に合わせるということはいったい何なのか、間に合わせながら教育の荒廃をもっと進めていくという仕事になる。それにはくみするわけにはいかない。いったい何に間に合わせるのか、どうするのか、間に合うというのはいったい何なのか、そういう場合に、一つ考えてみなければいけない。理屈ではうまくいかないけれど、運動の中で発展させるということである。教育ということは、人生で勝負することである。どこで子どもと勝負しているかといえば、人生で勝負するわけである。子どもは人生で勝負しているわけで、明日のことで勝負しているわけではない。教育というのは、人生に責任をもち、その人生で勝負する。人生にどのように責任をおっていくかという問題が、そこでわかり合わなければ、間に合うのか、間に合わないのかという論議からだけでは、どこに間に合わせるかということが、ハッキリしないのではないか。

明日だけが人生ではない。人生の中に明日がある。長い人生の中に明日という困難ももちろんある。明日に間に合わせようとするから、明日に間に合わなかったら死んだという問題がおきる。人生の中の明日ならば、明後日作ることができる。明日だけが目的になったら、明日がなくなったら絶望しかない。明日がこないといったら生きる自信がない。人生の中の明日ならば、明日が駄目なら明後日でもいい、おそくはない。いってみれば、そういう息の長さを、ほんとうに腰をすえてもつということがなかったら、間に合わないという問題にはなかなか対処できないし、解釈できない。お互いに明日のために生きているわけではない。子どもが高校入試に失敗したら、あるいは、何かのリレーで失敗したら、一緒に死ぬ先生はいないし、親もいない。それなのに、明日だけが人生であるかのように子どもに思いこませているという問題がある。それは、やはり、親にもハッキリさせなければならない。人生の中に明日があり、明後日もある。明後日という日さえみえれば、死なずにすむ子がいっぱいある。明々後日までみえたら、まったく死ぬことはない。本当に、明日がみえん。今日しかみえん。せめて明後日がみえるように、それが教育の一つの大きな願いになる。子ども達の中に、本当にどう生きていくかという長い目で物がみえてきた時に、短いものがハッキリしてくる。人生の中で、明日を考えることができる。そのように、間に合うといえば、人生に間に合わなければならないという問題をハッキリさせていくということの中に、実は困難を解決していく一つのカギがあるのではないか。

一見、自由にみえるけれど実は教育内容を中心にして、中教審の体制が深く浸透している。したがって子どもが同時につかみきれない。教育は一生懸命やる、時間いっぱい、あんなに熱心に教育をやって、何で子どもがつかめないのか。遊んで、横からみていた方がつかめそうな気がするくらいである。やればやるほど、つかめないようになってくる問題がたくさんある。支配の体制として物事が評価されたら、わからなくなる。いわゆる分業のはしくれだけしか、人間をつくるという時に人間がつくられていない。ある部分をつくっていて、人間をつくったかの如く錯覚をおこしている。そういう点で、子どもがつかめないという問題があるし、その中から実践上に、さまざまな意見の違いがたくさん出てくる。そして、お互いの違いだけがめだって、みんなで一緒にやることがハッキリせずに、対立が多くなってきている。

例えば、学級の形態一つとってみても、静かなのか、やかましいのか、静かな教室がええ、やかましいほうがええと言い出せば、きりがない。あそこは静か、あそこはやかましい、あるいは学力か生活か、などと対立してしまってはどうにもならない。

要するに、小異のところで大同になるものではない。そういう点では、去年あたりから、非常に大同の問題が全国的にも問題になってきている。国政の革新の上で、大同につかなければならない。その場合、小異をすてて大同につくという古語はこのごろなくなってしまった。小異をすててはあかん。小異をすてずに大同につくのだと三宅武夫中津川市教育委員長は言った。今は大同につかなければいけないけれど、小異を、自分の立場をすててはいけない。小異をもって、大同につくということを三宅委員長はいわれたわけです。けれど、大異を保留して、大同につく。いわゆる将来に関して自分の人生上の思想上から出発した、将来の社会ということについて、さまざまの夢がある。将来の社会に関する大きな違いはあるかも知れないが、今、大異しているもの、大異、大同、については、さしせまって何をするかということで、一致したらどうか。小異は、お互いに自分の思想や信条から生じる意見の違い、それは持てばいい。大事なことは、大同をどうみつけるか、わかるという点で、どういう大同を我々がみつけ出すかである。いってみれば、そういう立場をとらなければ、大同は出てこない。いいけれどそれでは、間に合わない場合、いいけれど間に合わないというそこが対立するのでなしに、良くて間に合うようにするには、どうしたらいいか。そこが、わかる学習では、創造という立場で、大同する必要がある。

わかる学習の創造という点で、教師が大同する。そこに生ずる教師の集団的なエネルギーの大きさというか、大きな力量、実践の力量をそういう形で増す必要がある。そして、地域に根ざした教育という方向で、父母と一緒に運動を広げ、発展させていくことによってはじめて、わかるということが、本当に実現していく。その点では、教育実践上のもっともさしせまった共通の課題は、やはりわかる学習の創造であると、我々は考える。それは、誰もが、一致できる目標である。同時に子どもの学習権、あるいは、父母の教育権といわれるものを、教育内容を通して、それを確立し、具体化する中心的な課題でもある。

子ども達はわからない学習が進行してくる中で、さまざまな姿をさらけ出してくる。それを我々は今、子ども達がつかめないと言っている。子どもは大同を求めている。一人一人勝手なことをしながら、何をしても、先生も、もう少し大同でやったらどうか、自分自分ですき勝手を言っていて、おれ達はこうしてやっているのに。言ってみれば、そういうことである。子どもはそのように、大同をいってくれないから、小異だけでやっている。自分の生活の小異で、カッカと誰もかれもつかめずにいるけれど、裸になりながら、大同を求めているのは、子どもではないかと思う。

では、大同としてのわかる学習の内容は、いったい何なのか、そこが一番問題であり、それがわかれば、いいわけだけれど、それがわからない。けれど、大同としてのわかる学習の原則は、教師や父母の教育観とか思想の中に求められるべきものではないだろうか。自分の考えはこうだから、わかる学習というのはこうだ、そこから出発して、探されていくべきものではないだろうか。今の子ども達の実態の中に共通に見出すべきものであって、子どもの中に探さなければならない。職場に、あるいは地域に、子ども論議の花を咲かせて、その中で、みんなでつくり出してくるべきものだ。そのためには、小異になるかも知れないが、自分の実践上の問題を率直にさらけ出す、それができさえすればいい。自分の実践上の問題を率直に出し合いながら大同をみつける立場を貫いていく。自分の実践の立場を固執するわけではない。自分の実践の立場の中で、出してくる実践はこうである。私はこうだ、私はこうだという中で、大同として、何が必要なのかという問題をみんながみつけ出してくる。そのことが、教師の力量をつよめることだし、職場をほんとうに自由にしていく。その場合、大同にあたる、子どもに何をわからせるかということ、子どもにわかる学習といえば、子どもに何がわかることなのか。算数の教え方のどこやしらんをこうするとか、ああするということだけでは、どこまでいっても小異になってしまう。そこを大同にしようとすれば、子どもをどうする、子どもに何をわからせるかが、今一番必要であり、その「何を」が、人間でなければならない。大きいことでなければならない。小さいことを百や二百ならべることではない。それをひとまとめにしたら何かということをハッキリすることである。1+1=2というところを、一年生で教えなければならないし、これも教えなければ、あれも教えなければと、みんな教えることをひとまとめにしたら、何なのかというところをはっきりする。

　いってみれば、そうしてひとまとめにして、いま子どもにきちんとわからせることは何なのか。何をわからせたら、子どもはわかるのか、子どもは人間になるのかという問題の一番基本的で基礎的な中心をみんなでつくり出すことが、一九七四年の非常に大きな仕事になる。大同につく教育を、個々の教師の努力から、学校全体の努力に広げていく。あるいはさらに、学校群として、学校の群がいくつか集って、協力して、統一的に進めていくことが、地域に根ざした教育内容になり、教育活動になる。だからわかる学習の創造という問題は、新しい地域づくりの教育的な内容になる。当然、父母や市民と一緒につくりあげなければならない。その点では、新しい教育運動を地域に展開することを、我々は大胆に進めなければならない。民主教育を育てる会という会の運動だけでなしに、もっと大きな大きなほんとうにわかる学習の大きさに匹敵する大きな地域の教育運動を我々が生み出さなければならない。すでに、いくつか生み出されている教訓を十分学びとらなければならない。

　例えば、中津川の一昨年から昨年にかけての運動をみれば、一つは、市民がみんなで教育をみつめなおした。

もう一つ言えば、もっと広く去年からすすめているのは、自分達の生活そのものを市民がみつめなおそうとすること、教育をみつめなおしただけでなしに、自分の経験を通して自分の生活をみつめなおした。その中で、自分はどのように生きていったらいいかを、お互いにハッキリすることが、実は教育をハッキリさせていく仕事になる。そのことが、教育運動としていま必要になってきている。それが地域をかえていく仕事にもなる。そういう点でのさまざまな運動の教訓を学びながら、地域と生活に根ざす教育性をハッキリさせていく仕事を、我々が作り出していくことがなければ、教室の中だけで実践か運動かといっても、それでことが足りるものではない。ほんとうに統一的にすすめなければならない仕事である。そういうことを、いっさいがっさい進めていくうえに、やはり民主教育研究会という組織をほんとうに大事にしていく。組織として大事にするだけでなしに、活動として、独自の活動をいまこそ強化することが一番大事である。そこがほんとうに進まなかったら、一切のことが、忙しくて、何にもできない。内容としてうめていくことができないのではないか。どんな小さなことでも楽に出し合えるように、いまこそ教師が、真に自由な立場で論議し合えるように、そういう状態を生み出したいものだと思います。一九七四年という年を民主主義の花ひらく年にしなければならない。民主主義の花というのは、自分の実践が率直にさらけ出せる時、自分の悩みが自由にいいあえる時に開く。みんな悩みながら、小異にこだわらず、小異を出してみたら、ポッと近いところに大同がある、そんなことだと思います。

＊東濃民主教育研究会が行った一九七四年一月の冬季民教研集会での基調報告。わかることと生きることを追究してきた恵那の教育の蓄積をもとに、「わかる学習」とはどのようなものでなければならないかを全面的に展開したものである。なお、東濃民教研は当時、集会のメインテーマに「生活に根ざし、生活を変革する教育の創造をめざして」を例年掲げており、表題の「ありのままの精神でわかる学習の実践的追求と運動を」はサブタイトルにあたる。『「恵那の教育」資料集』第二巻に収録。今回の収録に当たっては、中見出しをつけ、趣旨を変えない範囲で文章の整理を編集部の責任で行った。

◆論文9（一九七五年）

子どもと教育の上にあらわれている新しい特徴と「生活に根ざし、生活を変革する教育」を進めるための若干の基本的問題点について

はじめに

大きく言って申しあげたい問題は二つあります。ひとつは、子どもと教育の上にあらわれている特徴ということですが、その内容は、いまの子どもたちの人間的特徴と、その特徴を形づくっている背景としての情勢というのは、どうなっているのだろうかという問題です。いまひとつは「生活に根ざし、生活を変革する教育」をすすめていく上で、私たちが当面の課題として考えなければならない若干の基本的な問題についてです。

そのことを、うまくまとめてお話することはできませんが、どれだけか申しあげて、あとの討論の素材にしていただきたいと思うわけです。

今日の子どもと教育の上にあらわれている新しい特徴

子どもの基本的生活習慣・感覚・思考のくずれ

子どもたちの上にあらわれている今日の生活破壊と人間的荒廃、そういったものの増加が、どういう形をとっているのだろうかということについてですが、一つは、基本的な生活習慣ならびに生活のリズムが、非常に大きく狂ってきているということです。

顔を洗うというようなことがきちんとできないし、きまった時間にきまったことができないのです。そこには人間が長い間かかってつくりだしてきた人間的文化、自分の身体に即応する文化というものが十分に習得されないまま生きているという状況があらわれていると思います。

風呂へ入るということもきちんとできない子どもがふ

えているようです。風呂へ入ることがきらいで、いくら入らなくても平気ですし、寝るときも寝まきに着がえるということは全然しないとか、あるいは食事がきまった時にとれずに不定期になっている子どもも目立ちます。

そうした生活状態のなかで、思いついたように刹那的、衝動的、そして暴力的な行動が起きてくるようになるのです。いうなれば、人間生活の基礎的な規律が欠けていると見ることができるのです。

二つ目は、スリル、スピード、セックスといわれるような、そうしたものに対する関心が非常に高まり、それが非行という形で行動化してきていることです。そして、それがふえてきているということです。

盗み、あるいは喫煙、自転車、バイク、性的遊戯、それに金遣いのあらさ、そして大人から考えてみると、理由不明としかいいようのない家出というものが、ずいぶんたくさんふえてきているのです。

たとえば、山梨県の甲府で、また岐阜県益田郡の萩原で、女子高校生がモーテルを利用して、集団的な売春行為をしていたということが、今年になってから大きく報道されていましたが、そうしたことがでてくる状況は、どこにもあるのです。今の子どもたちは、このような事件を起こすかどうかは別として、同質の関心や欲求を、因子としてたくさんもっているというように見ることができるのです。

さらに三つ目は、思考が貧困化し、行動がたいへん奴隷化してきているということです。それは、よく言われることですが「りこうたわけ」の言葉にあてはまるような、何でも知っているようだけれど、実際には大事な人間的知恵ということになると、何にもわかっていないという状況がふえていることとしてあらわれています。

どんな小さなことでも先生や親に聞く。「どうやったらええの」「どこまでやったらええの」というように、何でも聞いて、自分で考えることを全然しないのです。従って、言われたことだけしかやらないのです。もうすこし気がついて、あのことをやってくれればいいのに、私がこれだけ苦労しているのに、と親が思っても、それがわからないのか、言われたことだけはやるけれど、言われないことについてはまったく手をつけないということは、いっぱいあるようです。

そのことは、自分できちんと物事をたしかめないことになりますが、噂だけで知ったかぶりをして、物事を処理していくのです。子どもに言わせると「何となくそんな感じがした……」といいますが、何となくそんな感じ、という物のとらえ方で済ませているのです。

いわば、テレビなりラジオなりの発想を借りて、あたかもそれが自分のものであるかのような錯覚に陥っているのです。そうした状況が非常に多くなってきていると思うのです。

子どもがつかめないことから生じる教育の上での新しい困難

こうした子どもの状態だから、子どもがつかめないという問題が教師の側に起きてくるのです。そして、子どもがつかめないことから生じてくる、教育における新しい困難がうんとふえてきているというわけです。

ある教師は、子どもがちっとも聞いてくれないし、考えてもくれん、まして反省もしてくれん、ということで、どれだけ一生懸命やってもどうにもならない壁にぶつかり、思わず一人で、職員室で泣いてしまったと話しておられましたが、いまの子どもの状態が、教師のなげきを増していることはたしかです。

また、教師のたてた方針が、ちっとも子どもたちにぐさっとくすがらない(はいらない)。あれもこれもと、良いと思ってやるけれど、どうも子どもの心にぴんとひびかない。どうしてかしらんと悩んでしまうといわれた教師もいますが、一生懸命にという焦りが、生きがいとちっとも結びつかないで、何ともやりきれないことが多いと思います。そこへ忙しさが追いかけてきて、やりきれない忙しさで、からだも心もくたくたに疲れたという状況が教師の中にはいっぱいあらわれてきています。

確かに焦っているわけです。けれど焦っているときは的がはずれますし、それでいらだちも起きます。何でもないことに怒りっぽくなりますし、そうなると物事がよけいうまく進まないのです。教師はそれほどくたびれているというのか、仕事の中にはっきりした目処がたたないという日がたくさん続いているのです。

いうなれば、教育がちっともうまくいかないということが、今年はいっそう深刻にあらわれていますが、そんなところに新しい変化を見ることができるのです。

人間の貧困化とファシズムの温床

いったい、この変化のもとになっている子どもたちは、どういう特徴をもっているのでしょうか。先ほど、いろいろな例で申しましたように、自分の五体をつかって物事をたしかめ、そして自分の頭で考えて、自分の意志で物をきめていくことができなくなっているところに、一番の特徴があると思います。それは、人間自体の貧困化が進んできているという問題でもあります。

ある人は、そのことを「人間が奪われ、生活がない」というい方であらわしておりますが、それは、人間としてのごくあたりまえの、正常な生活が失われることで、人間の貧困化が進行してきた結果でもあります。

子どもなら遊びを含めてということになりますが、人間は生産労働を通じ、自然にはたらきかけていきますが、そのはたらきかけのなかで、人間と人間のつながりとしての連帯が深まっていくわけですが、そうした基本の部分が変則化して、ごく普通の人間的状況というものが、子どもたちの間に失われてきているという問題ではなかろうかと考えるのです。

一つの例で申しますと、今年の二月から三月頃にかけて、中津川南小学校についての風聞がたったことがあります。それは、南小学校六年生の女の子が妊娠をしたという、全く事実無根の噂が、どこからともなく流れて、それが中津川全体に蔓延したことがあります。噂だから消すこともできないうちに、つぎからつぎへと、いろいろな尾鰭がついて広がっていきました。最初は妊娠七か月ということでしたが、いつの間にやら産んでしまったことになり、乳児は誰だかが内緒に育てているとか、あるいは、本当は流産をしたのだとか、いろいろな話になっていきましたが、妊娠をしたそうだということだけは残されていたのです。この噂は事実無根であっても、誰も事実をたしかめることができません。噂はそのまま広がっていったのです。そして、悲劇的なことには、この噂の子どもたちの卒業式のときにも噂は消えていませんでしたので、六年生の子どもの親たちは、自分の子どもの卒業式の場で、どの子が妊娠しているのかを観察していたというのです。卒業証書を受けとりに行く女の子たちの腹を一生懸命みていたというバカげた状態があったというのです。

そして新学期がはじまってからの五月末頃、瑞浪市内の小学校で、ある日の朝の会に、多分、五～六年生の学級だと思いますが、ある子が発言を求め「大ニュースを報告します」ということで話したのが「中津川の小学校六年生の子が妊娠をしました」ということだったそうです。そういうことが起こるのです。中津川のなかですら、その事実をたしかめることもなく噂として広がっているのが、瑞浪までいって大ニュースとして報告され、それがまた広がっていくのです。

何となく、そんな感じのする世の中で、小学六年生女児が妊娠するということが、何となくありそうな感じの世の中だということと、どこかでそのことがあったという話と一緒になり、それがそのまま伝わっていったのですが、そのことの中からも、物事を理解する基本が変則化していることがうかがえると思います。また、恵那市のある学校では、小学一年生の子どもが攀《はん》登棒へのぼっていって、えらくなったので（しんどくなったので）、一番上で両手を放してしまい、あお向けになって落ちてきたということがあります。この時には、どのようにうまく落ちたのか怪我はなく幸いでしたが、とにかく、そうした子どもができてきているのです。普通は、高い棒の上までのぼれば、そこでえらくなっても、何とかしがみついて、手がすりむけてもどうでも、命だけはと考えてすべり落ちてくるものなのだと思いますが、いっぺんにぱっと両手を離してしまうという、そうした精神的・肉体的構造は、また理解できないのです。

　このような子どもたちの新しい状況全体を指して、浅野信一先生は「今の子どもは幽霊みたいで、何ともわからない」といわれましたが、この頃のスリラー物の流行のなかに、お化けの話がいっぱいあるように、それにふさわしいような状況が、子どもたちの中にもあらわれています。

　ところで、そうしたことは、いったいどういう意味をもっているのでしょうか。たとえば、公職選挙法の改悪にみられますように、支配者は選挙法ということでは、いつも小選挙区制というものを実現しようと意図しています。その狙いは、日本型ファシズムの確立にあるといわれますが、それは議会制民主主義の形態だけは存在させて、そのなかで少数者が多数派を形成して独裁体制をとっていくことにあります。いま改悪されようとしている公選法は、その日本型ファシズムのはしりとしての役割をもっていますが、その公選法改悪の温床となるような人間的基盤、それは公選法の改悪に伴って生じてくる日本型ファシズムの温床としての人間ということにもなりますが、そうした人間的基盤を、私たちはいまの子どもたちの特徴の中に見ることができるだろうと思います。

　何か、公選法というと政治のことだけのように考えられますが、それは政治の上だけを走っているのではなく、今の子どもたちの特徴の中に、公選法が具体的にあらわれてきているのです。事実として物をたしかめないで、噂としてモノを受けとっていく、そして自分の頭では考えないというような、そうした人間の貧困化の進行の中に、公選法にみられるような日本型ファシズムの温床を、私たちは見てとらなければならないと思うのです。

　その意味で、今の子どもたちの特徴には、ひじょうにこわい内容があると思います。ちょうど、ナチズムの荒れ狂った最中のヒトラーが「大衆はだまし易い」といったような、その大衆的状況を、私たちは、子どもたちの特徴の中につかむことができるからです。

資本主義体制の危機と高度経済成長政策の破綻

子どもたちのこうした特徴をつくりだしている情勢ということで考えてみたいと思います。それはまた、子どもたちの新しい特徴は何によって生みだされてきているのか、ということや、教育のうえで子どもがつかめないという新しい困難は、どういう状況の中からつくりだされてきているのかという問題になるわけです。

情勢そのものをひと口でまとめるとすれば、大局的・長期的には非常に明るい展望があるということでしょうが、大局的、長期的な明るさというのは、いまの国際・国内関係のもとでは同時に私たちのまわりに新しい困難を生じさせるという形であらわれるものだと思います。そしてその困難というのは、複雑さときびしさがいっそう強まっているところにあるのです。その点で、大局的な明るさがもたらしてくる反面としての困難さが、どういうところにあるのかを、私たちは国際的立場からも正しく見ていかなければならないと考えます。

まず、国際的・国内的な政治・経済の情勢の特徴をはっきりさせてみる必要があると思います。

この一九七五年の前半での最も特徴的なことは、世界の資本主義国の第一等国といわれるアメリカ帝国主義が、ベトナムへのあの侵略戦争で敗北したという事実です。あの世界一の大国がベトナム侵略に成功できず、インドシナ人民が勝利したという問題は、まったく世界史的なできごとだと思います。こんなことは少し前までの世界では考えることができなかったことですが、それが現実に起きているところに、今日の国際的な動向があるわけです。それがなぜ起きたのかということを詳しく話している余裕はありませんが、アメリカのこうした状態は、経済的にはドル支配の危機としてのドルショックにあらわれていると思います。ドルの信用性の崩壊、そしてエネルギー源としての石油支配の破綻、それらにみられるアメリカの資本主義経済は国際的危機を呼んでいます。そして、一方ではベトナム人民の英雄的な闘争と、それを支援する国際的な民主勢力の拡がりは、アメリカ国内での反戦気運の上昇をうみだしました。これらが国際的にも、またアメリカの国内的にも深くからんで、ベトナム侵略での敗北という結果を、当然のこととしてつくりだしてきたと思います。

こうした国際的な資本主義体制の危機の特徴は、日本国内では、自民党の年々の退潮傾向にもなってあらわれています。戦後一貫して日本を支配し続けてきた自民党内閣を支持する状況が、国民の間で年々減少してきているという問題になってもあらわれています。それは同時に、退潮の基礎として、日本経済がひじょうに深刻な状況をつくりだしてきていることとしてもうかがわれます。

その状況について、今までの自民党政治による支配の総決算だという言われ方もしていますが、農業や石炭産業など、直接、自然にはたらきかける生産がまったく崩壊してきているという点では、今日の繁栄が砂上の楼閣でしかないという日本経済の矛盾があります。それに加えて、インフレーションの異常な進行の問題は、高度経済成長政策や、日本列島改造計画といわれた新全総の破綻を、当然ひきおこしました。

「三木内閣は、自民党最後の内閣ではないでしょうか」などと、NHKの対談で草柳氏に言われていましたが、実際には自民党政治の危機を救うために三木内閣がうまれたといえます。けれど、そうした危機的状態が国内には存在しています。

繁栄のもろさということでの話になりますが、中央自動車道ができ、この（一九七五年八月）二十三日には恵那山トンネルが開通することになっています。けれど、この中央自動車道ができたために、中津川では大変なことが起きたのです。先般の二度にわたった集中豪雨の際に、異常な出水で水害が起きました。私の住宅も水害にみまわれました。近所に住んでいる人は、自分が生まれて以来、いや祖父の代からもこんな出水は、いまだかつてあったことがないと言われました。そこで話しあわれた結論は、これは中央自動車道の排水を、細かく分散させずに、中津川の大川へ排出するだけの費用を惜しんで、小さい川へ出したからだ。それで駒場まで水害をもたらしたのだということでしたが、中央自動車道による繁栄は、同時にどこかで被害をふやすのです。そして問題は、それがどこかでひどい被害をだしたというのではなく、まさに自分のところへ、ひしひしとおしかかってくるという状況となって、破綻があらわれてきているところにあります。

破綻をつくろう支配のきびしさと複雑さ

こうした破綻や挫折の深まりは、新しい困難を私たちの生活のうえにもたらしますが、支配者がそれを正しく反省して改めるという状況があれば良いわけです。けれど、それが無いというか、できないところが、今の情勢のきびしさになりますし、しかも、その矛盾をどうやって糊塗するかという時に複雑さがでてくるのです。

たとえば、インドシナに対する侵略で失敗したアメリカ帝国主義は、もう侵略戦争を一切放棄したかと言えば、そうではないのです。依然として力の政策を保持し、それを中心にしているのです。アメリカの高官は「ベトナムで原子爆弾さえ使えば、勝ったかもしれない」と言いましたし、フォード大統領は、「この次に、原子爆弾を初めに使うことを、絶対に否定しない」という意味の発言をしています。そして、われわれは原爆の力でもって勝つのだ、そのためには日本を布石として、前線基地として強化しなければならない。だから日米安保体制は必要だし、強めねばならぬと、考えているのです。この間の三木・フォード会談には、その意図がよく示されています。新韓国条項という言い方で、佐藤内閣が約束した韓国条項よりもっと悪質なものにすりかえて、日本の参戦条件を拡げてきています。それは二段論法の形をとって、いかにも韓国内、朝鮮半島における平和と安全だけを強調するようにみえるわけですが、実際は韓国の危機は東南アジアの危機なのだということを新韓国条項は言っているのです。佐藤内閣は、韓国の危機は日本の危機としていたのですが、今度は東南アジア全体に日本の危機条件をひろげているのです。これは、東南アジア全体の防衛のために、日本は基地にならねばならぬということで、日本の参戦条件を拡大したことに他なりませんが、そのことでまた原爆使用を公然化しようとしているのです。

今朝の新聞は、金日成首相が、自民党の宇都宮代議士を通じて、三木総理に書簡か伝言を依頼したことを報じています。その中に「日本やアメリカがいままでとってきた朝鮮半島を二つに分断する政策をとり続けるならば、日本やアメリカは戦争の危機に見舞われ、それに引きずりこまれるであろう」という意味のことが述べられているようですが、日本はアメリカの世界戦略にしたがって、戦争そのものに捲きこまれる体制を着々と深め、それを既成事実としてつくりあげているのです。

それは、先にもいいました国際的・国内的な情勢としての長期的な明るさの中で、暗さを求めていく支配がだんだん激しくなっていくことでもありますが、今日では狂ったようにそれがひどくなっているのです。

その中から三木策略と名づけられるような戦略・戦術が生みだされているのです。一口にいえば日本型ファシズムの追求の形で、自民党支配の延命をはかっていくところにねらいがありますが、内容は反共路線を強化しながら、保革提携政略――実際は保補提携ですが、それをすすめるところに特徴があります。

社会党をシャドウキャビネットというような形でおだてながら、そして一緒になって何かを企んでいくようなやり方が、三木策略としてどんどんとられていっています。それは、革新統一戦線の結成を多様な形で防害するところに中心がおかれていますが、そこに複雑さの強まりがあるのです。

まとめていえば、今の支配強化のなかで、きびしさと複雑さが、私たちのまわりに出てきているが、それは、長期的・大局的な明るさを裏書きするものに他ならないけれど、それが子どものうえにも現実にあらわれてきているということです。これが第一の問題だと思います。

強まる教育支配と危険な民主教育破壊の策略

二つ目は、いま申しあげたような政治的・経済的支配にみあった教育支配が、また一段と強められてきているところに、今日の子どもたちの特徴を生みだすひとつの要因があると考えることです。それは期待される人間像ないしは中教審路線といわれた政府の教育政策がまったく破綻していて、子どもたちの自殺や非行が増加したり、わからない学習が蔓延してくるといったことの中に要因がよくあらわれてきています。何よりも端的なことは、教育そのものが子どもの自殺や非行の原因になっている状況にあることです。教育が子どもを苦しめ、自殺や非行に追いやるというところに、支配としての教育の破綻が現実にあらわれてきています。

この教育破綻のなかで、田中角栄前総理は、〝知恵太り、徳やせ〟だから五切十省でやれなどと言ったのですが、その田中総理が、徳やせを身をもって証明し、退陣を余儀なくされているのです。また〝知恵太り〟ということでも、そのやり方はこまぎれ肉をいっぱい買ってきて、それを詰め込むようなものになっているのです。こまぎれ肉は、いくら寄せ集めても、こまぎれ肉の集合でしかないのです。たとえば、にわとりのこまぎれ肉を、骨まで含めて全部買ってきて、それを集めてみても、にわとりにはなりません。それと同じように、知識をバラバラにしておいて、それをたくさん与え、そのまま寄せ身のようにしても、生きた知識にはならないし、人間の生きた内容にはならないのです。まさに、詰め込みによる差別と選別の教育がすすめられたに過ぎないのです。

こうした、生活とまったく切り離され〝ガラクタの知識〟〝こまぎれ肉の知識〟が子どもたちに押しつけられてきているところで、すでに何度も紹介したような、クループスカヤの論文「生徒の自殺と自由な労働学校」に書かれているような教育状況がいっぱい出てくるのです。

学校が、教育が子どもたちへの影響力を失っているということは、珍しいことではなくなっているのです。

このような教育状況のなかで、三木策略の一つとして、三木内閣は民間から永井道雄氏を文部大臣に起用しました。支配としての教育そのものが、高度経済成長政策のように、誰の目にも明らかな破綻として映らないように、民間文相で教育支配のイメージチェンジをはかり、何とかここを切り抜けようとしたのだと思いますが、そのイメージチェンジによって出てきたものも、実際には教育の荒廃を促進させるという以外の何物でもないことが明らかだと思います。

たとえば、教育内容が非常な詰め込みで、多くなっているから、教育課程審議会を設けて精選をし、新しいものに改訂するのだという形で、永井文相は教育課程審議会を発足させているわけですけれど、それは教育現場、国民の意見が実際に反映されるような民主的手続きを持っていませんし、審議委員の構成が納得されるものにはなっていないということなどからみましても、とても信用することができません。

それどころか、岐阜県の中で実際に押し進められてきているのは授業の効率化とその促進で、授業時間数の確保だとか、授業研究だとかいうことが、どんどん強調されているのです。そこに教師の専門職性があるという言い方で、指導要領の徹底がつよめられているのです。その点では、三木内閣の文部大臣になっても、教育支配の本質は少しも変わりがないのです。

体制支配がもっと進んだこととしていえば、恵那市の教育委員会が今年出したあの〝教育のチェックポイント〟などは、三木内閣になってから出されたものですが、いまだかつてなかった代物といえます。〝教育のチェックポイント〟は、今日の教育の問題をえぐらないまま、全体としては、現行の教育内容をいまの体制のなかで、どう効率化し促進させるかという点にしぼられています。そうしたものが、今年になって恵那の地域で出されてきているということのなかに、永井文部大臣という形でイメージチェンジをはかろうとしても、現実の教育行政は変わりようもないということをみてとることができます。

それは、教師の差別や統制強化としての問題をもつ五段階賃金でも、それを導入する狙いは依然として捨てていないし、教師のストライキに対する処罰でも、依然として強めていることとしても考えられます。また、戦前の帝国教育会にも連なる日本教育会を復活させることも三木内閣になってから起きている問題の一つです。

さらに目立つことは、教育に関する父母・国民の不安を助長させながら、その鉾《ほこ》を民主的な教育と教師に対して向けさせるやり方をしきりにとってきていることです。今年になってから、ＰＴＡという形で、民主的な教育と教師へ対置した問題を提出させることが露骨になってきています。

それは、今までの教育支配が生みだしてきた、子どもの人間破壊や、あるいはわからない学習の増加の問題を利用して、民主教育に攻撃を加え、破壊しようと企んでいる、極めて危険な策略とみることができるのです。

たとえば、高度経済成長政策によって、自然が破壊されたり、公害が発生していることは、誰の目にも明らかで、誰もが高度経済成長政策は駄目だったということを認めるし、その限りでは国民的な合意が成り立っているともいえます。しかし、同じ高度経済成長政策としての人づくりである教育の問題では、中教審路線が子どもの人間破壊をすすめていくものであることを、私たちを含めて、民主的な人々が、もっとも早くから警鐘を鳴らし続けてきたにもかかわらず、今日、子どもの人間的破壊が誰の目にも明らかに映るということになってはいないし、しかも、それがこれまでの人づくり政策による教育支配のせいなのだという点で、国民的なコンセンサスができあがっていないというような、そうした複雑さを教育はかかえているのです。そこに教育問題のむつかしさがありますが、支配はそのむつかしさを巧みに利用して、父母・国民の鉾を民主教育へ向けさせ、攻撃を仕掛けてきているのです。

教育問題のむつかしさということで、いますこし補足しますが、ごく簡単にいって、公害だ、といえば、それは政府の政策が悪かったんだということでの理解が早いのです。けれど、子どもがひどく悪くなっている、ということでは、それは政府の政策が悪かったからだと、ただちに理解されない状況があるのです。子どもの悪さについては、先生のせいなんだと思われている問題や、子どもの資質や親のせいに考えられている問題が存在していて、これまでの中教審路線としての人づくり政策が、今日のような結果を、子どもの上にもたらしてくるものなのだということもわからないわけではないが、実際にはそのことがなかなかつかみきれないのです。

それは、子どもがきちんとみえていないということにもなります。子どもについてはいろいろとひどい例があるかもしれないが、うちの子に限ってはそんなことはないだろうし、まだ、うちの子は良いのだとみんなが思っているところにも、教育支配としての政策の悪さに対する国民的合意が、なかなか成り立たない困難さをみることができるのです。

けれど、実際には教育支配が、学校と教師からほんとうの自由を奪って、学校を機械工場のような状態に変えてきています。そして、過剰な知識の注入といわれるように、スーパーマーケットのように何でも与えるが、肝心の人間づくり自体が忘れられているのです。支配がもたらしてきているこの変化、それが今日の子どもたちの特徴の大事な部分を形づくっているのだと見ることができると思います。

子どもの生活と人間をくずす社会の土台の変化

三つ目としましては、社会の土台における変化の問題を考えなければならないと思います。

「存在が意識を決定する」というテーゼがあり、それは正しいことだと思いますが、存在となる社会的土台の変化が、今日の子どもたちの特徴を生みだしているという問題ですが、その場合の社会的土台というのは、下部構造といわれる社会の経済的構造のことです。

今年の春闘学習会の折に申しあげたことがありますが、今という時代は、大きな歴史の目で見たならば、もう行きつくところまできてしまっているといえるのです。資本主義社会そのものの末期であることは間違いないのですが、それは長い歴史でいえば、社会主義の社会に一歩踏みこんでいるともいうことができると思います。今日の状況を学ぶとすれば、その時には、日本の歴史の学習として、今日から何百年か後に、日本の歴史の学習として、今日の状況を学ぶとすれば、その時には、今を資本主義の繁栄期とは学ばないでしょう。おそらく資本主義末期の爛熟で腐敗が進行していたが、それは同時に新しい社会の夜明けであって、新しい社会はその資本主義の爛熟のなかから出発したというように学ぶのではなかろうかと申しあげたことがあったのですが、その資本主義末期というのは、一体何なのかということです。

少し難しい言葉を引用させていただきますけれど、いまから百年も前に、マルクスは「一方の極での富の蓄積は、反対の極での、すなわち自分の生産物を資本として生産する側での、貧困、奴隷状態、無知、粗暴、道徳的頽廃の蓄積なのである」と書いています。それはまた、現在の日本の資本主義体制の状況を物語っているのかと思うほど、今日の状態を的確に予言しています。

昨年度来の、石油ショックといわれるこの不況下で、日本社会の「一方の極」としての独占資本体は、それ以前にかわらない「富の蓄積」をしたといわれています。不況下にあって、それ以前と富の蓄積を同じにしたということは、「反対の極」への搾取と収奪が激しくおこなわれたことを示しますが、それはまた、「反対の極」での貧困、奴隷状態、無知、粗暴、道徳的頽廃の蓄積が、急速に進むことを物語ります。「反対の極」の最も弱い部分である子どもたちの中に、貧困、奴隷状態、無知、粗暴といった例が集中的にあらわれてきている状況こそ、それなのだと思います。

その点をはっきりさせないと、子どもを正しくつかむことができないと思います。情勢を形づくっている社会的土台そのものの中に、子どもたちがそうならざるを得ない要因があるのだということが明らかにならないのだと思います。

子どもたちの上に極度にあらわれている奴隷状態、無知、粗暴などの蓄積の集中が、今日の子どもたちの状態と特徴をつくりだしてきているのです。だから、子どもたちにいいところがないという問題だと思うのです。それはまた、いいところを生みだす土台がないし、いまの土台ではいいところを生みだすことができないのだということでもあるのです。

いうなれば、一方の極での富の蓄積が、ひどくなればなるほど、反対の極での貧困の蓄積がひどくなるという状況が、今日の社会の土台となる基本的な経済構造の中に存在しているということを含めて、今日の子どもの特徴をみなければならないということですが、その土台での変化は、子どもたちにとっては、何よりも生活様式の変化となって、日常的にあらわれますので、生活様式の変化に伴う子どもたちの人間変化としても、私たちは土台での変化を見ていかなければならないと考えるのです。

崩壊の中でのバラバラ状況と萌芽的な新しい社会状態

ところで、先に申しましたように、資本主義末期というのは、土台において子どもたちのいいところを生みだすことができず、人間としても貧困化を進める仕組みしかもたないということになりますが、同時に、長い歴史の目として言いましたように、新しい社会に入る、ないしは入りかけていると考えられる状況が、また子どもたちをめぐってうまれていることに着目しなければならないと思います。

たとえば、古い社会の中では、人間の自然な習性のようにして、ごく普通にできていた家族の結合や、地域共同体の団結、あるいは地域での子どもたちのつれともいえる連帯が、六〇年代以降、どんどん失われてきていますが、今日の社会の中では、それが自然発生的に同じ形で再生されるということはあり得ないと思います。

私たちは、地域の生活を失った子どもたちの状況に着目して、子どもたちに新しい地域の生活をつくりださせるために、この二〜三年来、地域でのつながりをつよめる地域子ども会の組織化と活動に取りくんできました。これは前にもいいましたように、自然発生的にはでてこないので、意識的・意図的につくりださなければできないものでした。この意識的な努力が、子どものいいところを生みだすことができない土台との関係でいえば、たいへん大事なことになるのです。それは、土台が生みだす子どもたちの人間と生活の貧困化を克服することとして、新しい社会への移行の内容をもつことになるからです。いわば古い土台のなかでの新しい土台づくりの意味をもつからです。

教育は、直接、社会の構造・制度を目的とした事業ではありません。あくまで人間の育成を目的としたものです。けれど、その目標は古代や中世の社会に生きた人間にあるのではなく、現代を通して未来に生きる人間にあるわけです。その目標は、今日の日本社会においては一般的にいえば、教育基本法に明記されているのです。私たちは、この教育基本法に明示されている人間の育成をめざすのですが、この人間は、今日の社会にあっては、自然発生的には育たないことはたしかです。

その意味でも意識的な努力が必要になるのですが、その努力は、今日の状況の中では新しい社会を内包した性格をもたざるを得ないのです。だから、ほんの小さな部分にしか過ぎませんが、地域子ども会の組織化への努力には、新しい社会にかかわっての、教育への関心や在り方としての問題が含まれているのです。それはまた、今日の教育が、極めて社会性を帯びたものになっていることとの問題でもあるのです。

たとえば、保育所や学校の役割が以前とまったく変わりはじめてきています。ある人はこの変化を指して、徳川末期の施療院か、救護所のようなものだと言っています。子どもが家で腹痛を訴えると、親が「それなら学校へ行って薬を貰え」といって、学校へ出してよこしたとか、親から学校へ「今日は都合が悪いので、学校で遅くまであずかってくれ」と言ってきたなど、少し以前までは考えもつかなかった要求が学校へ寄せられるようになっています。そのことについて、学校で飯は食わせなければならないし、病気の手当はしなければならんし、服のほころびは直してやるし、身体まで洗ってやることもあるが、いまにパンツまで洗濯しなければならんようになるか？　と言った人もいるほど、新しい要求が学校へ持ち込まれてきています。

これらの要求にみられるような、今日の学校が持つべき社会的条件というのは、まったく新しい社会の中でつくられる学校の条件とでもいうべきものが多いのです。けれど、そうした新しい条件が、いま私たちのまわりでは学校に対する要求としていっぱいでてきているのです。

しかし、それらの要求は、新しい社会の要求として自覚されて出ているわけではないのです。反対の極での貧困の蓄積のなかでの生活要求としてやむに止まれぬこととして出されていることが多いし、その事情がわかるから、学校もまた受けいれているということになっているのですが、考えてみれば、古い社会の中での新しい社会状況ということができるのです。

こうした新しい社会条件に匹敵する状況が、今日の学校と教育にはでてきていますが、それらはまだ萌芽的に存在するだけであって、意識的に新しいものとしてつくり出されてきているのではないのです。だから、今日の土台のもとで、崩壊していっているものが、新しい形で編成されることもなく、バラバラのままに存在しているところに今日の悲劇的な状況があるのだと思うのです。

破壊され、崩壊したものを、新しいものとして意識的につくりだす合意ができ、それにむかって進んでいけばよいのですが、それがなされないで、きびしくて複雑なままに放置され、そこで生みだされる新しいものといえば、それこそ自然発生のような形でしかないのに、片方での崩壊の状況だけはどんどん進み、みんながバラバラになっているのです。家族もバラバラ、地域もバラバラ、そして子どもたちもバラバラ、人間自体がバラバラというところに、今日の悲劇的状況があるのです。

いま、子どもたちに、知的・道徳的な貧困が集中していても、それに対してみんなで手をつけることができないのです。地域に責任を負った、地域の教育として、その子どもをどうするかということには、なかなかならないのです。家の子は家の子で、近所の子は他所の子になっています。家の子にも手がつけれんものが、なんで他所の子に手がつけれるのか、というわけですが、本当は地域の子どもとして他所の子に手をつけないから、家の子にも手がつかないわけです。みんなに手をつけることで家の子がどうかなっていくのです。

けれど、実際には、みんなどころの騒ぎではない、手前のところに火がついているということで、結局、地域的にも、教育力として新しいものがつくり出されないまま、バラバラになっているというわけです。今の子どもたちの特徴のなかには、こうしたバラバラの状況から生みだされてきている問題があるということです。

意識的な努力で生みだしている子どもたちの発展の芽

よく整理しないままに話しましたので、不明な点が多かったと思いますが、要するに、今日の子どもたちの中にある発展していく芽というのは、今の社会の中で自然に生みだされたものではなくて、新しい社会へ向かって進んでいく努力というのか、資本主義末期の頽廃とのたたかいの中で、意識的に努力して創りだされてきているものなのであって、それだけが、子どもたちのいい面として育っていくし、そういうものがなかったら、子どもたちのいい面は育ちようがない。そこに、今日の社会の特徴があるのだということを理解してほしいのです。

このことを私たちの実践との関係でいえば、私たちが支配の教育の破綻を子どもの状況を通して理解し認識することで、民主主義的な教育実践を意識的に進めた結果として、子どもたちの中に、少なくとも頽廃、無知、貧困を克服するいい面をつくりだすことができた。それをしなかったら貧困化の状況はもっとひどく進んだにちがいないということになりますが、その貧困化の克服としてのいい面の発展は、当然、学校教育のあり様というだけではなくて、家庭や社会を含めて、子どもたちの真に自主的な活動が基本になることはもちろんです。

ここで私たちの実践の意味について少し考えてみたいと思います。いま私たちが取り組んでいる実践はいろいろですが、たとえば生活綴方、地域子ども会、労働教育、自主教材の作成の問題でのこれまでの私たちの努力は子どもたちのもっとひどい崩壊をくいとめていると思います。それは新しいものをつくりだすという点では、まだ弱さをたくさんもっていますが、少なくともくいとめるということでは、その力をまだたくさんもっているのです。それは、子どもたちの正常な人間的感覚を働かせ、子どもが事実をみつめることで自分で考えるというようなことを通してできあがってきている。子どもたちのよい面としてその力をみることもできると思います。

そうした点で、私たちの民主的な教育実践と自主的な研究運動の成果というのはたいへん大きいものだと思います。生活綴方教育における私たちの実践の拡がりというものだけをとってみても、先程の挨拶で浅野会長がいわれたように、この地域での生活綴方教育運動は、内容、規模、拡がりにおいて、全国の中で群を抜いていると言える状況だと思います。たとえば、先日岐阜市で開かれました日本作文の会の全国大会の分科会で、中津川市で行なわれている生活綴方合同研究会の話をすると、本当に他県・他地域の人はびっくりされるのです。中には「そんなに大勢の人が生活綴方に取り組んでいるなんてことは、どうしても信じられない。私の県ではこの日作大会に二人きただけだ」と言われる人もいました。その人からみれば、全市で、また地域ぐるみで取り組んでいるということなどは、信じられなかったのかも知れませんが、それでも私たちは事実として、そうした状況をつくりだしてきているのです。もちろん、その中には強弱・深浅がありますが、それでも一応は地域全体といえる拡がりをつくりだしているといえるのです。

また、生活綴方の内容にかかわることでいえば、生活綴方教育の伝統を受け継いでいるという点で私たちの運動が評価された話があります。それは一九三〇年代に生活綴方の実践をされた人が、先日、私のところへ電話をくださった時のことです。その人は「三〇年代の私たちの生活綴方というのは、もう日本では消えたのかと思っていたが、お宅の方だけには残っているようですね」といわれたのです。その人は、どこでそういうふうに観ているのかというと、作品なのです。たとえば「句読点のうち方が、いまの日本の作文をみると、みんな一様ですね」といわれたのです。そして、「小学校の一年生から六年生まで、みんな一様なところに句読点がうたれた文章なんか見て、それが綴方なんだろうかと思うのです。恵那ではそうでないようですね」と言われたのです。その人は、たいへん鋭いところをついておられたのです。子どもが生活を綴るという場合、作文法だの何だのということで、句読点のうち方での文章表現の様式を規定することでは、子どもの内面の個性は消されてしまうということをいっておられるのだと思いました。私たちの生活綴方教育には、まだきめの細かさということからみれば、粗っぽさが目立ちますし、弱点はいくつかあるのですが、子どもの内面をこそ重視するということで、表現規制をしないという点では、三〇年代の伝統を継いだものだといえそうですし、それが拡がっているということは、また成果といえると思います。

あるいは、地域子ども会の組織化ということでも、組織規模の大きさという点では大きな成果をあげていると言えます。先日も、ある人が名古屋の人と話をしていて、中津川市には大体、班単位で五百の地域子ども会があるといったら、名古屋の人はとても信じられないという話をしたということを聞きました。人口五万ほどの街に五百の地域子ども会があるとすれば、人口二百万の名古屋で二万の地域子ども会があっても不思議ではないのにということで、とても信じられないということをいわれたそうです。

地域子ども会のことにつきましては、その内容、その他について詳しくお話したいと思いますが、余裕がないので簡単に申します。いま、地域子ども会は、その組織化が大きくひろがっているだけでなくて、活動が日常化の方向をとりながら拡がり深まる傾向を強めています。また、組織の幅も幼・小・中を含めるとか、父母の協力の度合が強まるなど、新しい問題もでています。活動内容では、労働をとりあげるとか、民俗・伝承行事を復活させるように取り組むなど、豊富になってきています。

このような組織化と活動の拡がりの中で、地域子ども会の方向について、付知町では地域生活憲章というものが考えられているようです。それは、地域子ども会に町民としての意識をもった活動をつくりだせることをねがってのことのようですが、このように、いろいろな形で地域子ども会組織が拡がり、深められてきているところを見ますと、私たちの活動の成果が、大きく花開きはじめていることを感じるのです。

生活に根ざし、生活を変革する教育をすすめる課題

いま申しましたように、私たちの実践と運動の成果は、大へん大きなものになっていますけれど、この成果をさらに発展させていくためには、最初に言いましたような「子どもが把《つか》めない」という形での、新しい困難の克服が必要になっています。この新しい困難を克服する課題について、問題提示をいたしたいと思います。その全体をまとめていえば、「事実をありのままに見つめ、生活をつくりだすために、いま大事なことは何なのか」ということになると思います。

奥深い基本のところから子どもを把む

第一には、やはり子どもを把む問題です。この問題は私たちのおこなう教育の成否の鍵にあたる問題です。

子どもを把むことは、日常的な実践を有効にするために必要なことは当然ですけれど、私たちが子どもを変えるという方針をもつ限り、その基本に子どもを把むことがなかったら、子どもを変える教育にはならないと思います。だから、子どもを把むということは、毎日の手だてのために必要だというだけではなく、私たちの教育方針の上からいって、欠かすことのできない命題だということです。

その点で、子どもを把むということは、私たちが戦後一貫して追求してきた最大の実践的課題であるわけですし、その課題を中心においてきたというところに、戦後

のこの地での教育の最大の特徴があると思います。

ところで、今日の状況のなかで子どもを把むことについてですが、いまの子どもたちは、放っておいて自然に把めるということにはならないのです。社会の土台そのものが、把めない子どもをつくりだす土台になっているわけですから、自然に把むことはできないのです。把めるようにはたらきかけることによって把むことが可能になるわけです。

先程も申しましたように貧困の蓄積が大きいわけですから、このかたまりから解放して自由にするということをぬきにして、人間らしさを蓄積させることはできないのです。そして、大事なことは、子ども自らの努力によって人間らしさを獲得することなのです。それが解放なのだと思います。この、子ども自らの努力をひきだし発展させることが子どもを把む道になりますが、これまで私たちはそれを「わかる学習」と名づけて進めてきたのです。

それは生活と科学を結びつけることを基本にしていますが、生活綴方、地域子ども会、集団的自治活動、遊びや労働、そして教材精選などを重点にした実践として具体化してきているのです。けれど、先日、ある人が言ったことで「綴方や子ども会をやっていれば、何とか子どもが把めるかと思っていたが、それだけでは把むわけにはいかなくなった」ということがあります。また、他の人は「綴方をやっていても、ちっとも子どもが良くならん」と言っていました。それらは、子どもが把めない現状を物語っている発言になっていますが、そのことをほんとうに深く考えてみなければいけないと思います。

いま、子どもを把むには、何かいままでのようなことだけでは駄目なのだということですが、それは綴方や子ども会は間違っているから駄目なのだということではないのです。先にも申しましたように、子どもたちの状況が新しい特徴を帯びてきているから、その新しい特徴に即応するようなやり方でやらなければ駄目なのだということであって、綴方や子ども会が駄目なのだというように問題がすりかわると、それは間違ってくると思います。その意味で、今日の新しい困難というのは、子どもたちの新しい特徴に応じて、新しいやり方でやらなくては、子どもが把めなくなってきていることとして理解しなければならないのです。

このことは、また別の言い方で問題が出されていたことです。それは「昨年や一昨年、綴方や子ども会をやった時には、子どもたちは本当にしっかりしていたが、今年、ちょっとその手を弛めたら、まるっきり駄目になってしまっている」とか、「今年受け持った子どもたちは、去年、綴方をしっかりやられた先生に教えられたので、しっかりしているはずやと思ったが、案外だらしない」と言った人がありました。こうした話はいっぱいあると思います。

これは、子どもたちに貧困が蓄積する速度が増し、子どもを放っておいたらその速さに流されて駄目になっていく状況が語られていると思うのです。だから、何年生かの時に、いっぺん綴方をしっかりやっておけば、その効力がいつまでも続くということにはならないのです。

子どもたちをしっかりさせるためには、貧困の蓄積速度に負けないように、子どもにたえず人間的自覚を強める努力を意識的に続けさせなければならないし、それが薄いものであったら、いつでも崩されてしまうのです。「やっても駄目だ」という場合、ほんの少しやってみただけであったり、薄くやっているだけということがあるのではないでしょうか。

私たちは、いまの子どもたちの貧困化の蓄積速度の速さと、その量の大きさということについて、うんときびしく見つめないと――そこに情勢の特徴があらわれているのですから――やってみたが駄目だったという悲しみだけがたくさん積もるだけになってしまうのです。

いうなれば、子どもを把むという場合、情勢にみあうように、基本的なことについて、奥深いところに腰を据えて積みあげていかなければならないわけです。上っ面をなでただけで、やったということにしていても、その部分はすぐ流されて、はがれてしまうのです。ほんとうに一番底の部分から、最初は目に見えないような下部から、きちんと積みあげていくことが必要になっているのです。それは、生活綴方でも、地域子ども会でも、その他私たちが取り組むことのすべてにわたって考えなければならないと思います。

子どもが把み難いというときこそ、本当の深部から、ゆっくりと見通しをもって把む仕事を積み上げることが大事になってくるのです。

子どもを把みうる可能性

そういうことでは、現在でも子どもを把むことは不可能なことではないのです。ここで私は、坂本小学校五年生の丹羽徳子先生が担任しておられる子どもの綴方作品を一篇だけ紹介します。この綴方作品を通して「いま、やっても駄目だ」ということがどんなに間違いなのか、子どもは把めるのだということを、具体的に理解していただきたいと思います。

ぼくが読んでやる

五年　日下部和彦

ぼくのおかあちゃんは、ぼくが四年生になったごろから、おとうちゃんが名古屋にはたらきに行って、一週間に二回ぐらいしか帰ってこないので、その時に学校からもらってくる紙は、ぼくに読ませるようになった。

おかあちゃんは、字が読めないのではない。あんまりおぼえておらないけど、ぼくが、むつかしい字をおぼえて辞書をひくようになったころ、おかあちゃんもぼくの辞書をひいておぼえていくといっていた。

おとうちゃんがおる時は、ごはんをたべたあと、おとうちゃんが読むので、それをおかあちゃんも聞いているし、ぼくたちも聞いていてむつかしいことばが出てくると、おとうちゃんが、「辞書をひいて調べてみれ。」というので、ぼくがひいて、そのことばもむつかしいとおとうちゃんかおかあちゃんがおしえてくれる。

このごろは、おとうちゃんがこないときには学校からきた書かなければならない紙は、ぜんぶぼくが書いている。

幼稚園から弟がもってくる『はらっぱ』というのもぼくが読むし書いてやる。妹たちはもうそれがくせになってしまって、持ってくるとぼくに、

「はい、おにいちゃん。」

なんて、ぼくにわたす。そうやけど、ときどきいやになって、あんまりえらくてめんどうくさくなると、

「なんやあ、自分で読みゃあいいに。中学校出たんやら。」

というとおかあちゃんはたるそうな顔をして、

「おかあちゃんの子どもの時は戦争があったもんで、あんまり学校へ行けなんだもんで、あんまり頭がよくないのよ。だから、和彦読んでよう。」

という。ぼくは、それを聞くとぼくに読ませるのはしかたがないなあと思う。

おかあちゃんに戦争のとき、どんなふうだったから勉強が覚えられなかったのか、聞いてみた。おかあちゃんの生まれたのは、九州の姫島というはなれ島。戦争のひどい時はすぐそばまで、せんすいかんや、こうくうぼかんという船がきていて、島には、水兵さんという兵隊さんがいっぱいおったそうだ。

それで、島にある小さな学校も、兵隊さんたちが、とまってしまっているので、つかえず、しかたなしに男子はちかくのクラブにあつまって勉強をした。

女子はお宮さんに行って勉強した。先生は三日に一度

ぐらいまわってきて三十分ぐらいで帰ってしまう。先生が帰ると、外へ出て行って松葉を集めたり、森の草などをとっていた。飛行機の音がすると大きい子が小さい子を先にしてぼうくうごうへ入った。

飛行機の音がしなくなるとぼうくうごうから出てくるけど、またいつ来るかわからないとビクビクしているので勉強などやる気もしなかったし、先生もいないから遊んでばかりいた。おかあちゃんたちはいちばん覚えれるときにこんなふうだったから、読めるのだけれど、すらすらと読めないからかなしいよといった。だからいまはしようと思えば、なにもじゃまがないからいっぱいやりなさいという。

ぼくはむずかしい字があると辞書をひいたりして読んでやる。そうすると、そのあとにおかあちゃんは自分でもういっぺん持って、声を出さずに読んでいる。

この前、四月の終わりに姫島から電話がきて、おかあちゃんのおとうさん、ぼくのおじいちゃんが病気が悪くなったから、あいたいといっているからこれないかとかかってきた。そのとき、おとうちゃんは仕事がいそがしかったので、ぼくとおかあちゃんと恵子と忠の四人で行った。

名古屋から、新幹線に乗って徳山まで行って、徳山からフェリーで二時間もかかって、大分県の竹田津という港へ着いて、またそこからハイヤーで行って、また船にのって三十分ぐらいで姫島へ着いた。

おじいちゃんは、ぼくたちが行ったらよくなったのでうれしかった。フェリーに乗る時住所はおかあちゃんが書いたけれど、名前はぼくが書いた。帰りに徳山で新幹線に乗る時、一号車から四号車までが自由席やので、ホームに行った時、そのへんは十号車と書いてあったので、

「こっちやに。」

といって四号車の方へつれて行った。

ぼくは、四年生のころは字を読むだけみたいやったので、すぐいげちゃったり（あきてしまう）、たくさん書いてあるといややなあと思っていたけど、五年生になりはじめたころから読んでも意味がわかるようになったので、あんまりえらくない。

四年生のころは、ちょっとめんどうくさくなると漢字をまた辞書でさがすのがいやになって、「そしてマルマルは。」などと言って、ごまかして読んでいったこともあった。

このごろでは、学校から紙をもらってくると辞書を持っていって自然に読めるようになったし、恵子や忠に、

「なにか紙や『はらっぱ』あったら早く出せよ。朝なんか読んでやらんぞ。」

という。一番たくさん読まなければならないのは幼稚園の忠の『はらっぱ』だ。

読んでいると、よもぎをつんだとか、かえるをつかまえたとか書いてあっておもしろい。読んだしるしは、はんをおすことになっているので、それは忠に教えてやってさせる。

このあいだ書くのがあった。

「このごろ苦になっていることはありませんか」というのだった。ぼくはおかあちゃんに、

「このごろ忠のことでこまっていることなあい。」

ときいたら、

「元気が出てきて、まえより悪くなったみたいだけど。」

といっていたので、

「それは忠がようなったことやわ。」

といって、「べつに苦になることはありません。」と書いておいた。

幼稚園ではまさか、ぼくのような子どもが読むと思わないので小さい字で、漢字がいっぱい書いてあるので、『はらっぱ』を読むときはぼくの方が苦になってしまう。

ぼくは、恵子も二年生になったから辞書の使い方も教えてやって早く読めるようにしてやろうと思っている。

この作品は一例に過ぎませんが、こうした作品は他のところからでもまだまだたくさん生まれてきていると思います。考えていただきたいのは、この作品を綴った子どもは、教師にとって人間の基本の部分で心配のいらない子どもだと思います。生活をみつめるという点でも、自分で考えるという点でも、安心できるのです。これがこのままであって良いということではありませんが、自分で生きるということでは、五年生なりにしっかりしたところを持つ子どもだといえます。貧困のかたまりではない人間らしさのあふれている子どもだと思います。

その点では、把めている子どもだということができるのですが、このように、いまの子どもだから把めないということはないのです。今日でも、子どもを把むことは可能なのです。けれど、この綴方作品が示していますように、あそこまで自分の内面を客観化させ、事実を事実としてありのままに追求させることがなかったら把めないのです。

この綴方作品が丹羽先生のどういう指導経過によって生まれたのかということについては、深く知りませんが、何となく書かせておいてそれで生まれたものではないと

思います。子どもの内面にくい入る立場で、把むように腰を据えて取り組んでおられるから、生まれてきたのだと思うのです。少なくとも、通り一ぺんで書かせたり、書かせたものをそれっきりで放っておいて、それで何とか子どもが把めんかなあというような呑気な取り組みでないことは確かです。

この作品の経過や指導の背景などについては、分科会やその他の機会に丹羽先生に詳しくお聞きになっていただくとよいと思いますが、私の承知していることだけでいいましても、この作品は、ある日一ぺんですっと書きあげたというものではないようです。作者がこの作品のもとになるものを書いたとき、丹羽先生はそれを非常に重視して、学級のみんなによびかけ、みんなで討議させ、作者に質問することや言いたいことを、一人一人が作者への手紙の形で書いて渡すようにさせたのです。その手紙を作者が読んで、みんなに応えるという気持ちでこの作品にまとめてきたという経過のようですが、とにかく通り一ぺんというようなことではないのです。そしてまた、授業のための綴方というようなことからでもないのです。

最近、授業という形態が、教育支配の中心におかれてきています。「お前は授業が下手だ」といわれると、それで教師の価値が一切失われたように思ってしまう人がありますが、私は、何もそんなことでギャフンと参ってしまわなくてもよいと思います。教師にとっては、教育がきちんとできるかどうかが鍵であって、授業は教育の中に部分として位置づくものなのです。教育の中でたしかに授業は欠かせないものですが、それだからといって授業だけを取りだしても、それで教育にはならないのです。その意味では、授業は教育全体に規定されるべきものだと思うのです。学校教育法でも、「教諭は児童の教育を掌る」とあって、授業を掌るとは書いてありません。たとえ教育の中で授業の占める位置と役割が大きいからといっても、それでもって教師を授業者と呼ぶことはできません。あくまでも教育者であるのです。それは私たちが、子どもを把むということを教育の中心に置いて考えている限り、授業だけで子どもが把めると思わないからです。このことは決して授業を軽視する意味で言っているのではありません。教育の手段としての授業は重視し、授業が子どもの発達に真に役立つものでなければならないとして、その改善に努力をしていることは承知の通りです。けれど、最も重要なのは教育全体の目的・目標・方針であって、授業はそれをある部分で具体化するためのものでしかないのです。先にも申しましたように、子どもを把むことは、教育全体の方針にかかわることだというように、そのことを抜いて授業だけで教育の成否を問うことはできないと思うからです。

話があちこちとんで恐縮ですが、過日、東濃地域のある市の指導主事が、恵那の教育を批判し「子どもを把むということでは恵那よりおれ達の方が下手やが、授業では絶対負けんぞ」と言われた話を聞きました。この人は子どもを把むということの意味がわからないだけでなく、教育がわからないのだと思いますが、子どもを把まない授業などいくら上手にやっても何にもならないと思います。そうしたことでは、また生活綴方を授業の問題に解消してしまっているきらいが一部にあるようです。生活綴方を授業の中だけで何とかなることとしてとらえたり位置づけたりしているだけでは、どうにもならないと思います。生活綴方教育の場合、子どもの生活の実際を変えることによって人間を変えていくということが大事なのであって、授業はそのためのものなのだということをはっきりさせておかないと、綴方の授業さえやっておればば、生活綴方になっていくのだということにはならないのです。

生活綴方教育の伝統に学ぶ――内面の真実の客観化

そのためにも、これまでの生活綴方教育が生みだしている教訓をみんなで整理し、それに学んで、それを今日の状況の中で創造的に発展させることが大切だと思います。私は、生活綴方教育の中で学んできたことの重要な一つに、子どもを把むことと、その把み方の問題があるように思います。その点について、私なりの理解を申し上げてみます。

戦後、この地で生活綴方教育の運動がはじまり、恵那綴方の会が結成され、その機関誌として『恵那綴方教師』が発刊されたのは一九五一年です。その第一号の創刊のことばに、つぎのような個所があります。「戦後の教育が、文字通りはなばなしく展開されてきた中にあって、遅々としてではあったが、教師自身によって教育に対する反省がなされてきた。これは理論や方式だけに満足することなく、日々の実践の中から子どもたちの生の姿をみつめ、その上にたって教育を築いていこうとする情熱と良心とによるものにほかならない。……」

ここで、子どもたちの生の姿をみつめといっていますが、この生の姿をみつめることこそ、恵那の生活綴方の伝統として大事にしなくてはならないことだと思います。

私たちが子どもを把むという場合、子どもの生の姿をどれだけみつめているのかということにもなりますが、案外、子どものひからびた姿に目をつけていて、生でつかむことができないでいることが多いと思うのです。それは綴方を書かせることでいえば、子どもの生の姿が描ききれるまで追求しなければ生活綴方にはならないことを意味するのですが、そこまで追求しないでいることが多分にあると思います。

子どもの生の姿が把めるまで子どもに描ききらせていくとき、子どもは自らがわかるし、私たちは子どもが把めることになるのです。その生というのは、子どもの真実に他なりませんが、それを私たちは内面の真実ということで理解しているのです。クループスカヤは、〝子どもを丸ごとつかむ〟といいましたが、その「丸ごと」というのが、子どもの生の姿であり、内面の真実なのだと思うのです。

子どもの内面の真実を描ききらせるという立場で子どもに迫るとき、私たちは子どもを正しく見ることができるし、子どもを把む糸口が発見できるのだと思います。そして、内面の真実を描ききるとき、子どもは自分の目でたしかめ、自分の頭で考えることができますし、考えながら行動し、行動しながら考えるという生活をもつようになるのだと思うのです。子どもがそうなったとき、本当に子どもが把めるのです。だから、子どもを把むためには、把めるようにはたらきかけなければならないということになりますが、その点で生活綴方の特性というべき、内面の真実の客観化――描ききる、ということの持つ意味を深く理解することが大切だと思うのです。

五〇年代の頃、生活綴方の教育で子どもたちに対する教師の指導語の中心となる言葉がどんなものだったのかを思い出してみますと、「どうなっているのか、よく見つめよ」「何故なのか、考えてみよ」「どうしたらよいか、考えてみよ」とか、「何をやったらよいのか、見つめてみよ」「やらなければならないことは、やってみよ」など、言い方はいろいろだったでしょうが、こうした主旨の言葉でいつも子どもたちに迫っていたように思うのです。

現在でも、こうした指導語はあるわけですが、それをもっと今の子どもたちに合ったものに生かすような工夫が必要だと思います。けれど、その中心は、どうなっているのかを見つめさせることにあるのです。それはいま、事実をありのままに見つめることという共通の用語で理解していることになるのですが、その意味を少し考えてみたいと思います。

先にも少しふれましたが、私たちは、生活綴方というのは内面における真実性としての生活実感を客観化する作業であるというように、どれだけか規定した言い方で把握しています。それは、子どもたちの心の奥に、本当の自分の気持ちとしてつくられている真実は、生活の事実が重なることでうまれてくる生活実感なのであるが、その生活実感をうみだした生活の事実の重なりを、ありのままに描きだすことで、自分の生活を再生し、意識化する仕事だと考えるからです。

このように生活綴方は、内面を形成している外面の事実を、綴方という方法で再生するわけですが、その再生の過程に考える作用が生じるのです。そして、再生がありのままにおこなわれるためには、事実の思い出しや、選択をふくめて、具体的に考えることがいっぱい必要になるわけです。その意味で生活綴方は、事実を考えながらありのままにみつめることで、現実についての意識を鮮明にする仕事だともいえるのです。

これは内面を通して子どもを把むということからいって、最も有効な方法であるわけです。そのことが五〇年代以降の私たちの実践の中でもはっきりしていますが、この実践は非常に面倒で、手間のかかる仕事になるのです。生活綴方の対象となる内面は、言葉でとらえたものを、文章として表現する方法でしか具象化することができませんので、いくら面倒でも綴る作業を通さなければ具体化できないのです。生活綴方の作品をいくらたくさん読んでやっても、それで生活綴方の実践というわけにはならないのです。作品を読むことが不必要ということではありませんが、生活綴方は、綴ること自体に特性をもつものですから、綴ることによってのみ得られる内面把握の有効性をはっきりさせ、その実践のもつ効用性を今日的に学びとらなければならないと思います。

生活綴方の伝統に学ぶ――生活綴方の精神

五〇年代の生活綴方教育運動から、いまひとつ学ばなければならない問題に、生活綴方の精神による教育という、教育全体のとらえ方があります。

それは、現実直視の教育とか、リアリズムの教育とかの言葉であらわされることと同じ内容だと考えられますが、生活綴方以外の分野においても、ありのままの事実を、ありのままに見つめることを基本にしなければならないということです。

社会事象でも自然現象でも、それを正確に把握するためには、それに適応した科学の方法があります。また、現実を芸術的に理解・表現するためには、それぞれの芸術に適応した芸術的方法があります。教科として編成されている各分野の教育は、それらの方法を利用して、子どもたちに自然や社会、人間と世界などについての理解を深めさせるために、必要な知識・技術を得させることを、特性としているのです。

しかし、実際の教育においては、理解の基本が子どもたちに事物を正確にとらえさせるところに置かれていないし、その学習にあたって、子どもたちの得ている事実や、生活の現実にもとづいて事物の理解がおこなわれないために、科学や芸術の方法が身につかず、ことばだけの知識や、事実にもとづかない概念だけで、本当には事物が理解できないでいることが多いのです。それはまた、知識が生活と遊離し、生きたものになっていないことでもあるのです。

だから、どの分野の教育でも、子どもたちに事実をありのままにとらえさせる点で一貫した立場をとることが必要です。そして科学や芸術のもつ特性としての方法は、そのために欠くことのできないものでもあるわけです。だから、その方法のもとには、あらゆる基本的・基礎的な事実が据えられているような教育でなければならないのです。子どもたちは、このように事実をもとにしながら、それをより高くより深く理解していくことで、科学や芸術を生きたものとして獲得するのだと思います。

また、このような学習は、生活綴方の効用を含め、子どもたちに生活に根づいた自発的な学習意欲を高めますが、それに支えられた自主的、能動的な学習――自分のからだで物をつかみ、自分の頭で考えていく――は、同時に自らの生活をより新しいものに切り拓いていくものですが、生活綴方の精神による教育というのは、今日流に私たちの言葉でいえば、生活に根ざし、生活を変革する教育ということになるのだと思うのです。

事実をありのままに見つめさせる

新しい困難を克服する課題の第二は、事実をありのままに見つめさせることの問題です。

事実をありのままに見つめさせることを、先の子どもを把むこととの関係でいえば、それは、事実をありのままに見つめさせることが、子どもを把むことになりますし、把めるような子どもにすることの基本なのだと言えると思います。

だから、事実をありのままに見つめさせることは、子どもが、自分の目で見、からだでたしかめ、自分の頭で考え、自分の意志で動く人間になる、そのもとを、子どもも自身につくらせていく環になることだと考えるのです。

私たちは、子どもを先にいったような人間としてしっかりした子にするために、あれやこれやとはたらきかけます。そして、あれも大事だこれも大事だといって、二兎も三兎も追いかけることがありますが、結果は「一兎をも得ず」ということで終わることがよくあります。それは、子どもを本当にしっかりさせることのもとについて、はっきりさせていないからだと思います。また、それについてどれだけか承知していても、そこに見通しをもって、徹底して追求していかないからだと思います。

いま、私たちは、子どもたちが自分の頭で考えることができなくなってきた、また、しなくなってきたところに最大の特徴をみていますが、このことは別の言葉でいえば、人間の権利放棄とでもいうべきことで、たいへんなことになるわけです。けれど、それにはそうさせている理由があって、子どもたちが好きこのんでそうなっているのではないのです。その理由が社会の土台にあったり、今日の教育体制にあったりすることは先程申したことでどれだけかわかっていただけると思いますが、この人間的貧困化を本当に克服するのは、貧困化していると いうか、貧困化させられている子どもたち自身でなければならないのです。

そこに教育の役割があるのですが、子どもたちに、自分の頭で考えることを得させ、自分で考えることによる人間の自由をひろげさせるために、私たちがいくら「考えよ」と言っても、考えることの重要性を説いても、それで考えることができるようになるわけではありません。考えることができないというのは、自分の存在を含めて、まわりの状態や事物が正しくとらえられていないからです。それは、考えることがわからないというだけでなく、考える必要がわからないからです。だから、教育としては、子どもたちに、自らの五体五感を働かせて、まわりの事実をありのままに見つめさせることをおいて、考えることの必要を自覚させることはできないのです。また、見ることは必ず考えることを生みだすからです。先に、事実をありのままに見つめさせることは、しっかりした子にするための環だといったのはその意味からです。

生活綴方の実践的意義

ところで、事実をありのままに見つめることを子どもたちに獲得させることは、実践的にはたいへん難儀なことだと思います。

事実としては何にもはっきりしていないのに、何でもわかったつもりになって、どんなことにでも意見だけをもつ子どもがいます。その子どもにどうしてそう思うのかとたずねると、「何となくそう思った」とか「何となくそう感じた」といいますが、その子どもは事実のないところで組みたてられているものを、自分の思考や意見にしているのです。そして、こうした思考や意見は、事実に基礎がないので予想や推察ができず、少し複雑なことにあたると「わからない」というこたえしかだせなくなるのです。

このように、事実に裏打ちされないまま、つくられている感情や空疎な概念での思考は、自分の頭で考えることにはならないのですが、それで痛痒を感じない子どもたちに、事実を対置させながら、それは自分の頭で考えたことにはならないことをわからせることや、空疎な概念を事実でつくり変えていくことなどのなかに、事実をありのままに見つめさせていく仕事の一つがあると思うのです。

この仕事は、すべての分野で具体的に進めなければなりませんが、このことによって、事実をありのままに見つめることや、事実に即して考えることなど、事実に対する子どもたちの新しい目をひらいていかなければならないと思います。また、そうすることによって、子どもたちは、事実のなかに自らの生き方にかかわって問題を持つことができるようになるのだと思います。

事実をありのままに見つめさせるいま一つの仕事は、生活綴方の実践だと考えます。子どもたちが自らで事実を見つめることができなくても、生活の事実が子どもたちにつくりだしている内実としての実感はあるものです。

その実感をつくりだしてきている事実をありのままに見つめることがなかったら、実感はあっても、その実態が何であるのかはわからないのです。たとえば、実感として「いやだなあ」という思いがあります。けれど、その「いやだなあ」の思いは、そのように実感せざるを得ない事実としての出来事があり、それに自分がかかわっているから生まれているわけです。子どもたちのそうした思いについて、「どうしていやだと思うのか」ときくと、「何となく」とか「よくわからんが、そう思う」ということがあります。それは、事実がありのままに見つめられていないために、自分の思いの原因がはっきりしていないことのあらわれですが、原因がはっきりしないから、それについてどうしたらよいかを考えることができないのです。

このように、事実を見つめることがなければ、物がわからないわけですし、わからなければ、考えることができないのです。いま、子どもたちの中には、そうした事態をたくさん見かけることができるのです。よく話にはでますが、今日の子どもたちは、自分がわからないことについて、「何がわからないのかがわからない」ということは、事実が事実として見つめることができていない典型としての解答だと思います。

そのためにも、生活綴方の役割をほんとうに重視して、その実践的具体化をつよめなくてはなりません。それは子どもたちの生活実感となっている思いを、ありのままの事実として子ども自身に見つめ直してみさせる具体的で最良の方法は、生活綴方をおいて他にないからです。それはまた、先にも言いましたように、事実をありのままに見つめさせることが、子どもたちに人間をとり戻させ、自覚的に生活を創りださせる環となるからです。

しかし、その実践にあたっては、先にも少しふれました、綴方をやっても子どもが良くならないという問題を、もっと深く見つめてみることが必要だと思います。ものごとがうまく進まないときは、通常、方針が悪いか、やり方が悪いかのどちらかに理由があるものですが、生活綴方をやっても子どもが良くならないという問題では、生活綴方教育という方針の側に悪さがあるのではなく、実践化というやり方の側に悪さがあるのだと思います。

やり方の悪さというと、方法上の巧拙さのように受けとられるかも知れませんが、ここでいいたいのはそのことではないのです。それは、方針としての生活綴方教育の必要性の理解の深さに起因していると思いますが、実践の追求度といいますか、迫力とでもいえることをいうのです。綴方をやったといっても、あれもこれものなかで、綴方もやってみたという程度で、本当に綴方をやったといえるような実践的追求が行われているかどうかが問題なのです。このことは決して綴方だけをということではないのですが、綴方をといえる賭け切った情熱がなかったら、うまく進まないのは当然だと思うのです。

しかし、その情熱は、やはり生活綴方教育の方針理解にかかっていることもたしかです。生活綴方で何をどうしようとするのか、どう進めたらよいのか、何故生活綴方が必要なのか、ということを、目前の子どもたちの現状と変革にからんで、教師が自らの頭で考えぬいてみることがなかったら、出てくるものではないのです。ただ単に、みんながやっているから、流行だからというようなことだけではいけないのだと思います。

そうした点からいって、これまでのやり方では足らないということだと思うのです。それは、単に、書かせる時間や回数、枚数ということが足らないというのではなく、生活綴方としての突っ込み不足ということです。別の言葉でいえば、作品の読みが不足し、子どもの内面と生活の読みとりが不足しているといえます。それは、生意気な言い方をすれば、生活綴方の教育的おもしろさや、教師の生きがいとしての楽しさを得ることでの不足ということができると思います。

クループスカヤは、文を書くことは「自分の思想をよりよく表現することです」と言っていますが、そのことから考えても、生活綴方そのものについて、教師の討論が、まだ非常に不足していると思います。教師自身が討論をさかんにするなかで、生活綴方についての発言や文章を多くし、自分の思想をよりよく意識することが、また必要でもあるようです。

三〇年代の生活綴方教育からも学ぶべき

とにかく、生活綴方教育の実践は、いまだかつてない困難な状況の中で具体化しなければなりません。そのためにも、私たちは、五〇年代の教訓だけでなく、三〇年代からも教訓を学び、新しい困難を切り拓かなければならないと思います。

日本で生活綴方教育が一つの体系をもったものとして確立されたのは一九三〇年代だと思います。そして運動がさかんに広がったのは、三〇年代、五〇年代、七〇年代と、二〇年とびになっていますが、この年代はまた、社会の土台が大きくゆらぎ、子どもたちの生活状況が大きく変化し、子どもを把むことに困難の大きかった年代であるともいえます。

三〇年代の日本の生活綴方運動の中心になったのは、『綴方生活』という雑誌だと思いますが、それは一九二九（昭和四）年に発刊されています。その創刊号の巻頭言は「『綴方生活』は教育における生活の重要性を主張する」と結んでいます。その立場は、今日の私たちの立場と同じものだと思いますが、雑誌の題名も「綴方教育」としないで、あえて「綴方生活」としたことなどを含め、教育における生活の重要性を、私たちは今日的に深くとらえなければならないと思います。

また、『綴方生活』第一号に、小砂丘忠義氏は「作品に表はれたる現代綴方の功罪」という文で、「今日の綴方の立ち直るべき道はただ一つ。子供は子供の世界に自由にはねまわり、思うさまあばれちらしていいといふ約束をまず認めねばならない。出さんにも語らんにも、彼らに生活がなく、出すべき個性が鈍りきってゐるのでは、恰も縊られた鵜が魚を啣む類である。物を見、物を聞いた時、はつらつとして動く心、ピチピチと感動する心、それが第一に培はれなければなるまい」と言っています。

現在も、この状況は似ています。一九二九年のその時に、小砂丘氏の指摘している「物を見、物を聞いた時、はつらつとして動く心、ピチピチと感動する心」、それをいま子どもたちに培うということは、その時よりもっと困難な内容を伴っていると言えます。けれど、同時に、もっと有利な条件を持っているのです。

たとえば、一九二九年に、小砂丘氏は日本の子どもたちを見ながら、これを指摘しましたが、その時期に、この地での私たちの先輩たちの中には、この雑誌を読んでいた人が、個人的にはあったけれど、今日のこの集会のような規模で、そのことを論じたり、学校や地域の規模で生活綴方教育を運動化することはできなかったわけです。それと比較すれば、いま私たちが、こうした場でそうしたことを語り合い、親も含めて具体化するような、大きな基盤を持っていることは、条件としてはとてもよいわけです。

内容はより困難でも、この条件を生かせば打開することはより易しいことになると思います。私たちは、今日のすべての子どもたちに「はつらつとして動く心、ピチピチと感動する心」を得させることを、どうしてもやらねばならぬし、やれることだとして、追求しなくてはなりませんが、このように、三〇年代から学ぶべきことはいっぱいあるのです。

わかる学習の基本は事実をありのままにとらえること

さらに、事実をありのままに見つめることをわかる学習としてひろげる問題です。それは、生活綴方を含めて、教科活動や地域子ども会、学級・学校での集団的自治活動、また、遊びや労働など、あらゆる学習活動を、わかる学習として追求することですが、その中心に、事実をありのままに見つめる立場を具体的に貫徹させることです。それはまた、先程の教訓という部分でも申しましたように、生活綴方の精神による教育を、私たちは、今日、わかる学習として追求しているのですが、その学習全般の基本の部分にわかる原理を具体的に生かすことです。

事実を見つめるということは、放置しておいて自然に生まれでることではありません。それは、子どもたちに人間的な生活を意識的につくりださせることをぬいて生まれることはありません。遊びや労働によって、人間的な生活の基本となる感覚を養うことは、教科の学習で、事実についての知識をいっぱい持たせることなどで、生活のなかに事実をみつめる内容をたくさんつくりだすことが必要だと思います。子どもたちの頭の中が、事実についての理解でいっぱいになるように、教育活動が仕組まれなければならないと思うのです。それが本当にわかることを獲得させていく学習になるのです。

換言すれば、子どもたちに、事実を見つめることの重みをとらえさせていくことになるのです。事実を見つめることが、どんなにたいへんな仕事かということと、また、どんなに嬉しいことなのかということを理解させることでもあると思います。

いま、子どもたちは〝事実なんか全部わかっている〟というような顔をして、似非《えせ》事実で反応していることがいっぱいあります。それだけに、事実を見つめ、事実をとらえることの重みを、子どもたちに獲得させることが大事になるのです。イギリスの哲学者のモーリス・コンフォースは著書『認識論』のなかで〈無知から知へ〉の発展を述べていますが、そこで「認識は、われわれが事物と能動的な関係へ意識的にはいりこむことの産物である」と言っています。つまり物を知ることは、事物に対し意識的にはたらきかけなければならないことだ、というのです。

このことは、私たちが子どもたちの生活という場合に考えなければならない点です。一口に生活といいますが、それは意識的・能動的な生活として、子どもたちの生活をみなければならないのです。一日、二四時間が単なる生物的な生活では、生活をしたとはいえないのです。子どもたちが、意識的・能動的に事物へはたらきかけてこそ、認識としての知の領域に入りこむことができるわけですから、そのことを生活として具体化しなければならないのです。

また、コンフォースは、「認識をつくりあげるための第一の要件は、知覚を得ることである」といい、知覚を得るには「事物とのさまざまな関係から生じてくることの観察をおこなうことである」と言っています。そして「これをやることなしには認識はなく、ただ無知だけ――全くの無知か、そうでなければ、しばしばおこるように、事物についての幻想的ないし思弁的理論によってカムフラージュされた無知か――があり得るだけである」と断じています。

いまの子どもたちの状況には、ここで言われているような無知がいっぱい見られます。子どもたちだけでなく、私たち教師にもその傾向は存在していますが、「全くの無知か、事物についての幻想的ないし思弁的理論でカムフラージュされた無知」のままで、事足れりとしているのです。

この無知状態からの脱却は、また「事物とのさまざまな関係から生じてくることの観察をおこなうこと」以外にはないのです。ここでは観察の用語で言っていますが、このことこそ、私たちのいう事実をありのままに見つめることですし、それがあって初めて認識の基礎ができ、知としての認識が成り立つことになるわけです。

その意味でも、事実をありのままに見つめさせることをどうしても重視しなければならないと思うのです。このことの持つ意味の深さを、あらゆる分野で具体的に追求していくことが本当に大事だと考えるのです。それは、地域子ども会をやればいい、労働をやればいい、あれもこれもやればいいということとしてでなく、それぞれの分野で私たちが特別な努力を投じ、意識的・計画的・組織的に、いわゆる能動的にはたらきかけていくこととしてとらえることだと思います。そうした私たちの能動性が強くならなければ、人間を復権する教育活動にはならないし、〈無知から知へ〉の実現はできないと思うのです。

そのためには、私たちが、事実をありのままに見つめさせる問題を、自らの腹へ落ちるまでとことん話しあい、みんなで納得しあうことがまた必要だと思います。本当にみんなの努力を集中して、事実が見えないという新しい困難を解決しなくてはならないのです。その具体的方策については、今日、明日にかけての分科会で十分討議して欲しいのです。

私の教育課程づくりをすすめる

第三の課題として申し上げたいのは、私の教育課程をつくりだす問題です。

現在、文部省では新教育課程ということで、現行の教育課程の改訂がすすめられています。日教組の組織した教育制度検討委員会でも、教育課程の試案ができているのです。それは、現行の教育課程が、学習指導要領や教科書を含めて、駄目になってきているのは誰の目にも明らかですが、政府・文部省はそのことを最もよく知っているから改訂をはじめているわけです。

けれど、現行の教育課程の駄目さかげんを一番よく心得ている教育現場に、改訂を委ねる度量もなければ、改訂を民主的におこなう才覚は、意図として最初から持ちあわせていないのです。

こうした教育課程の混乱期みたいな今日の状況の中で、私たちは真の改訂に見合うような、「私の教育課程」とでも言えるものを自主的につくりだす努力が必要だと思います。私たちが自主的にそれをつくりだすとき、教育活動全体をうまく進めていく自分の鍵がみつかるのだと思うのです。

先程の話にかかわりますが、たとえば、綴方や子ども会をやっていれば何とかなると思っていたが、もうそういう具合にはいかない、ということを言った人は、同時に「自分の方針をきちんと持ってやるより仕方がない」と、言っていましたけれど、その自分の方針をきちんと持つということを、私は「私の教育課程づくり」として申し上げているのです。私たちは、今まで教育内容の精選とか、あるいは到達目標の設定などの問題を、教科、遊びや労働、集団的自治活動など教育分野の諸活動の中で具体的に論じあい、検討してきましたが、それらの成果を、今日、抜本的・総合的に自分の教育方針・教育計画として具体的に構成していく必要があると思います。それは、今までの実践と検討の積み重ねを、自分の教育として総合的・集中的にまとめていく仕事になるのです。

新教育課程で、何が与えられ、押しつけられるのかは、いま、具体的にはっきりしていませんが、今後、与えられたものを鵜のみにするか、反対するかというだけでは、その事態に正しく対処することはできません。正しく対処するためには、いま、自分のものをはっきり持つことが必要なのです。そのことは、教育についての自分の立場を、教育課程として具体的にはっきりさせることにもなりますが、それはまた、私たち自身が「私の教育課程づくり」の形として、教育の事実をありのままにつかむことでもあるのです。いわば、今日の教育状況の中で、自らの実践として真実の教育を具体的につくりだす道になるのです。

たとえば、地域子ども会の活動が、いまの子どもたちにとって極めて大事だということが理解できても、学校では教科書進度や、時間割の制限の中で、子ども会活動を時間的・制度的に保障してくれないということは、よく聞く話です。この場合、大事だとわかっていても実際には手がつかないままに過ぎていることが多いようですが、大事なことがいま具体化できないままに手抜きされていくことの問題をもっと本気で考えてみなくてはならないと思います。いまは、例として地域子ども会のことだけをあげましたが、大事なことが手抜きされるのは、教科学習を含めていっぱいあるのです。子どもたちを日常的に見ている教師が、子どもたちの状況のなかで、いま、このことを学習させ、活動させることが本当に必要だと直感したことは、真実の教育ということから見れば、存分に適切さを含んでいると思うのです。けれど、その適切な直感は、今日の体制の中では生かされることが少ないのです。私たちは、その直感の適切さと必要性・可能性を、自らで承認できるまで詰めてみることをしなくてはなりません。

このことは、自分の方針の内容をつめることになりますが、自分の方針を持つことを「生活に根ざした子どもを育てる」とか「事実をありのままに見つめさせる」とかの、単なるスローガンづくりにしないで、今日の情勢に見合った教育の重点的内容を、「私の教育課程」と名づけるような構想として、具体的に計画化し、実践化することがなければ、自分の方針をしっかりと持つことにはならないと思うのです。

「私の教育課程づくり」ということは、いかにもむずかしい話に聞こえるかと思いますが、実際には教師が教育についての主体性をとりもどし、教育の真実性を高める仕事で、わかる学習を発展させるための、内容・方法・制度を一貫した立場から総合的に、今日の条件の中でつくりだすものなのです。

これは、教師個々が、個々の条件と力量に応じておこなわなければならないことはもちろんですが、学年・学校においても、みんなで理解・納得しあい、一致点にもとづいた私たちの教育課程づくりをすすめ、それを学校で慣習化させていくことも必要です。そして、それらが基礎となって地域の教育課程づくりを考えないかぎり、真に地域に根ざした教育をつくりだすことはできないと思います。

政府・文部省が拘束をつよめてきた教育課程が、実際に破綻し、教育現場で混乱がひろがっている今日、子どもたちにとって最も必要なことを、「私の教育課程づくり」として、教師が自主的に追求することは、教育の頽廃を防ぐためにも特に重要なことと思うのです。

ところで、「私の教育課程づくり」を、どのように具体化したらよいのか、ということですが、それはこれからの実践課題で、いま、これだということがはっきりしているわけではありません。思いつきのようなことですが、小さな構想のような例や、実際の場合を示してみたいと思います。

今までの教育内容の精選の問題の中で私自身が感じたことです。今の六年生の社会科教科書で歴史の学習をすすめるとして、歴史教材を調べてみますと、こまぎれの知識がいっぱい詰めこんであります。そして、それが一四〇時間余に配当されています。私は、一四〇時間余に配当されている教材を、五〇時間ぐらいの内容のものに精選し、それを一〇〇時間で学習するような歴史学習にまとめてみたらどうかと考えたことがあります。現行の教科書教材で、一四〇時間かけた歴史学習をやっても、日本歴史のかんじんなことは子どもたちに理解されないのです。だから、主要な内容を現行教科書教材の三分の一にして、それに倍の学習時間をかけるほうが、実際的に適切だと思うのです。そうすると私は、私の歴史学習教程をつくらなければならないのですが、それも一つの「私の教育課程づくり」になると思います。

また、中津川市教育研究所が試案としてだした性の学習要項は、集中的に一五時間程度を必要として示しています。けれど、現在の教育課程には、性の学習時間をとるところはまったくないのです。なければやらなくてもよいのかというと、やらねばならない状況はいっぱいあるのです。だから、実際には、どこかで何かを切りつめたり、まきかえたりして、性の学習はおこなわれているのです。そこにも、「私の教育課程づくり」が具体化されている例をみることができます。

こうしたことは、他の場合にもたくさんあります。生活綴方や地域子ども会、あるいは遊びや労働の学習などでは、必要によって実際に学習時間が取得されていることはたくさんあります。必要なことのために、必要なことがなされている実状はいっぱいあるのですが、そのことが学校の教育課程編成の場では、大事なこととして意識的に追求されていないのです。

実際に必要で、現実におこなわれている教育課程を直視しないで、他の教育課程にもとづく時間数確保に辻褄を合わせるため、ウソが学校に横行するのです。私たちは、教育課程編成の視点を、わかる学習の具体化において、そのために必要な内容と方法を、学習時間の確保まで含めて、教育活動として統一的に具体化しなければならないと思います。

「私の教育課程づくり」というのはそうした仕事になるのですが、教育活動として統一的に具体化することを、自らが実践する学習活動の状況として、イメージ化できるまで追求することが必要だと思います。その場合、学習活動の要になるのは、内容としての教材だと思いますが、教材を学習方法と結合させた形での学習ノートづくりは、私の教育課程による学習状況のイメージ化に即応したものということができるのではないでしょうか。

それは、「私の教育課程づくり」は、学習ノートづくりだと定式化することではありませんが、学習ノートづくりの経験は多くの人が持っていますし、最初のきっかけとして理解され易いことからあげたのです。また、「私の教育課程づくり」を、年間の教育計画全体の再編成として受けとって、実際にはどうにも手がつけられないということにならないためにも、そしていまやらねばならぬことで、やれることとして、イメージを具体的に持っていただく例としてあげてみたのです。「私の教育課程づくり」の運動がうんと進展すれば、それにつれて多様な形式がうまれますし、イメージもうんと豊かになって鮮明なものになると思いますが、当面、学習ノートづくりということを共通の突破口として、みんなで「私の教育課程づくり」を実際に始めていくことが本当に必要だと思うのです。

学習ノートづくりというと、いかにも小さな教材屋の仕事のようにもみえますが、この学習ノートづくりは与えられた教材をこなすためのものではなく、目前の子どもたちと、現実の教育状況を改革する教育課程づくりの具体化なのだという観点で、大きい仕事として全身の力をふりしぼって、取り組んでいってほしいと思います。

こうした「私の教育課程づくり」の仕事は、子どもたちに対して、生活のいちばん基本部分で新しい生活を生みださせるのと同様に、私たちの活動のもっとも基本部分で新しい質を生産する活動になるのです。

だから、困難が伴うのは当然だと思います。それは予想もしない形で訪れてくることもあると思います。けれど私たち自身が、その困難を克服する経験を持たないで、子どもたちを把むことはできないと考えます。

また、私たちが「私の教育課程づくり」を進展させることで、学校を、教師の生きがいが日常的に生みだされる場に変えていくことができますし、私たち自らが、自分の目で物を見、自分の頭で考え、自分の意志で決めることができる人間に脱皮することができるのです。

いってみれば、今日の情勢がつくりだしてきている教育の新しい困難の中で、教師の特性的な困難が、「私の教育課程づくり」には含まれていますが、この困難の克服は、教師と学校、教育の質を変えることで、子どもたちを把むことを可能にする鍵になるものだと思うのです。

そのためにも、私の教育課程づくりをみんなの運動として、大きく前進させたいものです。

＊東濃民主教育研究会が行った一九七五年八月の夏季民教研集会での基調報告。社会の構造的な変化の中で生まれている子どもたちの不自由な状態を問題にし、子どもをつかむということの重要性とその可能性について展開している。『恵那の生活綴方教育』別巻3をもとにして再録した。『「恵那の教育」資料集』第二巻にも収録されている。

◆論文10（一九七五年）

生活綴方精神で生活・学習意欲を高めるために

一、恵那の民主教育運動と一九七六年という年

最初に申し上げたいことは、今年はちょうど戦後三〇年。そして七〇年代の後半に入るわけです。二〇世紀も最後の四半世紀を残すだけ、ということになるわけです。戦争未経験者が人口の過半数を占めるというような、そういう年に今年はなってきている。そういう点で今年は歴史を画するという意味をもつだろうと思うわけです。

1　身近な出来事のなかに時代の画期をみる

そういうことを、もっと身近な人物に即して拾ってみます。非常に痛ましくて悲しい出来事ですけれども、戦後のこの恵那の地域における民主的な教育研究運動の草分けともいえる近藤武典先生(1)が、今年の一月二日に急に亡くなられました。

近藤先生は、新任校長の計画配置という非教育的な人事政策によって萩原町の山の口という遠隔地へ赴任されておったわけですが、そこで地域に根ざす教育を旗印にして民主的な教育実践を具体化しながら、僻地の学校統合に積極的に反対して、村の学校を守りぬく仕事をされていたわけですが、その死のまぎわまで未来を信じ、病床で「遠望楽観」という絶筆を残して死んでいかれました。

その近藤先生の死を聞いたときに、川上康一先生が、「ほんとうに一時代が終わったなあ」という感想をもらされましたが、それは戦後を一緒に生きぬいてきた人が、今年という年頭にあたって、近藤武典先生という人物に託してみた歴史的な実感であるだろうと思うわけです。

それと同時に、また、今年はこの地域における教育的な先駆者で、民主的な教育を、教育行政の分野だけでなく、地方自治の革新的な政治としても具現化して、発展

させてこられた指導者の一人である西尾彦朗先生が、今度の中津川市長選を機会に、その市長を引退しようとしておられる。ここにも、人物に託してみた揚合の歴史の画期というものを見ることができるのです。

2　戦後の教育運動のなかに歴史の転換期をみる

さらに、私たちの民主主義的な教育運動から見ても、やっぱり今年は歴史的な意義をもつ年だろうと思うわけです。

ひとつは戦後直後の民主的な教育研究運動の全国的なもりあがりの時期をつくりあげ、この地域に民主的な教育研究運動を定着させる、そのきっかけになった作全協の第一回集会が、ちょうどこの会場で開催されて、生活綴方教育を中心にして日本の教育の良心がここに結集してから、ちょうど四半世紀、二五周年になるわけです。

それから戦後最大の教育闘争であり、民主主義の擁護闘争であった勤評闘争から数えて、今年は二〇年目になっています。その勤評闘争では、教師と教育の特性、教育の自由、あるいは教育における統一の問題などをその闘争のなかで明らかにしてきたわけですけれども、その後二〇年目に、いま権力はその勤評と同質で、より露骨化された主任制度を、学校の機構のなかに定着させようとして強行に押しつけようとしている。そうすることによって、学校のもつ自由と自律性を根本から変えて、学校を権力支配の道具にまったく変えようとする攻撃がいま行なわれていこうとしています。そういう点で今年は、たんに勤評二〇年目というだけでなく、勤評闘争の教訓を最大限に生かさなければならない年であると思います。そして、また私たち独自の体験ということからいえば、岐阜県における民主教育破壊の蛮行といわれた「教育正常化」の攻撃を全面的・集中的に受けて大きな痛手をこうむりながらも、この地の民主教育の旗手として、新しい戦列を整えて、「生活に根ざし、生活を変革する教育」をすすめるために、この東濃民主教育研究会を結成してから、ちょうど今年で一〇周年になるわけです。

六〇年代後半からの近代的装いをもった「現代化」あるいは「効率化」という名の能力主義的な差別選別の中教審路線の教育に抗して、五〇年代の生活綴方の教訓を生かして、「地肌の教育」として一人ひとりの子どもの魂のひだにふれることを基調とした人間教育をひたすら追求してきた私たちは、いま七〇年代にふさわしい生活綴方の実践を開花させ、そして地域の生活の破壊と荒廃のすすむなかで、地域の人々とともに、生活そのものをつくり出すことを基盤におく「わかる学習」を中心に据えて、「地域に根ざす教育」を広汎につくりあげるまでに発展させてきました。

けれど、昨年からの、子どもがつかみきれないという新しい困難のなかで、今年は新しい時代に向けて、試練の跳躍台に登ったという、そういう年でもあろうかと思うわけです。

そういう点で、たいへん今年という年は意義深く、い い年であるわけですけれども、ではこの年はいったいどういう情勢が考えられるのだろうか、という問題です。

二、今日の情勢の特徴

ひとつは、社会的な危機が深まってきているがそれは同時に、歴史的な転換というものを必要とする構造的危機のあらわれなのではないかという問題です。

1　子どもたちの生活にモロにかぶさっている経済危機

第一に考えてみなくてはならないのは、経済危機といわれる問題、子どもたちの生活にモロにかぶさってきている問題です。不況とインフレの同時進行という、異常な形であらわれる不景気、戦後最高の倒産、あるいは地方自治体の赤字の続出、そして失業者群の激増、これらは家庭生活を一挙に破壊に導いているだけでなく、公害や災害の続発も含めて、食料やエネルギーの需給不能というような、経済上の危機の深刻化をもたらしている。石油ショック以来のこうした経済危機は、さまざまな形で家庭の荒廃、あるいは破壊をもたらしているわけです。しかも、そのことが子どもたちの心にもはかり知れない暗い影を生じさせていると思うわけです。一つの例ですが、これは、中津川の苗木小学校の二年生の子どもの綴方です。ちょっと読んでみます。

おかあさんがかいしゃへいっちゃった

二年　女子

お手つだい休みの日の朝、早く目がさめた。(きょうは　たいへんいいねを　はこぼ)と、思った。外に出たら天気やったのでゴムジョウリをはいて、にわの中をとびまわっていた。そしたらリンリンとでんわがなってきたもんで、わたしはでんわに出ようと思ってはしっていったら、おかってにおったおかあさんが、「もし、もし、はいはい」て、といっておった。「いくけども、おそくなるに」と、いってでんわをきった。わたしはおかあさんに、「どっかへいかなん」ってきいたら、おかあさんが「かいしゃのしゃちょうさんが、いそがしいでこいってよ」っていったので、「うちでもいねかりでいそがしいのに」っていったら、おかあさんが、「そいでこまった」といった。わたしは「ちえっ」ていった。おかあさんがねんこへいって、かいしゃのふくにきがえて「こまったな」ていってたん車にのってかいしゃへいっちゃった。わたしは（たるいなあ）と思って、おとうさんが田んぼにいるとこへ行ったらバインダーをなおしとった。八時ごろ、ほんやのおばあちゃんとおじいちゃんが車にのってきたもんで、おとうさんとにいちゃんとおじいちゃんと本やの人と五人でいねかりをはじめた。わたしはおかあさんがいないので、おかってばのちゃわんあらいをしてから、おとうさんにいねをわたすしごとをした。田んぼのあぜにあるいねをはじめにはこぶ時、五こもったら、もてなんだもんで、一つおろして、また一つおろして、また一つおろしたら、らくにもてるようになったもんで、二わずつ、おとうさんのつくったはざのところへならべておいた。なんかいもやっていて、えらくなったもんで、おとうさんに「くびとかたがいたい」て、いったら、「そんならもう、やめれよ」と、おとうさんがいったけどやめなんだ。田んぼのくろのとこがぐしゃぐしゃだったもんでいやなかんじがした。ながぐつがどろのとこへはいっちゃってぬけんようになっちゃったもんで、（きもちわるい）て思った。おとうさんが、「おかあちゃん、どこいった」ていったもんで、わたしは「かいしゃへいった」ていったら、「なんでいっちゃったよ」ていったもんで、わたしは、「でんわがきたに」ていったら、おとうさんがだまっとった。わたしは（おかあさんがおればいいに）と思った。

うち中が、他の人までも頼んで稲刈りをする、そういう日に会社の社長から「会社へきてくれんか」っていわれれば、うちのだんなさんにもいわずに会社へ行っちゃわなきゃならん、というような状況というものに、いまなっている。それが、お母ちゃんと一緒に今日は精一杯仕事をしたいんだと思っていた子どもの心に「お母ちゃん、おればよかった」という気持ちになって残っていくわけです。いまの経済的危機が、非常に健康な子どもの心に影を宿しているということがここにあらわれているわけですし、もっと悲惨な状況が、数限りなく子どもに現われている、というふうに思います。

2　前代未聞の現象を生みだしている文化の危機

さらに二つ目に、情勢の問題で考えてみなくてはならないことは、いわば、前代未聞といわれるような現象を生み出している文化的危機の問題です。それは、子どもの自殺や、家出・非行、そういうものが増えてきている。あるいは、中・高生の売春や性的退廃の増加にも見られるような、文化や道徳の危機が、退廃の因子を蔓延させている。たてまえが破綻してくるなかで、異質の人格となった子どもを生み出している。そして、人間がわからない、人間が信じられない、という現象を生んでいる。「社会的動物」としての人間関係の基本をゆるがしている、ということです。

その一つの例として、昨年の夏頃起きた、鹿児島県における五歳児と三歳児のえい児殺しがあります。人間を殺さなければならないような、幼児期における人間本能の破壊を生むという状況をつくっている。これは文化的なさまざまの異常性ということでは片づけることのできない問題です。なぜ、五歳児が赤ん坊を殺さなければならなかったのかというような問題は、私自身また私たち自身にはどうしても理解することはできないけれど、いまの五つくらいの子どもだったら、その心情は理解することができるだろうという状況がある。

さらに、学校でのわからない学習の増加という問題もあります。人間の生き方や、ものごとの基本をとらえさせないままに、動物的本能を発達させ、それを人間的本能にすりかえさせているという状況もたくさんある。

3　少し長い時代の目でみた歴史の教訓

また、少し長い目で見た場合の歴史の教訓として、あの侵略戦争と軍国主義の道を開き始めた一九三〇年代のはじめ——昭和初期といまと、よく似ているということを多くの人が指摘しているわけです。今日の経済的あるいは文化的危機は、戦後の自民党政治のもとでつくられてきたものですけれども、同時にそれは、自民党政治の破綻という形で、民主主義の危機というものを生み出しながら、再び暗黒政治の口を、ポッカリとあけ始めておる。その状況が、三〇年代の初めとひじょうによく似ているというふうにいわれているわけです。

いまの政治が暗黒時代へつきすすもうとしている方向というものが、ひとつは三木内閣の施策のなかで非常にはっきりしてきていると思う。三木総理大臣が総裁である自民党は、今度行なわれる党大会で決めようとしているいくつかの案のなかで、日本の憲法改悪ということを非常にはっきりうち出そうということを決めた、ということが新聞で報道されておったことを覚えているのですけれども、憲法を改悪することによって、今後、彼らがつくり出そうとする暗黒の時代を、国民自体の責任に転嫁しようとしている方向があります。

もう一つの問題は、戦後三〇年の自民党政治が、国民の苦闘によってつくり出してきた革新政治のとりでと基盤をぶちこわして、今日の危機をつくり出している構造そのものを死守しながら、実質的な自民党政治の延命を図ろうとしている、という問題です。そのためには、革新の思想と勢力を分断して、エセ革新をつくり出さなくてはならない。それを明治以降の暗黒への道の教訓に習いながら、反共戦線を育成強化しながら、それに頼って実現しようとしている。そういう方向を、もっと長い歴史の教訓のなかからひき出そうとしている。そういう点では、「反共は戦争の前夜だ」という名言を吐いた蜷川京都府知事の言葉や、あるいは「神を信ずる者も信じない者も」とうたったフランスの、ルイ・アラゴンの人民戦線の思想にも学びながら、今日の自民党政治の実体を深く見つめ、真の自由を守ってそれを発展させるために、歴史的に高い自覚を必要とする、そういう年であるし、情勢がそういう覚悟を要求しておると思うわけです。

4　今日の社会的危機は構造的危機の性質をもつ

いま申し上げたような、経済的・政治的あるいは、文化的な危機は、戦後三〇年の自民党政治が、アメリカ帝国主義と大資本に追随しながら生み出してきたものである。同時にそれは、昨年の夏のこの集会の時にも申し上げたように、今日の子どもたちの特徴を見る場合にも、社会的土台としての下部構造からとらえ直してみなければはっきりしないのと同様に、今日の危機を、社会的構造の危機として、とらえておかなければならないのではなかろうかと思うわけです。

土台がゆらいでいる。家鳴りが大きくなっているという問題。そして家鳴りの大きさは、いまだかつてない落下物を生み出している。そして土台が大きければ大きいほど、家鳴りは長く続く。同時に、その家鳴りは、一時的に止まるということもある。けれど、実際には、土台が大きければ大きいだけ、長く続きながら、土台それ自体の変化がますます進行していくというふうにみなければならない。そういう点で少し長い目でみなければならない。私たちが、新しい家鳴りのなかに、土台のゆらぎをきちんとみつめながら、人類の意志である、真の自由――そういうものをとかしこんだ粘土で、ゆらぐ土台を固めていく、そういう歴史的時代に私たちが遭遇している。あるいは、いまようやくたどりついている。情勢はそういうものとして、私たちのまわりに現われているのではないだろうか、というふうに思うわけです。教育について、もっと細かく申し上げなければならない問題はたくさんあると思うわけですけれども、そういう点は、省かせていただきたいと思います。

そういうなかで、家鳴りのさまざまな動きが、昨年来、付知での児童の野外観察中の事故にたいする攻撃となって現われてきたり、あるいは中津川市や上矢作町における新しい教育にたいする非難や中傷になって現われてきたりして、民主教育への攻撃が新しい形で起きております。いろんな形で起こっているそういうことが情勢のきびしさとして、実際には民主教育の方針と内容の変更を求めているということです。そこに中心がある。そういう点で家鳴りをくいとめるために教育にかけている彼らの期待もまた大きなものになっている。この危機をくいとめるために教育を手段として使っている、ということもはっきりしている。そういう点で、私たちには苦しいことや、悲しいことがたくさんいま生じているわけですけれど、私たちは、ひとつは最初に申し上げた武典さんの死という悲しみにここでは代弁させて、私たちのさまざまな苦しみをここで再びくり返そうとは思いません。

5　世界の重みを背負って、生きることとわかることを求めている子どもたち

しかし子どもの上に、そういう苦しみはどうあらわれているかという場合、やっぱり今日の世界の重みを、子どもたちは背負いながら、親にも教師にもつかめない子どもになってきはじめている、あるいはなっているという形で、子どもたちの荒廃の一般的な状況というものがすすんできている。それだけに子どもたちは、心の奥で、さまざまな問題に重くたえている。けれども、子どものの心のなかにうずまいている本当の問題はいまの子どもの手には負えない大きなものになっている。社会矛盾そのものをもろにかぶっているものばっかりです。それがいまの生活環境のたてまえのなかで、それを口にして、それを公開したら、非難をうけるだけの、救われようのない性質の問題として子どもたちはとらえている。したがって、固く心を閉ざして生きているという状況になっているのではなかろうかと思うのです。

そういう点では、この間、中津川の西小学校で調査された子どもたちの、「心の秘密」というふうなもののなかに、友だちにも、父母にも先生にもいえないことをいっぱいにかかえて暮しておる子どもの状況が非常にはっきりでています。そしてそのなかで、いろんな悩み

に一人っきりで対処している子ども、劣等感や自信喪失、あるいは不安感が大きくなって、そうして悩みも深刻化していく子どもの状態が、たくさんでてきています。

そういうなかのひとつの例を、これから子どもの綴方をとおして紹介します。これを読むと、いまの子どもたちの心のなかにある苦しみがよくわかると思います。

おそろしい母の心

六年　男子

ぼくの、父と母は、よく夕はんの時にけんかをする。げんいんは、いろいろあるが、よくあるげんいんは、母がウイスキーをのんでいつもすこしだけよってしまう。そして、よってしまってから、よくみせのおきゃくさんがくる。だから、みせに出る人は、父が出る。母は、もうよってしまっていて、みせに出るとかっこうがわるいので、出ない。だから母が父に「みせに出てよ、私よっとるで、みせに出るとかっこうがわるいも」と、言う。そうすると父が、「そう酒のむなよ」と、いかにもみせに出たくないように言う。でも、しかたなしに、父が出なければ、だれも出る人がいないので、ちょっとおこったかんじで、目と目の間に、しわをよせて出る。そして父がみせに出ている時に母は、「自分かってやね、いつも私ばっかにみせに出さして、おとうちゃん一回も、みせに出てくれたことがないに」と、言う。そして父がみせからくると、「かず子、おまえもうこれからさけのむなよ、いつも、おまえが酒のんだ時に出るのおれやないかよ」と言って、ちょっと「つん」としたかんじで新聞を見る。母は、やけになってまた、酒をのむ。その時のひょうじょうは、もっと酒をのんでやるというようなかんじでいる。

そしてしばらくしてから、たべた物をかたづけて二かいへ行く。そして母は、ちょっとなやんだかんじで、ふくをきがえている。そしてぼくが「ママ、どこへ行くの」と、聞くと、「ママもう、おとうちゃんと、おるのいやになったも、いつもちょっと酒をのめば、おこるし、こんなに、せまくるしい生活はいやになったよ、博行、おとうちゃんと、なかよくやって行くんやよ」と、なんか、母が家出をするようなけはいだった。顔は、なにか本気に出て行くようなかんじで、なみだをポロッと、こぼして、今にも家を出ていくようなかんじがする。ぼくは、下に行って、テレビを見て、気をおちつかせる。父は、あいかわらず新聞を見ていて、くらいようすだった。ぼくが、「おとうちゃん、しょうぎでもしよ、ぼくなんか、しょうぎしたくなってきたも」と、ぼくは、したくもないしょうぎをしよっと言って、父の気を、おちつかせるようにする。父は、にこっとして、「しかたがない、あいてしてやるわ」と、言って、やってくれる。ぼくは、心の中で「よかった、おとうちゃんがやってくれて、もしかおとうちゃんがやってくれんかったら、まだつんと、しているかもしれんな」と思った。

一方の母は、二かいからおりてきて、こう場の方に行ってなにかしている。ぼくは、父に、「ちょっとおしっこしてくるわ」と言って、母がしんぱいなので見に行く。母は、なにか、どこかへ行くようなかんじで、なにかようしている。ぼくは、やっぱりほんとうに、どっかへ行くのかな、と思って、「ママほんとうに行くの」「うん」と言っていた。ぼくは、母がだんだんしんぱいになってきた。

「博行、ママについてくる、それとも、お父ちゃんといっしょにおる」と、言う。ぼくは、まよってしまった。「ママ、どうしよう、ママは、それでどこへ行くの」「わからん、でも、もうこんかもしれんに、もう、このいえいやになったで」と、いう。ぼくは、だまって二かいへ行って、外へ出れるよういをした。父に、「ママどっかへ行っちゃうに」というと、「いいわ、どこへでも行かしとけ」と、なにか、おちついたかんじで言っている。ぼくは、母のあとをついて行った。四ツ目川のほどうきょうのところで、母がいたので、母を、つかんで、とめた。「ママもうお父ちゃんおこらんで、もどってこいていっとったに。そやし、ママがおらんかったらもうぼくんとこやっていけれんに、おとうちゃんだけこまらせるつもりならもっとほかのことをやってよ、こんなことやられたらぼくまでこまるんやに」と言って、行くのをやめさせた。そしたら、母もわかったらしく、行くのをやめた。

「博行、もうママ行かんで早く家へ行ってねり」と言ってくれた。ぼくは、うれしくなって母を、ひっぱりながら、家へ行った。父も、自分ではんせいしたらしく、母にあやまっていた。

ぼくは、人間の心はおそろしいなと思った。すこしのけんかが、こんな大げさなけんかになるということがわかった。家出をすることになったり、ちゃわんをなげたりしてしまうほどのけんかになるということがわかった。

この作者とその生き方にはまだ多くの問題点や弱点が含まれているわけですけれども、教育の問題としてみた場合、こういう子どもの心のなかを、事実の問題として綴らせた指導は大変大きな意義をもっているると思うわけです。私はこの「おそろしい母の心」の作品にふれたとき、そのクラスの子どもたちが同じ時に書いた作品を全部読ませていただいたわけですが、ほとんどの子どもが、問題のとらえ方や、あるいは題材の違いはあっても、こうした生活にあらわれた重みにあえいでいる姿をみたのです。そういう点では、まさに世界の重荷をしょってなんとか本当の生き方を求めている子どもたちの姿をみることができるのです。そういう状況のなかで、子どもの心の奥では、うずがまきはじめている、ということがいまの子どもたちの状態だろうと思います。そのことは、たとえば、昨年さまざまな形で報告がされておったわけですが、ここにもおられる第二中学校の高橋先生だとか、あるいは、上小学校の川上先生などの、いろんな実践のお話を聞くなかで、ほんものの教材によって真実を見つめさせれば、子どもたちはとびついてくることが報告されていました。もっと別なことをいえば、それまで、授業のなかでなんともならんような子どもたちでもほんとにボロボロ泣き出しそうなことがしばしば見られる。現象的には感覚も麻痺して、人間的涙腺というものが止まったかのように見える、そういう状況にしか見えない子どもでも、なにか真実の人間の内面に触れる、そういうことができれば、質の程度の高い作品や真実がもたらす人間的感動によって涙腺を人間的に開く、というふうなことがおこっている。これは必ず文学とか芸術による場合だけでなくて、子どもたちはほんものを求めておるという姿が、また逆にたくさんみられる、ということです。

さらに、地域子ども会や学校での自主的・集団的な仕事、あるいは行事などでもみんなのために役立つ仕事をみんなと共同してすすめることに夢中になっている。健康なエネルギーの発揮に喜々としている、そして、そういうなかで新しいものを生み出していっている子どもたちの姿や活動がまた数多く語られています。それは、昨年の夏にも指摘したように、子どもをつかむための新しい実践的努力が、子どもたちの生きることとわかることとにたいする深い要求をもつのだということを、これらの実践が明らかにしてきたということだと思います。けれどもそれは子どもの心の奥底に固くとざされている扉を、子ども自身の手によって開かせなければ、その要求を私たちはつかむことができない、という状態があることをも示しています。そういう点で、魂の技師といわれるのにふさわしいように、私たちの実践活動だけが荒廃をみつめ、それに立ち向かう子どもたちに、いまの子どもたち自身を変えることができる、というふうにもいえるのだろうと思います。

三、当面する教育実践の課題

つぎに申し上げたいのは、歴史的なこの年に、教育実践活動をすすめる上で、いったい何が目ざされるか、先ほどもたくさんの方々から子どもの見つめ直しという問題が提起されているわけですけれども、この意義ある年の実践と運動を強めるなかで、実際には子どものつかみ直しがさらに強くすすめられなければならないと思うのです。そのためには、たくさん問題はあるかと思いますが、二つの課題にしぼって報告したいと思います。

ひとつは、この地域における戦後の民主的な教育の総まとめを運動としてすすめながら、新しい時代への展望を生み出して、今後の社会的変化にふさわしい民主教育の立場と内容を明らかにするという課題です。

1　生活綴方の精神による教育の立場を実践的に確立する問題

そのためのいくつかの問題があるわけですけれども、そのひとつは、生活綴方の精神による教育の立場を実践的に確立するという問題です。先に申し上げたように、生活綴方の発掘と復興で始まったこの地域の民主教育が、四半世紀を経ていま再び生活綴方を主軸とした「わかる学習」「地域に根ざす教育」となって、それによって、生活綴方も地域に根ざしてきたといえるようになったと思います。この四半世紀の、高度成長とよばれた見せかけの豊かな時代が終わりをつげて、そして新しい矛盾をもった過渡期の時代にいよいよ入ってきたわけです。それは転換の時代ともいわれていますし、また日本の歴史にいまだかつてないきびしさを伴った時代でもあるということがいわれています。この新しい時代にふさわしい民主的な教育をほりおこし、それを教育の実践や地域の実践として具体化するために、今年はこれまでの民主教育の総まとめを運動として広げながら、これからの社会的変化にみ合った民主教育の立場と内容をみんなで実践的につくり出さねばならないと思います。その総まとめの運動の基本というものは、やはり教室や地域における実践をとおして、総まとめをしたい、ということです。そういう点で今年は、これまでの四半世紀の総まとめの年でもあるし、同時に、これからの転換期における教育実践の出発点ともなる年です。総まとめというのはそういうことになると思いますが、その立場は昨年の夏季集会の折にも報告しましたように、戦後のこの地域における一貫した民主教育の立場ともいえる生活綴方とその精神による教育というその立場であると思うわけです。その実践活動を強化し、その歴史的成果を定着化するように努めなくてはならない。それはまた、教師にとっては、子どもをつかんだ、ということに具体化されなくてはならないだろうと思います。子どもたちにとっては、教育と学習に新しい意欲をもって活動するように具体化されなければならないと考えるわけです。これらの成果を教室や地域で父母とともに生み出すように活動することが総まとめの運動の第一の内容になると思うわけです。

2　総まとめの特別事業をすすめる問題

二つ目の課題は、総まとめの特別な事業をすすめていく問題です。これは昨年から提唱して、部分的にはすでに実施もしてきています。教育研究やあるいは事業をつうじて総まとめの運動をすすめようというものです。すでに民教研の組織として実施しているのは、昨年のうちに四回までを開き、初期の計画を終了した民教研の夜学です。「物語戦後恵那教育略史——地域の教育精神を訪ねて——」というタイトルで恵那綴方の会のころ、勤評闘争のころ、恵那教育会議のころ、そして教育正常化闘争のころ、この四つの時期について開いた夜学のことです。

この夜学には、のべ七〇〇名という人の参加があり、その時々の当事者一二名の方々からなまなましい情況と教訓が報告され、文献では学びきることができなかった、民主教育のこの地での実践とたたかいについて、参加者は深い感銘を覚えたのですが、夜学形式というものによる総まとめもまた新しい企画で続けてほしいという声もありますし、やはりこの年に新しく位置づけなくてはならない、ということも考えております。事業としてすすめたいのは、それよりも、昨年夏の民教研の総会でみなさんの賛意を得ている、民教研の一〇周年記念事業と名づけた七つの事業計画です。その計画を実現していく仕事、これについてはまた、あとでそれぞれ報告をしたいと考えております。しかし、計画が七つもあるので、企画が多すぎたり、あるいは大きすぎないだろうか、おらの力にあわんやないかなんて思って、これではとても、というようなことを思わないで、この四半世紀の総まとめ、来たる時代への足場になるもの、という意気ごみで、これらの、事業のそれぞれの意義と内容をよく理解していただき、いかなる困難をものりこえてみんなの事業として必ず成功的に実現するという決意を、のちほどまたじっくり語っていただきたいと思うわけです。

3 教育についての合意をつくりだす問題

総まとめの第三番目の問題は、総括の年にふさわしく、先ほど会長の浅野先生もあいさつの時にいわれたわけですけれども、教育についての合意をつくり出していくということです。このことは第一に申し上げた教育実践やあるいは第二番目に申し上げた事業などをもとにして、それからすでに始まっている学校主任制に反対する闘争、その他あらゆる活動をつうじて職場と地域に教育に関するみんなの合意をつくり出すという問題です。

情勢のところで申し上げたように、子どもたちの荒廃と教育の危機は、あらゆる人々が、今日、不安を抱き、その改善について心を痛めております。それにもかかわらず、現状やその原因についての認識やその打開策については必ずしも見解が一致していない。そのすきをついて、その不一致を利用して、自民党政治は支配を強めている。危機がいっそう深まっているという実情になっている。教育問題を利用すれば選挙に勝てるというのはまさにそのことなのだと思うのです。いま、新しい時代の民主主義的な国民教育を地域に根ざした教育として創造し確立していくために、それぞれの小さい立場や見解にこだわることなく、子どもと教育の現状を率直に討論し、その民主的な発展の方向について合意できる点を探し求めるという努力が必要なのだと思います。その合意というのは、今日の退廃にたちむかい、生活・学習に意欲を高める子どもをつくりだすことに基本がおかれなければならないのでしょうが、それぞれの立場から具体的な対話の道をとおして実現されていくということになると思うのです。私たちは運動の方向での合意と解決策について一致したところで、具体的な解決への努力を協同してすすめていくような、そういう運動を心して強めなければならないと思うのです。そのために私たちは、なによりも自分の見解と意見をきちんともって、職場や地域に子どもと教育についての対話と議論を広げていく。そして新しい時代の民主的な教育について広範な土壌をつくり出すことが、また今年の総まとめの仕事のひとつになると思います。そういう点で総まとめと申し上げたことのなかに三つの内容を含めたわけです。

つぎの問題は、生活綴方の精神で子どもたちの生活・学習意欲を高めることに基本をおいて、あらゆる活動のなかに事実をありのままに見つめる立場を貫いて、自発性と連帯性にもとづいた「わかる学習」を、学校・地域に創造的に発展させるという課題です。

4 生活綴方の困難を実践的に突破する問題

それについていくつかの内容的な問題を申し上げたいわけですけれども、その第一は、生活綴方の困難を実践的に突破しなければならないという問題です。

生活綴方の教育という場合、生活綴方の具体的な実践をぬいて考えることはできないわけですが、生活綴方の実践は、いま、新しい困難にぶつかっていると思うわけです。それは先ほども述べたように、世界の重みをしょった子どもたちが自らの生活を客観化するには格別の努力と勇気が必要になっているということです。

子どもの本心の問題を題材として見つけさせるまでに六ヵ月も努力したという先生の報告もある。このなかで、生活の事実として子どもたちに押しかぶさっている今日の情勢が子どもたちにとって並大ていのものではないということが理解できるわけです。そして六ヵ月もかかってようやく決意して綴ったものでも、本心というものは、あちこちに片鱗としてのぞかせているだけで、必ずしも事実がありのままに描かれない、といった状況があるのはさして不思議ではない。子どもたちの心をとらえて離さない本心の問題は、今日の情勢にふさわしく、すべて非常に人間的な深刻さを含んでいる。いま、私たちがその問題を、子どもたちの生活認識の内容として重視するのは、そこに内面の真実としての人間的自覚が統一的に存在すると考えるからです。その自覚こそ生きることとわかることとをつなぐ基本になり、生活と学習の本当の意欲の基礎となると考えるからです。いわば生活認識の深さというものこそ「あらゆる知識を自分のなかでつくりかえ」といわれる、その意識の内容となるべきものだ、と私たちは考えるからです。だからそこのところをどうしても、実践的に引き出さなくてはならない。子どもたちが本心としての生活の事実をありのままに見つめ客観化するということは、いまの情勢を子ども自らの意識のなかで切り開いていく仕事になるのです。そして、人間的な自由を子ども自らが広げていくというきわめて大切なことになるというふうに思います。この内面の自由の拡大、子ども自身が自らの自由を拡大するということは、新しい生活と学習への意欲を高め、自発性と連帯性を生み出し、自主的な行動の要因となっていく、というふうに私たちはみるわけです。

そういう点で生活綴方がたんにいろいろな教科と並列してとらえられるということではなく、生活綴方がすべての教育活動の基調となるものなのだ、ととらえて、その基調の問題を私たちはどうしても掘りあてていかなくてはならない。それが子どものつかみ直しというものなのだ。子ども自身による生活のつくりかえになっている その一番の契機だと考えるわけです。

その意味で、この二学期のおしまいに「自分の心が成長したと思うことを書け」という課題を、先生が出された時に書いた坂本の小学校の五年生の女の子の作品を紹介しながら、いまいったことが可能なのだということを申し上げたいと思います。

自分の心をしっかりさせるために思いきって書く！

五年　女子

わたしが、ほんとうの本気になってわたしの心にひっかかっているたるいことを書く気になったのは二学期の勉強をしたなかでわかったことや。それは「しがみがおのおじいちゃん」の綴方(2)や大野君の綴方(3)を勉強してきたなかで、自分の心をちゃんとさせなあかんということを思ったからや。

特にこのごろ、ふけい気のことや自分の生活をもういっぺんみつめりって先生がくどいほど言うようになってから、私は自分の心をだましとることを私の心の中に針がくすがっとるみたいでたるいから、思いきって出してみることにしようとやっと思った。

三年生の時でも、自分のひみつを紙に書けっていうのがあった時、私はどうしても書けなんだ。そしてそのますんでしまったのでもうぜったいしないから、だれにも言わんとけばぜったいわからへんわと思っていた。それが、どうして書く気になったかを考えると先生が小瀬君のことでも悟君のことでも、「心の病気は子どものうちになおすんやに」というようなことを言って、「たるいことや、悲しいことはだまっとるより言ったり書いたりして考えんとなおらん」というようなことをよく言うし、先生なら私が本当のすごいことを書いても、変なふうにおこらんで私はどうしてもひっかかっとるで先生に言おうと思うことや。それに、「しがみがおのおじいちゃん」の勉強の時、たるいことやはずかしいことでやっとうたってから書けたという話し合いの時、私は「自分をシャンとさせていくには、いま、たるいことがあれば今思いきって出す勇気も人間にはだいじだ」なんてことを言っちゃったら先生に、「うわぁ、すごい」なんてほめられちゃったので、そのへんから言うだけではなく本当に書かなあかんと思っちゃったのだ。二年生の時のことで、今も家の人にわかっていないこともあることや。学校がえり、Kちゃんと帰りようった時、Kちゃんが、「Mちゃん家からお金ぬすんでこよ」と言った。私はその時、ぬすむのがどんなに悪いことか思っていなかったと思う。「うん、いいよ」なんていって家に帰った。そして机にカバンをのせておいてお店の方へ行った。おかあさんがいなかったので、お金のあるはこから二百円持って外へ行った。Kちゃんは、さがしてもなかったといって持ってこなかった。Kちゃんとお店へ行ってお菓子を買った。Kちゃんにおごってやった。それから、毎日ぐらい五百円、三百円と持っていって、Kちゃんと遠い店へ行ったりして使っていた。私がKちゃんに、「Kちゃんも、たまには持っておいでよ」といったら、Kちゃんは一ぺんぎり百円を持ってきた。よその子が、「美由紀ちゃんとこ、お店やっとるし、たたみ屋もやっとるでもうかるねえ」と言うもんで、よけい自分とこにはお金がいっぱいあると思っていたかもしれん。それでも、おかあさんのおらんとこをねらっては、とるようにしておった。一回、マンガの雑誌を買ったことがある。ふろくはプールの所にかくしておいて少したってから二人でわけた。KちゃんはMちゃんにもらったということにして、私はKちゃんにもらったということにして、家へ持っていった。そのうちに、お店へいって、「ごめんなさい」といってもなかなか出てこんので、そのまっとるうちに、ガムをポケットに入れたり、ふくろを持っていってその中へあめやチョコを入れたりしとった。それに、まだある。放送で「お金が百円落ちていました。おとしたと思う人はとりにきてください」と言った。そしたらTちゃんが、自分じゃないのに「とりにいこか」といった。私はあっさり、「うん」と、へんじをしてとりに行った。そのお金で、おかしを買って食べた。まだある。横井のさとみちゃんがいばっとったころだったので、Tちゃんと二人でさとみちゃんのくつをトイレにほうかった。そして、「だれやろねえ、わるいてえ」と知らんふりをしとった。そのうちに、お金を持たずにお店屋へ行きごめんなさいをいうまえにガムかなんかをポケットに入れといて、それから、ごめんなさいと大きな声で言って、お店屋の人がくると、「あれ、いいのがないでまたくるわ」なんていって出てきた。お店屋へ入っていってすぐお店屋の人が出てくると、そこらへんのものをかまってみて、「わたしのほしいのがないであかんわ」といって出てくるようになっていた。そうしていたら、とうとうおかあさんにお金を持っていってることがばれてしまった。おかあさんが、「このごろ、おかしいおかしいと思っとったけどあんたやら」といわれて、私はきゅうにいわれたのでうそがいえなくなっちゃって、「うん」といった。「ぜんぶ話してみ」といったので、お金をもっていってKちゃんと二人でつかったことを話した。そうやけど、お店からガムなんかをだまって持ってきたことは、ぜったいいわなんだ。おかあさんは泣きそうなこわいかおをして、だまって私の手をロープで、きゅんきゅんにしばって二かいへ連れていき、夜まですわらせておいた。夜ごはんのころになって、おかあさんがあがってきてほどいてくれた。手のまわりが、まっかやった。私はしばられて二かいにおるあいだじゅう泣いていた。「もう、ぜったいにせん、やっぱりわかっちゃうで」と思って泣いとった。Kちゃんとこの人もうちへ来て話していった。あとでKちゃんが「あんた、すごいことやられたねえ、私なんにもされなんだよ」と言った。Kちゃんは、私におごってもらったと、いったので、そんなにわるくないみたいやった。私は「Kちゃんなんかもう大っきらい、Kちゃんなんか、もうあそびたない」と思った。私は、今になって何であんなバカなことをしたんやろうなあと、こうかいしている。そうして、あの時も言えなんだことはあの時まだほかにとったよなんていえば、けいさつにつかまると思ったからいえなんだ。私は、ほんとに思いきって書いた。もうこれだけである。それからぜったい、やっていない。私は先生、丹羽先生をぜったいに信じて書いた。このことは、私みたいな心の病気にかかりそうな子に話してやると、ぜったい悪いことすれば、人はだませても自分の心はだませんで苦しいということを、私がずっと思っとったで、それがやっとわかったということを書きたかった。二学期のなかで、自分の心がのびたことを考えたとき、私は、このことが書けたことが、一番自分がしっかりしたことやと思う。おとなにならんまえに書けてよかった。私の家は今、生活がえらい。おとうさんとおかあさんがたたみ屋とたべものやをやっとるけど、二つも仕事を持っているのはえらいしょうこやと思えるようになった。だからよけい小さい時だったにしても、平気に家のお金をぬすんでいたのが、くやしいような気がして思いきって書けたと思っている。

（編集部で本名の部分をM、K、Tにした。）

この作品の分析や作品評をここで語っている余裕はないわけですけれども、生活の事実としての自分の本心を綴るということがどんなに自分を自覚させるものなのか、そして人間的に成長させるものなのかということを、この作品は物語っている。生活綴方の実践についての新しい困難というものは、厳しさや複雑さを増してはきている。そういう今日の情勢にあった今日の子どもたちの心の奥底の深さと堅さは、そういうものとなってあらわれておる。したがっていままでのやり方だけではすまされない。そういうことだけでは実践を済ますわけにはいかない。新しい自覚の上に粘り強い手間と創意的な努力を必要とすることはまちがいない。だが困難があっても突破できないということはない。そういう証明が教育の実践として、あるいはこれらの子どもの作品として、そして作品を書いた子どもの新しい人間的自覚としてあちこちに生まれているということから、今日的な教訓を学んでその事実をすべての子どもの上に広げなければならない。それが何よりも今年の教育の実践の上で心がけなければならない課題だろうと思うわけです。

5　子どもたちの学習意欲を高める「私の教育課程づくり」をすすめる問題

二つ目の問題は、子どもたちの学習意欲を高めるために、夏にも申し上げた、「私の教育課程づくり」をもっとすすめていくということです。本が読めない、計算ができない、考えようともしない、という子どもたちの姿に学習意欲の低下をみることができる。でも、同時に、その子どもたちの奥深いところには、本当のことがわかりたい、という切実な願いが炎となって燃えているという状況がある。そのために、読みたい、書きたい、あるいは計算したい、考えたいという意欲は、子どもたちの胸のなかにみんな可能性として秘めてある。現にどんな子どもたちでも、どんなに勉強が嫌いでやらない、できない子たちでもそれはもっている。

またある先生の報告ですが、少し以前に、子どもたちの落書き用の黒板になっておった教室の黒板が、いつの間にやら、子どもたちの名前をずっと書き連ねた学習進度表の掲示板に変わっておったという話がありました。落書きが止められてしまう。そして学習進度表に変えられるということのなかに、学習意欲の低下の姿をなんとか学習状況の進展という形で改善しようという願いが込められていると思うのですが、しかし、いま、私たちが子どもの学習意欲を高めるために基本的に大切なこととして考えておかなくてはならないことは、そういうような落書き黒板をやめて進度表に切り替えるというようなことだけではどうにもならないのではなかろうかということです。「本当のことがわかりたい」という切実な願いを秘めている子どもたちのその願いにまっとうに応えることができるように学習意欲を高めなくてはならない。たんに「できた」という形ではなく、「わかる」という点で子どもたちに学習を獲得させるということが、一番基本的に重要ではないかと思うわけです。

「何のために、何を、どのように学習させるのか」という教育の根本にかかわる命題をどう日常的に具体化するのかという点で、学習意欲の問題もとらえてみなくてはならないと思うわけです。その意味で、「私の教育課程づくり」の運動を、今年こそ本腰を入れてすすめなくてはならないというふうに考えるわけです。

「私の教育課程づくり」という仕事は、いままでの四半世紀の民主的な教育実践と研究の蓄積と成果の集約をいまの子どもたちの「本当のことがわかりたい」という基本的な要求との接点で、今日の情勢に見合った学習活動として具体化するための手だてとなるというふうに思います。そして新しい時代の民主教育を創造し探求していくその後のデータになっていく、そういうふうなものになると思います。それは先ほど申し上げたように、教育の根本命題である「何のために、何を、どのように学ぶか」ということと、子どもたちの学習意欲を高める活動とを「わかる」という点で結ぶ仕事なのです。それは「わかる」という点で結ばせていく、教師の特性にかかわる仕事なのだ、というふうに思います。「私の教育課程づくり」は、これまで、自主教材や教案・学習ノート・学習テキスト・学習資料として各所で豊富に作成してきておるわけです。けれども、それらをもっとみんなで公開して共同で勉強しあうというようにして、その成果と教訓を広げなくてはいけないという問題があります。

とくに今後の問題という点で第一に、学習すべき内容としての問題をもっと広げる必要がある。とくにタブー視されているような、あるいはされがちになる三つの「せい」——生活と政治と性——などでも、もっとわれわれは大胆に教育の内容として具体化しなければならない。それは生きるということとわかるということとにかかわって、いま、人間としてどうしても課題とし、どうしてもそのことについて考え、そのことについて知らなくてはならない問題をさけてはならないということです。学習内容としてその問題を避けることはできないのです。その扱い方や程度の問題はいろいろある。けれどもそれを避けてはならない。「私の教育課程づくり」は、そのことを全然無視し、「何のために何をどのように学ばせるのか」という基本のところからはずれて、つくり方の問題にすりかわってはいけないと思うのです。

第二番目には、事実をありのままにとらえ、事実にもとづいて学習を発展させることが必要ですが、その事実を、科学や文化の一般的命題のなかでとらえさせるような教育的配慮を学習活動のなかに貫いていくことが必要です。事実を事実としてだけとらえて、それでその事実だけを解決するような、直ちにそれだけが行動化されて、なにかそれでことがすんでいくというふうなことではなく、それを科学や文化の一般的命題としてとらえていくという事実にたいするとらえ方、そういう内容の問題として事実をとらえさせていく。そういうものを教育の課題として、あるいは学習の対象にしていくという、そういう配慮が必要ではないか。困った問題が出たから、いろんな事実があるから、それですぐそれを解決する学習なのだというようにしないで、もっと深くそれをとらえる、そういうふうな教育的配慮というものが必要です。それはまた、「わかる」という点でも、ものの教育や考え方が多様に駆使され、論議されるような配慮としても具体化させなくてはならない。いろんなことをつぎつぎにたくさん知らせていくような、そういう「私の教育課程づくり」ではなく、子ども自身が「わかる」という学習活動。たとえば、いまの子どもは考えることがきらいなのだが、考えなくてはならない問題について考えることを本当にさせていく。そしてそれについて意見をもたせていく。いろんな見方で集団的に討議させていく。そういう学習でなくてはならないと思います。

第三番目に、「私の教育課程づくり」の構想を、学習すべき課題にふさわしい生きた〝単元化〟として、〝単元〟というひとまとまりのものとしてとらえてみる必要があるのではなかろうかということです。「私の教育課程づくり」は、もちろん〝単元化〟という構想だけに定着すべきものではないわけです。けれども、一時間きりの、補充教材を含むということに「私の教育課程づくり」を縮めてしまったり、あるいは年間全体の課題としてでっかいものにしてしまって、何だか教材をさしかえてみただけだが、実際の内容はあまり変わりようもない、学習は変わりようもない、というようなカリキュラムづくりに広げてしまうのではなく、現状での新しい一点突破の仕事として必要な課題を〝単元化〟するという、そういうふうに「私の教育課程づくり」をとらえ、そして具体化することが、いまもっとも大切ではなかろうか、というふうに考えます。そのためには、課題を、〝単元化〟することや〝教材化〟そして〝学習化〟する過程を検討して、「学習ノート」のようなものが、「私の教育課程づくり」のなかで、つくられ、もっと実際に教室で使われるようになって具体化されるような、そういう試みがされる必要があるように思われます。

6　学校・地域に子どもたちの生活をつくりだしながら親とともに地域を変える問題

それから三つ目には、学校・地域に子どもたちの生活をつくっていきながら本当の仲間をつくり出し、そして親といっしょになって地域を変えていくということです。

いま、本当の友だちがほしいと子どもたちは切実に願っている。このことはよくわかる。どんな調査を実施してみても、今日の限られた生活のなかでの生きがいや楽しさの第一に、友だちとの関係を子どもたちはあげている。けれども地域や学校というものが、子ども本来の生活の場ではなくなっていくにつれて、子どもたちだけで自主的につくられていく共同の仕事や遊びもまたいつしか失われて、さまざまな、子どもたちの生活をとおして心から理解し、助け合える仲間の関係が簡単には生まれないようになってきています。『火山灰地』の劇のセリフ「同じ手ぶりで踊っていても、はなればなれな心と心」といわれているような、そういう見せかけだけの仲間というものがつくられる。子どもたちはそれで仲間だといって満足する。私は「一緒にいるから仲間なのではない。一緒に生きるから仲間なのだ」ということを、以前、子どもたちにいったことがありますが、そういう点では、子どもたちはたんに一緒にいるという、そういうたてまえやみせかけで仲間にさせられていることに、逆に強い不満もおこるのです。だから、おしきせの枠からはずれ、非社会的な行動をしている子どもたちのなかに協同の場を設け、それでもって、本当の友だちにかえていくという場合もある。要するに非行の集団化とかいって問題になっていることです。だが子どもたちには、クループスカヤのいうように、「社会的本能」として「みんなのために役立ちたいという意欲」が心のどこかに存在しています。だから、非社会的な方向でいくら協同の仕事らしきことを続けておっても、本当の友だちとしての充実感を味わうことはどうしてもできない。非行の集団化が本当の友だちなんだという充実感にはどうしたってなりきれない。そういう矛盾もまたある。

そのために私たちは、教室や学校を子どもたちにとって、生活のある楽しい場にするために、学級会や児童会や生徒会の活動を重視し、絶えず新しい状況のなかで子どもたちの要求に沿った活動を教育し、自主的で教育的な協同の仕事を広げて本当の仲間づくりのために努めている。その実践の成果というものも、さまざまな形で、またでてきています。学校・学級の行事や、あるいは文化祭など、そういった事業の創造が子どもたちの新しいエネルギーの発展の場として生み出され、数多く報告されています。けれども、学校での子どもたちの集団活動は、学級や学年が単位で、同年齢での共同ということがどうしても中心になる。しかし、子どもの人間的な発達にとって不可欠な非常に基本的なものは、生活の場での異年齢の集団化です。そういうものは、学校の集団を対象にしているだけではなかなかできない。地域が内容をもった共同体として成り立って、そこに子どもたちの生活の場と生活の関係が自然な形で存在しておれば、そこには異年齢の仲間が生じて、個々の子どもの発達にとって、それに応じながら、それでいて全体として子どもの社会的本能にもとづいた要求を調和させる力をもって共同の仕事を組織することができるような、そういう集団が生まれるわけです。いまの地域はそうした本来の教育力も機能もなくなってきている。そのために私たちは、七〇年代に入ってから地域子ども会の組織化という形で、失われてきている本来の子どもたちの集団、仲間づくり、活動をつくってきたわけです。

そういうなかで、地域に生活をとりもどし、地域の生活を変え始めているというところまで、子ども会活動はきています。「親の後ろ姿を見て育つ」というふうにいわれる子どもたちが地域に生活をもっていないということは、親たちもまた地域に生活をもたないということを意味しています。

子どもたちの自主的な地域子ども会の活動は、今日では地域の親と人々をもまきこんで、大人の連帯をも生み出しながら、地域の行事や慣行、あるいは伝統をとりもどし始めている。地域に根ざす教育の、日常的で具体的な基盤が、地域子ども会の組織化と活動によって本格的につくられ始めてきたというふうに、私たちはこの実践を評価します。このことのなかから、「地域の地方化」などといわれた六〇年代以降の状況から地域が脱却し始めたことをみることができるわけです。新しい時代にむかって、生活と教育力をもった新しい地域共同体がつくられ始めてきている、ということとして、きわめて重要な問題なのだろうと思うわけです。

この活動をさらに実践としてすすめていくことが必要になるわけですけれども、とくに今後の課題として、第一番目に、地域子ども会の組織をもっと広げながら、日常的に活動するさまざまな輪をつくることが必要ではなかろうかということです。いま、各地においてさまざまな困難を克服しながら、小学生だけでなく、中学生をも含めて、それが一体となって地域子ども会が組織されてきている状況が増えてきていますが、もっともっと子どもの組織化の状況を広げ、幼児・高校生、そして高校生と同年齢の有職青年まで含めながら組織を広げていく必要があるのではないか。それは一挙にいくという問題ではない。しかし、そういう大きくなっていく組織のなかで活動を一律化しないで、子どもたちの多様な要求に即した活動の輪をたくさんつくる。クラブだとか遊びだとかサークルというような、そういう遊び友だち、子どもたちの自主的な輪をこのなかに無数につくり出していく。そして実質的な活動として日常化できるようにする必要があるのではないか、ということが第一の問題です。

二つ目の問題は、地域子ども会を、夏だとか冬だとかいう長期的な休みを中心とした時期に全体での行事をみんなで一緒にやるという活動にとどめないで、年間をとおした計画的組織的活動として継続化させることが必要になるという問題です。学校の休み中には本当によくやったけれども、学校が始まったらもう子ども会のことはやらんようになってしまったという状況だったら、いつも全体だけの、しかもみんなが集まらんとどうも子ども会にならないということになってしまう。このような状況を改善して、各種の機関や任務分担を行ないながら、いつでも子ども会組織とその活動が存在していける、そういう継続的な組織にしていく必要があるのではないか。たとえばいろんな代表者による委員会とか、大人流のいい方でたいへん悪いのですけれど、委員会というような機関が設けられるとか、あるいは子ども会新聞の係。新聞を機関紙として出すとか、あるいは町にはる壁新聞として出すか、そういうような子どもたちの声を社会的に反映させていくような新聞というようなものをつくらせる、あるいは、そういう専門部、そういうものをつくるとか、あるいは、もうすでに方々で始まっているわけですけれども、回覧板をつくって連絡し合うとか（子ども会回覧板というものをつくっている子ども会もあるわけです）、あるいは自分たちの回覧文庫を設けて、そしてその係をつくってその仕事をするとか、そういう活動をもっと日常的に組織化していくためのさまざまな組織的な方法というものまでも含めて子どもたちに考えさせていく必要があるのではないか。そういうなかで、年間の活動方針やあるいは計画というものをつくっていく。実際的にみんなで検討する。子どもたちの実態と要求に即して組織化していくということが非常に大事ではなかろうかと思うわけです。

三つ目には、活動の内容において、親や大人との共同の仕事をもっと多様にうみ出しながら、地域とその生活を見つめていくとともに、新しい生活と地域をつくり出すようにするということが活動内容として必要になってくるということです。この点では大へん努力されて非常に短い期間の間に、さまざまな活動の内容が創りだされ、それが質の高いものになっている。だから、そういうなかで子どもは何かやれっていうと楽しみ会かキャンプか何か食べることとしか考えないような子どもではもうなくなってきている。地域に存在しておる、あるいは存在していた話を聞き出したり、あるいは行事を掘りおこしたり、それを復活させたり——左義長なんかもちろんそうです——あるいは大人だけの祭りでなく、子どもが参加する祭りに地域の祭りを変えていくとか、地域をもっと知るために調査する。大人からも教わるためにいろいろなところへでかけていく。また、共同の旗というものを年間とおしてもっているとか、子ども会の畑づくりで大人の人からの育て方つくり方というものをずっと教わっていくというような、生産を学ぶ、そういうことなど、非常に活動の内容は増えてきているし、質は高まってきている。こうした新しい教育の経験や教訓を、もっと各地に広げていくなかで、地域の親や大人といっしょになって地域を知る、地域を学ぶ、そして地域に生活をつくる、そして地域に生きることができるようになる。そういう創意的な活動内容を多様にこれからつくり出していくことが必要ではないかと思います。

子ども会に関して最後の問題になるわけですけれども、第四番目のこととして、地域子ども会の活動に親や大人が関心を高めたり、積極的に参加していくことは、その地域にとって非常に重要なことなんですけれども、子ども会の主体性と自主性を失わないようにすることがまたひとつ重要な問題です。たとえば地域運動会をやると、親の方がのぼせあがってしまって、子どもは親に引っぱられているだけだったとか、あるいは左義長をやってみたら、親の数の方が多くて、子どもなんかどこかにかくれちゃってわからんようになる、というような親ののぼせがどこでも非常に異常な現象として報告されておる。地域で子どもの盆踊りをやると親がいっぱい集まってくる。

子どもといっしょになって地域的な仕事をすすめていくことは、いま異常な親の積極的参加にみるように、そのことは非常にいい傾向だと思います。子ども会の行事や活動をとおして親が地域に目を向け、地域での親の主体性をとりもどすことは非常に大切なことです。けれども、親や大人が、地域において示すべき自らの主体性のあり方ということを考えるとき、子ども会にのぼせてしまって、命令をしたり指図をしたり権限をふるうというような、そういう状況になって、子どもたちの主体性を奪ってしまうというようなことのないように注意すべきです。

以前、「正常化」のあとのころにも官製的な地域子ども会が強行してつくられたことがあったわけですけれども、そのころ、私の教えていた子どもの一人が「子ども会、子どももやらずに大人やる」という川柳をつくったことがありますが、へたなことをするとそういう状況になるかもしれない。質は違っておるかもしれないけれども。以前はなにか地域とは関係なく、上からものを与えられて、何かおしきせであったということだけれども、いまは地域のことをとりあげて、地域を再現させて、復活させていくような、そして新しい地域をつくり出していくような、そういう内容になっているからといって、それで親が子どもに命令してやればいいということにはならない。依然として、「子ども会、子どももやらずに大人やる」というような状況をつくらないように注意しなくてはならない。そういう点で、地域子ども会活動は、これまで地域に実際にはあんまり存在していなかった親の連帯を新しくつくり出すという作用を、またもっている。

地域で親が連帯し、集団的に組織され、そうなった親の良識というものが子ども会との連絡や指導にあたる、というように配慮する必要があるのではないか。自分の子が出て行くから私も行くというだけでなく、まさに地域に自主性と主体性をもつ親が地域の教育力の一端を負う。地域に責任をもつ親が、そういうふうにして、私の子どもだけを見るのではなしに、子どもたち全体をとおして私の子どもを見ていく。そういう親の良識というものが、まさに親のもつべき教育力の基本になるのではないだろうか。

四、ゆっくり急ごう

問題はまだたくさんあるかと思います。問題があまりにも多すぎる時代です。それから必要なことで抜けたことはたくさんあったかと思います。説明不足やあるいは要領の得ないこと、あるいは具体的な実践上の問題、具体的な例については、またさまざま分科会その他でしていただきたいと思うわけです。

とにかく今年は、新しい転換の時代といわれるこれからの歴史の初頭に立っています。いままでの四半世紀にわたる高度成長の見せかけの豊かな時代。その時代に、どんな苦難にも負けず私たちは前進してきました。確かに苦しかったし困ったこともありました。けれども現実に、もっともっと輪を大きくしながら、そして地域にまで根を広げながら、私たちの教育を前進させてきました。今後の困難がどんなものであっても、やっぱり私たちは前進するしかない。二五年前の第一回作全協の時に、今井誉次郎さんが「とにかく綴方の種をもってゆっくりいそごうではないか」ということをいわれたわけですけれども、やっぱり私たちは二五年たった今日でも、民間教育といわれる民主教育の種をほんとにまた新しく植え始めて、広げていくという意味で、「ゆっくりいそぎたい」ということを思うわけです。

＊東濃民主教育研究会が行った一九七五年一月の冬季民教研集会での基調報告。地域にねざす教育の創造のために、生活綴方の精神で子どもをどうつかみなおすか、また地域の教育運動をどのように発展させていくのかという課題について問題提起を行った。教育科学研究会『教育』三二九号、国土社、一九七六年五月号所収。

〈注〉

(1)『教育』四号、一九五二年二月号で「ボンクラがあつまって――恵那綴方の会の動き――」という現地ルポをまとめた筆者。

(2)『恵那の子ども』のなかの綴方、一九五〇年代の貧困をとりあげた典型的な作品で、東濃民教研では今日もこの作品研究が子どもたちのなかで行なわれている。

(3)「ぼくにも話してほしい」という題で、今日の経済的危機のなかで父親の労働と家庭の生活をリアルにみつめた一九七五年度の作品、「しがみ顔のおじいちゃん」と同じように地域で作品研究が行なわれている。

◆論文11（一九七六年）

《基調報告》戦後の教育をふりかえり民主教育の原点をさぐる

――子どもをどうつかむか

一、子どもをつかむことは古くて常に新しい問題である

1

政治の成否は人心の掌握如何にかかっているということがよく言われます。教育の成否もまた、子どもをつかむことができるかどうかにかかっていると考えられます。

その場合、人心の掌握といい、子どもをつかむといい、そのどちらもつかむ側としては、政治や教育の特性的な作用によって、人間の自発性と連帯性を発揚させて、社会的・人間的価値にもとづく自主的な生活と生きがいを組織する点に特徴がありますし、つかまれる側では、政治や教育の作用それ自体に含まれる意図や内容を自らの生活を通して理解し――いわば事実にもとづいて意味がわかることによって、社会的・人間的価値を自らで考え、行動するという人間の特質を発揮するという点に特徴があると思います。

その意味で政治における人心や、教育における子どもをつかむということは、それぞれ、政治や教育を、それとして成り立たせるための基本とでもいえる問題なのだといえるようです。したがってこの問題は教育のはじまりから存在していたわけですし、それがいつも教育の場では問われ続けてきたという点で、古い問題といえるのだと思います。

けれど、古くから問われ続け、そのときどきに一定の解決をみてきた問題なのであるから、それで現在は解決しているのかといえば、そうではないところに常に新しい問題としての意味を持っているのだと考えます。政治や教育が社会的現象であるかぎり、社会の下部構造としての土台の変化は、政治や教育の機能と作用に新しい変化をもたらすわけですし、同時に社会的所産としての人間それ自体の変化をひき起してくるところに人心や子ど

もをつかむ問題が、政治や教育にとって常に新しい問題として問われなければならない条件があるわけです。

子どもをつかむ問題は、社会の土台の変化が大きい時に、より新しい形で問題になりはしますが、つまるところ、この問題は、子どもの中に社会と情勢を的確にとらえ、教育作用を有効に組織化する教育の実践的課題であると同時に、子どもをかえるという点における教育の方針上の問題として重視されてくるものだと考えられます。

2

ところで、今日の時代ほど「つかむ法」などの題名をつけた読み物を多くみかける時はなかったようです。「男をつかむ法」「女心をつかむには」などという記事は、毎週どれかの週刊誌にはのっているようですが、いまは子どもだけでなく、日本の社会ではあらゆる階層・年代の人間が理解しあえなくなっているようです。特に子どもは、社会的矛盾の集中的所産であるだけに、つかみがたい存在となっています。

「何を考えているかさっぱりわからん」とか、「何をしでかすかとんと見当がつかん」とかいう言葉は、いま多くの人が子どもに抱いている不安の代表みたいなものですが、それは同時に、子どもをつかみきれない教育への一般的な不満と不信の状況を反映するものでもあろうと考えられます。

そして、この不安は、年ごと日ごとに増加し激発する子どもたちの退廃となって親たちと教師のいらだちを増しています。ほんのささいな動機での自殺や傷害、理由のわからない家出、想像もつかない性行動など、今日の子どもたちにみられる退廃的状況は、そのあらわれ方にどれだけかの相違がありながらも、生活と学習への健康な意欲を失った退廃因子として、すべての子どもの中に深く浸透している一般的傾向としてとらえてみなければならないものと思います。それは、「うちの子にかぎって」とか「この子だけは」とかいう親や教師の切なる期待が、どんなにはかないものでしかあり得ないという数多くの事例が物語っていますし、年々増加しながら低年齢化する子どもたちの問題行動についての各種の統計にも示されています。

いまロッキード汚職が構造汚職とよばれるように、今日の日本政治の状況は、その政治構造がもたらしている構造的危機のあらわれですが、今日の子どもたちにみられる人間的危機としての退廃の進行や、子どもがつかめないという教育の荒廃は、政治の上でのロッキード汚職にみあった文化・教育の分野における構造的な危機のあらわれにほかならないと思います。そして、この構造的危機については、戦後の日本支配が後進的・犯罪的な構造をもつことから生みだされていると同時に、その危機が一時的・部分的なものではなくて、全般にわたる構造的な危機なのだとして論じられていますが、子どもと教育の上にあらわれた退廃と荒廃の危機も、同じ性質をもつ構造的危機としてとらえてみる必要があると考えます。

その点で子どもがつかめないという今日の教育荒廃にみられる構造的危機を考えてみますと、それは一方で学校におけるつめこみと差別・選別の教育が、他方で子どもの生活の破壊の状況、といわれる二つの要因によってもたらされたもので、この二つの面が相乗しあって、子どもから人間性をうばい、生活と学習の意欲を失わせる結果を生みだしているといわなければなりません。

それは、非科学的・非教育的な学習指導要領の基準性の強化を軸とした、能力主義的な差別と選別の学校教育の内容と制度——いわば中教審路線とよばれる教育支配体制の強化と、地域や家庭の崩壊という形でおしすすめられてきた、いわゆる新しい貧困化とよばれる生活全般の破壊の進行とが、深くからみあいながら相互に補完しあって、子どもたちへ世界の重みが直撃し、子どもたちの人間発達の基礎をこわし、事実にもとづいて物を考え、行動するという「生きる力」をうばってきていると考えられるのです。こうして、今日の子どもたちの特徴といえる「知識と生活の分離」の状態を深刻化させているのです。

また、このような構造的危機の全般的状況については、「生産の社会性と私的独占の矛盾がすでに極限をこえている」のだから、この危機をのりこえるためには「構造そのものに対する民主的な規制と再編成が必要」ということがいわれていますが、子どもたちの退廃や教育の荒廃にも、また、この見地にたって対処しなければならないと思います。

3

その対処は、何よりも今日の子どもたちの退廃や教育の荒廃の状況をするどくみつめ、深くつかみながら、教育実践と運動を発展させることに基礎をおかなければならないと考えますが、そのための共通課題として、三つの点をあげてみたいと思います。

その第一は、退廃や荒廃としての危機の深刻さが、矛盾として同時に生みだしている新しい芽に深く着目しなければならないということです。それは「まともな人間」への切実な願いと要求が、子ども・親・教師の深部で広範に生みだされてきている事実です。

一見、ゆうれいみたいだといわれるつかまえどころのない子どもたちが、どんなに本物を切望しているかということは、自主教材などによる創造的な学習活動や、自主的・集団的な活動の中で、時に見違えるような意欲に満ちた姿を示すことによって、とまどいを覚えることがありますが、そのことの中にもよくあらわれています。

勉強がわからない、孤独だという状況が大きければ大きいだけ、子どもたちは「ほんとうのことがわかりたい」「心からの友だち、なかまがほしい」と切実にねがうわけですし、親は「ちゃんとした人間に育ってほしい」「生きる力を身につけてほしい」と強くねがい、また教師は「子どもの心とふれあいたい」「自分で考えて生活できるようにさせたい」と深くのぞむわけです。

けれど、今日の体制支配の浸透の深さの中では、その切実なねがいや要求は、さまざまに屈折してあらわれたり、個々の心の底深くで渦となっていたりして、自由と民主主義の保障への努力をぬきにしては、素直にあらわれない場合が多いわけですが、それでも「まともな人間」を求めるねがいや要求こそ、「構造を民主的に規制し再編する」自らのエネルギーであり、学習権・教育権を新しく広範に自立させる実践と運動を具体化する原動力であることに深く想いをいたし、今日の退廃や荒廃を深く見つめることの中で、新しい変化としての「まともな人間」への切実なねがいを、正しくとらえなければならないと考えるのです。

その第二は、今日の構造的危機に対する支配者の打開の方向はファシズムの道以外にないことは明らかで、それは教育においても、点数による差別・選別の体制をいっそう強めながら、ますます知識と生活を切り離し、自らで考え、自らの意志で行動することのできない子どもたちをつくりだす以外に方途を持たないと考えられます。こうしたとき、政治の上で「自由と民主主義の宣言」が生みだされ、歴史的・体系的に新しい方向として打開の道がつくられようとしているように、教育の上でも、今日の構造的危機に対応する打開の方策が、体系的・具体的な構想を持ったものとして生みだされなくてはならないと思います。

その点では、制度検討委員会や中央教育課程検討委員会の報告は、一つの貴重な構想ではありましょうが、内容の一貫性という点や、その他において、このままでは大衆的にひろがりを持った検討もできにくいということもありますので、これも一つの叩き台としながら「日本の民主的再生」といわれる全体構想を、民主的な教育の上で具体的に創りだすための合意と、そのための民主的な教育への統一を生みださなくてはならないと考えるのです。

その第三は、以上一、二の困難を実践的・具体的に乗り切るために、日本における民俗的な子育てと、民主教育の実践・運動の歴史から教訓をあきらかにし、それに深く学びながら、今日の民主的な実践と運動の発展をすすめなければならないということです。少なくとも、日本の教育構造が大きく変化した時期、いわゆる戦後の教育期間についてだけでも、基本的・基礎的な教訓が整理され、それを学びつくすだけの努力が傾けられなければならないと思います。何故なら、それは今日の退廃と荒廃が、構造的危機といわれるだけの大きさをもつ危機であるだけに、これまでの実践と運動の教訓の総和から、新しい道を求めなければ、ほんとうの道がわからないからなのです。

そこで、私たちは、この恵那地域での戦後の民主的な教育実践・研究運動のなかから、子どもをつかむ問題にしぼって、概括的にどれだけかの問題を提示してみたいと思います。

戦後の恵那地域での民主的な教育の特徴

子どもをつかむ問題の概括を申し上げる前に、戦後の恵那地域での教育の一般的な特徴とでもいうべき点を述べてみたいと思います。それは、私たちの子どもをつかむ問題は、全体としての教育の特徴をぬきにしては理解していただくことが困難だろうと思うからです。

第一は、教育実践・研究の活動が教員組合活動と不離一体のもので、教組活動の中心に教育実践がおかれてきたし、教育実践が教組活動の内容として把握されてきたという点です。だから、よい教師は、よい組合員であることを心掛けてきましたし、教育研究運動にあたっても、自主的な教育研究組織と、教員組合とは、たえず協力・共同の関係をたもちながら、相互に補完しあってきたといえます。

第二は、恵那地域での自主的な教育研究活動は、独自の組織を保持しながら、同時に当初から全国的な民間教育研究組織や、雑誌との交流を持ち、全国的な課題を地域で具体的に把握することや、地域の問題を全国的な課題に位置づけることを心しながら、実践上、理論上の教訓を摂取することにつとめてきました。

第三は、父母とのつながりをもとに、地域での民主的な青年・婦人・文化・労働・市民の運動に深くかかわりながら、地域の課題を教育の分野で具体的に発展させることに力をそそいできました。教育団体連合、教育会議、民主教育を守る会、教育をそだてる会、教育市民会議など、たえず教育にかかわる合意・統一の場を求め創りだしてきました。また、教育以外の分野の問題については、他の階層の人々と共同して、必要な組織をつくり、問題を解決するために活動してきました。

第四は、教育を政治・社会との関連でとらえながら、政治・社会の課題を教育の分野での特性に具体化して発展させることにつとめ、教育に加えられる政治的支配に対しては、教育的に反撃することに中心をおいてきました。いわば、教育の中に政治を具体的にとらえることをいつも留意しているというわけです。

第五は、教育活動の出発点と帰着点を子どもにおき、生《なま》の子どもの姿を見つめながら、子どもを丸ごとつかむことに基礎をおいて、子どもを変革することをめざしてきたのです。いわば、現実生活を、人間発達と教育の土台におき、生きた子どもを見据えながら、子どものなかに社会とのかかわりをとらえるという点に教育活動の中心をおいてきたというわけです。

第六は、教師の労働者性と専門家性という二面の特徴については、魂の技師という言葉にふさわしい内面を充実させることに中心をおき、その集団性を尊重して、特性の充実強化につとめてきました。それは、地域の歴史的な人間関係の民主的な改善も含めて、教師の特性の総和が集団的に発揮できるような配慮により、人間関係の断絶を避けるようにつとめてきたことでもあります。

第七は、以上のような特徴的事項は、総じて戦後の民主的な運動が基本において追求してきた社会課題としての自由と民主主義を教育の分野に確立することを一貫して具体化してきたことにほかならないわけです。そのため、運動の基点を職場において、職場をかえることに心掛け、たえず職場に自由と民主主義を広げることを基礎にして、教師の市民的・教育的自由の拡大を求め、圧迫と抑圧への抵抗と連帯のたたかいをすすめながら、教師と教育の自由がもたらす子どもの自由を、その内面から創りだし保障するためにつとめてきたのです。

以上、七点にわたる特徴をふまえた上で、戦後の恵那地域における教育実践を、子どもをどうつかむかという点にのみしぼってふりかえってみながら、その問題を提示してみたいと思います。

二、戦後混乱期から恵那綴方の会の頃

1

最初に戦後混乱期から恵那綴方の会の頃ということで、四〇年代後半から五〇年代前半の時期を概括してみます。

敗戦によるすべての混乱は、生きる基礎である食糧の不足に集中的にあらわれ、それが子どもたちの生活を危機的なものにしましたが、その時期、中津南国民学校（現中津川市南小学校）の校長であった西尾彦朗先生（前中津川市長）は、子どもたちの食糧確保に学校の一切の機能を投入させました。もちろん、自らも買出しに出掛けられましたが、民家から古い風呂釜をもらってきて、それを給食釜にして学校で薯《いも》を煮る施設をこしらえながら、全職員が子どもたちと一緒になって食糧生産と確保にはげみ、生きることを真正面にすえて、生きる方策を子どもと共にみつけ、その中で生きる基本を力として子どもたちに育てていったというのです。

生きる糧がなくて生活のない子どもたちに生きる糧を求めさせ、つくらせて、子ども自らの生活復興を教育の中心に据え込むということ、いわば、子どもと一緒になって実生活そのものを改善するという実践のなかに、子どもをつかむという点での戦後教育の原初的形態をみることができるのです。

つぎに私事になって恐縮ですが、自らの経験として実感をもった事例を申し上げることの方が適切かと存じますので、あえて報告いたしますが、私は、一九四八年四月から教員になりました。同じ恵那地域内ですが付知町という田舎町に赴任しましたので、食糧危機ははげしくても中津町ほどではなく、子どもたちはどうにか腹ごしらえだけはしていたようでした。だが、食糧危機にあらわれるような下部構造の混乱が、上部生活の混乱となって目立ちはじめていた時期で、今日ほどではなくても子どもたちの非行が小さな悪事として問題となり、子どもたちは生活上の直接要求をいっぱい持っていたのです。

こうした状況にあって、私は何とか子どもたちの生活を改善させなければならないということから、自治活動を重視して、子どもたちの要求を直接解決するためにつとめていたのです。詳しいことをお話する余裕はありませんが、問題によっては町役場へ自治会として直接交渉をやらせるなどして、いまでいえばずいぶんラジカルな活動をなかまの先生たちと一緒になって具体化していたようです。そして、子どもというものについては、自分が若いということも手伝ってか、むしょうに子どもが好

きで、夢中になって子どもと遊ぶことができ、恥ずかしいようなことですけれど「小さいなかまたちよ」というような詩をつくるほどで、一括して子どもたちは私の「親友」であったのです。だから子どもたちは小さいけれど、当時の悪の根源である貧乏とたたかわなければならないはずの小さい同志であり、たたかうことができる小さい戦士であったわけです。

ところが、その同志であり、戦士であり、つかんだと思っていた子どもたちの中に、ぽこっと悪事が出てきたわけです。当時、私の初任給が四六〇円ほどでしたが、それを上回る七八二円の金が教室内で紛失したのです。その頃は、付知の町には小学校が一校しかなく、分校で四年生までを終えると、どんなに遠いところの子どもも付知小学校まで通っていたのです。また、一里も一里半もある場所から通学する子どもは、学校へ来る時には、家庭での街への用事を言伝えたり、行き帰りに便利屋さんのような仕事をしているのが普通でした。小さいうちから家族の一員として位置づけられ、それに応じた仕事を分担していたわけですが、教室内で金を紛失した子どもも、そうした遠方から通う子どもの一人でした。紛失した金は、事業税・県民税・町民税という町役場へ納めるべき税金であったわけです。

この事件についても詳細なことを申し述べているよゆうはありませんが、小さいなかまとして私が一方的に信頼していただけで、子どもをつかんでいたつもりは、あくまでもつもりでしかなかったわけです。いうなれば、私の子どものつかみ方が浅かったのです。

とにかく私は、問題を学級自治会として子どもたち全体にひろげることをしました。三日間、連続の自治会を開きました。その中でいろいろの事実がはっきりしてきて、紛失した金は、この学級の中の誰かが盗ったとしか考えることができない点もはっきりしてきました。それでも誰も自分がやったといいだす者はいません。そうした中で、子どもたちは連帯の問題として、その金をみんなでつくりだして弁済しようということになって、そのための方策を考え、あとの三日間は、砂背負いと薪背負いの労働作業にでかけ、賃取りをして税金を納めることをしました。その間に自治会では各家庭に手紙をくばって、一家で一五円宛の金を借りて急場をしのいだりしたこともあります。その時のことでいまでもよく覚えていることは、金を盗ったことを悪事として糾弾しないで、心の病気としてみんなに考えさせ、それは悪として残ることではなく、人間的努力によって痕跡なく治癒することのできるものであるという立場をくり返し語ったことです。私は罪を憎んで人を憎まずといった諺を生かしたつもりではありませんが、人間への信頼を、全体にひろげることによって、小さい悪事をたち切らせようとしたのです。そして、つかみそこなった子どもをどうしてもつかみなおしてしまうことを考えていたのだと思います。また、その頃の私は、子どもたちへの信頼は必ず通用するものと信じていました。

一週間にわたる討議と作業を終えて、一段落した頃、盗られた金が出てきたのです。たしか放課後であったと思いますが、私が教室で帰宅せぬ子どもたちと遊んでいた折りに、大便をしに行ったクラスの一人が、息せききって教室へかけこんできて、「先生、ぜにあったぜん」といって紙包を出したのです。開いてみると、たしか少しの金額は減っていたように記憶していますが、七百なんぼかの金が包み込まれていたのでした。紙包の上には石田先生へと書いてあっただけですが、その裏側には、汚い鉛筆の字で「もうがまんできません。ゆるしてください」という意味のことが書かれ「もう、ぜったいしません」と結んであったように記憶しています。けれど名前は書いてありませんでした。私は、そばにいた子どもたちと本当によろこんだことと思いますが、それから、あとのことはどういう順序で何をしたのか、はっきり覚えていないのです。ただ一つだけ覚えているのは、その金を盗んでいて、一週間悩みぬいていた子どもがいったい誰であったのか、それを探りだしたら、私の教育はそれで終わりになるように思って、その場で、包み紙を焼いてしまったことです。この紙を残しておいたら筆跡から盗んだ子どもを探しだすことができるし、いつの日か、こっそりとでもそうした行為を私がやってしまうのではなかろうかという不安を持ったからなのです。

こうして、みんなの協力のなかで、自らの非を認めて金を返した者は誰であれ、病気を自分で治すことができた者ですし、それにはどんなにか大きな人間としての苦闘があったのだと考えると、犯人をつくりだすのではなく犯人をなおす仕事としての教育では、その当事者を知ること自体が最も悪であり、それを知ったら必ずちがった眼でその子を眺めてしまうようになるにちがいないと思ったのです。私は、子どもを信頼するということは、そうすることだと信じていたようです。だから、それ以後、三〇年近く経た今日でも、あの時の手紙の主が誰であったのかは全く知らないのですが、教育的なせんさくは別として、私自身は「ああ、いいことしたなあ」と思っているのです。

この事件は、その後の私の教育にとって大きな教訓をのこしてくれました。子どもを信頼しきることのなかで、子どもをつかんでいくことができることを知り得たわけですが、ほんとうに子どもを信頼しきるというのは、教師と子どもが一対一で信頼するというだけではなくて、子どもどうしが集団として信頼を組織しなくてはならないし、そのときに、子どもの人間を変えていくことができるのだということなのです。

2

この時期には、私が幼かったということでもありましょうが、子どもをつかむということを、こういうふうにしかとらえていなかったわけです。私のことばかりを先行させてお話するのは失礼ですが、できるだけ私自身が実感していることによって説明したいと思いますので、いますこしがまんしてください。

子どもをつかむということを深めていくということで生活綴方を知ったのは、その事件があった翌年です。一九四九年の秋、恵那郡教育研究所の主催で開かれた国分一太郎先生の講演会に参加して、戦時中に寒川道夫先生が指導された大関松三郎さんの「ぼくらの村」の詩を国分先生の朗読で聞いたとき、私は何ともいえぬ強い感動を受けました。それは、今日流にいえば子どもの発達の可能性に限界がないということを、子ども自らの作品の中に具体的にみることができた驚きとでもいうことでしょうが、当時の私は、「何というすばらしい子どもがいるのだ」ということと同時に「何とすごいことを考えたり書いたりする子どもをつくりあげることができるすごい先生がいるものだ」ということにびっくりして、自分がいままで考えていたようなものとは、ケタはずれに高い質をもっている教育があるということを知ったわけです。

いわば、子どもの発達の可能性をひきだすというような問題について新しい眼をひらくことができ、そうした問題について事実をありのままにみるということ——当時の言葉でいえばくわしく綴るということですが、そうしたことが、物の観方や考え方の具体的なあり様なんで、そうすることが考えるとか観るとかを、子どもにわからせていくことなんだなということが、「ぼくらの村」への感動をきっかけにしてだんだんわかってきたのです。それが、それまで私が子どもたちに教えていた事の軽さにくらべて、何と重い仕事として、また、ねうちのあることとして感動的にうつったのでした。

その頃、何故私が生活綴方にそんなに強く心を打たれたかということでは、生活綴方の教育を受け入れる要素が私の教育実践の中にあったからなのだと思います。これは大変古いもので、私にとっては恥ずかしいものですが、当時、付知小学校で校内誌が編まれていて、それに石川啄木の詩をまねて、詩らしきものをのせたことがありますが、そこには、その頃の私の気持ちがどれだけか正直に反映されていると思うのです。すこし読んでみますが、こんなところに生活綴方を受け入れていく私の内面があったのだといえるようです。

　画帳
狂暴になきわめく顔役
スクラム組む子に
罪あばかれし自治会

先生の
まねさせし子どもの悲しさ
用なきに動議問う

大人のわけ
言葉やさしく黒板にかく
子等の瞳の空虚《うつろ》なれども

とっちめて
語らせし子はさりげなく
政府悪しと意味もなくいう

弁当を持ってこぬ朝鮮の子
名古屋へ還るという朝
新築の木の香いたく眼にしむ

〈一九四九年「蜻鈴」第七号より〉

えせ詩人であるにしろ、こうしたうたにあらわれているような私の教育の矛盾の部分へ「ぼくらの村」というような素晴らしい生活綴方教育の所産としての作品がとびこんだわけですから、私にとってはたいへんなことでした。

とにかく生活綴方をこうして知ってからは、何とかその勉強を私自身がやらねばならなくなってきました。当時『学力向上研究』誌などで国分一太郎先生が「生活綴方の復興と前進のために」を連載されはじめていたようですが、それはもちろんのこと、学校の職員図書や物置の中から、綴方と名のついている図書を目につくかぎりひきだしてきて、片っぱしから読んでみました。芦田恵之助・千葉春雄・野村芳兵衛・川口半平その他忘れましたが、まだどれだけかの人々の書物があったのです。

「綴方」とは何かということを、自分なりに勉強したわけですが、結局、子どもをつかむということには深さがあるということを知ったのです。内面という言葉こそ知らなかったわけですが、子どもたちが生活全体の重みに直面している事項、いわば現実を、具体的にありのままに描きだすことの持つ教育的効用を信頼したのです。

これも、いまからでは恥ずかしいことですが、これから紹介する綴方作品の程度で、私にも生活綴方教育ができるんだと思いこんだのです。

家

六年　熊谷　静

家は父がいない。母だけだ。だけれど兄弟が大ぜいいるからさみしいということはない。けれどもいつもほがらかで楽しい家庭というほどではない。私の家は色であらわすと真暗な谷ぞこにつきおとされているように真黒だ。去年はまだすこしは明るいと思うこともあったが今年は一ども明るくてよいと思ったことはない。それだけ不景気になったのだと私は考えている。

家族がみんなあつまるとすぐ金のことにうつる。兄・姉・母・妹・私とが一つの小さなこたつでまるくなり、なにかのうわさ話がはじまり、それから金のことに話がすすんでいくにつれてはじめはふつうだったみんなの顔がずんずんと暗くなっていく。

お母さんが兄さんに「もう工場でお金はもらえんか。」といわれると兄さんは「おれにきいたってそんなものしらん。」といってつんとする。家の者の気性はみんな無口でそれでいてなかなかむつかしいことを言うたちだ。よそへいってもろくにしゃべらないたちだから、あまりみんながしゃべらないとお母さんは一人でぶつぶつ言いながら、一生けんめいにやっておられる。

そんなようなお母さんは金のこととこれからどうして喰っていくかということをあんまり考えておられるうちにお母さんにしてあまりひどい苦労にほおがこけ歯がむけてみじめな姿になってしまわれた。そのお母さんの顔をみていると私はたまらなくさみしくなり一人でに泪がでてくるときがたくさんある。

お母さんの言われることをよく聞こうと思っているのだが、いざ仕事をあてられるとすぐおこって反対するたちがでてしまうのでお母さんはちゃんとプンとしておられる。はっ！　と気がついてお母さんの顔をみると悲しそうな顔にぱっ！　と目があってしまう。私はそっと外へ出てだれも見ていないところでいくらでもないたことがある。家の者はみんなそのようにしている。ほっと気がついて外へ出ていっては泣く、家の者の前で泣くなどしたことはない。

お母さんは「家は貧乏だ。貧乏のことは貧乏だが、貧乏や、といわれてくやしかったらいっしんに働いてお金をたくさんもうけてみよ。」といいなる。私はほんとうにお母さんのいいなるとおりやと思うけれども働いても働いてもくらしがらくにならないのがいまの世の中ではないだろうかと思われる。だが妹はそう思ったとみえて「私は姉さんと力をあわせてよく働いてお母さんの手助けを少しでもたくさんしよう。」といっていた。

家の者は口には言わんがお母さんの言われる働く気を失わないでいっしんに働けばこの苦しい中をとおりぬけてそれで平和な明るい家庭をつくることができるのだと考えていると思う。

あ、そうそう家の家族は八人だ。そして家もふつうの大きさの家だ。私の家はこういう家だ。

（一九四九年恵那郡付知小学校）

これでは、事実をありのままに描いた作品というには、いかにも程遠いものですが、これでも具体的に物事を観させることができるということについて、私に自信を持たせてくれた作品ということでは、私の実践における最初の記念碑的な意味をもつものであったのです。以前にくらべて、私の眼の開かれ方のちがいを示すものとしては、この程度のものしか、いま存在していないのです。

その翌年度、五〇年四月に私は中津町（現中津川市）東小学校へ転勤しました。その頃から全国的な生活綴方教育への呼びかけが大きくはじまり、この地域でも恵那綴方の会という研究組織の結成が行われるなどして、いわば「ほんものの教育」の追求ということを合言葉にして、運動がひろがりはじめたのです。

その頃のことは、お手許へ届けました「戦後の恵那教育資料（抄）小史」の中に、いくつか述べてありますし、私たちが生活綴方をどうとらえていたかという点でも、正確には、その資料を見ていただきたいのです。ただ、私は、それを私なりに具体化して、教室文集などでは「真実をさがし、真実を描きながら、真実に生きる人になるため」というようなことを子どもたちに語りかけながら、子どもをつかむということでは、生活綴方を基底において「綴方用紙にしっかりきざみつけられた鉛筆のあとにくっきりと浮かぶその人の〝いのち〟の色や臭いから、さまざまな話をしかけられているような、そんな気持ちがわいてきて、一字一字に君たちとの固い握手をとりかわさずにはいられなかった。」（教室文集『ありの子』あとがきより）というほど、表現はキザなものですけれど、キザであってもどうでも子どもたちの綴方から、その生活をうかがい知り、そのいのちを読みとろうとした気持ちは強かったように思うのです。こうして、私は子どもの心の中に入りこんでいこうとしたし、子どもたちもまた、学級のなかまや私を信頼して、その内面をあけすけにさらけ出す関係をつくっていったのです。

その頃のことを思い出して、近年、ある子どもたちに「いっしょにいるから仲間なのではない。いっしょに生きるから仲間なのだ」という言葉を贈ったことがありますが、それが私には実感として強く残っているのです。時間もたくさんありませんので詳しく申し上げているゆとりはありませんが、その頃の生活綴方の実践の拡がりと深まりは、発達の主体者としての子どもが持つ可能性の高さを、私にはよく理解させてくれたのです。また、その可能性は、子どもの自発性をひきだしながら、連帯として保障しあう関係をつくりだすなかで、実際に発揮できるものなのだということもわかってきたのです。

この時期の実践の一端につきましては、後日、他校の子どもたちへ「X先生からの手紙」として便りしたことがありますが、生活綴方を基底としながら、基礎学力の充実や自治会、地域子ども会の活動など、多面にわたって、子どもたちの新しい活動を拡げていたように覚えています。

私たちはその頃、この可能性を高めることを「やる気をおこさせる」といういい方で、それを教育活動の中心課題にしていましたが、それはまた、人間は本来やる気を持つべきはずのものだという信頼に基礎をおいた児童観を根底にしていたこととあいまって、子どもをつかむ日常の実践課題であったわけです。そして、子どもをつかむことの深さということを、私なりにどれだけか実感として理解することができたように考えています。

いまになって、すこしそれらのことを整理して申し上げるとすれば、この頃の子どもをつかむ深さは、「子どもの中に方針をつくることができる」状態として理解していただけるのではなかろうかと思います。それは、教師が子どもに方針をくっつけてやらなくても、子どもたちが、自分で方針を持つことができるようになるという点で、教育作用がより本質的になるという意味をもつものだと考えられます。

これは別の言い方でいえば、子どもが、自分の中に社会を具体的につかむことができるということですが、当時の子どもは、日本がアメリカの直接的な占領下にあって、日本の独立ということが、民族の切実な課題でもあったということとからんで、自分のためと、社会のためとを「日本のため」ということで統一して生きるめあてとしていたことのなかにもあらわれています。

いわば、子どもたちの生活認識から生ずる実感的な社会意識が、科学的な認識（学習）としての社会意識と内側で結びつき、「生活をよくする」ことと「日本をよくする」こととが同じ意味を持つものとしてとらえられ、それが「日本のため」という目標として自覚されるようになっていたところに、深さがあったのだと思うのです。そういう点で社会そのものが子どもの中に具体的にとらえられながら、そこでどう生きていくかという方針を、子どもが自分で持つということを可能にした教育であったともいえるのです。

三、恵那教育科学研究会の頃

1

生活綴方の実践と運動は、教育活動が子どもの心にくい入ることを基本としなければならないことを私たちに自覚させせましたが、それは、子どもが自らの生活と学習の根底にある生きる課題を自覚して、事実をありのままに見つめることを基礎にした自発性と連帯性の発揚によって、生活を変革しながら自らの発達を、自主的に獲得するとき「ほんものの教育」となるのだという点で、教育観の上に飛躍をもたらしたものでもあります。

こうした教育観を、私たちは「生活綴方の精神」とよびながら、この精神を全教育活動のなかに具体的にひろげることによって、子どもの発達を全面化する必要を考えたのです。子どもをつかむという点でいえば、もっと広く、深くつかむ道を求めたというわけです。

生活を重視しながら、部分的でなく全体としての教育を問題とすることは、実践研究の組織としても、教育科学研究会が適切だということを考え、それまでの恵那綴方の会を発展的に改組して、恵那教科研連絡協議会として継承したのです。

その頃の全国教科研が提唱・発表・指導される諸問題に学び、刺激されながら生活綴方の精神を、全教科・全領域において具体的に実践・追求するため、恵那教科研に結集する形で、その頃続々と誕生した各教科を中心とした全国的な民間教育研究団体に加わり、独自のサークルを結成して研究の輪をひろげていったのです。

私自身のことで恐縮ですが、私は恵那数教協や図工サークル、音楽の会などに加わりながら、「恵那綴方教師」の発展ともいえる恵那教科研機関誌『恵那の教師』の編集の仕事などに参加していたわけです。そして、教室では、三〜四年生の子どもを担任して、綴方を書かせながら、絵画認識とか、数学での論理的思考など、あるいは自然科学と社会科学とを人間の発達・発展のなかでどう把ませるかということで、地球の成り立ちから、生命の起源・生物の進化・人類の発生・人間の歴史と社会の発展などを一つにした歴史年表を、同僚といっしょに教材としてつくって使用してみるなど、あれこれに手出しをしてのぼせていました。

そうした実践のなかで、子どもの発達の可能性ということでは、それ以前の実践では気づかなかった高さというものを部分的にはみることができたのです。具体的な事例をくわしく申し上げているゆとりはありませんのでおわかりにくいかと思いますが、絵などでいえば、「こんなにしゃんとした絵画表現ができるのか」と私が感心するような、正確な対象把握と創造的な表現力が子どものなかに発見できたり、算数でいえば「子どもではとても考えられまい」というようなことが順序だてた思考のなかから生み出されてきたり、「こんな解き方を考えるのか」と感心したりもしたこともありました。

いわば、それまでわからなかった、知らなかった子ども持つ創造力や認識力の高さについて、部分的ではあるけれど発見することができたというわけです。けれど問題は、その頃の全国教科研の主張や見解を理解する私たちに誤りがあったのか、あるいは提起のされ方にもどれだけかの足らなさがあったのか充分明らかにしているわけではありませんが、発達ということについて、それを学校での学習による認識の高まりという点に矮小化してとらえようとしたきらいがあり、しかもその認識は、感性的認識から理性的認識へというような言葉にもなって強く問題にされていたわけですが、それを全生活を基礎として教育的に具体化することができず、ともすると、科学の知的理解だけが先行し、生活綴方と教科の学習や集団的行動とがうまく結びあわないままに、教科の知的理解が中心となって、「科学と道徳の統一」や「質の高い教育」という問題が、実際には「質の高い知識」という点に局限されてしまったように思うのです。

だから、子どもをつかむということでは、あの手この手の方法にはさまざまな工夫をこらしながら、いやでもそうせざるを得ない立場をつよめていたわけでしょうが、子どもを全体としてつかむということが困難で、全体的に子どもをつかみきれず、あせりが強かったのです。

いうなれば、発達を、生きることを正面にすえた全人間の活動、いわば内面の総体としての人格的な成長の問題としてとらえることができず、科学としての知識が――質の高い知識が、そのまま質の高い教育におきかえられていたところに、ほんとうには子どもをつかみきれなかった弱点があったのではなかろうかと考えるのです。

教師からの働きかけとしての実践の量は多くても、子どもたちの人間的成長に対する実感として「人間がしっかりしてきたなあ」という思いが薄いという結果を今日になっても抱くのは、私の教師としての働きかけの量が少なかったからだというのではなく、働きかけとしての実践の質に問題があり、「子どものなかに方針をつくること」ができるまでに深く子どもをつかみきれなかったからだと思うのです。

こうした問題は私のなかにより強くあらわれていたのかもしれませんが、私たちの運動全体のなかにも存在していたのです。それは当時の恵那教科研連絡協議会の機関誌『恵那の教師』にも反映しています。

『恵那の教師』（№22）の巻頭で「私たちはかねてから自主的な教育研究の運動をこの地域に拡げ〈ほんものの教育〉への情熱の火の玉を燃やし続けてきた。子どもの一人ひとりの生活の姿勢を前向きに育て、かれらの集団としての生活を高めるように指導するために……それぞれのサークルが独自の使命をもつ中で〈ほんものの教育〉への統一された意志で互いに支えられ、その中で温かくきびしい共通の場での討論を生みだしていきたい」と高らかに出発したのですが、途中で「サークル活動にみずみずしさが欠けてきた」との反省を重ねながら、『恵那の教師』（№27）の「あとがき」では、「いま、われわれが教育という仕事について自己の問題としてはっきりしなければならないのは、その営みを上手・下手の問題としてではなく、間違いか正しいかの問題としてみたとき間違いでないといい切れることである」というようなゆれを意識していることになってもあらわれているのです。

こうして私たちは「間違いのない教育」を模索しつつ恵那教科研連絡協議会の歩みを終えて、恵那教科研第二期ともいえる「恵那教育科学研究会」の時期へとすすんでいったのです。

2

この時期は、勤評・安保・学テ、それに加えて岐阜県独自の専従制限条例の実施と、教育正常化攻撃が矢つぎばやに出され、高度経済成長政策の一環としての人づくりのために、民主教育と教師への攻撃・支配が強行されたときでもあります。

　私は一九五七（昭三二）年四月から、それまで考えてもみなかった教員組合支部の専従役員となることになりました。そして、この期間、少しの非専従期を含めて総て教員組合の支部と県の仕事にぼっとうしましたので私自身の実践上の問題を通じて報告することはできませんが、その点はお許しいただきたく思います。

　恵那の教育は、この時期の勤評闘争と恵那教育会議の活動、そして地域での安保闘争と地域革新の政治闘争、更に教育正常化反対闘争と民主教育を守る会（育てる会）の活動をぬきにして理解することは無理なことと考えますが、それらの大要は別冊資料として掲示しました「戦後の恵那教育資料（抄）小史」のなかで見ていただくこととして、ここでは、主題にそって教育実践・研究における子どもをつかむ問題にしぼって説明・報告することにします。

　ところで、この頃から今日までに連なる一つの基調に五七（昭三二）年の教組恵那支部における運動方針の転換があります。これも別冊資料にはのせてありますが、これはこの頃から国民的課題として特に労働運動の上で強調されはじめてきた「統一」の課題を、自らの内側の問題として具体化していく方針でもあります。そこでの「子どもと教育を守る問題」、「親との結びつきの問題」、「校長との関係」の部分は教師の特性としての任務と、教育における親との関係、校長に代表される学校の特性など、それ以前の民主的な教育実践・研究の教訓を組合活動の上で集中的に整理したようなものでもあります。

　子どもたちに真実を学ばせること、そのために教育内容でのたたかいを重視すべきだという問題は、換言しますと、子どもをつかむかどうかが教師の勝負なのだということを意味しているわけです。

　それが勤評の闘争のなかではもっと明確になり、その中間総括などでは「教師の団結の源泉は教育実践にある」と規定するまでになってきました。いうなれば、教育実践をぬいた教育労働者はあり得ないし、教育実践の質こそが教育労働者の質になるのだと考え、実践と運動を統一的に把握する観点を具体化していったのです。だから勤評は常に教師の権利を圧迫するものだというのではなく、教師の自由を奪いながら実践の自由を奪い、教育の質を変えて子どもを直接支配する道具となるものだとして、勤評は教育の自由にかかわる国民の問題でなければならないということで、父母のなかへはいっていったわけです。

父母のなかにはいるに及んで、現実には「良い先生と悪い先生」があるのではないかという問題をなげかえされ、教師の教育実践がもつ国民的教育性格としての意味を深く考えさせられたのです。勤評が国民の教育問題だということは、教師の実践の在りようをぬきにしては考えられないし、その実践の国民的性質とかかわってこそ、ほんとうに父母、国民に理解されるものだということを感じたのです。

「良い先生、悪い先生」という形で父母から出される問題は、父母の意見としては、具体的な実践を教師のところでとらえ、「実力・親切・熱心」ということに集約された良い教師の条件としてあらわれてきました。それを私たちは「実力・識見・人間性」というように、自らの条件にまとめ、この条件をそなえた教師としての実践を論議し、追求したのです。

こうしたなかでの実践とその問題点を具体的に申し述べている時間もありませんので、一九五九年にひらかれた恵那教科研活動者会議での総括文書のなかでみてみることにします。この文書によれば情勢や課題については「教育に対する政治支配が明らかな現在、われわれは彼等の側の言い分の中から単に反撃材料をみつけるだけでなく、国民の生活の中にある教育要求に着目して、こちら側からの問題を明らかにし発展させることによって民主教育をうちたてていくことが必要である」ということで、「生産関係の変化、経済生活の変化がもたらす土台の様変りが親たちの教育要求として出てくる状態、その変化に敏感に対応して問題を明らかにし、実践課題としていく上でわれわれ全体の弱さが克服されねばならぬ」と自覚し、民主的な教育実践の課題の探求ということで、「民主教育の実践において、われわれが生活綴方で学んだものは何かをあきらかにしてみることだ」ということから、討議材料として次の六点を教訓として問題にしております。この六点の説明は題目だけで内容を省きますが、

(1)現実直視を大切にしたこと。
(2)認識の発展を問題にしたこと。
(3)生活を重視し、部分的にでなく全体としての教育を問題にしたこと。
(4)個人の発達と共に集団を意識させたこと。
(5)生活綴方の考え方が、各教科の正しい営みに目を向けるもとになったこと。
(6)実践的課題にこたえると共に、教育運動として組織的・大衆的に拡まったこと。

以上をあげて討議を組織しています。

このようにして、もう一度生活綴方の総括というところへかえってみながら、生活綴方の教訓を生かして、この条件下での子どもをつかみ得る教育実践を探求したわけです。そして職場の教科研サークルを基礎にした第二期の教科研活動は、社会変化のなかでの国民の教育要求を、自由やパンと同じような生活要求として把握することの必要と、社会変化がもたらす子どもの変化について「新しい子どものつかみなおし」を提唱したのです。当時の子どもたちの状況と、教師の苦悩はつぎのような作品と報告に如実にあらわれています。

数学の時間

中学二年

「三角定規忘れたもん手上げてみよ！」
先生の　おこった　強い声
ドッキンと　むねが　鳴った。
それから　トックトック　トクトクと
すばやく打ち出した。
私は忘れたのだ　どうしよう
顔がぶるぶる動きだした
先生のおこった顔が　私の横を通った
そして　いきなり
「今度忘れたら　後に立たしとくぞ。」
又　ギクッとした。

（一九五九年・恵那東中学校）

百科事典式な子どもたちをどうするか

……①ある一つのことから直線的に考え、すぐに結論めいたようなことを書く、このような内容をもつ作品が約四分の一。……そして①にぞくする子どもは概してテストの点が上位といった子どもに多いのです。

①に表われたような傾向が、どの教科においてもまた生活の中においても見られます。社会科でエネルギー革命や台風の学習をすれば、一直線に政府を批判するようなことをいいます。朝の会でみんなの一番大切なものはと、そこまで聞いただけで〝いのちです！〟と空念仏式に答えました。

それでいてです。宿題のかたち、または明日テストをするよ、といわなければ勉強しません。平賀源内の話に目を光らせて聞いていても「この話は図書館のこの本にかかれている」とまで言っても〝よし調べてみよう〟と考えとりくんでいる子どもがいません。人工衛星、宇宙ステーションについて物知り顔はしてもつっこんで調べてみようという者はいません。自治会の中心話題は相変らず〝誰々さんは私の悪口を言った〟といった質のものであり、生活の中での価値判断は損得が主です。

教室ではよく勉強します。しかし教師の権威のとどく範囲です。部分的には非常にするどいよい芽をもちながらたくましさがない。こんな状態が五年生の私の組の実態です。……


（『恵那の教師』№33、依田和子）


こうした新指導要領と、勤評・学テの体制のなかでの荒廃した子どもと学校の状況については、「学校は砂漠、子どもはミイラ」と警鐘をうちならして、生きかえるための水を実践として注ぎ込むことを考えました。

そのために、恵那教科研では「恵那の教育運動から何を学ぶか」という総括論議を提唱し、「生活綴方運動から全面発達の教育へ」というテーマで、「現実認識と生活姿勢」の問題を中心に、教訓を汲みとり、事実を正しくつかませることの必要を強調したのです。けれど、うちつづく民主教育への攻撃は、戦後のベビーブーム期の子どもたちの高校進学期のなかで、能力主義的学力攻撃が中心となり、点数と教科の知識を充実させる枠が強かったのです。そのため戦後の教訓も、「教科と生活指導の結合」ということのなかにとどまり、事実を正しくつかませることが、子どもの内面で統一的にとらえられている全生活としての現実の事実をもとにするということではなくて、教科指導と生活指導とのそれぞれの分野における部分的な事実の範囲を越えることができず、子どもを全体としてつかむことは困難でありました。

しかし、子どもをつかむことは教師にとっての基本的な実践課題であるために、そのことが教科と生活指導の二つの領域のなかで独自に追求される傾向を生み、その矛盾は次第にひろがっていったのです。

教科で子どもをつかもうとする傾向は、当時の機関誌『恵那の教師』（№37）にあらわれている限り、「誤りの少ない」という消極性となって、自信の少なさを反映しています。

例えば「誤りの少ない国語教育を進めるために」とか「誤りの少ない算数・数学教育」、「誤りの少ない社会科教育」など、とにかく誤りの少ないということを前置詞としているのです。

それは、教科で子どもをつかむという傾向は必然的に「授業で勝負」という問題に置き換えられることから、教科書批判をもとにした研究は、教材研究とその科学的系統的な編成作業ということに焦点化されていき、それは、授業にあらわれる子どもの思考をもとに、あるべき物の観方・考え方の体系をめやすとして生み出すまでに実践は、教師の授業中心にすすんでいったのです。

また、生活で子どもをつかもうとする傾向も、前掲の機関誌でみれば、教科と同じように「誤りの少ない生活指導」ということで、消極的にならざるを得なかったのです。

それは「何よりもまず現在ある子どもたちの物の観方・考え方から出発しなくてはならない」という立場をとり、現状の混乱は「現実の子どもの思考を無視し、教師の主観による一方的なおしつけを子どもたちにつぎ木しようとするあせり」が生みだしたものだとして、「子どもは歴史の中で生活する。彼等はすでに家庭を中心とした社会の矛盾の中で生活を意識する。」だから「子どもたちの一つの思考と一つの行為は社会全体の矛盾の反映だ」ということで、「生活の事実や偏見や主観にとらわれることなく、ありのままにつかめるように」しなければならない。そのためには、「実感を大切にして、思ったことをそのまま言葉に」しながら「貧しい子どもたちの要求に根ざして要求をたかめる」集団的な活動として、学級づくり・学校づくりの実践が進められましたが、こちらでも子どもたちの発達に即して認識を高める必要ということで「認識の系統案」が模索されていったのです。

これらの二つの傾向は、どちらも子どもを深くつかむという点では充分に満足な実践とはならなかったのです。それは、先ほど申し述べた恵那教科研での「恵那の教育運動から何を学ぶか」の総括討議のなかでの教訓の汲みとり方のなかに問題があったように思うのです。六一年二月に出された恵那教科研機関紙『恵那の教師』(№40)によりますれば、「生活綴方での認識は感性的なもので、理性的な認識は各教科での質の高い知識としての科学的認識でなければならぬ」と規定しながら総括したところに、主要な起因があるように考えるのです。

この生活綴方の把握では、五九年時の教科研活動者会議で第一に「現実直視をだいじにした」という形でまとめた、生活綴方のもつ生活性と科学性の複合された意味を、教育的な発達の立場からとらえる点で弱さがあったのではなかろうかと思えるのです。

それは今日、私たちが「生活と知識を結びつける」とか「知識を科学的にする」とかいう場合に、生活綴方にあらわれる、事実をありのままにとらえる意味を、科学的認識の萌芽として重視していることや、事実をありのままにとらえることをぬきにして科学は成りたちえないと考えていることからも明らかなのです。

また、現実の子どもに直面した教育にあたっては、いわゆる教科指導と生活指導とは、日常的に欠かすことのできないものであることから、生活綴方の教訓を「教科指導と生活指導との結合」の問題として整理しようとした点は積極的でありますが、その規定を「現実認識と生活姿勢」の問題と把えたところに弱さがあったのではなかろうかと考えるのです。

　生活綴方における内面的統一としての「現実直視」は、認識は教科、姿勢は生活というようにして結合されるものではなく、現実認識は同時に生活認識であるし、その認識こそ認識活動としての学習へも、生活変革としての活動へも統一的に立ちむかう姿勢の基本でなければならないからです。それだからこそ、生活綴方をあえて教科・生活の領域に組み込まないで、「現実直視」という点で統一的にとらえていたわけです。

　いま、子どもを丸ごとつかむという場合、それは学習の面からだとか、生活の面からだとかいうのではなくて、現実に生きるという点で、子どもの内面で統一的に実感されている本心を把握することを意味していますが、内面が空洞化されたり、内面のともなわない学習や生活からは、丸ごとということは生まれないのだと考えるのです。

　そうしたことから考えてみても、恵那教科研におけるこの時期での「生活綴方運動」の総括では、それ以前の活動者会議での中心になっていた「現実直視」の立場がそのまま発展させられないで、生活の事実そのものが持つ深さというか重さへの着目が不足し、認識の部分から総括がすすめられたところに問題が残っているような気がするのです。

　だからその時期の実感では、いくつかの部分的な成果をあげながら、全体としての混乱を認めないわけにはいかないし、子どもを全体としてつかむことには、やはり心残りが存在しているのです。

四、東濃民主教育研究会の頃

1

　うちつづく民主教育への激しい攻撃のなかで、実践的に子どもをつかみきれない困難をかかえていた一九六三（昭三八）年、岐阜県では中世紀的蛮行といわれた教育正常化攻撃が全面的・集中的に展開されました。一方で我が身に直接ふりかかる火の粉をはらいながら、一方で父母に働きかけて反撃を組織するという極めて困難な時期に、学校内における教育活動を起点としながらも、地域に子どもたちの生き生きした活動を生みだして、その活動を軸に父母と共同して、民主的な教育を地域における子どもの生活原点において実践しようという動きが生まれてきました。中津川市の神坂地区における小出・斉藤両先生を中心とした豆学校の実践がそれです。

教室の授業だけではつかめなかった子どもが、豆学校の活動のなかではつかむことができたという経験に、改めて子どものつかみなおしを全体が問題にしはじめたのです。例えば、その豆学校のなかでつくりだされた子ども川柳に「夏の友　友でないのに　友という」のがありますが、これなどは子どもをつかみ得る可能性の例証として話題になったものです。学テ体制の浸透した教室のなかでは、自らをさらけ出すこともしないで、つかみどころのない子どもであっても、自分たちの生き生きした活動の場では、物事を的確にとらえる眼を失っていない子どもの発見を組織的・科学的にすすめるために、その時期、「教育調査」と名づけた子ども調査を展開したのでした。

それは、子どもの家庭の経済状況を含めて全生活のみなおしを具体的に実施することによって、「野放しにされ」「雑草のように」育っている子どもの自主性・人間性を、実際生活の場からみつけだし、その自主性・人間性をどのように教室のなかへ引きだすかということを課題にしたものです。

「教育調査」の進展のなかで、教師にはどうにも無気力だとしかみえなかった子どもにも、実際には多くの自主的な行動が、その生活に存在していることを発見し、子どもをつかむその可能性をみた教師たちは、一方で、その自主的な生活を教室（授業）で表現させながら、生活の事実を教室の中心にすえることにつとめ、また一方では、豆学校のように子どもの自主的な生活を集団化・組織化することにつとめたのです。

学テ体制の深い浸透によって非人間化された教育、教室の場へ、子どもたちの生《なま》の生活と、そこにある問題を持ち込むために、私たちは「一点突破」を合言葉にして、さまざまな実践を創造しながら、教育における人間復活を具体化することに努力しました。

その頃、恵那教科研の活動も固定化し、その組織力も低下していました。そのため、自主的な教研組織についても恵那教科研を発展的に改組することを考え、東濃民主教育研究会（民教研）を組織する準備をすすめました。民教研の準備期には「人間の教育」を全面におしだしながら、子どもたちの生の生活を表現させ、意識化させることに実践の重点をおきました。その実践のなかで「新聞づくり」として個人新聞をつくり、各自の生活のなかに問題を発見させ、その目を教室で交流しながら深めることによって、子どもたちに新しい自らの生活を、学校・家庭・地域で創りださせることが拡がりました。

一九六六（昭和四一）年の民教研発足時には恵那で過半数の教師を組織して、「地肌の教育」というスローガンをかかげ、子どもたちの現実生活から生じる本音を、教育として組織し発展させることを実践の中心にしました。そして、領域としては、表現・集団・労働・教科というようなところに重点をおいていました。

また、民教研結成以降は、子ども論議に格別の留意をはらい、たえず子どものなかに情勢を把握し、子どもの特徴を具体的に明らかにすることに多くの時間を費やすように心掛けました。それは、子どもを的確につかみきれなかった時期の深刻な反省が、理論的ではなくても実践的にあらわれたものだと考えます。

再び私のことになって恐縮ですが、私は一九六五（昭和四〇）年、現場に復帰し「地肌の教育」に取組みました。どうしても生活綴方にはならない子どもたちに、生活の事実をありのままとまではいかなくても、すこしでも具体的にとらえさせることをだいじにしながら、学級づくりをすすめました。例えば社会科の日本歴史で、明治維新後の「文明開化」の問題では、その頃、中央自動車道の計画のため、家のたちのきを迫られていた子どもの個人新聞に書いた記事から、文明開化の状況を考えあい「文化の発展には犠牲が必要なのか」という主題で、紙上の共同論争を学習として組織し、生活の事実にもとづいた自らの立場を持たせることに努力するなど、生活に根ざした人間の回復のためにどれだけかの試みを具体化しました。

貧しい実践を多く語る必要はありませんが、「地肌の教育」の時期の実践では、子どもをつかむという点で、五〇年代のように「子どもが方針をもつ」というまでには至らなくても「子どもが生活を持つようになった」といえるまでの実感を味わうことができたのです。

2

子どもたちに生活を持たせることが実践的に具体化されるようになった頃、人間回復をめざした「地肌の教育」というスローガンを整備して、「生活に根ざし、生活を変革する教育」という主題を、民教研の基本的な教育追求の方向として明確にしました。その主題は、今日まで一貫して私たちの共通の目標になっています。それは毎年の集会の主題でもありますが、時々の課題になることは集会の副題にあたる部分が物語っています。私たちの歩みと問題意識を知っていただく意味で紹介してみます。

六六夏〜六八夏　人間性ゆたか
六八冬　愛国心と新しい学風
六九夏　学習改善運動
六九冬　科学性と道徳性の統一
七〇夏　七〇年代の教育
七〇冬　生活実感をだいじに
七一夏　六・三制の民主的充実
七一冬　同右
七二夏　現実直視とわかる学習
七三夏　学習権とわかる学習
七三冬　ありのままの精神でわかる学習
七四夏　生きるめあてとわかる学習
七四冬　生活にたちむかう自発性と連帯性
七五夏　事実をありのままにみつめる生活
七五冬　生活・学習の意欲を高める
七六夏　荒廃を深くとらえ自発性と連帯性を高める

民教研の活動は、学校班を基礎にしていますが、五〇年代とちがい、その方針が学校ぐるみ、市町村ぐるみというようなひろがりを持つことができるところに七〇年代の情勢をみることができます。

その後の民教研の方針を大筋で説明させていただくとすれば、その中心は、主題にあらわれておりますように、生活をどうとらえるか（どうとらえさせるか）ということにあると思います。

生活の事実をありのままにとらえることから生じる生活認識とでもいえる現実意識、それは内面的な統一点でもあり、また生きることとしての生活と学習への子どもの意欲の基底にもなるべきものだと思います。それを生活綴方の今日的な復興と創造を実践的にひろげることによって、自覚的につよめながら、その意識の自発的・自主的な高まりを子どもたちの連帯性との関係で具体的に発展させることのなかに、生活をとらえる基本をおいてきたのです。

そして、それを支えるものとして、一つには「私の教育課程づくり」ということで、各教科における基礎的・基本的な科学（知識）と技術の学習を、「生活と知識を結合する」とか「知識を科学的にする」とかの観点で、具体的に編成していくことを実践的に追求しています。

また一方では、五〇年代とは異なった社会構造のなかで、地域と生活を失っている子どもたちに、地域と生活を創りださせるための、異年齢による地域集団（地域子ども会）の組織と活動を生みださせることを主要な実践課題として具体化しています。

そしてこれらを主軸にした活動のなかに、それぞれの領域・分野の実践を位置づけようとしていますが、こうした全体構想を持つ教育活動をつらぬく内容上の原理を、「わかる」ことにおいて模索し追求しているのです。

そのため、これらの教育活動を総称して、私たちは「わかる学習」ともいっているのです。「わかる」という問題は、単に授業上の原理であるだけではなくて、生活に根ざし生活を変革する人間をそだてる全活動をつらぬく基本原理でなければならないと考えるのです。

いま、支配の教育が「わからない」学習をひろげ、わからない子どもを激増させているなかで、子どもをつかむ困難も大きくなっています。それだけに、今日の教育において、「わかる」ことを全面的に追求することは、国家主義教育に対する国民教育の中心的な対決点で勝利することであり、子どもをつかむことを可能にする基本でもあると思います。

3

ところで、五〇年代には子どもがしっかりつかめない場合に「よしと思えばまた悪し、風のまにまに一年間」などと学籍簿の所見に記入せねばならぬ状況もありましたが、それは一面においては自らの教育活動の弱さを自認する表現であったにしろ、そう表現できる基盤が社会のなかに存在していたわけです。

これに比べて七〇年代の今日では、他の事例でも語られるように「下りのエスカレーターをかけ足でのぼり」つづけないかぎり「よし」があらわれないし、その「よし」は、かけ足をやめれば「悪し」になり、どこまでも「悪し、悪し」にさがってしまう状況です。そこに、子どもたちの生活基盤である社会構造そのものの荒廃のひどさがあらわれているのです。

だから「これだけはちゃんと教えておいたのに」ということでも、子どもたちの身につかないし、定着率は極めて悪いのです。日教組の学力調査の結果にあらわれた、計算や漢字の定着率の低さは、そのことを物語っていると思います。

それは、「あれだけ生活綴方がしっかり書けた子だから」といって放っておいては、翌年にまで、その人間のたしかさが持続しない状態の話としてもいっぱい出ているのです。

そのため生活綴方を基底においた「わかる学習」としての全活動によって子どもをつかむといっても、それはまた、五〇年代とは比較にならない腹がまえで、じっくり腰をおしつける大胆さを持って、原則的・創造的に実践を具体化しないかぎり、子どもを深くつかむことは困難だと思います。

＊作全教中津川集会二五周年、東濃民教研結成一〇周年を記念して、一九七六年八月一九日・二〇日に行われた民主教育全国交流集会「日本のなかで恵那の教育を考える」での基調報告。恵那の教育の歩みを振り返りながら、そのそれぞれの時代の課題をどのようにして克服してきたのかということについて述べるとともに、現在の課題と展望を明らかにした。東濃民主教育研究会、民主教育研究全国交流集会記録集『日本のなかで恵那の教育を考える』、一九七七年七月。『「恵那の教育」資料集』第二巻に再録。

◆論文12（一九七六年）

子どもをつかむことについての補足的問題　戦後の教育をふりかえり民主教育の原点をさぐる——子どもをどうつかむか

これは報告（本巻論文11）の末尾に加えるために準備していた部分ですが、時間の都合で報告することができませんでしたので、ここに付加させていただくものです。

1

第一に、子どもをつかむということは、教育にかかわって一応の共通語となっているが、その内容について必ずしも理解が共通であるとは考えられない問題である。

子どもをつかむとはどういうことなのかと問うと、「子どもの状態を知ること」、「子どもについて不明であったことがわかるようになること」、「子どもをどうしたらよいかがはっきりされること」「子どもに内面の真実を吐きださせること」、「子どもを変えてしまうこと」など、さまざまな見解がかえってくることの中にも、理解が共通していないことがあらわれている。

だが、これらに共通している点としては、子どもに対しなんらかの教育的作用を及ぼすために、子どもをよく知るということがある。その点で共通理解が成り立つにしても、問題はなんらかの教育的作用がどういうものであるかによって、よく知る内容がちがうということにある。

それは当然、知り方（つかみ方）のちがいともなって、子どもをつかむことそれ自体が教育的、あるいは実践的であるかどうかにかかってくる。そのため、このことについての私たちの見解を明らかにしておきたい。

いままで私たちは、教育という仕事については、子どもが人間として全面的に発達することを促し、保障するものでなければならないと考えてきたが、同時に、子ども（人間）が社会的諸関係の総体であるという見地から、子どもの発達も、それが存在する社会的諸関係とのかかわりにおいて把握することにつとめてきた。そして、これらのことを、私たちの間では「生活とのかかわりで人間を変える」こととしてとらえようとしてきた。

だから「子どもをつかむ」ということについては、狭義の場合でも、子どもを変えるために、その生活とのかかわりで、子どもが変わる環は何かをはっきりさせることとして理解しようとしてきたし、広義の場合には、その生活とのかかわりにおいて、子どもを変えることができる作用そのものとして理解してきたのである。

そのため、子どもをつかむということは、子どもを変える作用としての教育実践の在り方をぬきにしては考えることができず、「実践を通してつかまなくてはならない」とか「子どもをつかめるような実践をしなければ、子どもはつかめない」、あるいは「つかめるような子どもにすることだ」などの言葉によって子どもをつかむことが、子どもへの作用のあり方としての教育実践そのものの問題として論じてきたのである。

したがって子どもをつかむことは、子どもの人間としての総体を、現実の生活の総体との関係において考察し、発達の矛盾の実体を探りだすことに中心がおかれなければならないと考えるのである。

2

第二は、子どもが変わる環としての発達の矛盾の実体をどう把握するかという問題である。

通常、それは子どもが持つ問題という形で理解しているのであるが、実はこの子どもが持つ問題のなかで、子どもが人間的に変わる環としての問題を、どこでどのように具体的にとらえるかということが、実践上極めて困難な問題なのである。

それは一般的には、子どものなやみやねがい、要求などとして外見上にあらわれているし、子どもの生活状況や人間的変化となってもあらわれる場合が多いけれど、それらの外面にみられる問題を、子どもの内面まで含めた問題の大きさとして、どう理解し、それをどのように子どもに意識させ、自覚的に発展の方向を持たせ、行動化させるかということであるが、そのことが容易でないところに今日、子どもがつかめない問題の深刻さがある。そして、その深刻さについては二つのことが考えられる。

その一つは、社会の変化の中で、子どもが人間として発達する基底を破壊され、問題に対する内面活動が希薄になっていると共に、外面と内面が結びつかない傾向を持っているからである。

「ものすごく大げさにさわいで問題にするので、とりあげてやらせてみると何にも意見がないし、それができなくても平気でケロッとしている」とか、「あんなひどいことをしておいて、何でもない顔をしていて、ちょっとも苦にしておりゃせん」とか、「また黙っていて、何も変りないようにふるまっていたので、それほど悩んでいたとは全然気づかなかった」などの言葉にみられるように、子どもの持つ問題が、外面と内面において、大きさのちがいを持つだけでなく、全く分離してあらわれることがあるからである。

いま一つは、こうした社会変化にともなう子どもの人間的変化の中で、子どもをつかむということについての教育上の経験を充分に生かしながら子どもをつかみきるという点で肉迫できない問題である。

それは、「子どものどこに問題があるのかわからない」とか、「子どもには良い面も悪い面もあるので、あまり悪い面ばかりを見てはいけない」とか、「子どもの作品を読んでも、どこが問題点なのかはっきりできない」などという言葉になってあらわれているが、子どもをつかむことを教育の方針上の問題として理解できず、子どもと教育活動を分離する傾向ともなって、ますます困難になっているのである。

3

第三は、子どもに肉迫し、子どもをつかみきるという点で、戦後の私たちの実践的経験から、どれだけかの教訓をひきだす問題である。

その一は、子どもが抱く内面での問題の大きさに基礎をおいて子どもの問題をとらえないときには、教育作用として子どもに問題を意識化させることが観念的になりがちで、実践の重点が、問題の解決の方向と行動の形式におかれる傾向が強く、問題の内容把握が希薄になって、その問題が本当に子どもの人間を変える環になり得ない場合が多いということである。

その二は、子どもの内面の問題は、生活実感として、内面の真実をつくりだしている生活の事実をありのままにみつめさせる（綴り再現させる）ことによって、真に子どもの問題として意識化させることができるが、その場合、子どもの変革の環となり得る（させ得る）問題をどのようにするどく把み、それに教育作用を与え、子ども自らに発展の方向と行動の方針をつくらせるかということが、実践的見地としてたいせつだということである。

その場合、問題をするどく把むということは、教師のもつ子どものつかみ方のするどさにもかかわるが、基本となることは、子どもの人間と社会の矛盾が、具体的な生活行動を通して、切実な実感として子どものなかに存在していることへの教育的な着目の的確さである。

その三は、子どもが内面に問題を持つ場合の内面活動の強さは、現実生活としての経験の大きさと、子どもの社会的認識としての人間的自覚の高さの度合いによるものであるから、社会的認識の一般的な発達を獲得させることをぬきにして、内面の問題の大きさを、子どもの内面活動の強さとして生みださせることはできないということである。

これは、単なる生活経験の大きさだけから子どもの内面の問題の大きさをおしはかることができないことを意味するが、同時に社会的認識の高さは、生活経験の基礎をもっていてこそ内面の問題として実感でき、内面活動を強めることができるものであるから、子どもの社会的認識の高さだけから、内面の問題の大きさをおしはかることができないことを意味するものでもある。

だから、子どもを変える内面の問題の大きさは、現実の生活としての自覚的な生き方と、社会的認識としての科学知識との、子どもの内面における統一の総体としてみなければならないということになるのである。

その四は、子どもの内面の中心的問題は、通常、生活と人間との矛盾――事実と認識との矛盾となって存在しているが、それを生活実感の事実としてありのままに表現し、客観化することには、自らの生活の中での生き方の矛盾をあきらかにするという点で、今日の社会関係の中では極めて高い自覚と勇気を必要とするということである。

けれど、この自らの内面の真実を具体的な生活事実として客観化することによって、生活現実が具体的に把握され、主体的な意識となり得るのである。

そして、この生活認識から生ずる人間的自覚としての主体的意識こそ、ものを考えて行動する（大田堯氏の言による「選びながら発達する」）、人間としての基本的な生きる力といいうるものなのである。今日の子どもが、人間をうばわれているという場合の、人間の基本がそれなのである。

その五は、人間は社会的な集団としての存在であるから、教育の実践にあたっては、学級その他の集団的な人間関係における連帯のあり方をぬきにしては、子どもの内面を客観化させ、吐露させることはできないということである。

だから、学級づくりといわれる子どもたちの集団をどう組織するかという問題が、子どもの発達にとって極めて重視されなければならないし、それは「一人がみんなのために、みんなは一人のために」というような集団活動があってこそ、子どもをつかむことが可能だということになるのである。

4

結論として、子どもをつかむことは、子どもを変えることにつきるが、それはまた、どういう子どもにするのかということをぬきにしては考えられない。

そのことは実践的には、何のために生きるのかという問題を、生きるめあてと生きる力を統一したものとして、子どもにどう生みださせるのかということにほかならない。そのためには、子どもをつかむ教育実践の基本に、社会の課題が明確に据えられ、あらゆる活動の中にその課題が具体的につらぬかれなければならないと考える。

その社会の課題が、子どもの現実生活のなかで具体的にとらえられ、科学的な知識と結びついて自己の意識として確立されるとき、生きる力を内容とした、生きるめあてが子どもにとらえられるのである。

それはまた「自分のなかに社会をとらえる」とか、「社会と自分を統一的につかむ」とか、あるいは「みんなと自分、集団と個人の利益を一致させる」などといわれていることでもあるが、その場合生活認識を基礎にして、みんながより大きく（抽象的）て、自分がより深い（具体的）ものであればある程、生きるめあては高くなりたしかなものになるのであろうし、そのめあての高さは、また子どもが変わる深さとなっていくものであると考えられるのである。

究極のところ、今日、子どもをつかむという場合、子どもたちに具体的な生活を通した生きるめあてとして「日本のため」をどのように内実のあるものとしてとらえさせるかということが、何よりも重要な課題となるのではなかろうか。

＊一九七六年八月一九日・二〇日に行われた民主教育全国交流集会「日本のなかで恵那の教育を考える」での「戦後の教育をふりかえり民主教育の原点をさぐる子どもをどうつかむか」の基調報告内で触れられなかった「子どもをつかむ」ということの意味と必要性に言及したもの。東濃民主教育研究会、民主教育研究全国交流集会記録集『日本のなかで恵那の教育を考える』（一九七七年七月）に掲載。『「恵那の教育」資料集』第二巻には再録されていない。

◆論文13（一九七六年）

子どもの荒廃の放置は教師の荒廃

――「私の教育課程づくり」への本格的な取りくみを

子どもの荒廃がひどい。生活、学習の状況の中で、目につくことだけをあげてみても、その拡がりの大きさと速さがわかる。けれどその目につくことは、どこまでも子どもの生態であって、それがそのまま荒廃の本質ではない。

基本的な生活習慣や人間としての生活リズムのくずれ、生活や学習への意欲の喪失など、そのあらわれの一つ一つに膏薬をはっていても、荒廃が芯から治るものではない。荒廃は子どもの人間的基本の歪みが根にあるからなのだ。

私たちはその基本のゆがみを「自分の頭で考え、自分の意志で行動しない」ところの特徴として把握している。そして、その原因としては、こま切れの知識のつめ込みを内容とした差別・選別の教育体制と、社会土台の変化にともなう家庭・地域の崩壊とが、相互にからみあって生みだしているからだと考えている。

こうした荒廃を治癒する教育的環は「生活と科学を結合させ、知識を科学的にする」ことが基本になる。それは「わかる」ことが原理としてあらゆる場につらぬかれた教育活動として構造化されねばならないから、あえて「わかる学習」という言い方で、荒廃を治癒する教育活動全体のあり方をいいあらわそうとしているのだ。

この「わかる学習」は、こま切れ、つめ込みでなく、基礎的、基本的な部分を、ムリ、ムダ、ムラをもだいじにして、確実に子どもたちの血肉とすることをねらいとしている。だから実践的には、あらゆる分野で「わかる活動」を通じて、「わかること」が、具体的に創造化され、子どもたちがわかる実感をいっぱい持つようにすることが必要である。

そのために「わかる活動」の基礎的、基本的分野として、私たちは、生活表現、集団活動、知識・技術学習を重視し、それぞれに「生活綴方教育」「地域異年齢集団活動」「各教科学習」として実践的に「わかる活動」の具体化に努めているのだ。

これまでは、私たちの営みの意味と骨組みを、かいつまんで述べたにすぎない。だいじなことはこれからだ。

＊＊

子どもの荒廃は大きくて速いと先に述べたが、それはちょうど、下りのエスカレーターに乗りあわせているようだ。エスカレーターをかけ足でかけのぼりながら、荒廃を治していても、それでその場にとどまる程だ。ちょっと、かけのぼることを止めたら、直ちに下がってしまう状態とみなければなるまい。

私たちが子どもの荒廃をほんとうに治癒しようとするならば、現在より「わかる学習」としての教育活動の幅をうんと拡げ、「わかる」深さをうんと増さなければならない。しかも、その拡げ深める速度を急速に増さなければならないはずだ。

いま、改めて「私の教育課程づくり」への本格的な取り組みを提唱するゆえんは、そこにある。そこのところをよく理解しあいたいと、芯からねがう。

ところで「私の教育課程づくり」を、一体どう発展させたらいいのか。それは、まずもって、私たち一人一人が、自分なりに理解した範囲で「私の教育課程」をつくり、実践を通して検討しあうことを直ちに具体化する以外に確実な方途はない。

それは、目前の子どもたちの生活・学習意欲をほんとうに高めるために、どうしても子どもたちにわかりきらせなければならぬ問題について、自らの教育的苦闘の所産として、自らが納得し得る教育活動の内容と方法を創りだし、教師として真に子どもに責任を持つ教育を実践的に検証しながら拡げることに他ならない。

その場合、目前の子どもたちにわかりきらせねばならぬ問題をどう選定するのかという点で、私たちは教育専門家としての自覚にもとづいた自らの自由な判断をだいじにしなければならない。それは日常的な子どもたちとの接触と関係の中でつくりだされ、教育的実感として胸をいためている問題に基礎をおいた教師としての自主的な判断が、「私の教育課程づくり」の内面としての意味をもつと考えるからなのである。

「私の教育課程づくり」は、問題を選定して、それを学習活動の事項として具体化し、計画、教材、学習ノートなどに編みあげていくことによって深まるが、それはどういう形のものにならねばならぬというものではない。いちばんだいじなことは、何のために、何を、どういう場合、何のためにどうするか、生き生きとした学習活動のイメージとして浮きあがってくるまでに深く、「何を」をはっきりさせるところにある。

それについて留意しなければならないのは、「何を」を、単に知識や技術の高さや量のところで模索するのではなく、実際に、生活・学習の意欲を高める環となり、生活と知識が結びつく内容としての「わかること」をつくりだす観点を保持しながら、自らが選定した問題の教育的特質を具体的に明らかにすることである。

それは、その問題のもつ基本的な性質・特徴の教育的な環をみつけ、その環を、子どもたちにどうしてもわかりきらせなければならない基礎的、基本的な事項（事実・観点・知識・技術）としての「何を」として発見し、創造することでもある。

この作業は、今日の教育的体制の中での最も基本的な部分で、教師の主体性を真に確立する内容を持つだけに、どれだけかの困難を伴う新しい努力を必要とするけれど、それはまた、教育専門家が果たすべき今日の特性的任務ではないだろうか。

＊＊

子どもたちの荒廃は、どうしても治癒しなければならない。それは教師の教室での努力だけで治癒しきれるものではない。けれど、教師でなければ治癒させることのできない荒廃を放置しておくことはできない。

荒廃が「自分の頭で考え、自分の意志で行動できない人間」としての特徴をもっているとき、その荒廃を治癒する教育的環が「生活と知識を結びつけ知識を科学的にする」ことに置かなければならないことは、先にも述べたことだが、これこそ教師でなければ治癒させることのできない荒廃の内容で、子どもたちの荒廃の中心をなす部分である。

けれどその荒廃に本気で立ちむかい、自らの内に治癒の方策を具体的に見出し得ないとすれば、それこそまさに教師の荒廃である。私たちが子どもの荒廃に直面して、胸をいためている事実を、自らがありのままの事実としてつかみとり、子どもが荒廃の内側にひそめている人間としての傷みを治すために、何としても自らの中に深く入りこんだ荒廃とのたたかいを決意しなければならない。

それは私たち教師自らが、事実にもとづいて、自分の頭で考え、自分の意志で行動することによって人間の自由を獲得することであるが、それが教育専門家である限り、こま切れのつめ込みでない「生活と知識を結合させた教育内容」を「私の教育課程づくり」として具体化させ、子どもたちの生活・学習意欲を現実的に高めることとして具現しなければならないのだ。

＊＊

〈追記その一〉

「私の教育課程づくり」をことさら、むずかしく述べてしまったようで申しわけない。実際問題として、自らのどこの部分から切り拓けばいいのかを自問してみるが、結局は、毎日の実践のなかで気にかかりながらとり残している部分――あのことをきちんと理解させておかねばと思いながらできず終いになっていることや、これだけはと考えながら手抜けになっていること、現に子どもがわかりきっていないために困っていることなどを、いそがし過ぎたからとか、余裕がなかったからなどといいわけがましく感じなくてもいいようにきちんととりかえすことを基礎にして、いま、子どもたちに、確実にわかりきらせねばならないと確信している問題について、それを学習内容としての基礎的、基本的事項にまとめ、確実にわかりきらせる計画、方策として編みあげながら、自らの実践活動として具体化し、それをみんなで検討しあうということとして出発することが、適切なように考える。それは、古くからの教育的経験を通した言葉でいえば、「きちんと勘どころをおさえきる」ということで、共通的に理解できることであろうが、今日の荒廃のなかで、間違いなく勘どころをおさえきる、その必要性としてとらえてみれば、それはまた至極当然のことでもあるはずなのだが――。

〈追記その二〉

つぎに示すものは、民教研の生活教室のなかで、初級（小五～中一）の生活科の学習「からだ」の学習要項としてつくった「私の教育課程」（素案）の一部である。

この学習は一〇〇分間で、ねらいとしてはいまの子どもたちにとって、人間的な「からだ」として矛盾の集中している「性」に焦点をあてて、生物としての「からだ」の一般的性質を土台としながら、人間の「からだ」の特性を考え、自らの「からだ」における性のあり方を意識化させることに置いたが、実際の学習活動は失敗した部分が多い。

それは、この学習要項と、その具体化のための教材・計画の不味さだけでなく、種々の条件が考えられるが、いまはそれを論じようとするのではない。こんなものでも「私の教育課程づくり」と考えた者もいるのだという事実を示して、「私の教育課程づくり」が多様に花ひらくことを切望するからなのだ。

「からだ」学習要項（案）
——人間の性を考える——

一、すべての生物は「からだ」を持ち、生きることと生きつづけることをする。また、「からだ」は生物の生き方によってちがうが、その生き方のちがいは「からだ」を変えていく。

二、すべての「からだ」のもとは細胞であるが、進んだ生物は雌雄両性の細胞を結合させて新しい「からだ」をつくり生きつづける。

三、ヒトはいちばん進んだ生物として、文化を獲得し創造することができる「からだ」を持っているが、その「からだ」は生き方のえらび方によって、生きることと生きつづけるためのしくみを調節することができる。

四、性の欲望とそれをみたすことができる「からだ」のしくみは、生物が生きつづけるために自然にそなわるものであるが、ヒトは愛の発見と創造によって、生きることと生きつづけることを結びつける生き方と、性愛のできる「からだ」を獲得した。

五、ヒトの「からだ」は人間としての生き方にかかわって新しい質をつくりだすが、生き方が混乱すると、生物としての「からだ」がひとりあるきをし、生きることと生きつづけることが動物的な「からだ」となる。

＊子どもたちの肉体的・精神的な歪みを「治癒」する者としての教師の役割を述べ、そのためにはこれまで推進してきた「私の教育課程づくり」を一層推進しなければならないとした。追記は、石田自身が行った「私の教育課程づくり」の一つの試みである「性の学習」を紹介したものである。東濃民主教育研究会『みんけん』三七号、一九七六年一〇月が初出、国民教育研究所『国民教育』三五号、一九七八年一月に再録。〈追記その三〉は省略。〈追記その三〉は本著作集第四巻論文6に紹介されている、思春期の性の学習についての生徒への「呼びかけ」である。

◆論文14（一九七八年）

教育課程の自主編成

1

この文が紹介される頃には、どちらにしろ一つの結末を経て、更に矛盾を深めることになっているであろうが、最近、私どもの地域にあらわれている教育課程の自主編成とは真向うから対峙する話を述べることからはじめて、教育課程の自主編成の問題を考えてみたい。

＊

昨年（一九七七）七月、岐阜県議会においては、県政自民党が野党の反対を押し切って「教育正常化決議」を強行採択した。このことについては、翌日の各新聞が、「学校行事への君が代強制」とか「教育内容への政治介入」とかの趣旨で全国的に大きく報道したので、大方の人の記憶に残っていることと思う。

いま、その詳細を述べているゆとりはないが、その政治的決議は、この三月におこなわれる各学校の卒業式に「君が代斉唱」を強制的に導入させる動きとなって教育現場の混乱を巻き起こしている。

昨年度まで、卒業式に「君が代」が入っていなかった県内の高校三校では、三月一日におこなわれた今年度の卒業式に、教師たちの意志を無視した校長の指図で、「君が代」のメロディを式場内に流すことで「教育正常化決議」の具体化が図られた。この卒業式が終了した時、学校長は真先に県教委へ「君が代を入れた卒業式を無事終了しました」と電話で報告したと新聞は報じていた。また、同紙上で県教委は、この卒業式を評して「たとえメロディだけでも流すことができたのは一歩前進だ」と評価していた。

県内高等学校の卒業式での「君が代」導入を完全に実現させた段階で、「教育正常化決議」推進の動きは、県教委の強制・指導を中心として三月一〇日前後の中学校卒業式と三月下旬の小学校卒業式に向けて、「君が代」導入未実施の各市町村・学校に対して有形・無形の圧力を加えてきている。

岐阜県内では、卒業式への「君が代」導入がおこなわれていない小中学校が比較的集中している恵那地域において、教育行政機関を通じた「君が代」導入の指導が極めて強くすすめられている。

E市では、各学校での抗議をおこない、教師の意向を事前にたしかめるということが全然おこなわれないままに、市校長会が、市教委の指導によって、自主的に「卒業式には君が代をうたわせるよう努力する」との決定をおこなって、突然それを各学校へ持ち込み、教師に対して「君が代」導入の卒業式を計画するよう強要してきた。

その状況を詳しく述べている紙数はないが、これでは各学校が混乱するのは当然である。市校長会の自主的決定とはいえ、卒業式への「君が代」導入に関して、今日の子どもたちの状況から生ずる正常な教育的実感を基礎とした教育的必要性が内在するわけはない。だから、各学校で各校長はどうしても卒業式への「君が代」導入の教育的必要性を説得することはできないのである。「情勢が重いから……」「私の信念として……」「理論的なことはなしで……」などなど、ごたくを並べてみた結果、「おねがいします」か「権限としてやってもらいます」かのどちらかを言わねばならなくなり、教育的理由のはっきりしない行為を、最も教育的であるべき卒業式の場に出現させるかどうかをめぐって混乱を増しているのである。

こうした各学校の混乱は、市校長会の「自主的」な一方的決定によって起きてきていることは間違いないが、その一方的決定を生みだした教育行政機関の指導に問題がある。

岐阜県議会で「教育正常化決議」が採択されたとき、文部省のある課長は「誠にのぞましいことだ」と新聞紙上に談話を発表していたし、先にも述べたように、高校卒業式で「君が代」メロディを流したことについて、岐阜県教委は「一歩前進」と評価したが、この指導強制はE市教育長になると、もっと露骨なあせりとなって非教育性をむきだしにしている。例えばE市の教職員組合が教育長と交渉を持ったとき、昨年九月の段階では「県議会の決議はおかしい。迷惑だ。うたうかどうかは、学校で決めるべきだ」と言ったその当人が、この二月段階では「君が代をうたうのがのぞましい。のぞましいということはうたえということだ。うたう意義のわからんものは自分で勉強せよ。わからんでもうたわせよ。それでもわからんものは教員をやめよ」と言うまでにエスカレートし、三月はじめの段階では、「私はうたえない」という教師に対して「おまえは××人か○○人か」と外国人よばわりをしてなじったという。

この指導姿勢が市校長会に「自主的」決定をもたらし、風圧として学校内に混乱をつくりだしているのである。ここには教育基本法第十条のいう「教育は、不当な支配に服することなく、国民全体に対し直接に責任を負って行われるべきものである。②教育行政は、この自覚のもとに、教育の目的を遂行するに必要な諸条件の整備確立を目標として行われなければならない」教育行政・指導・管理の自棄と蹂躙の姿しかみることができないのである。

以上は、極めて要約的なものであるが、いま、私どもの地域で、この筆を走らせている間にも刻一刻と教育の基本をゆがめながら、卒業式への「君が代」導入を強制し、「教育不正常化」をすすめている状況の一端がある。

2

「教育課程とは、一般に、子ども・青年にのぞましい発達を保障するために、学校でおこなう教育的働きかけの計画である。教育課程の編成はこのような計画を、学校の仕事の個々または全体にわたって立案し、実践し、点検することである。したがって教育課程の編成の過程は、その実践にもとづくたえざる再編の過程でもある。」とは中央教育課程検討委員会報告「教育課程改革試案」で述べられているものであるが、私も教育課程編成をこうした見地からみることが正しいことだと考える。

だから、学校の教育課程とその編成では、実践にもとづく再編がたえずおこなわれていかなければならないのは当然であるが、前述したような卒業式への「君が代」の強制的な導入は、実践にもとづく再編とはいえないのである。

卒業式という学校行事は、入学式と共に学校にとっては最高の行事である。そのため、卒業式をどういう内容と形式のものにするかということでは、どこの学校でも毎年、衆知をあつめて、実践にもとづく再編をおこない子どもたちの門出を心から祝福することができるようにつとめているのが普通である。

そこでは、昨年度までの卒業式の反省のうえにたって、本年度の学校が持つ教育課程の全体的な性質を生かして、子どもたちの状況にあわせながら、学校の個性と卒業の特性を集約した式として具体化できるように立案し実践されるのである。

例をE市にもどせば、今年もまた、E市内の多くの学校では、昨年度までの卒業式の点検のうえにたって、子どもたちのための、個性ゆたかな学校の卒業式を再編（立案）しようとした矢先、子どもたちと教師・父母が納得し必要とする明確な教育的理由もなしに、画一的に「君が代」斉唱を組みいれた卒業式が強要されているのである。ここには、学校が通常的に持つべき教育課程の編成権の侵害と抑圧がみられるのである。

私は法的にも教育的にも理論として、E市にみられる「君が代」強制がもたらしている教育課程編成の問題を述べる資格をもたないので専ら実践的な見地からだけで発言しているのであるが、E市のこの状況は今日の日本での教育課程の編成における本質をむきだしにしてみせつけていることにほかならないと思うのである。

それは今日、日本の教育課程の基準として、拘束性をもって教育現場・学校を支配している現行の「指導要領」が、「学校の主体性と自主性によって」の仮面をぬいで襲いかかった時の姿でもあろう。

考えてみれば、戦後の日本における教育支配は、教育課程の反動化（非科学化・非教育化・非民主化）とその編成における貫徹化を中核において、さまざまな施策を強行する形ですすめられてきた。教育二法、勤評、学テ、教育正常化、教頭法制化、主任制度等々数えきれない教育の自由と民主主義への圧迫は、「指導要領」の〈試案〉から、〈参考〉、〈基準〉、〈拘束〉への悪路と重なってきた。そして、教育課程の反動化は、戦後の国会における無効決議まで無視した「教育勅語」礼賛の首相発言がとび出るなかで、法的根拠もなしに「君が代」の国歌化を規定するまでに及んでいる。また、編成の貫徹化は、教科書検定の反動性と採択の非民主性を強めながら準国定化をすすめ、学校の近代化、効率化に名を借りた重層的管理体制強化のなかで、実際には教科書中心の教育課程編成とその徹底しか通用しない学校を生みだすまでに至っている。

こうしたことが授業といわれる実践の場で実際どうなっているかについて、先日耳にして驚いた話があるのでついでに紹介しておきたい。

東北地方S市の教師が、先日私どもの学校へ来られた時話されたことだが、そのS市では学校で父母を対象に授業参観をしたところ、母親の何人かが子どもの教科書と同じ体裁をした、教科書会社が教師用に出している赤本（指導用図書）を持参していて、それと首っ引きに教師の指導を観察し、授業後、教師に対して「あそこは指導書通りでないから」と文句をいうので、いつでも赤本どおりに授業をやっておらねばならぬと教師が困っていたということであるが、指導要領（国家の教育課程）の貫徹が、ここまで浸透しているのかと恐ろしくもなった次第である。

E市の状況といい、S市での出来事といい、今日の教育課程の編成が実際にはどのようなものとして位置づけられているかを考えてみたいのである。

3

ところで私に与えられた本論に戻らねばならない。そのためには私事で恐縮だが、私自身の経験にふれて戦後の「教育課程の自主編成」の問題の経緯を少しさぐってみることにしたい。

私が教職についたのは一九四八年四月からである。その頃には「教育課程の自主編成」などという言葉はなかった。

文部省からは、学習指導要領〈試案〉がだされていたが、それが私共の現場へおりてくるときは、わざわざ〝コース・オブ・スタディ〟という耳馴れない言い方にかえられていた。そしてこの耳馴れないものは、あくまで〈試案〉であるから、これにとらわれることのないよう、ここの地域の課題と子どもたちの現状にあった〝カリキュラム〟を作成するようにというお達しがついていた。私共は、再び〝カリキュラム〟という耳馴れない言葉にとまどいながら、学校全体の、自分が担当する分野、領域の「教育課程の自主編成」に取り組まざるを得なかった。

いわば、戦後の一時期は、それぞれの地域・学校で自主的に編成されなければ、教育課程は存在しなかったのである。けれど、この自主的な教育課程の編成運動は、一九四五年の敗戦まで、細目までをも文部省によってきめられていて「学科課程」の伝声管に過ぎなかった多くの日本の教師たちにとって、実に困難な仕事であったことは間違いない。

私は、戦前・戦中の教職経験がないので実感としては理解できないが、四八年に新卒としてはじめて教職について、教育のことなど何にもわからない新米教師の私でも、学校現場での教育課程編成の作業では、戦前からの先輩教師たちと同じ様な問題について同じ程に考えあわねばならなかったし、私の思いつくことでも結構とりあげられ、間に合っていった当時のことを考えてみると、教育課程を自らでつくりあげていくことのなかに教師としての任務を自覚していく仕事は、誰もが同じスタートに立っていたとも思われるのである。

だからこの時期に編成された教育課程には科学的にも教育的にも欠陥がたくさん存在していても不思議ではな

い。特にアメリカ流の方式をそのまま直輸入して適用しようとしたところでは、日本の教育課程として効を奏することができなかったのは当然である。

それらの弱点は、全国的には「六・三制野球ばかりがうまくなり」と皮肉られるような基礎学力の低下を生みだし、改めて教育課程の自主編成運動の新しい発展を促したのであった。

四〇年代後半から五〇年代当初にかけての自主編成という言葉のない時期の教育課程編成（カリキュラム作成）の動きは、五〇年代の初期をすぎると、一方では文部省の学習指導要領に準拠する検定教科書を中心とした官製教育の指導強化にともなって、教育課程編成の基本を学習指導要領におき、学校ではその具体化をはかるだけという傾向をつよめ、教育課程編成における自主性を喪失する結果を生みだした。が、また一方では、基礎学力低下の原因検討から、アメリカ流教育への批判がすすみ、日本の民族的・民主的な教育伝統の継承の気運や、科学的教育の追究などの動きをつよめ、それが学習指導要領準拠の官製教育に対して、民間教育研究団体の結成を促し、学習指導要領と官製教育への批判と検討を実践的・理論的におこなうことによって、教育課程編成における自主性の維持・発展をすすめてきた。

私はその頃、生活綴方の教育に開眼させられ、子どもの内面に着目することを発見し、生活綴方運動に参加しながら、生活と教育の結合とか、現実直視など、いろいろの教育論を学び、それらを実践的に追究、発展させるために、各種の民間教育研究団体に加わって部分的ではあってもなかまと共に多様な教育課程を組んで実践した。その頃でも未だ自主編成という言葉はなかった。

一九五八年、勤評につづいて「道徳の時間」の特設を含めて学習指導要領が全国的に改訂され、基準性として拘束力を持たせたことによって、教科書検定の基準を変えて教育内容の統制支配を格段に強めてきた。そのため、それに対応する論議と、学習指導要領・教科書の内容批判が強まり、「各分野で、学問・文化の系統と子どもの発達の法則、さらに、地域生活の現実と結びついた教育課程の研究と実践が行なわれた。またこうした成果をふまえて、教育課程全体の科学的・民主的あり方が各地で追求されるようになり、意見が交流されるようになった」（中央教育課程検討委員会報告より）。こうした状態のなかで、六〇年代にはいってから、「教育課程の自主編成」という言葉が、日教組の提唱により現場へおりてきたと記憶している。

だが、教育課程の自主編成という言葉は、最初、現場の教師にとってはなかなかなじめない言葉であった。学習指導要領が、基準性・拘束性をもつ教育課程として支配権を持っているなかで、自主編成というのは、何をどのようにすることなのかがはっきりしなかったからである。小さくは教科書にのっている教材のさしかえと取捨選択からはじまって、必要教材のさし込み、教科系統案と年間計画の科学的な編成、必要学習の盛り込み、自主的な教材作成、教育内容と学校活動の全面的な再編など、たえず教育目標をたしかめながら、現実の子どもたちの目標へ向けての発達を、実践的にも理論的にも深め、創造しながら保障していくことを任務としている現場の教師には、いまその教師が学習指導要領と子どもの現実との矛盾のなかで苦悩しながら、子どもたちのすこやかな発達のために考え、創りだしている実践そのものが自主編成の仕事なのだといってくれなければ、わからなかったのである。いわば、日常的にはほんとうの教育活動を求め、さぐり、それをどんな困難な中でもやりぬくことが自主編成の活動として意味をもつのだということが、はっきりしなければ、自主編成の基礎を自らの実践のなかに置くことができないのである。

4

「教育課程の自主編成」という言葉にふれてから一五年余になるだろう。いま全国的にはさまざまな内容がさまざまな形で自主編成されているにちがいない。やはり小は教科書教材のさしかえから、大は中央教育課程検討委員会報告としての「教育課程改革試案」作成まで、学習指導要領と子どもの現実との矛盾のなかで数限りない民主的な教育の実践を通した自主的な教育課程がうまれ、改編されつづけていることは間違いない。そうでなかったら、日本の学校はとうに破産しているはずだ。

けれど「教育課程の自主編成」という言葉にこめられた実践の量に比べて、その内容と形態が整理され、概念がすっきりしているとは思えない。だから、私は、いま私たちが日常的に取り組んでいる「私の教育課程づくり」という実践的な活動を、教育課程の自主編成の問題のなかに含めて考えている。

いま、子どもたちの荒廃がひどい。それは自殺、非行、退廃の激増として連日、新聞紙上をにぎわせている。また、一般的には、生活・学習の意欲の低下となってあらわれている。こうした子どもたちの荒廃は、能力主義によるこま切れの知識のつめ込みを内容とした学習指導要領に基づく教育課程、差別・選別の教育体制と、社会的な土台の変化にともなう家庭・地域の崩壊とが相互にからみあって生みだしているからだと考えられる。

こうした子どもたちの荒廃に対して、私たちは、これを治癒する教育的な環は「生活と科学を結合させ、知識を科学的にする」ことが基本になるべきだと考え、「わかる」ことが原理としてあらゆる場につらぬかれた教育活動をつくりだすことを課題としている。そのために、私たちは「わかる学習」ということで、教育活動の質をかえるために、それこそ小さなことからはじまって「わかる」ことを徹底させるためのさまざまな実践的苦闘をつづけている。

この実践的苦闘のなかには、先程いったような意味でいえば、数多い教育課程の自主編成が含まれているが、いま私たちが改めて、「私の教育課程づくり」ということで努力しているのは、小さなことからはじまる日常的な自主編成の努力だけではなくて、目前の子どもたちの生活・学習意欲をほんとうに高めるために、どうしても子どもたちにわかりきらせなければならない、子どもを変える環となる問題について、特別に自らが納得し得る教育活動の計画（内容と方法）を創りだし、教師として真に子どもに責任を持つ教育を実践的に生みだすことを指しているのである。

このことの具体化については、私たちの自主的な教育研究団体である「東濃民主教育研究会」の機関紙ではつぎのように述べている。

「目前の子どもたちにわかりきらせねばならぬ問題をどう選定するかという点で、私たちは教育専門家としての自覚に基づいた自らの自由な判断をだいじにしなければならない。それは日常的な子どもたちとの接触と関係のなかでつくりだされ、教育的な実感として胸をいためている問題に基礎をおいた教師としての自主的な判断が『私の教育課程づくり』の内面としての意味をもつと考えるからなのである。

『私の教育課程づくり』は、問題を選定して、それを学習活動の事項として具体化し、計画、教材、学習ノートなどに編みあげていくことによって深まるが、それはどういう形のものにならねばならぬというものではない。いちばんだいじなことは何のために、何を、どう、という場合、何のためにと、どうとが生き生きとした学習活動のイメージとして浮かびあがってくるまでに深く『何を』をはっきりさせるところにある。

それについて留意しなければならないのは『何を』を、単に知識や技術の高さや量のところで模索するのではなく、実際に生活・学習の意欲を高める環となり、生活と知識が結びつく内容としての『わかること』をつくりだす観点を保持しながら、自らが選定した問題の教育的特質を具体的に明らかにすることである。

それは、その問題のもつ基本的な性質・特徴の教育的な環をみつけ、その環を子どもたちにどうしてもわかりきらせなければならない基礎的、基本的な事項（事実・観点・知識・技術）としての『何を』として発見し、創造することでもある。

この作業は、今日の教育体制のなかでのもっとも基本的な部分で、教師の主体性を真に確立する内容を持つだけに、どれだけかの困難を伴う新しい努力を必要とするけれど、それはまた、教育専門家が果たすべき今日の特性的任務ではないだろうか。」（『みんきょうけん』№37）

この、「私の教育課程づくり」については、すでにいくつかの実践がうまれているが、いまここでそれを紹介・報告する紙数はない。

「教育課程の自主編成」ということでいえば、私たちは、いま「私の教育課程づくり」という自主編成にもとづく実践を何より大切なことと考えているが、それぞれの地域で、それぞれの伝統と、特性にあった教育課程の自主編成が、運動として拡がりながら、それらが大きなうねりを起して学習指導要領の基準性・拘束性の前に立ちはだかることが、現在の子どもたちのゆたかな発達を保障するためにいまこそ必要ではなかろうか。

＊

最初に述べたE市を中心として、私たちの地域にいま加えられている「教育正常化」としての「君が代」の強制は、目前の子どもたちの荒廃を治癒するために、「私の教育課程づくり」をすすめるときの生き生きとした学校とは、全く異質な学校を生みだしている。

目前の子どもたちにいま必要とするものを創りだし与えてやることを拒絶された学校の表情は暗く雰囲気は重い。そこには「教育課程の自主編成」を圧殺することをねらいとした「君が代」強制の真の姿がある。

だが、どんなになっても教師は目前の子どもたちのすこやかな発達のために責任を持たねばならない。そのためにはたたかいによって活路を切り拓くしかない。

そのたたかいが一時的に不成功に終っても、新しい困難の中で、たたかわねばならない。目前に子どもがいる限り。その子どもたちにとって必要なものは創りだし与えつづけなければならない。

「教育課程の自主編成」とは、たたかいのなかでつくられていくものであり、教育への不当な支配に対するたたかいの所産であると思う。

＊岐阜県における「教育正常化」の嵐の中で、日の丸、君が代の強制が恵那地域でも横行するという事態に直面した。また、学習指導要領の法的拘束力の強調によって教育の自由が大幅に制限されるという状況のなかで、教育課程の自主編成がいかに重要なものであるかを提起した。とりわけ恵那においての「私の教育課程づくり」には、教師の主体性を取り戻す運動という性格があることを明らかにしている。『ジュリスト増刊　教育』（有斐閣、一九七八年五月）収録。

◆論文15（一九七八年）

生き方を考える性の教育――あとがき

あゆみ

人間が性をともなって存在する限り、性のことはいつでも人間にとって問題であるのが当然なわけです。それはもちろん、子どもたちにもあてはまる原理です。

だから、子どもたちはいつでも性にまつわることで疑問をもち、いろいろな問題をしでかします。私の幼い日をふりかえってもそうでしたし、私が教員になって子どもたちとふかく接するようになってもそうでした。

そして、それらの疑問や問題は、大事件といえるような行動にふくれあがらないまえに、子ども自身が友だちどうしの会話や家人の所作をみる中で、なんとなく自分のわきまえを心得るということで処理されてきました。少しはめをはずしたことがあっても、それは子どものいたずらとみなされて、大人からお小言かお目玉を頂戴《ちょうだい》することの中で、性に関する常識の程度をおしはかってみることができました。けれど、そうした自己流の理解と処理では、性への関心がいつもすっきりしたものになっていたわけではありません。

自分の体に春のめざめが訪れるころからは、猥褻《わいせつ》の想念もからまって性への関心が秘密化され、性が自己の内部で二重の構造をもつ矛盾物となり、いたずらに苦悩を多くするということになっていくことも多かったようです。

私は自らの思春期を思いおこしたり、その時々の子どもたちの状況をみるにつけても、性のことは人間の問題として避けて通ることができないのだと思いながら、それでも現実に学習の対象として位置づけるということに気づかないまま過ぎてきました。

一九五〇年代のはじめ、私が担任していた六年生の子どもたちが、「すけべい」（今日風にいえばエッチが適切かと思う）という問題にぶつかったとき、私は「すけべいとは何か」ということで、経験としての事実を綴らせたことがあります。そのいくつかを紹介してみます。

人だかり

菅井照雄

みんなが勝宗旅館の前の川で「うわうわ」とさわいでいたので、おれは自転車をとめて川へ近よった。さわいでいる子は、おれよりも小さいやつで大体、緑町の子供たちであった。そこの仲間に弟のひろもまじってにこにこ笑っていた。

おれが川をのぞくとだれかが、おれのかたをつついた。おれがふりむくと、守が「照ちゃんそこの川にえいせいサックがおちとるぞ」といったのでおれは川をみた。さっきみたときは目にみえなかったが、いま、守にきいてはじめて気がついた。

おれも「うわあ、すごいな」とびっくりした。えいせいサックというのは、ちんぼにはめるものと知っていたので、「あ、このえいせいサックはもうちんぼにはめたかすだ」ということだけは、はっきりわかった。でも、えいせいサックはなぜちんぼにはめるのかおれはしっかり知っていない。

川におちているえいせいサックはゴミといっしょにつっかかっていて、ふうせんそっくりだった。さきの方だけしばってあって、しばってあるところだけは、水か小便みたいがはいっていた。ちょっときたなかった水だった。

みていた子どもたちは、しらんまにどっかへいってしまって、けんすけという宿屋のやつが一人ぶらぶらしていただけだった。えいせいサックは口の方がやぶけていてふるくさかった。

ちかちゃんや伊沢君が、ろてんの服を売っているところで服をみていたので、ぼくは、すずらんとうにとめておいた自転車をひいて、ちかちゃんの方へ行って、伊沢君のかたをちょっとたたくと、伊沢君は後をむいた。

おれが「伊沢君、ええもん見せてやろか」といったら「ええもんはなんやよ」といったので「なんでもええでちょっとこいよ」といってあるいて行くと、ちかちゃんもついてきた。ちかちゃんが「ええもんていったいなんやよ、照さ」ときいたが、おれは「なんでもええでついてこいよ」と自転車をひっぱって勝宗旅館の前へあんないした。

おれは、橋のそばに自転車をとめておいて「まっとれよ」といって、川の方へいき「あれ、えいせいサックがおちとら」というと、伊沢君は「ほんと」とにっこり笑った。おれも笑った。「はい、やったかすやぞ」と伊沢君がいうと「そりゃかすさ」とちかちゃんがいった。伊沢君は「けっさくやなあ」と笑い顔をしていった。

「さあ、グットバイ」といって、おれは自転車にとびのり家へかえった。

犬のさかり

加納勝好

それは六月ころのことだった。

うちの犬（ころ）と村松のハチ公と家のそばの竹やぶでのことだ。ころがすわっていたらハチ公がきた。

ちょうどそのころはどこの犬にもさかりがきていた。ぼくがお使いにころをつれて行くと、きんじょのハチ、クロ、ペス、ベス、ポチ、アカ、シロなどいっぱいついてきて、いままでおそがかった夜のお使いなども平気だった。

ハチのご主人は㈧の大将だから肉などたくさんもらって、子供でいえばほんとうのおぼっちゃんだ。ハチはとくべつのかんさつをもらい、いばっていて、ころのそばへはすこしもほかの犬をよせつけなかった。

もしほかの犬がころのそばへさかりたがってよったら、ハチはおこりくるってほかの犬にかみつくようだった。ある日なんかは、赤坂のペルがころのところへよってころのおめこをぺろぺろとねぶりだしたので、ハチはきばをむきだしておこりハチとペルとのけんかがはじまり、ほかの犬は一かたまりになって、ちんちょうげの下のあやめの上にすわってみていたほどだ。

その日、ころはハチがくると、えんの下をとおってうらの風呂ばの中に入り戸をしめてしまった。すると、ハチは自分のおよめさんがいないとのように、ぼくの家のくろをくるくるとまわりだし、家の中へ入り、中にいたねこをぼって二階にあがり、赤ん坊の顔に小便をかけたので父がおこってぼったら、ハチは二階の窓からとびおりていってしまった。母はそのふとんをいちいちといて洗った。

次の日、学校からかえってみると竹やぶで「くくくい」といっていたので、見にいったら、ハチがだいだい色のちんぼをくれっとむいてすわっていた。ハチは「ハア、ハアー」といっていた。

しばらくして（約一〇分くらい）ハチはころの上にのってういういしていた。ハチのちんぼは前よりも長く一五センチメートルくらいになったような気がした。くいくいとやっていてハチのちんぼのところのおめこが三センチメートルくらいになった時、近所の子があそびにきた。ぼくは、みんなの方へいって、人さし指を口にあてて、「シーイ」といった。みんなは小さい声で「なんやあ」といったので、ぼくはもっと小さい声で、「いまハチところがさかりだいたで見にこいよ」といったらみんなは、わっととんでいって「やっとる、やっとる、きれいやぞ、あっ、はまる、やい、はまるぞ」といっていた。

とうとうさかっちまった。

しばらくして二匹の犬はぬけないので、松の木の根本でひっぱりやいをしていたが、どうしてもぬけんので、「きゃん、きゃん」なきだした。するとおばあさんがでてきて「犬のせなかをたたいてみよ、とれるに」といったので「よし」といって、ころとハチのせなかをぽんとたたいたら、ふしぎのようにするっとぬけた。それから一日に二回ぐらいさかるようになった。

しんるいの中学二年の子に「どうして犬はさかると子がうまれるのやね」ときいたら、「犬はおすがいんすいめすがようすいやで、いんすいとようすいがまじるので、たねがかかって生まれるのや」といった。それから二月ぐらいしてかわいいおすとめすが二匹生まれた。そしてそだてた。そして、しばらくしてからのことだった。

かずみが「なんで人間はいつもさからんのやら」といったら、ちびは「そりゃ、はずかしいでさ」といった。それでかずみは、どこかのおじさんに「人間のおじさんぐらいの人は、さかるねえ」ときいたら、おじさんは、「さかるさあ」といった。かずみはとくいそうだった。

このときでも子どもたちは性への関心が高く、事実を克明にみていたわけです。そして、そこには、性についての疑問や問題が存在していたわけですが、私の中に性を二重構造的にしか把握できない状況がありましたので、これらの綴方を教材として学習に組織することができず、「でも、目についてしまったんだもの」という教師向けの資料文集を編んで、どれだけかの先生に問題を提示することしかしなかったわけです。その資料文集の後記には、当時の私の問題意識があらわれていますので、参考までに記しておきます。

「・この文集は、一九五一年に田舎町で生活した小学校六年の子どもたちの書いた文の中から、明日では遅すぎると思われる問題を含んでいる文を集めて作ったものです。ですからこれは教育資料と考えて下さい。

・こういう文を書かせる（あるいは書いてしまう）教育そのものにも問題はたくさんあることでしょう。けれども、やっぱり、大切なことは、書かせる教育、そこにあるのではなく、書いた現実、書かせた生活それ自体の中にあると考えることではないのでしょうか。
・だから私たちは子どもの教師として、こういう生活の中で成長する子どもたちの、考え方、行動のし方、あるいはこういう問題が子どもたちに与える影響の度合い、そこにこそメスをつきさすべきものであるということだけは考えるのですが――。
・特にこれらの文の中で感じられることは、たのしかるべきエロが、不健康な状態で若い私たちのような青年にとりあつかわれていることです。そして、それに対して子どもたちの春のめざめにまた不健康なものが多いということです。
・資本主義末期の矛盾の中で、私たちは、教育、あるいはここにあらわれている性の問題についてどう対処すべきか、私にはまだわからないのです。

（一九五二・三・二五）」

六〇年代の日本社会が子どもたちにもたらした影響についてはいまさら述べてみる必要もないほど語られていますので省きますが、子どもたちの体の成長と性意識には、五〇年代にみられない変化がありました。

思春期が小学五～六年生から始まるほど成長が早まったのと、性関心の内容や行動に健康さを欠くことが目立ってきたのです。地域や家庭の崩壊もすすみ、学校も差別と選別の性格をつよめるなどで、かつてのような子どもの生活集団が自然発生的に生まれないうえに、地域のもっていた教育力が失われてきたところへ、性の商品化による混乱の波がもろにおしよせてきたわけですから、子どもたちの性が問題を大きくしないはずはありません。

日本のあちこちで「性教育」という言葉が広がっているようでしたが、それでも私は、じかに性を対象として私が学習を組織することには、どれだけかのためらいを感じていました。それは、子どもたちの性への関心が内面では高まっていても、二重構造的なゆがみもまたつよく、素直に表出できない存在になっていることがよくわからなかったことによるのかもしれません。いわば、子どもたちにとっての性は、五〇年代以上に不自然なものになっていて、それだけに内奥に秘められた形で人間的な矛盾をふかめているという点に目が届かなかったのです。

私が性を学習の対象として具体化することの必要を実践的に気づいたのは、七〇年代の最初の年でした。学級担任でなかった私は、あちこちの学年で一つ二つの教科を受けもっていましたが、その中に五年生の理科がありました。そのころ、中津川市立西小学校は、生活綴方の復興期ともいえる状態にあり、生活綴方によって子どもたちも事実をありのままにつかむことができるようになっていましたし、学級には自由の雰囲気があって、思ったことをそのままいうことがふつうになっていました。担任でない私にも、子どもたちは率直にものをいい、性のことでもかくさないで話してくれていました。

理科の学習を受けもったはじめ、学級担任の先生方から耳にしていた子どもたちの性関心の状況に合わせて「植物の発芽」という単元の中で人間の性を学習しようとしましたが、私の学習計画とそのすすめ方にまずさがあったことにもよりますが、子どもたちの性関心は、植物の生殖とはとてもかみあわないのです。

たとえば、花は植物の生殖器官だという意味の論議をしていますと、「先生、犬のオスがようメスのオメコをペロペロなめとったに。あれはなんでやね。蜂もオシベをペロペロなめるかね」というような質問がぽこんととびだし、それにつれて子どもたちはいっせいにゲラゲラ笑いだしてしまうというようなしまつで、どうにも困ってしまったのです。

これでは私のねがった性の学習にはならないということで、改めて機会をねらい、五年生の終わりごろに「ヒトのからだ」という単元を設けて――これは指導要領の改訂にともなう移行措置として五年生であつかうことになっていたこともありますが――その中で性を学習することにしたのです

文部省検定の教科書では、ヒトの体に脳と生殖器官がありませんでした。フナの解剖で精巣と卵巣をみても、人間の体では精子も卵もでてきません。尿道口はあっても陰茎もなければ勃起もありません。まして、子どもが自らの言葉で問いただすチンボ、キンタマ、オメコは、人間の体のどこを探してもみあたらないのです。ホルモンもなければ、考える葦《あし》のみなもとの大脳も存在しないのです。しかたがないので「ヒトのからだ」の学習ノートを自作し、脳と生殖器官を加えなければならなかったのです。

このようにして実践的に気づいた性の学習ですが、それからの歩みということでは遅々としてすすまないというのが実情です。

実践とはいえない単なる授業の様子や、みんなに助けられてすすめた調査や理論めいたこと、あるいはこの地域で多くの先生たちが真摯《し》に取り組み、汗みどろになって創りだされた実践に学んできたことなど、子どもたちの性の学習についてのどれほどかの問題と教訓を整理し

て記すことが妥当だと思いますけれど、いまはその力もありません。

だから、この本の中に収められたいくつかの記録や資料がどういう道すじの上に位置しているのかはご理解いただけないのかもしれませんが、きわめて大ざっぱにいった場合、私のたどった性の学習は、

「ヒトの体――その性を考える」

「にんげんの男女――正しい性を考える」

「にんげんの男女――ほんとうの性と愛を考える」

「男女のからだと思春期の生き方――ヒトと性の問題を考える」

「思春期の生き方を考える――からだとこころの性」

というような学習主題の変化にあらわれているものなのです。

もちろん、私の場合、貧しい力と乏しい経験の中では、性の学習対象者を思春期前期の子どもたちだけに置いてきたものですので、この学習主題も限られた範囲での変化ということになりますが、この変化の中で、私は思春期前期の子どもたちに性を人間の体の問題として重視することから、こころをふくめた人間固有の問題として考えるようにし、さらに自らをふくめた人間の生き方の問題としてとらえるようにさせることが、必要で可能だということを追い求めてきたにすぎません。

それはまた、現実の生活の中で、子どもたちの体とこころの奥底に人間的矛盾として巣食っている性を、学習の場へひきだして科学の光をあて、子どもたち自らの力で人類の発展と社会進歩の方向にむかって人間らしい性を創りだしていくことへの自覚をうながそうとした小さな教育的試みといったものなのかもしれません。

そして、その小さな教育的試みは必ずしも成功したとはいえません。けれど、私は、人間の性の中に民主主義を確立させ、子どもたちが性の自由を獲得し、自らの性の主人公にならなければいけないと思いますし、教育はまた、そのために奉仕しなければならないと考えるのです。だから、この貧しく小さな教育の試みが一冊の本となり公開されることについては、どこまでも不安と躊躇《ちゅうちょ》がまといつきますが、恥を覚悟で耐えることにしたのです。いろいろご教示いただければ幸いです。

ところで、この本は内容を一読ねがえばおわかりのように、直接ご執筆いただいた丹羽徳子先生と資料文を使用させていただいた方々をはじめ、いつも性の学習をいっしょに考えていただく中津川市教育研究所や東濃民教研の先生たち、また、中津川市内で性の学習にたえずご協力、ご援助くださる各学校と諸先生、そしていっ

しょに学習したり調査に参加してくれた数多くの子どもたちと、性教育についていろいろお話をお聞かせねがった父母の方々など、そのほかいちいちその名を申しあげることができないほんとうにたくさんの人々のお力によってできあがっているわけです。

だから、私の名前でだされることにはつよいためらいがありますが、出版の事情でやむなくそうさせていただいたことをおわびいたします。

それから、この本を直接まとめていただく上では、深谷鋿作先生、あゆみ出版の方々に格別のご協力を賜ったことに対し厚くお礼申します。

＊石田は、「私の教育課程づくり」を、子どもの「わからない」という現実と「わかりたい」という願いとを出発点に進めることを恵那の教師たちによびかけたが、石田自身は、そのことを象徴するものとしての性の問題を取り上げた。さらに、『にんげんの男女　思春期のからだとこころ』をはじめとした学習資料を作成し、教師たちの指導の手引きとした。『生き方を考える性の教育』（あゆみ出版、一九七八年）はそれを含んだ調査や、丹羽徳子と共同で行った実践記録などで構成されている。石田の課題意識を述べた「あとがき」を掲載した。

◆論文16（一九七八年）

生活に根ざし生活を変革する教育の創造

――学力、体力、生活を充実する私の教育課程づくりをすすめるために

大きくは三つのことについて申し上げます。

一つは、今日の状況を異常な情勢としてとらえる必要があるのではないかという問題です。二つめはそういう中で出てきている教育の特徴、子どもの状況をどうとらえるかということです。そして、三つめはそこから生じてくる教育実践のことですけど、この課題あたりが実際は非常に複雑で、問題がたくさんあってなかなか整理しきれないところに一番特徴があるようにも思えます。

（一）七八年前半の異常な情勢

七八年の前半も終わったわけですけど、非常に異常な状況のままに一年間が半年に縮まったかのような忙しさ、めまぐるしさというふうに言えるかと思います。非常にめまぐるしく毎日毎日が過ぎていく。いつも追い立てられているという気持ちがいっぱいあるし、建前だけは通しておかなならん、そういう体制の中でなかなか自分の空間や時間というものが持ち得ない、実感することもなかなかできないということがあり、いわば生活の充実感というものが、ともすると非常に欠けてきてしまっています。一冊の書物をじっくり読む余裕すらなかなか持てないという状況がこの半年の間に強まってきています。

今、一月から順番に大変大事だったことをいくつか思い出そうとしても、思い出せないほどいっぱいあり、頭の中がゴチャゴチャになっていて、なかなか問題が整理できんほど、忙しい思いをした時期であったと言えるように思います。そうした中で、だんだん小さいところへ目がいく、狭いところへ目が向き全体がわからなくなるということが、随分出てきています。小さいこと、目先のことだけが苦になって、大きいこと、遠いことがなかなか把めない状況が、この忙しさの中で生まれてきています。今こそ、大きいこと、元のことをきちんと見つめ

ていくことが非常に大事ではないかと思います。

そういう中で無意味な忙しさを生み出している元は一体なんなのかという問題を少し考えてみなければならないと思います。一口で言えば、この忙しさは、今日の政治的あるいは経済的な危機というものの異常さの反映だと思います。詳しい事例で語る余裕はありませんが、例えば、「円が一〇円高くなれば、それによって五〇万人の失業者が出る、そういう構造なんだ」という意味のことを田中元首相が話していますが、その構造の中で、円がついに一八〇円台に突入してきました。それは同時に失業者群を大量に生み出し、倒産という異常な状態にしていき、その中で独占資本自体は異常な利潤を上げているところに今日の特徴があります。

それは「過剰な貧困」といわれるように、物はあり余っているが売れない、国民の購買力が極度に低くなってきている、人べらしをして、賃下げをすればするほどますます売れなくなってきます。物がだぶつき余ってきます。米は捨てなきゃならんし、機織の機械はぶっこわさねばならない異常な状況が深まってきています。

そういう点で、この社会における富と貧困の二極化がますますはげしさを増していますが、その根源というのは、今日の社会が持っている生産の社会性と私的独占、いわゆる富の独占との矛盾が極限を超えているといわれるところにあると見なければならんのではないかと思います。それはまた、社会の生産と、生活の基礎のくずれが、激しくなったということにもなって現われてきています。そして、それは同時に、さまざまな分野での荒廃現象の広がりともなって現われざるを得ない、というのが今日の状況が示している特徴であります。けれど、今日の支配は、この危機を抜け出す正しい政策を持ち得ない矛盾をそれ自体が持っています。そして、危機の根源としての構造……現行の社会体制をかたくなに守り通さなければならない、どうしても維持しなければならない。それを支配が強めれば強めるほど、異常な情勢を生み出さざるを得ないはめになっているのです。

しかも、そのようにかたくなに守ろうとしても、この構造では切りぬけてはいけないから、道理を捨てなければならなくなってきます。そこから、強権的に事をすめるしかなく、ファッショ的にならざるを得なく、いやでもファッショ的な状況を支配自体、好まざるを得なくなります。米の減反と転作に対する農民への法律を無視した指示と罰則によってそれを行うこと……今朝の新聞に、秋田の大きな農家がついに昨日のところで負けて、甲子園の四〇倍の広さの青田刈りをやらされている写真が出ていました。そういう悲惨な状況を農民にもたらしてきています。

あるいは、日の丸・君が代を一方的に強制したり、教育正常化決議という政治の直接的な介入によって、それを学校に持ち込んでくるとかいうように、法的規制もなければ、何ら理屈も通らないやり方で、指導要領で国歌と規定するというようなファッショ的なやり方を生まざるを得なくなってきています。

そういうことが、全体として言えば、「物言えば唇寒し」といわれるような状況を、実際、わたしたちの周りにたくさんつくりだしていき、ほんとうのことを言うと、損をする。ほんとうのことを言ってもなかなか通らないということで、子どもを含めて、「物言えば唇寒し」という風潮を陰に陽につくりあげ、自由と民主主義を圧殺し始めてきているのが今日の一つの状況であります。

それは、最近の急速な右旋回といわれる軍国主義復活への危険な状況として、「安保新時代」の日米共同作戦体制による戦争政策を含めて、八〇年代へ向けての社会全体のファシズム胎動への異常性とも言えるものであります。総理大臣の靖国神社参拝、今の有事立法の問題も含めて、とにかく急速な右旋回で今の状況を切り抜けて行こうとする支配の矛盾の現われが、国家主義を前面に押し出して、反民主主義への急旋回であり、人間の尊さと、自由への挑戦として、今、わたしたちの上にのっかってきている状況であります。

けれど、こうした異常な情勢は、一面にその反映として、人間らしい生き方を求めた人々の欲求と動きを広範に生み出してきていることも確かなことであります。それも、さまざまなサークルだとか、物を創る運動だとかいろいろな形で、わたしたちの周りにいっぱい現われてくるし、昨年から今日へかけてのこうした学習会や、研究会というのも、非常な高い関心をよびだし始めていることからでもたしかに言えることであります。

そういう点では、今の無意味な忙しさが増してくる今日の状況を、まず異常な情勢としてつかむことが大切であると言えるように思います。

そういう異常な情勢が、いったい教育の上でどう現われてきているか見てみる必要があります。政治・経済・文化・軍事等に現われてくる異常さの反映として、それに見合ったものとして、教育の上へもまた同様に異常さが現われて来ています。詳細に述べている時間はありませんが、第一は、教育正常化決議の推進にみられる教育への政治の直接介入という形で、異常さが強まってきていることです。今年の三月の卒業式に向けての日の丸と君が代の導入を強制するあの姿の中に異常さが如実に現われています。あそこには、理屈も民主主義も教育も何もありません。人事のおどしを利用して、教育と学校の破壊を強行してきました。そこには、教育正常化というものの本質が見事に描き出されていましたし、その見事さというのは実に醜く哀れな姿として見えてもいました。

二つめは、教育行政の上で、教育内容の反動化を中心にした支配、計画体制と呼んでいる指導要領貫徹をめざした「計画・実践・評価」のプログラムづくりの体制であります。計画という名で切り刻まれた子どもの人間支配のスケジュールが、列車ダイヤのように組まれてきています。しかも教師をそのダイヤの細工師にして、ブロック細工の姿だけがあって、生きた人間としての姿も写らなければ考えもありません。あの計画そのものの細分化されたものを見れば見るほど、そこには、ブロックの残骸がいくつか積み重ねられている以外に、生きた人間の姿はまるでありません。あの計画書から、あるいは計画と称せられるものから、子どもたちの発達の姿を見ることはできません。しかし、そういうものが教育なんだということで進められてきています。

三つめに言えることは、そういうものが、地域の中であるいは一定の地域にむけて、非常に周到に、組織的、計画的攻撃として組織されてきているという問題も、同時に見なければならないということです。わけても、中津川市を中心とした恵那地域に対する民主教育への攻撃は、すさまじいものになってきています。坂本の教育懇談会の動きを今さら詳しく述べる必要はないのですけど、そうしたものが動きになって現われてきています。それを支持する新聞としても、中日新聞・恵陽新聞などが、盛んにそういう動きを刺激しながら、さらに市議会においても、それを支援する形で、攻撃というものが強化されてきています。その中で事件をでっち上げようとする動きすらこの頃は感じられます。何か不正をつくり出してそれによって一挙に攻撃を成功させようとする動きが、大きな謀略として、むこうの展望の中につくりあげられてきている状況が、一学期の間にたくさん私たちの周りに現われて目につくわけです。

そういったことは、気づかない形で現われることですけれど、昨日の教育講座の中でも田中孝彦さんが示してくださったわけですが、文部省発行の初等中等教育の資料のあの雑誌の中で、筆頭のグラビアは中津川の苗木地区にある名古屋市の野外教育センターでの活動をポンと出しています。先日の文部大臣と日教組委員長を軸にした長時間番組のテレビ討論の中でも、能力別学級が高等学校で是か非かという問題の中で、わざわざ桐陰高校と岐阜県の恵那北高校を放映しています。しかも、同じ能力別学級という中で、桐陰高校ではすばらしく程度の高い授業が展開されているのに対して、岐阜県恵那という恵那北高等学校においては、先生が一生懸命教授しているのは、小学校の五年生位の分数ができない状況をわざわざ撮しています。そして、子どもたちは阿呆とはいわないけども、ほんとに学習から離れた形で掃除をしたり、土手の草むしりとか作業をやっている姿を出しています。これが恵那だといわんばかりに写しています。何故日本の中でわざわざ恵那北高校が……。必要だったのは、恵那北高等学校というその名前が必要だったと思わざるを得ないのであります。そういう状況が非常に大きな形で包囲をしながら攻めてきています。そういう点で、私たちの周りには厳しさが一層激しさを増してきています。

　けれど、こうした私たちのところに直接現われてくる特徴の他に、包括的に言えば、八〇年代を見越した新指導要領とそれに連動させた形で青少年問題審議会が出した意見具申『青少年と社会参加』の構想が支配の中心になってきています。新指導要領で、バラバラの知識の詰め込みはそのままにしておいて、君が代の国歌化をしてみたり、社会科への皇国史観を導入してみたり、あるいはからだの問題で言えば、訓練主義・鍛錬主義を中心にした体力主義を詰め込んできたり、そんな形で一層非科学的な状況を強めてきていますし、ゆとりの時間といっていることを含めて、道徳的実践力を強調してきています。道徳的実践力についても、昨日田中さんからお話があったので詳しくは述べませんが、少なくとも道徳を内面のものとしてとらえるのでなしに、実践力という形で構造のパターンとして、形骸化したものとして進めてくることにも非常に危惧を感じているのです。

　『青少年と社会参加』という答申、意見具申の中では、新指導要領にもということで「学校教育において重視すべきものは、創造的な知性と並んで、正義・自愛・自然愛・正しい勤労観など、徳性のかん養であることが明らかにされている」と述べて、道徳的実践力を社会参加に連動させた形で実践させようとしています。ゆとりというものを「社会連帯を自覚させ、徹底した実践力を身につけさせる教育にどう活用するか」と、青少年問題審議会が、ゆとりの時間の使い方を指示してきているという状況すらあります。そして「児童・生徒をすすんで校外の各種団体活動に参加させることによって学校ぐるみ、社会参加の一翼を担うこと」と干渉してきています。

　この『青少年と社会参加』構想は七〇年代のはじめ、

一九七一年に経済同友会が「七〇年代の社会緊張」ということで、支配の危機を感じながら、それを切り抜けていく方策として出したあの見解を、さらに発展させたものであり、八〇年代へ引き継いで、子どもを含めて地域総ぐるみ新しい体制をつくろうとしているものです。特に七〇年代に強調された企業の社会参加、企業が地域に参加するということは、この中津川でも、この数年来、顕著にあらわれてきています。特に今年はひどくなってきて、M工場を中心とした企業が労働組合をも動かして、メーデー行進をやらずに街の中を清掃するという形で始まっています。〝なんじゃもんじゃまつり〟という祭りを企業がつくりだして、企業の中へ地域を引き入れることを進めてきていました。今年になると、中津川の祭りの中へもっと直接的に企業が入ってきています。今年の祭りは〝なんじゃもんじゃ〟をもっと広げて、M工場では各課で一つずつみこしを作って、それを街の中へ持ち出しました。そして、本当の祭りの元である津島神社は、閑散として全部そちらへ引き連れていきます。そんな形で、民俗の事業として持ち続けてきたこの民衆の祭りを実際は破壊していくということが進められています。

そういう状況がたくさん出て、企業の社会参加がどんなものかわかってきはじめていますが、特にある会議所の人たちによって、直接子どもを掌握してくるという形が強く進められてくるということがあります。今年の夏、そういう点で中津川では、いくつかの問題が出ています。欅平という市指定のキャンプ場、まだ完全にできてもいないところへ、小学校の五年生の子どもだけ五〇人指定して、連れていくような動き、しかもそのためのチラシを学校を通じて強制的に配らせようとすることがありました。そういうことをはじめとして、スポーツ大会を組織して、それに賞品を出し、子どもの〇〇大会をやるという形で、直接子どもに対しての働きかけが強くなってきています。

そういう点では、『青少年と社会参加』は、今年の夏には、急速にこの構想のもとに、先の会議所を中心にして、中津川では強められ、如実に現われてきています。スポーツ少年団を組織し、野球少年団を作り、それらがテレビで放映されることによって、のぼせあげさせていく。ちょうど今年全国高校野球をめぐって異常な状況をつくりだしたことと同じことがこの地域の中で組織されはじめてきています。なぜ全国高校野球を一か月もテレビ放映しなければならないのか、なぜ新聞記事をあのように大きく書きたてなければならんのか、誰もかれもが、都道府県を基礎に自分らの代表とみなさなければならんのか、なぜ全国を四三に分けて出さなきゃならんのか、どうしても全部の都道府県からチームを出さなければならんのかという問題まで含めて、今年の高校野球の持つ異常性は、全体としての社会参加の体制を本当につくりあげていく大きな前宣伝として利用してきていると見ざるを得ないと思うのです。けれど、そういうものが人々を惹きつけていく、私自身も全く無視するわけにはいかず、岐商はどうだったかな、中京は最後の土壇場になってむごいことをしたなとかいうようにひきずり込まれる状況をおこしてきたのです。

けれど、あそこに示される社会参加体制あるいは風潮は、今ここらでは少年野球などの青少年スポーツ組織として非常に強く進められてきています。それはさまざまな名称と組織形態をとっていますが、これらの組織によって子どもを直接、掌握するねらいの基本には、ボーイスカウト、ガールスカウトを中心としたスカウト型の組織が一番中軸になってきています。中津川でも、今まさにスカウトが一つでき始めています。以前からキリスト教を中心にしたボーイスカウトがありましたが、今、立正佼成会を中心にして、ボーイスカウトが結成されようとしています。そして、スカウトの連合体を作りながら、スカウト型によって、全体を指導し、指揮していこうとしています。ボーイスカウトが果した歴史的な役割をみてみれば明らかなように、それは否応なしに、ヒトラーユーゲントにならざるを得ません。そういう性質を持っています。実際やっているところを見ればわかるのですが、そういう点では、子どもたちをうまく惹きつけながら、特権階級意識を持たせ、それを一番先頭に立たせ、指導させる形での社会参加を着々と進めている、と見ざるを得ないのです。そういう意味で『青少年と社会参加』の構想は、もっとみんなで徹底的に検討していく必要があるように思います。

社会参加は、青少年が自発的に進んで役割遂行することによって、その集団や社会を自分たちのものと認識するようになるといいます。その自主選択の過程が社会参加であるといいます。その場合の自主選択とはいったい何なのかが実は問題であります。それは必ず利己を越えた利他、奉仕の精神につながって参加はより深まる、最後に人のためにすることとは、参加の最も基本的な要件であるといいます。人のためというのはいったい何なのか、花いっぱい運動から始まって具体的に指示はしているわけですが、結局は企業のため、会社のため、国のためという形で、ファシズムの体制をつくらざるを得ないのです。そういう意味では、人のためという逆に必ず社会の敵を彼らは生みださざるを得ません。それをやっつけることが実は人のためになる、勝共連合などまさにそういった舞台に踊り出さされて動いているといわざるを得ません。国のため、人のためにならないものをやっつけることが、人のため、国のためというふうになっていくのです。そういう点で勝共連合等がのさばり歩く状況の中で、今の社会参加が目ざしている内容をみることができるように思います。

『青少年と社会参加』には、この社会参加の行動が、「青少年自身にとって、かくべからざる営みであり、青少年の発達課題そのものである」と記してあります。ここが指導要領と否応なしに連動せざるを得ないところです。理論的基礎ともなるところです。発達課題として私たちが、地域子ども会でとらえていることをそのまま、そっくり盗用して別のものにつくり変えていく、そういう点が非常に危険な状況であります。細かくいくつかの問題がここでは出されていますし、危険な状況を示していますが、少なくとも、最高の形態で社会参加の行動を進めるとすれば、それは自衛隊に入るということになります。そうならざるを得ない状況を実際は奥底に秘めているのです。

そのためには、国家意識を強め、国民としての自覚を高めなければいかんということで、成長過程の節目、節目における伝統的、鍛錬的な通過儀礼の持つ意味などという言い方の中に、ほんとうに徴兵検査を考えざるを得ないような危険がみられるのです。成長過程の節目、節目における伝統的、鍛錬的な通過儀礼というものを、ただ三つになった、四つになった、五つになった、七・五・三の祝いをする、お宮さんへ行くなどという動きとして、捨てておくことはできない危険がこの中からは感じられます。その点では、この社会参加を、教育に連動させながら強めてきていることの中に、彼らの支配が、並々ならぬ決意の上で進められてきていると受けとる必要があるのではありますまいか。

〝ゆとりのある教育〟とか〝充実の教育〟という装いを示しながら、子どもたちを直接的に支配しようとしている思想については、今、新指導要領、あるいは『青少年と社会参加』の意見具申に具体的に現われていますが、それらの持つ思想の特徴ということでは、今年の八月一五日をめざして、今日の軍国主義復活の危険な現状をさまざまな人が見た、新聞記事の発言の中から紹介させてもらいますと、「独占の思想攻撃」ということで、山科三郎氏はこう言っています。

「企業では、生産力につかう範囲内だけで科学的なものを認め、それ以外では非合理的なものしか認めない。行動の価値判断としては奉仕の精神をかかげるということになります。その根底には、行動主義的人間観がみられ、企業は褒賞制度などで一定の刺激をあたえて行動をおこさせ、それを習慣化していけば思想になるんだという、行動主義的な人間観やプラグマチズムにもとづいた企業内教育をやっています。」

これは、昨日も話に出た、道徳的実践力の具体的な指導と全く同じことになります。

「その基本にあるのは、人間の本質は不可知だ、迷妄的なものだというもので、国際勝共連合なども同じものです。要するに、企業がやしなおうとしているのは心情的な人間観です。宗教的な心情、超自然的なものにたいするあこがれ、そして自分の欲望を心情としてとらえ、それを満足させさえすればよい、それ以外は他人にまかせればよいというものです。

しかも、そうした思想がストレートには語られず、さまざまな形で『日本的文化』論として語られています。帝国主義時代の思想は、いっそう体系性を失い、同時にそれだけに一面では部分的に同感する人間をとらえるという〝魔力〟をもっている点を軽視してはならないと思います。」

また、その「思想状況」ということで、仲本章夫氏はこう言っています。

「特徴的なことは、これらの思想宣伝がすべて、国民の理性にではなく、心情や情念に向けられていることです。この点が現在にとって固有の現象です。かつては資本家階級の代弁者たちも人間理性を強調していた時期がありました。しかし独占資本主義のもとで、そのイデオロギーも心情的な非合理主義にかわりました。これは哲学的には主知主義から主情主義・主意主義への転化ですが、今日、日本の反動イデオロギーはその傾向を極端にまでおしすすめ、科学と理性に敵対する思想になっています。」

このことが指導要領を貫き、社会参加を強制してくる基本的な思想になるわけですし、教育正常化という攻撃を裏づけてくる思想にもなってくるという点で、異常な思想状況とか異常性の根拠として、この思想の持つこわさを私たちはしかと確かめておく必要があるのではないでしょうか。

（二）子どもの状況
——異常な情勢の反映として——

子どもの状況というものも異常な情勢の反映として、異常性をたくさん出してきています。野洲中学生の殺傷事件に引き続いて、数えきれないほどの驚くべき事態が、この一学期の間に生まれてきています、非行、暴力、性の退廃が非常な進行を見せています。

この夏休みになる前に、中津川で先生が集った時に、「夏休みがおそがい」と発言された先生、「この夏休み、何がおきるかわからない」といわれた先生、そしてまた、子どもに聞いてみたら、この夏休み中に「自分がどうなるかわからん」と、子ども自身が言ったといいます。夏休みがこわいと言わざるを得ないような子どもたちの状況が、ほんとうにたくさん生まれてきています。ほんとうの学力、からだとこころに人間的危機がたくさん含まれてきています。

夏休みの計画で感じた問題としては、私が直接子どもから聞きとった中で、非常に細分化された計画はできるけど、夏休み全体のめあてはなかなか持てなくなってきているという特徴があります。キャンプに行く、キャンプで何をすると細かくはできますが、キャンプ全体のめあてについてはほとんど考えがありません。キャンプ全体のめあてはないけれど、細かい一つ一つの計画は全部できてしまう。そんな恰好で計画体制がそのまま子どもの中に現われてきています。そういう意味で、この二、三年前に中津川の坂本小学校で、夏休みにどのような地域づくりをさせていこうかという試みがなされた時に、子どもたちが夏休みをこうしたいと書いていた中に、〝今年の夏休み、私は地域にかける〟という子どもがいました。最近はなかなかそのように夏休みがとらえられません。生きることと、わかることがほんとうに結びつかない状態がいっぱい生まれております。そういうことが全体の生活や行動の中に現われております。

からだということで言えば、背筋力の低下の問題について上矢作でこの二、三年来、貴重な調査と報告をどんどん出しておられるのでよくおわかりと思いますが、中津川で昨年来調査したものによりますと、非常に特徴的なことは、例えば、片足で目をつむって立つ、閉眼片足立ちとか、閉眼指接といって目をつむって指をあわせることが、非常にできにくくなっています。お医者さんに聞いてみると、異常者を発見する時にそうしてみると言われます。そのお医者さんが言われるには「私が、子どもが来てまず異常かどうかという時に、そうしてやってみよといって、やらせる」ということです。そうしてみると医学的にみた異常者が非常に増えています。閉眼片足立ちでも、いわゆる平衡能力が三半規管に関係するということで耳鼻科でも検査事項としてこれをやるらしいです。目をあいた場合と目をつむった場合とでやらせてみると、両方できんとか、片方しかできんとかあって、三半規管がおかしくてできん場合と、脳がおかしくてできん場合がありますが、脳がおかしくてできん状況に今の子どもがなっています。

そういう点では、一つのからだの調査の中からも、一般的、医学的にいう異常という状況が増えていますし、あるいは、日体大の正木教授などから聞くと、相当、子どもたちのからだは、いわゆる身体障害者の体と同じ状況になり始めているという特徴があります。そういう点では、すべて異常のところに危機が生まれてきているのです。精神興奮度を測る機械の調査によりますと、中津川で幼稚園の子どもから中学三年生まで四〇人を一斉に一週間、測ってみた結果、明らかになった問題は、小学校の六年生をピークにして、中学一年、中学二年、中学三年と非常に興奮度が下がってきていることです。そして中学三年生は小学校の二年生と同じくらいになります。人間の発達という場合に、脳の興奮度というものは、そんなものなのか、どうなのか、中学の二年生は小学校の四年生と同じくらい、これは非常に危険な問題ではないのかと思うのです。張り切ることができない、大きな疲れが思春期の子どもたちの中に出てきています。

こころの問題でも、精神のコントロールがなかなかできません。単に自己抑制という部分でのコントロールだけでなしに、自己の精神をもっと強調したり、張り切らせていくこともできないのです。興奮もなければ、張り切りもなければ、衰退もないという形で、ほんとうに精神状況が衰退してきており、そうしたことが、時に衝動的になり、本能的になっていくという問題があります。

それは同時に、自分の目で物を見る、事実をたしかめる、自分の頭で考える、きちんとした論理を持つということができなくなっていることにもなります。そのために自分の行動に自信が持てない、多くの子どもの中に、例えば算数で「3＋5はいくつだ」といった時に、「8です」といって答える傾向が少なくなっているといいます。「8だと思います」そういう子どもが多いといいます。「3＋5＝8です」ではなしに「8だと思います」「8かもしれない」そのうちには「わからん」といった方がまちがいないということがたくさん出てきそうです。自分の判断に非常に自信がないのです。こんな状態が子どもの中に、たくさん生まれてきています。みんなの動きに合わせて、あるいは誰かの言うなりになりながら、科学的ではなく、いわゆる心情的になっていきます。そういうことでは、ファシズムの温床としての人間状況をみることができます。

けれど、それだけに子どもは、ほんとうのことがわかりたい、仲間と一緒に生きたい、心がわかり合えるほんとうの仲間がほしい、人々の役に立つ人間になりたい、あるいは役立ち得る能力を持ちたい、と切実に願わざるを得ないし、願っています。そういう点では、ほんとうの自由を求めている状況が強くなっています。ある中学の先生が、家出した子どもになぜ家出したか問いつめてみると、一人前の人間になりたい、人から認められたい、頼られる人間になりたいということが、いろいろ重なって、家出という矛盾となって出てきたということです。そういう異常な情勢の反映として、人間らしい生き方を求めている動きも、また子どもたちの中には非常に深く広がっています。

中津川の調査の中でも明らかになってきていますが、子どもは大部分このままでいいという子はいません。今の状況がいいといっている子は、自分の生き方を含めていいません。何とかしたいけど、どうしたらよいかわからない、そういう答えが多いのです。そんなところに、子どもたちの本当の気持ち、状況が現われています。そういう点では今年の二月の野洲中の殺傷事件のあとの第一中学校や、第二中学校が中心になって中学校の非行克服、あるいは退廃の克服が学校ぐるみ、生徒会の問題として運動として進められたわけですが、その時の話として、教師が本気になって子どもたちに今の危機の状況について働きかけていった時、中学生は、「俺はこれを待っていた。どうしてもっと早く教えてくれなんだ。こうしたらいいということがわからなんだ」と、言ったと報告されていました。あるいは、また、昨日の田中さんの話の中に、丸岡秀子さんが『ひとすじの道』を書いて、子どもたちにぶつかっていった時に、全国から五〇〇人の子どもが手紙で、自分の人生の悩みや訴えを寄せてきた、ということがありましたけど、子どもたちは、ほんとうの人間らしさを自分でつくりだすエネルギーを持っています。そういう強い願いを底に秘めていることは、まちがいありません。そういう点では子どもたちは決して悪くはないのです。けれども、そのほんとうに人間らしい生き方をつくり出すエネルギーというのは、建前の強調や、通り一遍の働きかけでは、自主的な活動としては絶対に展開されてこないところに、また今日の情勢の特徴があると思うのです。

そこには、今までの民主教育の実践・教訓を充分に取り込んだ新しい実践を本気になって創りだしていくことが必要になってきていることが現われています。その点で民主的な教育実践を進めていく当面の問題として、いわば私の教育課程づくりを進めていくための問題として特に三つの視点にしぼって申しあげてみたいと思います。

(三) 民主教育実践をすすめる当面の問題
――私の教育課程づくりの三つの視点――

第一に、人間的危機が集約的に現われているところに学力・体力・生活という分野があるわけですが、その分野で子どもたちの危機を子ども自身に見つけさせる、自覚的に本当の学力・体力・生活を充実させる活動をすることによって、子どもたちが自ら人間的発達を獲得していくことを私たちは追求していかなければなりません。それは、学力・体力・生活の分野に矛盾が集中して現われていてそこが支配と子どもが生きていく切なる願いとの矛盾の焦点になっているからです。ここでわかることと生きることをみつけ、獲得することによって人間の内容を子どもが自分で豊かにしていく、その在り方を創り出すことができるからであります。いわば、人間を変えなきゃならない、創らなきゃならないという場合、その人間を創る、子ども自身が創りあげていく接点が非常に大事であります。そこで人間がほんとうにわかるようになります。いわば人間らしく生きたいという子どもたちの要求は、子どもたちにとって人間らしさを最も不明にされているところでの自覚的なたたかい(活動)を通じて実現されていくからであります。そのようにして人間はできてくるものだから、どうしてもそこのところで子どもを立ちあがらせなければならないのです。学力・体力・生活の部分で子どもたちに自覚的な活動を生み出させることがどうしても必要になってきます。その問題をつめていくために二つほどのことを提起してみます。

その第一は、学力・体力・生活のそれぞれの分野での事実をありのままにみつめさせていき、そこに内面的真実としての実感とその実感をもとにした人間的な危機としての問題を発見させることであります。今の状況の中で、子どもたちは、学力・体力・生活というところに人間的な矛盾を抱いています。その矛盾を実感として持っています。そこをもっと大っぴらにさせながら、子どもにそれが実は人間としての危機の問題として大変な重大なことだということを、子どもにわからせることが必要だと思うのです。自分のせいで、俺だけたわけでそうなっているんだと思っている。けれど、ことは俺だけであるのか、他もそうなのかということも含めながら、このままで済ましているとえらいことだということを子どもたちにわからせる必要があるのです。

例えば、「物事がちっともできない」「からだに力がない」「からだが自由にならない」「みんなはええふうにやっているのに、俺はええふうにからだが動かん」「生活がおもしろくない」「自分のやっていることの意味がつかめない」「何をやってもちっとも何をやっているのかはっきりわからん」「どうしてそんなことをしたいのか自分でもようわからん」「なんやしらんやっちゃった」というようなことが子どもの状況の中にたくさんあって、それが実感として胸のしこりにもなっている問題は、ずい分あります。そういう事実を事実としてありのままに見させる、生活綴方にえがき出させることによって事実をたしかめてみるとか、あるいは、学力・体力・生活の実態をきちんと調査しなおし、その結果を子どもたちと一緒に検討することによって、いかにそこに問題があるかをたしかめてみるなどをして、その結果として、子どもたち自らに、子どもたちの退廃ないしは危機に気づかせていくようなことを、私たちはもっと多様にやっていく必要があります。綴方を書くだけでなしに、もっとさまざまな調査をやってみる、学力の上でも、体力の上でも、生活の上でも、子どもたちは大変な危機的状況にみまわれているんだということがわかるような調査を子どもと一緒に検討していくことが必要なのです。

調査というものは、子どもの状況を知るために先生だけがやってあとは調査の結果で何か手当てをしていくのでなしに、調査そのものを子どもと一緒に検討していく、それを見て、ああ俺たちはこうなんだと、ほんとうのことが典型的に現われてくるような調査を多様に展開しなければなりません。ほんとうにみんなで考え合って、子どもを変えるような調査、子どもに問題を気づかせるような調査を、私たちがどう創り出すかがこれからの重大な課題となるのです。そして、そこにある問題を考えさせていく、それは同時に子どもたちに、このままでは良くないという実感に結びつけていくことになります。その実感が反映された中で、その事実がもつ問題の性質を考える、「あの問題の中にはああいう危機がある」「こんなにおまえ達の成長にとって重大な問題なんだ」「生きる上で大変な問題だ」「わかったつもりでいても、ちっともわかっていない」「学力があるつもりでいるけれどもないのではないか」、そういうことをもっと気づかせなければなりません。あると思っている子にはないということをはっきりさせなければいけない。ないと思っている子には、あるのだということを気づかせなければならないのです。こういう点では、学力一つをとってみても問題はたくさんあります。学力・体力・生活の分野において、子どもたちが、このままではいけない、どうしたらよいかわからないと思っていることを共通の学習として組織する。学習を組織することによって問題に気づき、問題の性質を発見する。いったいどこがどうなっているのか、何を問題にするか、なぜそうなってきているのか、どうしたらよいか、結局は、そこで討議されなければならないし、考えなければならないという問題になります。そして、今のことをどう進めていくのかが二つ目の問題になります。

第二は、大変なんだと子どもたちが把えた問題意識をもとに、それを学力・体力・生活の充実の方向に自覚というものを拡げて、自主的な活動を創り出させることを運動として進めなければならないことです。これは、学力や体力や生活の充実という点での人間的な目あてを生みださせ、自主的で規律的な人間的努力としての活動を創り出させることでもあります。その場合、人間的なめあては、実践（活動）としての内容を創りだすことを可能にするものでなければなりませんが、それは計画体制の中で、私がやらされてきているこま切れの計画化というようなものではなく、生きていくことと全体としての学習・生活（生きること）での、わかることと生きることのめあて、いうなれば、子どもにおける人生（人間的な生き方のめあて）との関係で生み出さなければならないのです。

例えば、単に業間体操の時に一五〇〇メートル走ったとか、縄跳びが何回とべたとか、そんな恰好だけで子どもたちに点や○や×をつけるものでなしに、もっと何をなすべきかが明らかになるように、日々、自分自身の生活を創り出し、活動を生み出すことができるめあてを子どもたちに自覚させていく、それこそ実践的な今日の課題であります。そうしたことでは、今までに取りくんできた中にもいくつかの教訓があります。それを今、ほんとうに学び尽しながら、創り出さなければなりません。それは、子どもの社会的本能と、その能力を高める方向で生み出し得るものだと考えます。理念的に言えば、自由と民主主義、自由と人間の尊厳を確立し、広めていく方向で生み出されてくるものでありましょう。そのようにして子どもたちにめあてを生み出させて、活動を自ら組織させて、自分で人間を獲得していく、人間を自ら創っていくたたかいに子どもたちを立ち上がらせることが、まず第一の課題ではないでしょうか。

そうした実践を創造的に進めていくために、今までのいくつかの教訓を学ばなければなりませんが、先ほども少し紹介した野洲中学校事件以後行われた第一中学校や、第二中学校での生徒会を中心にした集団的な退廃克服運動というものの中から、あるいは第二中学校における生徒の自主的な創る教室運動（生活をつくる教室運動）の中から経験や教訓をたくさん学んでいかなければなりません。そこには、生徒の状況を人間的危機としてとらえた教師集団の統一がありました。全生徒に一斉に働きかけて危機を意識化させ、生徒集団全体の問題として自主的な行動を組織させる意志の固い教育活動が存在していました。教育活動は事実をありのままに見つめさせることを基礎として具体化されました。運動は共通のめあてを創りださせ、新しい生活（内容）を生みだす方向で組織されていきました。これらの運動には未だ弱点もあろうけれど、そこには、どうにもならない子どもは存在してはいませんでした。人間らしい生き方を求めて、努力する子どもたちの新しい姿をみることができました。運動の内容（例えば、遅刻をしない）には、自堕落の抑制という面だけでなく、遅刻をしなくてもよい学校（学習活動の改善）が含まれているわけですけれど、それが進まないと、いま一つ発展しないということはありますが、私たちが実践化の上で教訓としなければならないいくつかの点を持っています。

二つめの問題は、「私の教育課程」を全般的に組んでいく中で、基本的な問題としては、八〇年代へ向けて支配の体制は、道徳的実践力と社会参加を結びつけた形で人間像を具体的に示してきています。それは「期待される人間像」を出した時から明らかになっていますが、だんだん、だんだん具体化してきています。「期待される人間像」の冒頭に「人間は自由です」とありますけれど、自由は自発性におきかえられてしまつて、その間に論理や思考を全部ぬいた人間像として、道徳的実践力としての人間となって現われてきました。この人間像はさまざまなことばで飾られているけれど、根本においては、考えることを奪われた人間だという点に非常に大きな特徴があります。先にもあげたように、計画体制のところで見れば、考えることを奪われるということはどういうことか一番よくわかります。教室もまた計画体制の中で考えることを奪われるようにできてきています。だから、私たちは考えなきゃならんということになります。本当の思考の退廃という現象であり、いわば、わかることの喪失とでもいう状況であります。考えるという問題は、わかることと生きることとの結合でなければなりませんし、人間として、何をなすべきかを自分の力でみつけ出すことができることであります。そして「何を」はまた、科学的思考としての「なぜ」がなければ生まれてこないものであります。そして、この「なぜ」を自らの問いとして生みだすのは、「どう」という事実への着目と観察なのであります。「どうなのか」という事実への着目が正しくできる時に「なぜなんだ」という問題は自らの問いになります。今、子どもたちの特徴は、この「なぜ」という質問がないところにあります。それはこれまでの支配の結果として、今の子どもたちに欠けているものです。そして、八〇年代の危険な状況づくりをめざす体制の中では、もっともっと剥奪されてくるものです。「どうなっているか」という事実の観察、そこから生れてくる「なぜ」への自問が、もっと剥奪されてくるのであります。生活の基礎、人間の基礎が破壊されてきているのです。「なぜなのか」を通りこえて考えたような操作にしかならない。自らの思考にならず、操作としての思考が存在するだけであります。

その点で、事実をありのままにとらえることの持つ人間的意味（価値）を深くとらえて、教育として実践化することが大切であります。いわば教育目標としての人間像を、教育実践の課題として具体化する場合、考える人間というところに基本を置き、具体的には生活綴方を含めて、それぞれの科学・芸術の特性に応じた、物事に対し科学的に考えることができる力を育てるように「私の教育課程づくり」を進めることが必要ではないでしょうか。科学の成果を獲得するという問題は、考えることの結果として生ずるものであります。考えることがなかったら、科学の成果は獲得のしようがありません。科学の成果も考えることをぬきにしては、生きる力にはならないのです。

それは、教育基本法にいう「平和と真理を希求する人間」の持つべき資質、特質の教育実践的な今日的環とでも言うべきものでありましょうし、八〇年代の危険なファシズム構想に対する中心的な教育の対決点でもあると考えるのであります。だから、子どもたちにとつて、生活に根ざして、内面に裏打ちされた科学を獲得していくことは、考えることによって自らの論理を生みだしていくことになりますし、その点を大きく人間像の教育的な実践課題として、私たちが中心に据えていかなければなりません。それが第二番目に申し上げたいことです。

第三番目の問題は、人間は集団として存在してこそ人間となり得るという点で、今さら集団（なかま）づくりの必要を述べることはないのですが、人間の存在するところ、生活のあるところには、なかまがなければなりませんし、そのなかまが生活をきり拓いて、その生活を創り出すなかまでなければなりません。だから、絶えず子どもたちのいる学級、学校の集団や、地域の集団を私たちは重視してきました。発達の課題としてそれをとらえてきました。先に言った「考える」という問題も、なかまの関係をぬきにしては実現できませんし、「ほんとうの考える力」は、「ほんとうのなかま」の中で育てられていくことも、これまでの実践の中ですべて明らかにされてきています。その点で「なかま」という問題との関係においてとらえてみる必要があると思うのです。

よくひきあいに出しますが、久保栄の『火山灰地』にあります「同じ手ぶりで踊っていても、離ればなれな心と心」の状況では、集団（なかま）ではありません。ほんとうの仲間ではないのです。けれど、今の子どもたちのなかまに対する状況は、同じ手ぶりで踊っていれば仲間であって、離ればなれの心と心の状況としてなかまの問題が見つかっていません。『青少年と社会参加』の構想の中では、ますますその傾向は強まってくることはまちがいのないことです。利己を捨てて利他へ、そして奉仕の精神といっているのは、クループスカヤのいう社会的本能とは異質のものでありますし、集団は本来そうしたものが、基本ではありません。

以前、私はあるクラスの子どもに手紙を送りました。「なかま」というものをどういったらいいかなと思いながら、〝いっしょにいるからなかまなのではない。いっしょに生きるからなかまなのだ〟という言葉を使ったことがありますが、この「いっしょに生きる」ということを追求するのが集団であるわけです。その点で、子どもたちが生活する場としての学校・地域に共通の生きるための課題を見つけて、いっしょに生きることの内容を豊かにすること、いわば生活を創り出すところに、集団の活動の中心を置かなければなりません。いっしょに生きることは、単なるおつきあいやなかよしでは済まされない内容を持たねばなりませんし、集団の自治ともいうべき、民主主義の徹底がはかられねばなりません。いいくらいの民主主義、ジャンケンで事を済ませていく、どうでもええわということでは、いっしょに生きる集団にも形態にもなっていないわけで、内容としても、形態よりも、もっと生きるという問題が正面にすえられてきます。ジャンケンや形式的な多数決では、いっしょに生きることはできないのです。学級、学校、地域子ども会の集団が、いっしょに生きるという点での内容を、多様に創り出し、いっしょに生かされていく、いわば、いっしょに殺されていくという状況をほんとにつくらんようにしなければなりません。自らの力でいっしょに生きていくんだ、何となくいっしょに生かされていくというものではないんだ、いっしょに生きていくことを獲得させていくその力、生きることそのものの組織が大事であります。

教育実践として、子どもたちの集団活動を組織し、具体化する場合の今日の重点として、適当な言葉が見当らなかったので、「いっしょに生きる」という言葉を用いましたが、子どもたちに、なかまを「いっしょに生きる」ものとして創りあげさせていくことが何より重要だと思います。なかま、いわゆる集団の活動として生きていく充実感を具体的に、多様に、また日常的に生み出させるようにすることが、そういうことをめざした「私の教育課程づくり」を考えることが大切です。ほんとになかまといっしょになって生きていく（考えていく）ことを、私たちは「私の教育課程」として開花させていかなければならない時期に迫られています。考える力を獲得することと生きることを獲得させること、この二つの問題は、人間の発達の問題として、ほんとに大事にしていくことが必要ではないでしょうか。

結論的に言えば、第一番目にあげた、子どもたちの自覚をもとに、学力・体力・生活を充実させていく活動を運動として展開していくことを当面、前面におし出しながら、第二、第三で申しあげました「考える」「生きる」ということの基本をふまえた教育実践を、さまざまな分野でのわかる学習を、「私の教育課程づくり」の開花と共に進めることが、今、非常に大事ではないのでしょうか。

＊一九七八年八月の東濃民主教育研究会夏季集会における基調報告。「青少年の社会参加」という名目で子どもの内面を体制の中に取り込んでしまおうという政策が具体的に地域で展開される一方で、学校には「計画体制」という新しい支配が、教師たちの自由を奪い、さらには考えるということさえ封殺するような事態が生まれていることに警告を発した。『人間・生活・教育』七八年冬季号、『恵那の教育』資料集』第二巻に収録。

◆論文17（一九七九年）

子どもの体と心をどうみるか

ひろがってきた子どもの体の問題

最近、体がおかしくなっていることについて、日本中でいっぱい問題がだされています。また、みなさんが指摘された問題が全国にひろがって、日本中で子どもの体がおかしくなっていることが論議をよんでいます。

おかしさがどんなふうにでているかは、今さら申し上げる必要がないほどみなさんがよく御存知ですし、たとえば、正木先生がこの間だされた『子どもの体力』の本を読んでいただければ、おかしさの現状は全部でてくるわけです。

そのおかしさについて、どうしていくかという場合、体そのものについて、子どもが自分でどう自覚していくのかという問題が中心ではないかと、中津川学力充実推進委員会では考えています。

体だけではなしに、学力、体力、生活全体がおかしくなっている、それをきちんと正していく上で、大事なことはいったい何なのか、いくつか大事なことがあるわけですが、結局は子どもがおかしさを自覚して、自分でおかしさを直していくことができるようにすることが一番大事ではないかと考えます。

それは必ずしも、幼児と中学生、小学生と同じ意味でいっているわけではないけれど、基本としては、やっぱり子どもが自分で自分の体をつくりあげていくという自覚が、幼児から中学生に至るまで必要で、そのことをどうにかして子どもにわからせたいと、いくつかこれまで調査してきた中で問題を少し整理してみました。『からだの発達と生き方』の学習テキストは、その結果つくられたものです。それは子ども自身が体をどうとらえているか、子どものもっている実感にできるだけそくしながら、あるいは子どものもっている実感をひきだすことに努めながら、体はどういうふうに発達するものなのかを子どもに理解させることに主眼をおいてつくられています。

体について、発達という立場での見方を子どもに知っていってもらうことが一番中心になっています。体というものがいったい何なのか、子ども自身に問いかけながら子ども自身が体についてもっと疑問をもつ、そして、自分の体についての問題をふかめてみる。さらに、発達の立場で自分の体をつくっていく時に何が問題なのか、子どもに自覚してもらうことがねらいになります。だから中味としては、体とはいったい何なのか、ということがひとつの中心にならざるをえないのです。

体と心のつながりを考える

その場合、ここで強調しているのは体と心がどうつながっているのかということです。体というと、ともすると精神と肉体という言われ方で二元的に分離するようなからだ観が、長い間私たちの子どもの頃には教育の上で通用していました。

最近でもそれほどのことはないにしても、体と心が比較的はなれたものとしてとりあげられています。精神さえしっかりすればなんとか事がなると見たり、あるいは、精神ときりはなして体さえ丈夫にすればいいという言い方で精神をきりはなしたかたちの体の操作だけが論じられながら、実際は体と心が本当にうまく結びついているものだということがはっきりしないままになっています。

その意味では、体と心がつながっていることを問題にしながら、体と心がつながるヒトの体の特性がどういうふうにできてきたか、それが進化と発達になるのでしょうが、ヒトの体の特性はいったい何なのかというところに目を向けなければなりません。その上で、ヒトとなってからの体の発達にはいったい何が必要なのかというヒトになるまでの体の発達の問題、ヒトとして体を発達させることになれば、幼児から大人に向けて体を発達させていく、単に成長させて大きくなるだけの問題ではなく、体そのものを発達させるとはいったいどういうことなのかというような点を子どものなかに問題としてなげかけてみるというのが体とは何かという内容になります。そして、体は発達していくもの、あるいは、歴史的につくられていくもの、社会的につくられていくもの、いうなれば体を歴史的、社会的存在という観点でみたときに、体づくりをどういうふうに考えたらいいのかということを子どもになげかけてみたわけです。

今までそういう観点でなかなか体をあつかったことがない、理科でやれば、体の仕組はどうなっているか、保健でやれば、体の健康を保つにはどうしたらいいか、あるいは、それにどれだけかの医学的知識がついて医学の上で生理をどうとりあげていったらいいか、人間のさまざまな体のもつ生理現象をどう考えていくか、というようなことだけで、体が発達してきているものだという観点が学校の教育の中に欠けているのです。

だからそういうふうに問題をだすと、それだけでめんくらってむずかしいと思う子どももたくさんいるわけですが、うまくやれば大変興味のあることだと思います。

体の発達と生き方

日本人の生き方のなかにはずいぶん体でもって生き方を表現することがたくさんあるし、体が生き方に結びついたものとしてずっと民俗の中でとらえられてきました。けれど、学校の教育のところでぶったぎられて体が生き方とも結ばれないし、発達というか進化を含めた科学の体系の中でもあつかわれずに、非常にバラバラな形で今ある存在そのものとしてあつかわれます。しかも、そのあつかわれ方は体を有機体というか、体と心が結びついた統一されたものとしてあつかわれずに、呼吸器系がどうの、運動器系がどうのという格好だけのバラバラの体になって、体全体がひとつまとまったものとしてなかなかつかまえれないようなあつかい方が多いのです。

そういうことにくらべて、昔から日本では体がもっと生き方に結びついてあつかわれてきた歴史がありますす。それはテキストの始めにもありますように、「そこで手を打った」とか、「それに肩入れをした」とか、「それを腹におさめた」、「そこに腰をすえた」という言葉がありますが、これがなかなか子どもにはわからないのです。「そこで手をうった」というようなことが本当にわからないことが多い。六年生の子どもに「どういうこっちゃと思う?」というと、こうやっちゃらと手をうつ真似をする。「どういう意味のことや?」意味がわからない。拍手することかなんて言う。その時に必ずしも手をうつとかうたないかは別として、「そこで手を打つ」、あるいは、「腹かける」といういい方の中で生き方、生活の仕方をあらわすことがわからないのです。今、子ども自身がとらえている体は、日本の中で体というものを民俗が生き方に結んでとらえてきたとらえ方とは違ったものになってきています。そういうとらえ方が子どもの意識の中にないということの中にも最近の体の問題の性格をみることができます。

日本人の場合「腹」というものにものすごいいろいろなものが入ってしまう。腹ぐろいとか、腹がきたないとか、腹白いという話はないけれど、切腹だって腹をだす。腹をわって話すとか、なにしろ腹というものに心がずいぶん入っている。そういうことについて、研究者の話では、狩猟民族でない日本人は、草食的というか農業が主体になってきた民族なので、解剖学が非常におくれている。したがって、狩猟民族では、心臓が一番問題になるが、日本人は何もかも含めて腹。腹という言い方のなかに全部心が入っている。そういうとらえ方が日本人の昔からの、ある意味でいえば、非科学的なもので、西洋―狩猟民族とはちがった科学のおくれになってきているともいわれています。それにしても、腹ということの中にずいぶん生き方として心をこめた言い方をしていることが日本の中にたくさんあります。たとえば、「腹かけた」とか、「腹ぐろい」とか、「腹わる」、「腹におさめた」という言い方になってあらわれてきている問題は、今の子どもたちにどういうふうに受けつがれていっておるか、という問題が一つあるだろうと思います。

そのあたりから、子どもに問題をぶつけていくと、生活の仕方と自分の体とが結ばれていないという状況が目立ちます。今、「体グニャ」というふうに言われている状況があります。目がトロンとして「体グニャ」というのを、正木先生はＮＨＫで調べた特徴の第一にあげられていますが、「体グニャ」という問題のなかには、「臍下丹田（臍下一寸のところ）にちょっと手をあててみろ」、「ぐっとそこに力を入れてみろ。そこに力を入れた時、気持もしゃんとするやろ」というと、「そんなこといやぁ、うんこがでちゃう」という子どもたちがいましたが、そのくらいしまりがないのです。前にキュと力をいれると、後がプッとあくようなそんな体になっているのです。「体グニャ」のときには、臍下丹田とはかぎらないが、姿勢も含めて体がしゃんとすることがないままに気持だけ「はい、しっかりこっちを向いて」、「はい、しゃんとして」などいくら言ったって体そのものがちっともしゃんとできるようになっていないのです。小さい時から体に代表されてくるような生き方をずっと今の子どもは教えられていないというか、きいてこない状況の中で、やっぱり体と生き方とが子どもの中で結びつかない状況がでています。

日本でいわれてきました「腹わる」、「腹かける」ことが必ずしも科学的にいいという問題とはちがいます。そんな腹わった話といってみても、実際にわって話すものはないわけで、たとえば、切腹なんかは腹わるという一番初歩的なもので、あんな痛い死に方はないそうで、それで首を切らなどうしても死ねないようです。ようするに、そういうことも含めて「腹わる」という言い方は科学的でないけれど、心のありようとして腹というところに昔から心のありかをおいてきたわけで、体の中で腹というときは心のことを言っていることが随分多いのだと思います。心のありかとしての腹というふうになっている民俗のからだ観が、本当はとぎれた形で子どもの中に入っているのです。体と生き方といった場合に、たとえ非科学的な部分をもっていても先祖代々うけついだような格好でのからだ観もなければ、さりとて、新しいからだ観もないところで子どもはとまどっている、というのが実際やってみた中ででてくる状況のように思います。

そういう点では、子どもに対して体を問題にしていく時、やっぱり体と心がどうつながっているかというあたりから問題にしていかざるをえないと思うのです。

体がわかるということは

「あんたは生きているか?」と聞くと、きまって「生きとるよ」といいますが、「どこに証拠がある?」と聞くと、幼児ならどういうふうにでるか私にはわからないけど、六年生ぐらいの子になるとボケッとしている子が多いのです。ボケッとしない子は、「心臓が動いとるも」といったり、「呼吸しとるも」といいます。「本当に心臓が動いていることとわかるか?」とか、「本当にそうか?」と聞くとその実感はないのです。呼吸しているとか、心臓がうごいているというような観念でしか、体が生きているとつかんでいないのです。「心臓がとまると死ぬ」、「呼吸がとまると死ぬ」そんな風に体をみています。自分の手を動かして「これ見ろ、俺は生きとるやないか」そんなふうに言わない子どもが多いのです。体を具体的にとらえていけないのです。生きているか死んでいるかだって、心臓が動いているなどという言い方でしかわからないのです。これは特に普通にいう点数のいい子に多い傾向です。「心臓がうごいとるよ、あっ、止まりかけたよ」とはわからない。それなのに、子どもは、「生きとるよ」というとき心臓がうごくという言い方になるのです。

どんなに体というものを観念的にしかとらえていないのか、そんなところにもでてくるわけです。「もっと体について実感がある生きている証拠をだしてみろ」といった時に、証拠が自分の体を動かしてでも、「しゃべっとるやないか」、「見とるやないか」とスースーでてこない。そういうふうに体がとらえられていないのです。

心臓が動いているのは実感としてないのに、心臓が動いているはずだから俺は生きているという言い方でとんでしまっている間を、本当は埋めていく仕事がずいぶん大事ではないかと思います。そういうふうに体がとらえられていくことがだいじだと考えるのです。

心臓が動いているという科学的真理というものを、その下にいっぱいにさまざまな実感があって、そのうえにはじめてつくりあげていかないとダメだと思うのです。何も体について実感のないものが生きている証拠に心臓が動いているという言い方になってでるような今の体についての知識、理解を本当に正していく必要があるのです。そうでないと、なかなか子どもは自分で自分の体をコントロールできるようにはならないだろうと思います。そういう点では、生きることにからんで体と心のつながりの問題がずいぶん大事になるだろうと思います。

「生きる力」をどう発達させるか

どんな名医であっても、患者自身が病気を治していく力がなかったら治らない。そういう点では気の持ちようだけで体を治すこととは違うけど、本当に病気を克服して治していくのは、病気になった当人の「生きる力」がなかったらどんな名医でも治しようがないというのです。

そこを上手にひきだすかどうか、患者のもっている「生きる力」をくじけさせないように、生きる側に向けて組織していく。そういう仕事を名医はうまくするだけで、「生きる力」を失なっている体だったら生きるわけにいかない、病気を治すわけにいかない、という意味のことだと思います。患者自身に「回復する力がある」、そのとらえ方が、体をみていく上で一番大事ではないかとでています。

教育がまさにそうだと思います。子どもが発達することについて大田堯先生は「選びながら発達する」といわれますが、子ども自身が自分で生きていく、子ども自身の中に発達する力があるから、教育はそれを保障する仕事になる。子ども自身が発達する力、生きていく力をはじめからもたなかったら、それは教育のしようがないのです。

子どもをみていく場合に、「生きる力」をベタベタ膏薬のようにはってやるのではなく、子ども自身が持っている「生きる力」をどうやって発達させるかが教育の中で一番中心のことになるのです。体をみていく上でも、そこが中心にならねばだめで、子ども自身が、「生きる力」として体を発達させる力をもっているという観方が必要です。それがいま弱いという問題と、持っていないという問題は別で、いま弱いことは確かでおかしくなっているのでしょうが、おかしくたって、弱くたって、子ども自身がそれを回復しない限り、体を生きる力として強くすることはできないのです。その意味では、子どもたちの体を子ども自身に考えさせていく。あるいは、私達が子どもの体を考えてみるとき、体そのものの「生きる力」を強めていく、「生きる力」を発達させるもとは、子どもの中にある。その子どもの中にあるものをどういうふうにひきだすかという問題が、私達自身の教育の上で一番中心に考えねばならぬ問題になります。

生物はすべて内部の矛盾として「生きる力」をもっています。生まれたとたんから、死との葛藤がはじまって生きていくのです。「生きる力」というのは内部にあるわけで、それが弱いというのは内部の死とたたかっていく力みたいなものが弱いのだと思います。そこを強くするという問題が体を丈夫にしていく場合に、特に重視しなければならないと思うのです。先程の、病気は医者が治すのでなく、患者自身が治すものだという立場で体をみるとき、その内部の生きる力をうんと強めていく。そういうふうに見ていかないと、なかなか体の本当の姿がとらえられないのではないかという問題があります。

人のからだの発達

以上のようなことをもとにおいて、子どもたちのからだの発達の問題を考えてみるとき、忘れてならないのは人間の体にかかわる最大の特徴が、直立二足歩行するということです。

たとえば、人間はどうやって人間になれたかというと、エンゲルスは、猿から人間になるための労働の役割といって、労働が人間をつくり出したといっています。それは間違いなく正しいことと思いますが、労働が可能になったのは何かといえば、二本足で立って歩くということが可能になったことが、人間になるための生物的条件の基本にあると思います。この二本足で立って歩くことは、人間の体の最大の特徴であるし、人間の精神をつくりだしてくる特徴でもあるわけです。そうすると、人間の体の発達という場合、二本足で立って歩く体を我々がどういうふうにとらえてみるか、ということが一番大事になります。

二本足で立って歩く動物になった為に何かが変わったという以前に、何故二本足で立てたのか、何故ヒトは二本足になれたか、直立二足歩行ができるのかということを考えてみることが必要です。

ヒトが二本足で立って歩くためには、それ以前に二本足で立って歩くための条件があったから二本足で立ったわけです。急にそこらのイヌやネコをつれてきて、二本足で立たせようとしても立ちようがない。体そのものがそうなっていない。二本足で立つことが可能であった人類の祖先が二本足で立つようになれたのは、今の動物の中で比較してみれば、類人猿のような状態があったから立てたわけです。

今の類人猿、ゴリラやオランウータンがやがて二本足で立って、人間どもを負かすであろうということは空想小説になるだけで、今の類人猿が二本足で立つことは永久にできないけれど、人間が二本足で立つことができるときには、今の類人猿と同じ要素というか、体の特徴をもっていたわけです。それをたどれば、猿やオランウータンといった類人猿が何故類人猿になりえたかという問題がまだあるわけです。

そうして、ずっと源へいくとどのように生命が発生し、アメーバがどうやって進化してきたかという歴史にたどりつかざるをえないわけですけれど、その歴史を全部ひもといて、何故陸の上にあがってきたか、何故その骨はできたか、何故とべるようになったか、ということを一つ一つといていけば生物の進化の問題になるのです。

そのことをもっとちぢめて、人間のところまで戻ってきて、何故人間になれたかという場合に、いまの科学の説で極めて簡単にいえば、今から六千万年ぐらい以前に暑い森の中に住んでいて、今でいえば猿と同じような状況にあった動物が、気候の変化の中で餌を探すために、片方はより森の中の樹上の生活を続けていき、片方は地上におりることを試みた。その地上におりることを試みた動物が人間になってきたというわけです。

ものがみえる目

何故地上におりて立つようになれたかといえば、やっぱり樹上の生活をしていた時に獲得した能力があったから立てれたわけで、それは木の上で暮していた猿が、他の哺乳動物よりさらにすすんでもっていたものがいったい何であったかを考えてみなければなりません。

その場合、猿のもっている最大の特徴、猿というより類人猿といった方が正しいかもしれませんが、類人猿のような猿がもっている特徴の第一の問題は、目の問題だと思います。ものを見るということです。ネコなんかは目がついているが色がわからない。何もかもうすくて黒かったり、白黒がでてくるだけで色として見えないといわれます。そして、ものが立体的にとらえられないといわれます。なにから、どこのあたりから色が見えてきたのかという生物学上のことは何もわかりませんが、猿は人間の目とほとんど同じだそうです。

目が前向きについていて、明暗と色彩の判別ができ、立体視ができるようになるのです。目が横についているときはそうならないのです。それは顔が前方に向けられるようになることと関係しますけれど、たとえばネコはひげでいろんなところを探してみていきます。

あのひげでものの幅がわかったりしていくわけです。ネコのひげを切ったら本当に狭いところを通っていこうとする。だから、自分が通れるのはどのくらいの幅か、顔をつっこんでヒゲで幅をはかる。これなら体が通れるか通れないかというわけです。ひげを切ってしまうとどれだけの間隔があるかわからないからひげにさわるまでやります。どんな狭いところでも通ろうとします。ネコはひげが感覚になるというわけですが、目で見られないものをひげで見るのです。人間なら自分が通れるか通れないかは測ってみなくてもだいたい目で見ればわかるわけです。腰が通っていくかどうかでも、一定の幅を見ればわかるのです。目が見えなかったら何かでそこのところを知り、わかっていかなければならないのです。

その意味でいうと、猿やヒトは他の動物からひとつきりはなされ、進化し、発達していく上で目が非常に大きな役をしているのだと思います。まぶたがあって、前についておって、色が見えて、立体的に遠近が見える目になると、動物の自由はひろがるわけです。

目でものが立体的に見えるときは、ものが正確にわかるのです。それ以前は、犬のように匂いでものがわかるわけですが、匂いでわかるより目でわかることの方がどれだけ正確かわからないのです。ものを見るときに高いところにいて、遠い近いが見えて、幅がわかって全部みえたら、自分でどこに餌があるか見つけることも、あるいは自分に対して危険を察知することだって正確になるわけで、物を正しくとらえるということではヒトの場合、鼻よりも目の方がうんと発達しているわけです。あれが匂いでしかわからなくなったら大変だと思うのです。いくら遠い方の匂いがわかっても匂いが消えたものについては何もわからないからです。

その意味でいえば、目が発達してくるにつれて嗅覚が退化していくのは当然なことで、人間が犬より匂いを嗅げないことはそう恥しいことではないけれど、犬よりもいろんなものを見ているはずだけど見えないことはちょっと恥しい話です。

目はまた脳の発達をうながしたといえます。脳が発達したから目が発達したのか、目が発達したから脳が発達したのか、その関係にもいろいろあると思いますが、少なくとも、ものを見て正確にものをとり得ていくという、人間の発達にとって目はたいへん大事なものになっているわけです。「知ることは自由なり」という言葉がありますが、人間はたった一人で自由を求めてきたわけでなしに、獣の不自由さから集団的に人間としての自由をつくりだしてきましたし、未来に向けてもっと自由になって、私等が生きている時代よりもっと先になれば人間というものは、私等が知らない自由をもっとたくさん確保していくだろうと思います。だから、人間が他の動物と決定的に違う点はその自由ということで、それを自ら求めていくことができるわけです。そして、自由をつくりだしていく一番の基本は、「知ることは自由なり」という言葉にあるように知ることが中心だと思います。

その場合、立体視のできる目でものを知ることが大変おおきな役をしています。だから、別にいえばそうした目をもつ猿になっていなかったら人間になれなかったということにもなるわけです。今でいう類人猿と同じ性質を、人間の祖先がもっていたことが人間になるまず第一の条件だったともいえると思います。

目でものを見ることについてもうすこし考えてみたいと思います。ヒトは直立二足歩行することによって、顔が九〇度回転した。そして、首筋がしゃんとしたことによって首が回り、はじめてものがたくさんみえるようになった。猿は人間ほど回らないわけです。人間は首がそうとう大きな回りを示すことができる。そのことは、もっと見る範囲をひろげていったことになります。魚眼レンズのようになることが、ものが見えるわけではないと思います。魚眼レンズになれば広い範囲が見えるけれど、魚眼レンズでうつした写真のようにものを正確にみることはできません。その点では、首がいろいろに動くほうがよっぽどいいわけです。

そして、この首の変化は目でものを正確にたくさん見るようになったと同時に、また、目の発達をうながしたにちがいないだろうと思います。このことが、今度は脳を大きくし、その発達を可能にしたわけです。牛みたいな格好で首がついていたら、頭だけ大きくなってしまったら困ってしまうわけです。今度は下げるよりしょうがないために頭が大きくなる限度がしれているのです。

ところが人間は巨大な頭の持ち主になった。空気の重圧にも耐えながら上を向いておれるというのは、首で支えているからです。

立てたからそうなったわけですが、最初に立体視のできる目があることが基本で、ものをとらえる力があったことがまただいじなことだと思うのです。

体がまっすぐに立てた

その次が、立てるという問題です。立てるためには、体幹がまっすぐでなければならなかったわけです。胴体がゆがんでいたらすぐには立てなかったし、立つためには胴体がまっすぐになっている必要があるのです。胴体がまっすぐになっていたのは、猿のときぶら下っていたということが効いているわけです。猿は少なくとも人間に近い格好がとれるし、手が発達してきています。人間の手のようにはなっていないけれど、ものを握ることができる手になっています。それがやがて立ったときに人間の手になってきたわけです。

類人猿が手でぶらさがって動いているから、胴体が長くまっすぐに伸びることができました。そして、それが地上に下りたわけです。それは胴体がまっすぐになっているという上で直立二足歩行ができるようになったのですが、その時どこが一番発達したかというと、それは足になるわけです。

足の発達と背筋力の発達

そして手の発達が、他の動物と比較したらものすごくでかい足になっているのです。巨大な足になって上体をまっすぐ支えて移動することのできる力をつけていったわけです。そのためにどうしても必要になったものが足の筋肉の強化です。そして、疲れない足にするためにスプリングの役をするアーチができてきたと思います。このアーチが、実は「土ふまず」になっているのです。

たくさん歩いても足を疲れさせないようにするためには、土ふまずをつくれるような骨のアーチができてこなければならないし、その足で立っているためには足が太く、腰が強くなって上体を絶えず支えなければならないということで背筋力が強くならなければならないのです。

大殿筋や背筋力が強くなってはじめて上体を支えることができるのですが、そうなった時に本当に上肢としての手が自由になってくるわけです。手が自由というのは他の動物と比較してみればわかりますが、他の動物の場合、手をいくら前に上げさせても（手とはいわない前肢を）前後にしか動かないのです。犬は肢を動かせて横へ向いて走ることはないし、泳ぎでクロールしたり、平泳ぎをすることはできません。人間の上肢はひろがって鳥と同じようにもなりますし、また肩がまわるようになっています。ここが発達して広くひろがり、手が自由になるのです。そしていろいろ動くようになるわけです。

このようにまず足が発達して、手が発達する。そして、手が発達するにおよんでまた脳が発達するというようにして、脳は大きくなってきたと思います。頭で荷をはこぶという民族の風習があるように、頭に重いものをのせられるのは体がまっすぐになったことからできるようになったのです。

体幹がまっすぐになったことが、脳を発達させる生物的な条件でもあるのです。足が発達し、筋肉が発達し、とくに背筋力が強くなって、体をまっすぐにするにおよんで手の自由がひろがり、脳が大きくなるということができてきたと思います。また、手の感覚が脳の細胞を刺激して脳を発達させていくという問題もあります。特に手でものを握ることは人間になる以前の状況で、握ることができたからはじめて人間の手をつくることができたわけです。猿のような手だったから、いまヒトの手になれたと思うのです。

体の感覚の発達

そして、足や手の発達によって、身体の感覚が非常に発達してきたと思います。足の裏でものがわかる、熱い冷いだけでなくて、もっといろいろのことが足の裏でもわかっていくようになりました。

手はもっと正確にものを感じ、わかることをすすめました。手の感覚のするどさについてはいろいろいわれます。薄いとか厚いとかもわかります。指紋ができてくるなかで、もののふくれやへこみの様子が、目でみたってわからないものが指でわかるようになってきました。もののデコボコが一番わかるところとして指の感覚ができてきたのです。感覚というけれど、それは知覚といえるようなもので、ものを正確に知るということにだんだんなっていくわけです。

手は必ずしもののデコボコだけがわかるはたらきをするのではありませんが、いま子どものからだがおかしいといわれている時に、逆に指でどれだけのことがわかるか試してみれば、そのおかしさがわかるほどだと思います。きっとだいぶおかしくなっていて、もののデコボコなんか平気になっているような状況があるのではないかと思います。

日本では、光学機械が発達して、特にレンズの製造などではすすんでいるようですが、最高のレンズは表面がつるつるでなければならないわけです。その最高のレンズのデコボコは職人がみるわけですが、必ず指でふれてみるそうです。まさに一〇〇万ドルの指ということになるわけですが、これが一番正確だそうです。そういう指のもつ感覚のするどさ、デコボコをみわけるするどさからいえば、今の幼児などみれば相当荒っぽいものだろうと思われます。割合デコボコのあるようなものでも「つるつるやに」と言っている。つるつるという日本語（言葉）でいえば、どの程度のことをつるつるといっているのか、それも調べてみればわかることだけれど、だいぶインチキになってきているのではないのでしょうか。

そういうことでいえば、目でものがよく見えたということもインチキで、子どもたちはちっとも見えないことだって見えたとがんばってしまうことがあります。「見えたとおりに書いてみ」というと、何も書けないのに「見えたぁ！」ということがありますが、物を正確にとらえるということでは、猿の時代より悪くなっているところがあるようです。

人間になるため獲得したものが獲得しきれていない

これまでお話ししてきましたように、人間の脳が発達していく上で、発達できる条件は猿から人間にうつっていく過程ですでに獲得していたものを使って人間になれたという問題があります。それは立体視であったり、視覚であったり、あるいは、猿だってもっている感覚や筋力もあるわけです。猿はものをさげることはどれだけかできます。抱くこともできますが、背負ったり、腰でものをひっぱりはできないのです。頭にものをのせることもできません。そう思うと今はやっている車つきのバッグなど、だいぶ猿に似ているわけです。ゾロゾロひっぱって歩くだけで、ちっともさげないし、背負わないのです。

本当に背負う力は、背筋力がきちんとできた人間だけがやれる仕事で、腰の力、大殿筋、腹筋が強くならないとできないのです。

それはある種の障害をもつ子にはっきりとでてきています。歩くときもかかとがつかない子が多い。どうしても直立二足にならずにふわふわと上体が斜めに向いていることもあります。それから、今の背負うとか、ひくとかいうことができないが、押すことはできるのです。一輪車を押すことはできるが、ひっぱる力はものすごく不自由です。押していくだけなら猿だってやれるわけです。ひっぱっていくのが大事だと思います。リヤカーをひかせようとしてもひけない。ものが背中で背負えないとか、障害をもつ子の場合非常に特徴的にでてくるわけです。リュックサックなどしょわせるといやがる子がたくさんいます。

背中で背負うとか、腰でものをひっぱるとかいうことは、猿が人間になるにおよんで獲得した力がないとできないということです。けれど、押すとか、ひっぱるとかいう仕事だけなら猿の時の筋力でできる。そう思ってみると、今の子どもたちは体の大きさの割に、猿のような筋力しかないという問題があるようです。人間になって獲得したものが、本当に獲得しきれていないのだと思えるのです。

言葉が人間としての集団をつくった

更に脳そのものを発達させ人間になってきた最高のものは、言葉を持ったことだと思います。言語によって感情をゆたかにし、認識し、思考し、集団の質を高めてきたわけです。その言語でも、からだのうえでは人間の下あごができてきて、言葉がもらないようになったことと深いかかわりをもちます。それはまた、肉やかたいものを焼いたりにたりしてたべるようになったことに関係があるようです。手を使ってやわらかいものを口へもってくるというたべ方は、口裂をだんだん小さくして下あごをつくるのに役立ったと思います。

今の幼児は、口をものへもっていく者が多いということをきいたことがありますが、そんなことを続けていればだんだん大口にならざるをえないと思います。口裂が小さくてすむということが、音をつまらせて同時に下あごの発達を生みだしながら、犬歯を小さくして顔の表情をつくり、ヒト特有の顔を生みだしてきたと思います。また、言葉だって猿の方が犬と比べると多様な音声をもっているようです。猿の言葉をきける人があるくらいで、その人達のいうことでは犬と比較にならない多様な音声があるそうです。危険を知らせたり、腹がへったときなどには犬以上にもっといろんな音声があるといいます。その音声がもとになって、音に節ができて音節となり、きれ目ができてその単語をつなげることができ、意志をあらわしたり、思考ができる言葉をつくりだしてきたのです。その点では、「ウン」「そうや」「おいた」「たるい」など言語の使用を単語でやっているうちは、猿からちょっと進んだだけだともいえるわけです。

いまの幼児には、単語の生活しかない者が多いということを聞きますが、一言、二言の単語だけでなしに、言語のきまりにしたがっていろいろな話ができるときに思考が発達するわけですから、言葉の使用をだいじにしたいものです。幼児の喃語時代に「アー」「ウー」と言っている時からどこかではっきり「ア・ウ」と音節をもった言葉になってくる時があるわけです。それと同じ状況を、猿から人間になる過程の中でつくってきています。しかも、そういうことができる体になるという問題をふくめ、人間が感覚などを発達させて言葉を獲得するようになって、はじめて人間としてまったく独自な体をつくりだし、そして文化をつくりだしてきたわけです。

また、人間は一人一人では非常に弱いから集団的になるという本性があります。けれど、それは言葉によって集団になるわけで、言葉がなければ集団になれないのが特性です。言葉は集団をつなぐものになり、集団としての意識をつくっていくものも言葉になるわけです。むかし、人間がマンモスをとらえた場合だって、言葉ができてきたからはじめてとらえることができたのです。言葉がない時代には、マンモスをとらえる集団活動はできなかったと思います。

「あっちへいけよ」「こっちへいけよ」「早く追い込め」などと今のような言葉ではないでしょうが、言葉によって意志をつたえ、連絡し多くの仲間が結びつきあい、でかいものを追うことができたわけです。それは、言語をもつということによってはじめて人間としての集団になってきたと思います。

人間としての資質を使うことで　人間になれる

こうした猿から人間への進歩をみてみますと、いまの子どもたちでも生物学的にみた場合の進歩の原理を人間の発達の原理として適用しなければ、人間になれないという問題が考えられます。人間はすでに猿から人間の体に変化してきたために、生まれたとたんに人間の資質を資質としてもっていますが、それだけではほんとうの人間になっているわけではありません。その資質を充分使うことによってはじめて人間になれるわけです。うんと極限的にいえば、目と足と手と言葉が充分はたらかなかったら、人間の体にはなれないともいえるのです。だから、はじめからそこが使えるようにできているのです。特に脳は大きくできています。たとえば、二〇才の大人で八頭身になるというような頭ガイがふつうですが、乳児は四頭身ぐらいの大きさになっています。最初から脳だけが体全体の割合にしてものすごく大きいのです。頭骸としては、十二、三才ぐらいまでの間に大人と同じぐらいの大きさになるのです。そして脳内の働きというか、脳そのものの仕組み、連鎖といいますが、細胞と細胞が結んでいく脳の発達は、使うことによってすすみますが、少なくとも三才ぐらいまでの間に多く結ばれていくといわれています。六才にはほとんど完成してしまうほど結ばれるともいわれます。

そうすると、人間の場合、生まれた時から人間が獲得してきたものをもっているけど、それを使うことによって人間の体になっていくということで、使うという問題がいちばん大事なことになるわけです。

脳もあるし、目もあるし、手もあり足もありで、人間として見たところどこも欠けていないのでどうってことないといっていただけでは人間の体にはなれないと思います。人間としてのものをすべて基礎的にそなえているけれど、それが使われたとき、はじめて人間としての体になるのです。今の子どもたちの体を見ていくとき、そこが問題ではないのかと思うのです。人間になるために、それがつかわれるかどうかの場合、いちばん基本として目と足と手と、それから脳というのか言語が充分に使われる生活をどうしても作らなければならないと思うのです。

からだと心が発達する生活

それが使われる生活はからだ全体でみれば、筋力が強くなる生活でもあると思います。猿から人間になってくるうえで一番基本は、労働で、幼児の場合は遊びかもしれないが、少なくとも自然の中で労働してきたことが人間の体になってきた基なのです。自然の中で労働してきたことを、今の生活の中で徹底的に具体化するということがなければほんとうには体の使いようがないわけです。体を使うことはそういうことでもあるのです。目的意識的に体を使うということは、人間がやむなくやってきたことであっても、自然の中で労働してきたそこに基本があったからです。

それと同じ性質のことを、今の小さい子がやっていくことが本来的な意味で人間として体をつかうことになるわけです。どうしたって自然と労働、自然にふれる遊びをアスファルトの上でなしに、土と共に存在させ、自然に働きかけていく能動性をつよめることが、実際的に人間をつくっていくからだの使い方になると思います。その時に、体はほんとうに発達していくと思うのです。

人の体は人以前の猿の時代に獲得した能力をもとに、人になることによって新しい能力を得て、人の体に進化し、人が人として活動することで人の体になるということを歴史の中から学びたいと思います。

それが今日では使われないという問題があるのです。猿時代のものすら使われていない状況があります。物を見る場合に自分が能動的に見るのではなく、見させられている。テレビっ子などはその最たるもので、自分で選んでものを見ることができないということがあります。自分が自分の目的にあわせて、ものを見ることができない、何かを探しにいかなくてはならないから、何かを求めたいから、自分の目でものをたしかめて探しにいくとか、自分の目でたしかめて獲得するとかいうように、自分から外へいくのではなしに、チャンネルを切りかえるという格好だけが能動性みたいになっているのです。自分のからだで世界をたしかめるのではなく、世界という虚像をみんな見せつけられたような格好の中から生活がでてくる。そういうふうな生き方になっているところが、実は人間が人間としての能力をつかっていないという状況ではないだろうかと思うのです。

人の体ということでいえば、猿が獲得していたものをさらに人として高めて人の能力にしていく場合、たとえば子どもがものを運ぶといったときにでも、ただ運んだ量を見ているだけでなく、からだの何を使って運んでいるかというところをきちんとみていかなくてはならないと思います。

保育の上で、「○○チャン○○をどこへ運んでおいて」と言ったら○○チャンはちゃんと運んでおいてくれた、あの子はよく運べたというだけではだめではないかというわけです。どうやって運んだということをきちんと見ていかなくてはならないと思います。私たちは、できることよりわかることが大事だといいますが、「わかる」ことは体がどう使われているのかというところに目をつけてみないとはっきりしないと思います。何かできたんだという「できる」という場合の内容は、何がどうつかわれているのかという、実は体がわかっていってるのかどうかというところに問題があるように思います。

その体でわかることと、頭でわかること、ないしは体でわかることと、こころでわかることを一致させることが、今教育の上でとても大事ではないかと思います。できることよりわかること、「わかる学習」というのは、そのことではないのでしょうか。できさえすればいいのではない、ほんとうにわからなければだめだと思います。

わかることがはじめて自分でできる状況をつくるわけで、わかる問題をもっと深くとらえ、保育の場でも体でわかることを具体化していく必要があると考えます。それが体の問題になるとわりあいにできるというところで止まっているのではないのでしょうか。学校の体育は、ほとんどどれだけできたかということで計算されています。体でわかっているのかということはとんでしまっています。ほんとうは、体でわかることと、できることを結ばなければならないのです。だから、どれだけ荷物を運んだかという場合でも、同じ運ぶなら人間の能力が発達するように運んでいるか、猿の状況で運んでいるかということをもっと見ることが大事になるわけです。けれど、実際にはなかなか見ていない問題があります。子どもがどうやって運んだかちっとも気がつかなかった人がたくさんいます。できたところばかり先に見えてしまって、人間になるところが使われながらできているかのあたりをなかなか見きれないところに今後の実践上の問題があるようです。

特に管理体制下の保育の状況が強ければ、幼稚園だって、保育園だって、とにかくできる状況をつくらねばならないということになります。大学入試でいえば、共通一次に受かる子になってほしい、その状況をつくらねばならないという問題が保育園までおしよせてくるわけで、できることだけに目がいって、わかる問題がぬけてくることが多いわけです。体でわかるというのは、猿の体のわかり方でなしに、人の体のわかり方というところに問題があるわけですが、いまの体制のなかでそれを具体化するということについては、実践のなかで確かめてもらいたいと思います。

生物としての人の体の発達を教育の上でみていく場合、いま申しあげたような観点でとらえていく必要があるのではないかと思います。それは同時に、人の体の発達の観点を教育の上に生かしていくということになると思います。

くどいようですが、人が人になるためには、その資質を能力として使っているかどうかが大事なわけです。イヌだってネコだって一定のところまでものをくわえて運んだら、よく運んだという見方ができます。人間なら一番人間らしいものの持ち方をどうしたらいいかということを子どもたちに考えさせる必要があります。少なくとも先生が見ている立場は、子どもたちが何かやっている時に、一番人間らしく体を使っているかどうかを見ることが大事で、ただむちゃくちゃ体が動いているでじっとしているよりいいわ、というだけではだめで、そんなのはイヌやネコをみているのと一緒になるわけです。

人になるためには使わなければならない、動くだけなら単なる動物だという点では、子どもたちが自分のからだの何をどう使うかということのなかに、人の発達を促すように体が使われているかどうかをたえずたしかめていく必要があるように思います。

このようにみてみますと、全身を使って最大の力をだして何かをすることが少なくなっていると思います。子どもたちがコチョコチョうごいていれば、まあ動いているので結構だというような段階で止まっているのが、今の学校教育ではないかと思います。そこには人間が人間になるための発達にそくして体が見られないという問題があります。

体を使うことについては、もっと意志的にというか、自覚的に使わせることが幼児の状況の中でもできないことではないような気がします。自覚とか、意志といったって、高校生や大学生の意志とは少し違うかもしれません。けれど、使う気になって使わせていく、喜んで使わせるということでは幼児にからだについての目的をもたせてつかわせることはできると思います。それは子どもの場合、生物的な要求を充分みたすことではないかとも考えられます。

人間が人間になっていくために、人として獲得した能力を使っていくということは、人という生物の生物的な要求が満たされるということにもなるわけです。人も生物ですから、人が一番満足する時は人が生物としてのまったく人らしい時だともいえます。たとえば、ネコらしい状況では人として満足できないということです。そうかといって、ただクニャクニャして、グダグダしていれば人としての生物的な本能は満足しないことにもなります。人が生物として生物的に満足できる時は、生物としての人の特性が充分に使われている時だともいえます。ネコやイヌみたいな状況にさせておいては生物的に満足できるわけでもありません。

藤原審爾さんの「死にたがる子」の小説を読んでも、子どもが自殺するのはなぜかということについて結局つきつめてみると、子どもの生物的要求が満足されていない。自然の状況における生物としての子どもの要求がまったく満足されていない中で、自殺という状況がおきてくるというような問題がだされていますが、ほんとうにそうではないかと思います。

その場合、生物的要求というものについて、私ははじめ小説を読んだ時なるほどと思ったけれど、今から考えてみるとうすく読んでいたように思います。生物的要求をみたすというのは、ただネコやイヌと同じように自然にまかせ外にほったらかしておけばいいのではなくて、人間らしく外に出して、人間としてからだを使わせていかないといけないと思うのです。外に出すことや、遊びといってもどこをどのように使わせて、何をどのようにわかるように体がつかわれていく時に生物的に満足できるのだと思います。自然が大事だから自然だというだけで外に出すことは野良犬のようにだらしのないものになるだけのこともあるわけです。

生物的要求が満足できる、それには遊びや労働が極めて大事になります。また、何か考えることをぬいたら、人間はまったく不満足になると思います。

よく考えることがないので楽だと言っているけれど、考えることをとられたら本当に死にたくなると思います。悩んだり考えたりする中で生きているわけで、考えることが束縛され、とられてしまったら、本当に人間にとってつまらなくなり、自殺したくなると思います。だから考えるということも、人間の生物的要求をみたしていく上ではとても大事です。その点では、ほんとうの学習活動がもっている人間の生物的要求の問題をもっと深くとりあげてみる必要があるのではないかと思います。

また、人間が人間として発達していく上で一番大事なのは、何のために生きていくかということに集約されるわけですが、人間としての目的が人間を発達させるうえでの基本になっていると思います。人間は、その目的に向って発達したいという要求をもっているわけです。その本能的目的とでもいうものは、クループスカヤに言わせれば「社会的本能」となるわけですが、人々のために役立ちたいという本能的目的に向って発達するものだともいえます。だから人々のために生きたいということに向って体を意図的に使っていく時に、人間として獲得したものをさらに使いながら、もっと新しいものに発達していくことができるのだといえるようです。

社会の変化のなかでの生き方とからだ

もう終りにしますが、人間の体というものは、社会によってつくられているということも考えてみる必要があります。その社会のしくみとの関係でなければ発達できないという問題です。簡単な例で言うと、いま日本人の背が高くなってきたそのもとは、社会的な変化で、人種が変わった訳ではありません。

また別の例でいうと、以前女性の初潮というものは、日本では十四～十六歳頃だったのが、今は十二～十四歳頃になっています。何でかなということになりますが、それも人体に及ぼす社会的な変化としてでてきている訳です。個々の人間にとってみれば、人間の生物的変化ですが、全体としてみればその生物的変化は、社会の変化がそれを生み出しているといえます。それは、栄養が良くなった、食べ物が変わってきたとか、生活のしかたが変わってきたなどという社会のあり方が人の体を変えてきている訳です。人間の体は、社会の発展と無関係に、ただ自然に成長していくのではないのです。その意味で、社会的につくられていくという人間の体は、逆に言えば社会的につくり直していかねば発達できないということになるわけです。母親の腹の中にいる時から、社会的に影響を受けてしまうわけです。そのひどい例は、サリドマイド児のような子どもです。誰がつくったのかと言えば、社会がつくったとしかいいようがありません。

それは製薬会社と政府が間違いをおかしてつくったのだともいえます。サリドマイドというものを認めさせて、それを薬として母親に飲ませたわけです。赤ちゃんは何も知らない、母体の中にいるうちにすでに社会によって上肢を短小にさせられた。社会が違っていたら手なんて短かくならずにすんだのに。そういう意味でいうと、人間の体は、「自分は五体満足」のような顔をしているけれど、どこか体がおかしいのが当然だと思います。

もっといい体になって、もっと人間らしくなろうと思ったら、そういう社会をつくって行かねばそういう体にはなれないと思うのです。

どういう体が一番いいかと言うとき、日本では、こういう体が一番よいという「めあて」が社会的に合意されていないということです。マスコミでは、ああいう体だとか、こういう体だとかを売り出してくるから、自分もああいう体になれんかと思っても、そういう体になれるのは社会的に規制されてしまっているわけです。そして、必ずしもそんな体がいい訳ではないのです。

社会的本能が生かされながら、強く生きていくための力のある体、そういう体の国民的典型といえるようなものがないのです。その目標をつくり出していくという問題が一つありますけれど、それは同時にどういう社会になるのが必要か、あるいは人間がどういう生き方をするのが大事かということにからんで考えられなければならないと思います。

一般的に言えば、全面的に発達した体ということになってくるわけですが、それは体育がオール五で何でもできる体ということとはまた違うと思います。生きていく力として、そのもとにおいて精神的労働だって、肉体的労働だって、どんな労働にも耐えていける、こなしていける体だということでなければならないと思います。そして、それは全面的に発達しうる社会のしくみをつくらねば、体をそのように発達させることはできないのです。そうしたことからいえることは、現在の自分の体は、自分の育った歴史と、自分が現在生きている社会的環境との所産なのだと思います。

体の全面的発達というのは、人間全体の全面的発達をめざして、社会進歩を全面的に進めるようなことと結び合わなかったらできないわけです。そういう問題が「生き方」ということの底にある問題ではないかと思います。「生き方」という場合に、本当にそこのところに腰をすえて、「全面的に発達」という方向をさぐっていかないとはっきりしないのではないかと思うのです。

　これでほんとうのおしまいですが、最後に一つだけ実践として色々ある中で紹介したいものがあります。中学校で佐々木賢太郎という先生が和歌山県でおこなわれたことですが、戦後の日本の体育教育の中でのすぐれた実践のひとつだと思うわけです。

（実践の紹介は略――佐々木賢太郎『体育の子』、ほるぷ現代教育選集23）


　戦後のあの時期にこんなふうなことを子どもたちと話しながら、体を自覚させていったということになると、もっと毎日の学習の中で本当に手をみさせ、体をみさせ、人の手をにぎらせ、体にさわらせ、体をとおして体をわかっていくということが、実践上いくらでも残されているように思います。

　たとえば、私たちは子ども同士ケンカしてなぐったりすると、「なぐってはあかんに」というところでとまってしまうことがよくあります。なぐってその子はどういう感じがしたのかということなど、感じというのはただ痛いとか痛くないのではなしに、こころをふくめてからだがつかんだことは何であったのか、で体をわからせていくキッカケになる問題がいっぱいあります。このように、子どもの中でお互いに体をわかっていくことになるキッカケになるものがたくさんあると思うわけですが、体を子どもに意識させるということは、いろんな事実を知らせていくだけでなしに、子どもなりに自分の、自分たちの体についての自覚をもたせていくことの方向にむけて実践をくみなおしていく必要があるのではないので しょうか。実践のあり方に発達という芯を一本いれていくことが、今本当に必要になっているのではないかと思います。

＊子ども体の「おかしさ」が全国的に指摘され、恵那でもかつての子どもとは異なる子どもたちの姿が目立つようになった。さらに人としてのからだの「おかしさ」はものごとの認識や生きる力を形成する上で、重大な影響があるという点で、中津川学力充実推進委員会として緊急の課題として検討が始められていった。そういう流れの中での保育問題研究会での講演を収録したもの。〈保育講座〉「からだの発達と生き方」より『みち』一六号、一九七九年八月。

◆論文18（一九八〇年）

子どもの内面からの出発——子どもをどう把むか

七〇年代をしめくくられるこんな立派な集会でお話しさせて頂きますことを、たいへん幸せに思います。〝子どもの内面からの出発〟という題につきましては、今、ご紹介頂きました坂本清泉先生から承っておったんですけど、私はあえて、〝子どもの内面からの出発〟のサブタイトルとして、「子どもをどう把むか」ということを勝手につけさせて頂きました。主としてそんな話になるかと思いますけれど、よろしくお願いします。

人を把むことはすべての基本
——子どもを把むことはいつでも新しい課題

人を把むという問題につきましては、どこの分野でも問題になることが多いと思うわけです。

商売などの上では、特によく人を把むという問題が出てきます。売り上げを進めるセールスのポイントとして、どういう点を強調したら人が把めるのか、あるいは、商品のキャッチフレーズとして何を強調したらいいのかというような宣伝等においては、人を把むというような問題が、ずい分強調されてきたと思うわけです。そして、見かけの上でどれだけか人を把む、あるいは、客寄せをするということが一時的にできても、長続きはしないものだと思うのです。それは結局、商品の質とそれから値段というふうなものが、みんなに合わなければどうにも人を把むという商売にはならないものだと思うからです。

政治の上でも、同じようにいつも人を把むという問題がいわれておると思うのです。人心をどう把握するかといったことは、きっと昔からの政治の課題であったと思うわけです。今年行われました総選挙のように、どんなに保守復調という前宣伝が強調されておりましても、大平内閣・自民党のように、実際には、なかなか人を把むことができなかったという矛盾が政治の上には現われておるように思うわけです。保守復調とか中道云々というふうなことが、どんなに言われましても、結局、見かけの上での一時的反応でしかなく、問題は、政治の質とその実行にあるわけで、結局政策と体制といったようなものが、基本的に人を把むことを阻んでおるような、そういった政治の中ではどうしたって人を把むことができないということがあると思うんです。それがだんだんはっきりしてきたのが、七〇年代だっただろうと思いますし、七〇年代末の本年度の総選挙においては、まことにその点が明らかになったというふうにも思うわけです。

教育もまた子どもを把むということが、一番の鍵だろうし、子どもをどう把むかといったことがいつも問題なんだろうと思うわけです。

私どもは戦後、――私自身が戦後の教師の経験しかありませんので、戦後といいますけれど――一貫してどう子どもを把んだらいいのかということに四苦八苦して来たわけですし、今日も、それだけがまた、一番中心の課題であるというふうに思うわけです。そういう意味で、なかなか子どもが把めないという状態が多いわけです。私もずっと以前から一年間ふり返ってみて、なかなか子どもが把めないというような時に、「よしと思えばまた悪し、風のまにまに一年間」というような思いを抱いたことがありますが、何やかんややっとるけれど、風のまにまに一年間過ぎちゃったというような子どもの状態がずい分あったわけです。また、そうした子どもでもあったといいますか、そういう子どもとの関係でしかなかった自分を悲しくも思うこともあるわけですけれど、そういうようなことでなかなか子どもを把むという問題を重視しましても、そううまくはいかなかったというのが、今までの私の歴史であるわけです。

それは、子どもといいますか、人間というものが、結局、歴史的・社会的諸関係の反映として存在するという限り、その社会の土台が変化すれば、また、それに応じて、子どもが変わるわけなんですし、今までの把み方ではやっぱり把めないのです。そういう意味では、子どもを把むという問題はたえず古くて新しい問題だとしみじみ思うわけです。いつもかも子どもを把むということについて努力をしてきたわけですけれど、把めたと思うとまた把めなくなることがたえずあるわけです。そういう点でいつだって新しい問題です。新しいというのは、社会の土台そのものが変化してくるという中で人間が変化してくる。その点が明らかにならんとなかなか子どもが把めないということだと思うわけです。

特に今、資本主義の爛熟期と言われるようなこういった状況の中では、自民党政治のあの破局の状況に現われていますように、今日の社会の土台が極めて大きく揺らいでいると言えるように思えるわけです。特に六〇年代の高度経済成長政策の歪みというふうなものが、すべてのつけとして七〇年代に現われてきました。そして今もそれが膿のように出てきております。

したがって子どもが把めないということは、ある意味当然な結果なんだとも思うわけなんですが、少し長い歴史の展望というもので、もし見るとするならば、今の社会はすでに新しい次の社会に一歩足を踏み入れているという歴史の状況だろうとも思うわけです。よく私は例として申し上げますけれど、徳川時代の初め、江戸に幕府ができた時に、二百六十年あとに明治維新という形で江戸の幕府がつぶれるんだということは、当時は誰も予言することはできなかったろうと思います。けれど、今日ではそういう意味では次の来るべき新しい社会を予言することができるという科学を人類は持っているということから見ますと、今日の資本主義の爛熟期というのは、まさに次の時代の既に入り口にさしかかって、もう足先が入っておるといった歴史の時代だろうと思うんです。

今からもし三百年あとに子どもたちが、歴史として学ぶならば、一九七〇年代の末は、果して資本主義の時代であったというふうにいうのか、あるいは、その次におそらく来るであろうその時代のすでに夜明けが、一九七〇年代であったと書かれるのかという問題はたいへんな違いがあるようですけれど、実際は、今の時代というのは、次の時代ということへ一歩足を踏み入れている、そういう時代であるが故に、ずい分いろんな形で問題がたくさん出てくるんだというふうにも思うわけです。そういう点で、一日の時間で言えば、今日の時代というのは、午後十二時を回って午前零時（同じなんですが）を過ぎております。けれど時そのものは、夜中として見れば、暗くて冷たい夜中というものが続いているけれど、午後十二時以前の夜でなくって、午後十二時を過ぎた夜というふうなものとして見れば、すでに午前何時かの夜明けになっているんだということを、しみじみ感じるわけです。しかし、現在の時点は、陽が昇るまでは前夜の続きとしてしか実際には感じないということだと思うのです。だから、現状には新しさというものが、ずい分あるんだろうと思うわけですけれど、それは暗い中では、しかと確かめ難いといったような状態として、私にははっきりしない問題がずい分あるわけなんです。

人の体の最大の特徴の部分に見られる異常性

ところで最近の子どもの状況の中から子どもの内面を

把むという問題を少し申し上げてみたいと思います。七〇年代はいわばすべての分野で異常性というようなものがエスカレートした時代だといえると思うわけですが、それは子どもの上では、その異常性というものが、子どもの体と心の危機の深まりというものになって現われて来たんだと思います。誰の目にも明らかなように年々、子どもがひどくなっているのです。

私どもの岐阜県の場合もっともひどい状況が政治的にもつくられているわけですけれど、年々子どもがひどくなるという声が、あらゆる学校の中から出てきています。特に今年になってまたひどいというふうな問題がいっぱいあるわけです。一般的には、それは子どもの人格崩壊状況が増加したという問題としては体と心の危機は、誰の目にも明らかになりつつあると思うわけです。非行の増加だとか、それが低年齢化したというような問題は、今改めていう必要がなく、誰もかれもが悩んでいる問題であるわけです。暴力行為だの、殺人だの、特に小学生が殺人を犯すというふうな、そういった前代未聞の状況というのが多発しておるといったのが、この七〇年代の状態だったろうと思うのです。

特に七九年、今年はそういう問題では、うんとひどいことがたくさん起きてきました。ここへ来る前々日にも、岐阜県内の学校で中学生が放火をしたというような事件が起きております。その中学生の放火というのは何が元かというと、個人懇談があって先生が、親に自分のことについて話をされるのが恐いと、従って個人懇談が何とかつぶれんかと思って個人懇談のある日の、その前夜に学校へ忍び込んで放火をするというような問題で、実に些細なことから放火も含め、暴力、殺人といったことが起きていく、そして同時に人格の崩壊を示すといった自殺というものが激増しておるといった状況だろうと思うわけです。それは心の上で、そういった人格の崩壊を示すと同時に体の中でもずい分危機というものの進行として目につきます。

私どもの地域でも子どもの体と心を調査しながら、子どもたちの体の中に一体何が起きておるのかということを今調査し、検討を進めておるわけです。特に全国的にいわれております問題としては背筋力が低下してきているということを日本体育大学の正木先生などが中心になって提唱されています。その背筋力の低下ということは、直立二足歩行をする人間の体の特性として大問題なんだというようになってきておると思うわけです。その背筋力の低下は、単に背筋力というものだけに留まらず、実際は体の中にさまざまな異常をたくさんうみだしていると考えられることがあるのです。例えば運動能力というふうなものについて調査をしてみました結果では、目を瞑《つむ》って片足で立っておる、閉眼片足立ちといいますけど、それを十秒間続けよという問題だとか、あるいは閉眼接指という、目を瞑って両方の手の人さし指の指先がきちんとくっつくかどうかという問題をやってみますと、それが、幼児から中学校の三年まで年々低下してきています。しかも、去年より今年の方がまだ悪いというような形で、それが現われています。今から二〇年前、東京の下町にある学校で同じ調査が行われた時には、ほとんど百%だったというわけです。それが木曽路の入り口にある私どものような田舎の所でも、実際には、それが年々低下している。時には成功率が五〇%を割るというような状況が出てきています。

それは一体何なのか、なぜそういうことがおきるのか、というような問題があるわけです。その低下は何を意味しておるんかということで、お医者さん等に聞きますと、お医者さんが、簡単に言われる話では、閉眼片足立ちとか、閉眼接指というのは、子どもの異状を発見する時の医学的な方法なんだとも言われるわけです。そして、それができない状況の中には三半規管の問題だけではない、脳の異常性の問題があるとも言われます。そうしてみますと、今子どもたちの体の中における危機というか変化というものは、背筋力が低下したという、そういうような実際に測れる問題と同時に測れない問題、日々子どもたちと対峙しておる限りでは目につきませんけれど、いわば、異常とも考えられる障害的状況というようなものが、脳の中にずい分進行してきておるんだとも言えるのではないかと思うわけです。そういったことを検討するために私どもはいろいろな調査をやってもらったり、あるいは自分達でもやったりしております。

この間も、ここへ来る前に、幼児から中学三年生まで大脳活動という調査をやってもらったわけです。これは少し複雑な器械が必要ですので、日本体育大学の協力を得て調査したわけです。大脳活動の調査というのは、最初はソビエトで障害児の教育のために開発されたもののようですけれど、一定の場面に赤いランプがついたり、黄色いランプがついたりする装置があって、たとえば赤いランプがついた時には、ゴム球を押し、黄色いランプがついた時には押してはいけませんよという約束を初めにやっておいて、それで、一定の速度でランプをつけたり、消したりするわけです。その時子どもがどう反応するか、そのゴム球は膨らみぐあいで電源に接触するようにし、それが記録されていくわけです。そうした調査をやられたあとで、言われた話では、これも十年位前におこなわれた調査とくらべ、ゴム球を押す反応の仕方というのが遅い、要するに物を見ていて興奮すれば、キュッと押すわけですが、そして、その押した途端に抑制がかかってというか手を離すわけですが、ギュッと押してパッと手を離すということの速度が、実に遅くなってきておるようです。それは十年前の検査でいえば、障害児のところだけしか見られなかったような現象だったのに、それが中学校の三年生までをも含めて全員ではありませんが、どれだけかの割合で、そういう状況が出てきています。

そうしますと、目に見えない体の深部で、子どもたちの異常性が深まってきているという問題があるのではなかろうかと思うのです。そういう点でいくつかの調査をやってみますと実におかしさというものがたくさんあります。それは単に頭というか心がおかしいというだけでなしに、体そのものが同時におかしさを伴ってきておるんではないかとも思うわけです。

それは、人の体の特性というものから見た場合の基本の部分で歪みが目立ってきておるという問題だと思うのです。人間の体の外見的特徴として言えば、最大の特徴である二足歩行を支える背筋というものが弱くなるという問題だとか、あるいは、もう一つの特徴である大脳の大きさや精密さのなかで、大脳そのものの構造を、（切り開いて見るわけにはいかんのですが）反応その他から見て、非常に遅れを持つような状態として大脳そのものの活動に問題があると考えられるのです。かつて、障害児の中に現われておったような状況が、今、健常児と言われる子どもたちの中にも、ずい分現われ始めてきておるといった所にも、年々子どもがひどくなっていくという問題の一般的状況が出ておるというふうに思います。

結局、人の体の最大の特徴の部分で異常性というふうなものが目立ってきておるということの中には、七〇年代の危機の異常さの性質をみることができるのです。人間活動の最大の特徴は、認識と行動の一致というところになければならないわけですけれど、そこのところが大きく崩れ始めてきています。したがってわからないけれどもできるといったことがふえ、できることだけで見れば、たいへん能率のいい子どもが増えてきています。けれどそれは本質的に認識と行動が一致しておるというわけでなくて、そこのところは、非常な分離した形になっており、知は力なりとか、あるいは知ることは自由なりというような言葉が昔から言われますけれど、実際知ることが力にもならなければ、知が自由にもなっていないことが目立っています。わかることとできることが違ってきますので、やったことについての不自由さがたいへん増してきております。それは人間的な不自由さというものが子どもの中で増えてきておるという状況なのだと思います。

性の問題にみる、子どもたちのわからないけどできる状況の変化

先程もご紹介頂きましたが、私は、七〇年代、子どもたちの性の問題を少し、ほんの恥かしいほどですけれど考えてきたことがあります。そのことを今日お話しする予定はないんですけれど、その性の問題の中に見つけた、子どもたちのわからないけれどできる状況と、それが七〇年代にどう増えてきているのかということについて少しお話ししてみたいと思います。子どもたちが実際に私どもの地域で先生に示したり、教室の中で綴った性に関する綴方の中から、その変化というふうなものを見てみたいと思います。これは、七〇年代の最初、七〇年に五年生の女の子が『男子』という題で書いたものです。

男子

五年　女子

私たち女子は　このごろ男子たちに　へんなことをいわれる。とおりがかりに、私たちのむねをポンとたたいていったりする。それに　女の子たちのむねをみて「出とる」とか「はっとる」っていう。

このまえ、しいちゃんが　少女フレンドを持ってきていた。それには一二歳から一八歳までの　女の子のヌード写真がついていた。それを男の子たちが見ていて「これなにい」と写真の人のむねをさしていった。

「知らんよ」といったら、「なんやよ　なんやよ」としつこくきいた。「バスト」といってやったら、「バストってなにい」ときくので「きょうい」というと、「きょういってなにい」ときく。「むね」というと、「むねってなにい」というので、ついに、のぶちゃんが、「まめ」といったら、岩田さんが、「そうよ　そうよ」といった。男の子たちが、「うわあ　まめだとー」といって　さわいだ。

それから男の子たちが　ますますよってきて、むねをかまったり、じっと女の子のむねをみていたりする。通君なんかは、給食に豆がでたりすると「あら、このバストうまいわ」なんていって　たべてあるく。私たちもゲラゲラわらうと、「このこげたバスト　だあれ」なんていやらしい声をだす。

きのうも通君が　むねにさわったので「いたいてー」といったら「どこがー」といったので、女の子たちで「むねのおちちのとこ」といったら「えげつない　ムードないなあ」といった。
まったく男の子はいやらしい。

（指導・丹羽徳子先生）

七〇年代の全くの初めなんですけれど、五年生の子どもたちが、教室の中で交している会話の中にはこういった状態がありました。男の子が女の子を性的にからかっていく状態はあるんですけれど、このからかい方の中にもわからないけどできるという問題、わからないからからかえるという問題があると思うんです。そういった状態があるけれども、まだしも、いまお笑いになったように、ほほえましい部分があります。だんだん年を追うに従って、深刻さが増しちゃって、ほほえましいところを超えていくわけです。

これは、七四年の六年生の子どもが書いたものですが、『学級の中での話』というのです。

学級の中での話

六年　女子

前、問題になっていたことは、赤ちゃんはどこから生まれるんだろう。どうやったら受精できるんだろう、ということだった。M君とN君が、ああやって、こうやってというように何か話していた。M君が「K子は三十年先しか、あれはいらんな」といったので、私が「なにー、あれって」といったら、「S子が持っとったやつ」といったので、私はだまっていた。私は、ほんとうにそうかもしれんと思っていた。

また、M君とS君が「胸はぺったんこ、H子もそうやな」といったので、私が「私の気にしてること、いわんといてよ」といった。M君とS君が、私の胸をさわって「K子あらへん」と言った時、もうホッペタをたたいてやりたかったぐらいだ。なんでさわらんなんのかと思った。

前のことにもどるけど、受精はどういうふうにするのだろうと、私は疑問に思っていた。W子さんが、「ねえ、K子さん、どういうふうに受精すると思う」といったので、「しらん」といったら「ふうん」といっていた。まさ子も疑問に思っているらしい。この前、Tさんが「K子さん、赤ちゃんってどこから生れるの」といってきた。私は「しらん」といったが、W子さんが「たぶん、肉体関係やら」といった。私は「ふうん」といった。

M君とN君が「たいてい、女の穴に男のあれをつっこむとできるんやないか」といった。その時Yさんもきいていた。M君が、「女には穴が三つあるら」といったので、私は「知らんよ」といった。Aさんが「たいていね」といって私とにげていった。私が「男っていやらしいね」といったら、「ほんとよ」といった。私も興味をもってきた。

それからM君が「女子って、あれになっている子、何人ぐらいいる?」ときいた。こういうことを女子の中ではいいと思うけど、男子なんかに言うことないと思った。

それに、私はまだ生理になっていない。それでみんなが「おそい」とか「はやい」とかいっている。M君がくわしくきく。Wさんが「K子さんね胸がでてないでおそいら」といった。私は、(人が気にしていること言わんでもいいになあ)と思った。

(指導・西尾恵美先生)

七〇年の初めの時と比べれば、七四年の教室で話す話は、こういうふうな状況に変化してきています。本当に何もわかっちゃいない、けれど話だけは、こういうふうにエスカレートしていく事態があるわけです。

その中で出てくるのは、ここであんまり詳しく読んではおれんのですけれど、それまで全然出てもこなかった(子どもの中に存在しなかったとは言わんわけですけど)、言ってみれば、訴えとして教師に綴方を書いて出すという事態にはならなかった子どもたちの直接的な自らの性の解消としてのオナニーの問題なんかが、六年生位の子どもの男の子からも、女の子からも出始めます。例えば男の子の例ですと、

六年　男子

運動会のボール運びのときに、いっしょにならんでいたW君という四部の子が「おれよ、マタンキに電気のアンマでマッサージすると、気もちいいよ。この前やったら、こらえきれなかったもんで、いそいでトイレいってよ、しょんべんまったのよ」といったもんで、「おれもやったことあるけど、電気やないやつでよ」といったら「ふっるいなあ、おまえ、どんだけ前からやっとるよ」といったもんで「五年ぐらい前から一カ月に一、二回やるぐらいやよ」といったら「おれは一日おきぐらいに三ヶ月前ごろからやっとるよ」といったので「おれ、手どうやけど、なれちゃっとるもんで、すぐダウンよ」といったら、「手どうでもここやるときくぞ」といったので「ちがうわ、ここやわ」といっていた。

そしたら、Sが「あんまりやっとると、小便やないものがでてくるぞ」といったもんで、「おんしやったのか」といったら「やらんよ」といった。なにかあやしいなと思った。
そして「おれよう、やめとるとこよ、やめるのくるしいぞ、もう中毒やでダメやけど、がんばってやめとるぞ」といったら「おれもよ、がんばってやめとるぞ」といった。Sにまた「やっとったんやら」といったら、「やってないよ」といった。〈後略〉
（指導・西尾恵美先生）

後ろの方は略しますけれど、こんなの止めようがないわけです。ウソいっとるわけです。「苦しいぞ、止めとるとこよ」などと言っていますけれど、ほんとうに止めとるどころじゃないわけです。止めれんからこうした形で子どもたちは訴えてくるわけです。何とか自分の問題としても解決したいということがあると思うんです。そういうふうな直接的自慰行為というものが、子どもたちの手を通じて教室へ持ち込まれてくるといった事態が七五年頃になると出てくるわけです。

もう一つ、ここにもオナニーをしたという女の子のがあるわけですけれど、これなんかは自分一人だけがそういう行為をしとるんかと悩んでおって、六年生で修学旅行にいった時に、夜、先生が見回わりをして帰られたあとに、こっそり女の子同士で話し合いをしとったら、「私もよ」、「私もよ」というようなことで大勢の子がオナニーをしておったことがわかったと、（学級の中で、五人か六人あるわけですね、ここに名前が出てくるわけですが、）それでわたしは安心をしたというような文章なんです。けれど、そんなことをすると、（これはまだ生理のこない子なんですね）生理がこないようになりゃへんかとか、大きくなって赤ちゃんがうめんようになりゃへんかとかいった問題と、けれど、何となくそんところへ手をやっておるとたいへん興奮して非常に気持ちがいいと、そんなような意味のことを子どもは書いています。本当にわからない、性っていったい何なのかということは何もわからないけれど、行為としてはそういうふうにやれるようになってきています。しかも、その書いたものとして教室へ現われてくるのは七〇年代も中頃からになるわけですので、そういう意味でいうと、非常に深刻化してきているという状況がここにもあります。

そんなことの中で、七六年になると友だち同士でこんなふうなこともやっておるということが出てきたわけです。それは題としては『あんなエッチなことなんかやりたくない』という題になるわけですが。実際は、「あんなエッチなことをやっちゃった」ということなんです。

あんなエッチなことなんかやりたくない

六年　女子

去年の夏休みに、Iさんと、Nさんと、Yちゃんと、Mさんと、Wさんと、K君と、R君とで、Iさんの倉庫の二階で合宿をした。

銭湯へ行ってご飯をたべる時までは、そんなにエッチなことなんか思いつかなかった。ゲームをしたり、体操をしたり、お菓子を食べたり色々なことをしていた。

十一時ぐらいになったので、Yちゃんが「ねえ、もう寝よ」と言った。「いいよ」と言って、寝床に入った。でもみんなは寝れないのか、ぺチャぺチャ、こわい話とか昼あったことなど、いろいろ話していた。Mさんだけは寝てしまった。

YちゃんとNさんが窓の方へ行って、胸の見せ合いをしていた。「キャーキャー」とわらったり、さわいだりしていた。

みんなも来て、次々に見せ合いをしていった。そうしたらYちゃんが急に、Tシャツとシュミーズをパッとめくりあげた。

（あっ）と思っていたら、今度はIさんがパッとやった。（よくやるなあ）と思ったけど、そんなことなど忘れて、みんなで「せいのうで……」と言って、K君もR君も見ているのにパッとやった。その時は、はずかしいとは全然思わなかった。それに「こんなにエッチなことやめようよ」なんて、誰もいわなかった。

そして女の子同士で服の上からさわり合いをした。そいで「私って意外にあるら」と、口々に自慢していた。

私もNさんとやっていた。学校でさわったりするとおこるくせに、全然おこらずに笑ったりしてさわいでいた。

Iさんが「静かにしな、家まできこえるに」と言った。(きこえたらやばい)と思って静かにした。

また服をめくっていたら、Yちゃんが電気をつけたので、(やばい)と思ってあわてて服をおろした。

私が、「ねえ、暑いね」といったら、誰かが「ねーえ、シュミーズぬごか」と言ったので、私も暑かったので「いいよ」と言って、男の子の方へ背中を向けてぬいだ。そうして少したったら誰かが「暑いね」と言ってわざとらしく服やネグリジェをめくつてパッパッとやっていた。その時も全然はずかしくなかったし平気だった。

Nさんの上にIさんが乗って「胸キッス」といって

やっていたら、みんなも次々に組になって胸と胸を合わせてやっていた。(でも、こんなエッチなことをやるとお母さんにおこられるでやめよ)と思ったので、それをやめてNさんと話をしていた。

　本当に何であんなエッチなことなんかして、はずかしくなかったのかなぁ。男の子もみていたのに、今から思うとバカみたいで夢のような気がする。もうやりたくない。


　こういうわけですけれど、もうやりたくないと言っても、やらないといった保障は何もないわけです。何もわからないけれど、やれちゃうというわけです。何であんな馬鹿なことをしたのかわけがわからない、自分ではわけはわからないけれどやれちゃうというような、そういった状況が性の上では、どんどん拡がってくるわけです。そんな中で、まあ詳しくは読んでいることはできませんけれど、ある五年生の女の子なんですけれど(性教育の話ではないので、そのことについてどうしたとかこうしたとかいうことは省きますけれど)『ほんとうのことを先生に書く』というふうなことで書いたものの中で、お父さんやお母さんのおられん時に中学二年生の兄ちゃんと二人で性器をくっつけあったという悩みが書かれてきたのです。五年生の女の子、妹なんですが、お兄ちゃんが寝床へいこまいかと言ったので、うんと言って寝床でテレビでやっとるようなことをやろまいかと兄ちゃんが言ったもんで、裸になってお兄ちゃんといわば交接をしたというふうなことです。そしたら、またお兄ちゃんが風呂をわかいてやろまいかといったので、風呂へいってやったけど、いいふうにくっつかなんだというような話から、いろんな悩みができてそれからもうあと一週間もやっとらんけど、どうも苦になって仕方がない、勉強する時も何する時も、そのことが脳裏に浮かんでくるというふうな意味を先生に訴えとして書いております。

　そうしたら、同じような時に、男と男とでもみあいをしたといって男の子が書いています。それは小学校六年生の子なんですけれど、中学一年生の子に、夏休みの時に、宿題を教わるため、隣の家の子のとこへ行ったら、その子が、ぼくのそばへ寄ってきて、急にチンボをつかんでもんだ。そして「おまえもおれのやつをもめ」と言ったので……、そこから始まるわけです。そして、裸になってねよまいかというようなことになって、中学一年生の子が蒲団をしいたので、そこの中へ入って、男と男でいろんなことをしたと。そしたら、そこのおじさんが戻ってきたのであわてて服を着て何も知らん顔をして出てきたということなんです。それが悩みになっているというふうに書いています。

いったい性というものは何なのか、そういうことは何もわからない、けれど行為としてはできるということが非常に進行したということができると思うのです。性はその典型になっているわけです。どこからも何も正確な意味では教わらない、いっぱい情報としては入ってくるけれど、子どもたちのその時の実態に即する性の情報にはなっていません。大人と同様のものがいっぱい入ってきます。無系統に入ってきます。だから頭の中が非常に混乱し続け、本当は科学として何もわかっていません。愛もわからなきゃ性もわからない、というような状態があります。そして体の中に出てくる興奮というものは何とか解消しなきゃならんという問題として子どもの中に性が存在しているのでしょう。したがってその体に現われる生物的本性というものと、あるいは、人間としての感情だとか、理性だとか、そういうものとしての矛盾が、集中的に性の場面では現われてきます。だからわからないけどやっちゃうのだが、恥かしくって、いやらしくって、悪いことだという観念がものすごく強いのです。それでいて、やらにゃならんという矛盾、まことに人間的に無知がうみだしておる不自由さというものが性の場合、集中的に子どもの中に現われているのを見てとることができたわけなんです。

そういう意味で子どもたちがやっている行動を見ると、非常に暗い形で、退廃といわなきゃならんような暗さが多いわけです。けれど、それだけに子どもたちの内面としての心の内側にあっては、本当のことを知りたいという学習意欲というものが、明るさ、新しさとしてできてきているし、ふくらんでいると思うのです。そこがなかなか見抜けないという問題があります。行為として行なう性行動なども、その退廃性の部分だけがいつも生活指導その他の対象になります。そういうことをやればやるだけ、子どもの内面としては、矛盾の中で、その矛盾の極致として新しいものをうみ出しているのだと思います。本当のことを知りたいという意欲がものすごく強いけれど、それを学習要求として子どもは持ちだすことができないでいます。いやらしくって、悪くて、恥かしいことなんだから、そんなことを人前では話しようがない問題として持っています。その出てこないところに実は新しさというものが存在しているという、そういう問題が逆に七〇年代に増えてきております。最近の子どものひどさの状態の中には、こうした性質の問題が含まれていると考えるわけなんです。

子どもの内面活動を充実させて子どもをつかむ

ところで、問題はそこからになるわけですけれど、そういった子どもとの間で教師はどうやっているのかということですけれど、教師と子どもとの関係という問題では、目立って二つのことが現れてきておると思うのです。一つは子どもがちっとも言うことをきかん、先生のいうことに乗ってこない、何度話しても、糠に釘みたいなもので知らん顔しておる、シラケとも言える状況を含めましてとにかく乗ってこないというのです。叱ってやらせればやるけれど、そうでなければどんどん自分からやるというふうにならないのです。もう一つの問題は、子どもが、先取りをしちゃうということです。先生きっとああ言うだろうで、先にやったろうと、先にやっていくとにかく型にはまっちゃってこわいという問題です。えらくおとなしく先取りやっとるみたいですけれど、先生と心が通じ合っているわけでもないというような状態で、今申し上げたように、わからないけどできるという子どもたちの状態の教室では言うことをきかんというのか、そういうような状態と先取りしちゃうという状態とが非常に目立っているという問題があります。

どちらにも教師が実際は困っておるわけです。それは子どもが把めないという状況の典型なんだろうと思うわけです。それは子どもをうまく手なづけるという問題ではないわけです。何かうまく手なづけて、だまいてうまく処理していくということや、手なづけ方の上手下手ということでなく、飼い馴らすということでももちろんないわけです。何か子どもとの間でぴったりくるというような意味で、そのぴったりさがないという問題なんです。この二つの現われ方というのは、どちらも時に思わん事件を今うみだしてくるわけです。まさかあんな子が、あんなに先生のいうことを先取りして、ぱっぱとやるいい子だと思っていた子が、ある日突然全く違う、先生もびっくり仰天のことをやってしまうという問題があります。そうかと思うと、ちっとも言うことをきかんと叱っていれば、その間言うことをきいたみたいに見えた子が、実は全くそこから外れてひどいことをやっちゃうという問題がずい分あります。普通、例えば、言うことを聞かんということについては、きびしさが足らんという問題として、わり合いに論じられます。それから先取りをしてしまう状況については、先生がきびしすぎるでやわというような問題として、きびしさというものがそういうことに対応する教師の側の論議の中心になって、子どもに対する甘やかしだとか、きびしさだとか、あるいは、きびしさが足りないとか、きびし過ぎるとかいう問題として論じられることが多いわけですけれど、問題はきびしさの内容なんだろうと思うわけなんです。きびしさということは、外から与えられる規制としてきびしさがあってはならんだろうと思います。むしろ、子どもの内面におけるきびしさというもの、その内面をどう把むかという上でのきびしさが必要なんだと思うわけです。

子どもの内面を把むということで言えば、子ども自らが自らできびしさを自覚する問題なんだと私は思うわけです。きびしさというものは、他から与えられる規制でもないわけです、それは、教師のために存在するわけでもないのです。子ども自らが、わかることと生きることを結びつけた人間的自覚をともなった活動として存在させる時に、きびしさというものが必要になるのです。きびしさというものは、そういうふうになって現われてくるものだろうと思います。その内面活動というもの、それを子どもの中で高める時に本当に子どもが把めるんだと言えるかと思います。どこかでお読みになった方もおありかと思いますけれど、私どもの地域の坂本小学校で丹羽徳子というすぐれた先生が教えられた学級の中で書かれた綴方ですが、子どもの内面で自らをきびしくしていくことはどういうことかということで、すぐれた作品がありますのでひとつ紹介してみたいと思います。『自分の心をしっかりさせるために思いきって書く！』と題した五年生の女の子の作品です（本巻論文10に紹介）。

この子はこの綴方を書いたあと、クラスの子どもに発表し、みんなでこのことを考えてくれというふうに自分で問題を持ち出して、学級の中でこのことについて討議させていくというところまで変っていったようです。こういうふうに書いた、そしてこれをみんなも考えてくれと、みんなの中へぶっちゃけることができるようなその時には、もうやらんと言える内面のきびしさがあると思います。さっきの『あんなエッチなことはやりたくない』というような内面の状況とは違うわけです。もっと内面としての深刻さを自ら見つめているという問題があるわけです。子どもが自分の内面というものをきびしく自分で見つめていく時に、そこから新しく、切り拓いていくものを子どもが見つけていく、そういう時に私たちは、子どもを把んだといえると思うのです。

けれど、今の社会というのは必ずしも、一遍これを書いたから死ぬまでしっかりできるというわけじゃなしに、よく言いますけれど、下りのエスカレーターを駆け足で昇るようなもので、一遍足を止めるといつだって下がってしまうのです。自分をひとつのりこえさせて、子どもに心を開いたといっても少し手をとめておけば、子どもは下っていってしまうという状況はあります。したがって、いつだって、内面というものを子どもたち自らが見つめるということに大きな力を注がなければならないと思うわけです。そして子どもたちの内面にはこういった矛盾というものがずい分あるんだろうと思うのです。だから、子どもを把むという問題を別の言葉でいいますと、教育の非常に特性的な作用によって子どもの自発性と連帯性を発揮させて、人間的、社会的価値にもとづく自主的な生活、生きがいを子ども自身に組織させる仕事、それが実は子どもを把むということではないかと私どもは考えておるわけです。

把み難くなってきている子どもの状況

今、そういうふうに考えても、実際に子どもを把めないということの中には、大きくいって二つの理由があるようにも思うわけです。一つは把み難い子どもになっているということから生じる理由です。最初に申し上げましたように社会の土台の変化というものが、その社会的・歴史的な反映として人間を変化させるわけですから、どうしても把み難いという状況が出るわけですが、土台の変化から生じている七〇年代の異常性というものは、子どもを人間の基本のところで崩してきていますから、子どもが非常につかみ難いという問題だと思うんです。それは自分の五体で確かめ、自分の頭で考える、自分の意志で行動し、そして行動しながら考える、そういうことが非常に困難になってきています。ひとに言われたからやる、テレビが言っとったからおれも真似した、お母ちゃんがそう言ったでやった、みんながやりようったでやった、本に書いてあったで本当のことだ、というように自分の目で確かめ、自分の体で確かめ、そこからつくられてきている実感というものを大事にするということがないわけです。

情報過多ともいわれる状況の中で、自分で情報を選択する基準を持たないため、行為だけはさまざまあるけれども、実際には人間の基本的な行為にはなっていないという問題があるのです。子どもそのものが、そういう状態の中に浸されておる限り、把み難いという問題になるわけです。例えば、私が最近体の学習ということで経験したことですが、「今生きているということ、体が生きとる、死なないということはどういうことか」ということで学習した折に六年生の子どもに「今、生きとるか」と聞くと「生きとるよ」と言います。「生きとる証拠どこにあるよ」と言うと、小利巧な子が、さあっと手を上げます。ひょいと当ててみると「心臓が動いとるて」「呼吸しとるてえ」といいます。そこで「本当かよ」と言うわけです。一定の体制的解答としては「心臓が動いとる」ことは事実なんです。科学の知識として心臓が動いていることは確かで、心臓が動いていることは生きていることの証拠なんですが、子ども自身には心臓が動いていることはちっとも実感にはないわけです。心臓が動いているという知識があるだけなんです。「今生きとるかよ、どこに証拠あるよ」と言われた時に、「心臓が動いとるで」というふうに心臓が実感としていつも存在しとるわけじゃないのです。けれど、そういう答えしかできない。それで、全然そうでない子たちに当ててみると、体制的な解答のできないような、勉強で言えばちょっとも答えられんような子にだんだん問いつめていくと「おら先生の今いったことが聞こえたで生きとるんじゃないか」とか「手がこうやって動くじゃないか、生きとるやないか」というわけです。「何でそれを勉強の中心にせんのや」といって、怒るわけなんですけれど、怒ったって今日の学校の教育がそうなっているから仕方ないということがあります。

実際は自分の目で確かめ、自分の体で実感できるというものが、科学の基礎になっていないのです。そして何か押せば、コンピューター操作によって何かが反応として出てくるように、テストやれば○《マル》になるのかもしれないけれど、実感とはまるっきりかけ離れたものでしか返答できないという子どもが、ずい分多いということの中にも、把み難い子どもだということを思うわけです。それは、生活実感が学習の基礎としての価値を子どもの中で持っていないからです。いわば、生活と科学が分離しておる状況なんだと思うわけです。科学的認識の土台に生活実感がすわっていないのです。だから認識は自らの五体を動かした実感が基本にならないで、全然別の体系によって認識されたかの如く、子どもたちが受け取っている場合が多くあります。いうなれば生活と科学の分離、科学と知識の分離というような状況がますますひどくなっているという問題だろうとも思います。したがって、外見的にはわからないけれどできるし、めあては何にもなくても生きていけるし、やってしまえるし、そういうふうな状態の子どもになっているという問題だと思います。その反面、内面が極めて不自由で、孤独で、つまらない思いというものが実に多くなっていて、外面的な派手な部分だけ、実は内面的には貧しく孤独な状況が子どもの中に蔓延しているというふうにも言えるかと思うのです。

そうした心の状態というものは、先ほど申し上げましたようにその土台となるべき体の弱さになって出てきています。いうなれば人間的な意欲が出せないような体の問題があるのではないかということで、私たちは今問題にしているわけです。もっと意欲的になれ、だらしない、しっかりやれ、がんばれといっても、がんばりようのない体そのものの状況があります。そこのところの関係でみないとがんばれといっただけではがんばれないという実態があります。そうしたように子どもの把み難い状態というものが、今把めないということの理由の一つにあげられるだろうと思います。

子どもを把もうとしない教育の質とその状況

もう一つは把めない教育、あるいは、把もうとしない教育というところにある理由です。子どもが把めないのは、子どもが把み難いというだけでなしに、把もうとしない教育にあると言えるように思います。先生方も何遍もお聞きになったり、学習もされたりしただろうと思いますけれど、一九一〇年代にロシアの教育状況についてクループスカヤが「生徒の自殺と自由な労働学校」という論文を書いているのです。ロシアで生徒の自殺が増えてきたことに対し、いったい何が問題なのかということでクループスカヤが言っている第一の原因というのは、やっぱり重苦しく子どもたちの上にのしかかっておるロシアの暗いこの現実なんだとあげていますが、そういう点では、今日の日本の子どもたちの上にのしかかっている、この日本の暗い現実なんだと言えるとは思います。クループスカヤは同時に学校教育がそれに拍車をかけていると問題を出しております。今日の日本でも日本の現実が暗くて重苦しく子どもたちの上にのしかかっているということだけではなくて、今日の学校教育がそれに拍車をかけて暗さを増し、子どもに孤独な思いを強めさせている。あるいは、子どもに絶望感を抱せるように教育が仕組まれてきているというところに、もう一つ子どもが把み難い理由があると思うのです。

最近、私どもが九州のことで知りましたのは、朝日新聞に載っていました、長崎県で校長先生が通信簿を勝手に書き替えたという話で、長崎県にはひどい校長がおるもんだということですが、岐阜県でもひどい状態がいっぱいあるわけです。県議会の教育正常化の決議を先頭にして学校の自主性と教育の自由の根絶を狙って、日の丸・君が代の強制と指導要領の徹底がすすめられております。私どもはそういう教育の上に現われるシステムを「計画体制」という名で呼んでいるわけですけれど、指導要領を目標として細密化させながら、それを子どもに浸透させていくための超労働強化の体制なんです。計画だ、計画だと、とにかく、一月の掲示板が消える頃には、三月の掲示板までびっしり書いてあるという学校がいくつかあります。計画がびっしり組まれて何月何日の何時間目は何ということが、全部組みたてられているのです。ひょっとして、地震があってもその時間をやらなくては進度が遅れてしまうというように、それほどびっしりつまってしまっている計画体制の中で教師は、指導要領を徹底するための具体的な計画、実践、点検を強制されるわけです。ものすごい忙しさというのが増えてきていま す。管理体制の強化の中で教師の孤独も強くなり、体も心も疲れがふえていますが、特に目立ってきているのは若い教師の自殺や五十歳を過ぎた女教師の自発的な退職です。こうしたことは、全面的にはいろんな形で現われていて学校教育が子どもを把めない状況にさせられていることを露呈していると思うのです。

岐阜県のそのひどさというのは、どうにも手のつかん所まで来たということを逆に教育の行政当局の方が示し始めているようです。県の教育センターへ「トレパンなんかはいてくる阿呆な教師がいる。そんな者が〝ほんとうは来る気も、やる気もないけど来た〟など、高校生以下の発言しかできない。全くなさけない教員がいる」とか、「ネクタイもしない失礼な教員が、ものすごくいる。教師のくせにノータイが増えた。こんなことは痛ましいことだ。挨拶のできん教員がいる」というようなことを県の教育行政の中枢におられる方が、嘆かわしく言われるなどということの中に、岐阜県の教育体制の矛盾が端的に現われてきております。もう教師を把む何の手だてもなくなってきている。したがって服装だの、ネクタイだの、挨拶だの、先取りする状況だけを何か示してほしいと懇請する状況に入り始めております。支配としての正常化とは、そういうものだろうと思うのです。そういうことの中にも「行き着いた」という感じがするのです。

こうした状況になっている教育は、先ほど申し上げた子ども自体の把み難さと一緒になって究極のところで子どもが人間発達の本能として自らが持っている、クループスカヤの論文の中の言葉で言えば社会的本能ということになりますが、人々のために役立ちたいという、人間の基本的資質というものの発達が阻害されている問題でもあろうと思います。子どもたちの社会的本能を順調に発達させない学校や社会になっております。だから子どもは、そこのところでどうにもならなくなってきていると思います。それは人々のために役立ちたいという意志、役立ち得る能力、そういうものを獲得していくことが阻害されていることとしてたいへん問題なんだと思うのです。社会的本能が、意欲としても能力としても現実化できないでいるということが、子ども自体をしてますます把み難い存在にしておるのだと私どもは考えるわけなんです。そのため、子どもを把むということでは、子どもが悪いから子どもに変われ、という問題ではなくて、結局は教育の質とあり方をかえて子どもを把めるようにしなきゃならんという問題がいつだってあるわけなのです。子どもの社会的本能を強めながら、把める子どもに変えていくという教育に変えなきゃ、子どもを把むことができないということで、毎日苦闘しているというようなことになります。

子どもを把もうとする教育の質とあり方

そういう点で、子どもを把むという問題は、教育実践の基本的な課題であるわけですし、実践そのものの在り方にかかわる問題だと思います。その実践は、子どもの人間を丸ごとに把むと言われるように、「何かちょっとできた」「あれができた」「あそこだけがええ」「こっちがええ」というようなものでなしに、人間としての総体を子どもが生きている環境の総体としての生活との関係で全面的に把握することだと言えると思います。そのように子どもを観ることが必要なのだと思うのです。けれど実際には、子どもを見るのに、「あれは標準テスト何点だ」とか、「何点の子だ」というように点数でしか子どもが見えないという状態がずい分あります。また「あいつは万引きの子」「あれはシンナーの子」というように外面だけしか見なくて、子どもの内面を見る目が教師になくなってきていることも多いようです。まして、なぜそうなのかを子どもの生きている歴史と子どもが生きている現実としての社会の関係の中で考え、子どもの人間としての真の姿を見ていくという教師の目が、少なくなってきているという問題が実に多いわけです。したがって私どもは、教師としての子どもを見る観点を変えなければ、本当に子どもの人間を正しく見ることができないのだと思うわけです。その場合、子どもが発達していく矛盾の実体としての内面の矛盾点においてとらえなければ、子どもの総体というものをとらえることができないのではないかと考えるのです。そういう点から、内面というものが教育の出発点になるし、帰着点になるのではないかと考えるのです。

そこでその内面にかかわる実践の問題になるわけですけど、それを私どもは、子どもを把む実践というようないい方で今まで言ってきたわけです。一般的には生活と教育の結合、あるいは科学と実生活との結合というような言い方で言われているように生活に根ざして事実をありのままにとらえることが、かかわりになってうみだされ、編みだされなければならないと思うわけです。それはまた、わかることと生きることとが結びつけられて子どもたちの生活と学習を自主的な活動として組織させていくという、教育実践の具体化の問題だと思うわけです。

恵那の地域での実践全体をお話ししているゆとりも、その必要もないわけですけれど、私どもは、生活綴方というものを基盤において教科、集団、労働を主要な柱にしながら、わかることを一貫した原理として追求していくような学習構造というか全体の実践構造を考えているわけです。そして、その目標には、生活に根ざし生活を変革することのできる人間をどう育てるかということを中心にしています。その全てを詳しく申し上げてはおれませんので、その基礎的部分と私どもが考えております、生活綴方にかかわって少し申し上げたいと思います。

私たちの考える生活綴方は、少し理屈めいた申し上げ方で恐縮ですけれど、子どもが現実生活の中でつくりだしている生活実感――それはいや応なしに生活の実体が人間の内面にうみだしてくる実感としての内面の真実というものをさしているのですが、それはまた、建前と本音という言い方で言えば本音の部分になるわけです。生活綴方は、それをつくりだしている生活の事実・現実を自らの言葉でありのままに再現し、客観化することにほかならないのです。例えば、いま私はここで本当の気持ちとしては「いやだなあ、いくら九州民研の講演でも、いやだなあ」と思っているわけです。「話の内容は貧しいし恥ずかしゅうっていやだなあ」と思っていますが、私がいやだなあと言ってもだれにもその気持ちはなかなかわかってもらえないと思います。嬉しそうな顔してしゃべっとって何だと言われるぐらいだと思いますが、私がいやだなあと思うその思いをつくりだしている事実としての状況を話をする以前のことからどんなふうに積み重ねてきているかを話せばどれだけかわかってもらえると思います。具体的にどんな思いをして、何をしてきて、みなさんの顔を見た時、何を思って、など事実を具体的に書いたら、「なるほどあいつは、あれくらいいややったか」ということがわかって頂けると思います。そして、それは、みなさんにわかっていただけるだけでなく、私自身にも、自分の思いがもっとよく理解できることにもなるのです。そういう意味で、ほんとうに子どもたちが持っている苦しいなあとか、口惜しいなあとか、嬉しいなあとかいろいろな思いになっている実感を自分の本音としてはっきりさせてみることは大事だと思うのです。生活実感は日常的には感性みたいな形でとらえられています。そういう本心を、それがつくられてくるさまとして、事実として明らかにされた時に、あれが考えておる、あれの内実ってものは何だということがわかってきます。それは、教師にわかるという問題や、友達にわかるという問題だけでなしに子ども自身がわかるというところが一番大事だと思います。いやだなあと思っているけれど、なんでいやだかわからん子が、ずい分おります。おもしろいなあと思ったというので「なにがおもしいよ」と、よく聞いてみたら、「なんや知らんけどみんな笑ったでおもしろい」というだけで、そのおもしろいなかみがわからないということもあるのです。そのことをおもしろいとかいやだとか書かずに、いやだ、おもしろいっていうのは実は何なのかということを、事実としてありのままに述べさせてみた時に、その子どもの持っている内面というものが出てきます。その時に子どもは自分の内面というものを再現してみることができます。そこのところを私たちは、とても大事にするわけです。そして、いま申しあげたような意味でそれが土台・基盤だという言い方をするわけなのです。だから生活綴方の表現というのは、その本音をありのままの事実として綴ることに中心があります。方法としてはそうなんです。けれどそれは本音になっている感情や思い、あるいは考えや問題とかを、それをつくり出している生活の事実を描いて再現することで子ども自身が生活を認識するということに内容上の主眼があるのです。自らが内面となっている自分の生活をもう一遍再現しながら認識をしていくというその問題が重要なんだと思います。

生活認識の具体化として綴っていくというその作用が、同時に生活の主体者としての生活意識を子どもたちに持たせてくると私どもは考えております。この生活意識が、実は人間の総体として主体的に生きる一番基本になる問題じゃないのかと思うのです。誰かが言ったからああするとか、誰かがこうしたらこうするとかではなく、自分の目で見、自分の頭で物を考え、自分の意志で行動し、行動しながら考えるという、その主体というものは、子どもたちが自分の内面を見つめ直して見る時に生じてくる、その生活意識そのものなんだと考えて、それを重視するわけなんです。

それはまた、戦後の教育全体の中でひどく重視されながら、実際にはいつも指導要領の改定その他によって、おしつぶされ、圧迫され続けてきた批判的精神だとか批判力だとかにかかわる問題なんだというふうにも思うわけです。批判力といっても主体的な条件がなければ批判しようがありません。そういう点では批判的精神だとか、批判力だとかいうふうに言われてきた戦後の民主主義精神を教育の内容として生かすべき非常に重要な問題でもあると考えるのです。知識を批判的に受けとる力というふうな場合、その受け取るとか、批判力だとかいうことの中心になる主体的な意識というものを子どもたちにどう生活の事実にかかわらせて持たせていくのかという問題が、実は大事なんだと思うのです。

そのことについて、「さまざまな知識を自分の意識の中でつくりかえることが大事なんだ」というふうにも言われていることがあります。その場合のつくり変えることができる主体的な自分の意識というものを私たちは生活綴方の中でうみだされる生活意識だと考えております。換言すれば、子どもが持っている、あるいは子どもに持たせるべき社会的本能の生活的自覚とでも言うべきものではないかと思います。

例として綴方の作品をたくさん読むといいんですけれど、時間もございませんので省きますが、そういうものを子どもたちに、きちんと持たせ、つくりださせていくということは、実は子どもが自ら把み難い人間から自らを解放していくことになるだろうと考えます。そういうふうに教育としても作用することになるだろうと思うわけです。どうしたらそういうものが書けるのか、どうやったらいいのかということをお話しすべきかとも思いますが、それも時間がございませんので省きます。

ただ子どもが自分の本心を先ほど読みました作品のようにありのままに綴るためには、学級づくりとか、仲間づくりとか言われているような実践が必要になるわけですし、そうしたことを抜いてできるわけがないのです。そのためには教師をも含めて、教育的自由というものが実践の場にたくさん保持されなければならないことはたしかです。それがなければ子どもの内面を引きだすことはできないと思います。その詳しい状態を申し上げることができずに、内面を引きだすという言い方だけではたいへん語弊があることかと思いますけれど、そのことにつきましては、深く立ち入ることをしませんのでよろしくおねがいします。

いわば、子どもたちの連帯の強さだけが、実は内面を引きだすこと、吐きだすことの自由をひろげることができる、そういう関係だと思うのです。私はよく、「いっしょにいるから仲間なのではない。いっしょに生きるから仲間なのだ」と子どもたちに言いもします。単に不特定多数として集められている子どもたちに〝一緒にいるから学級の仲間なのだ、がんばれよ〟と言ってみたってそんなふうでは仲間にならないのです。具体的な生活を通して一緒に生きるという問題を子どもたちに追求させない限り本当の連帯ということにはならないと思うのです。一緒に生きるということを、実際はどういう課題で、どういうふうに共同行動を拡げながらすすめるかというような問題として、教育実践活動で追求していくわけです。そうした一緒に生きていくことをどう大きくつくりだしていくかということがない限り、生活綴方をどんなに書かせようと思ったってほんとうの綴方は書かないという問題があるわけです。

そして、そうした教育の活動は、確かに教室の中での実践というものが主要な場になってくるわけですけれど、十六坪の教室の中だけではできないということもまた、五十年代以後の日本の教育実践と運動が明らかにしてきたものであるわけです。だから教師集団の問題や地域の父母との提携あるいは合意の問題とその運動をどう拡げていくかということがなければ民主的な教育は進まないことも確かなことだと言えます。そういった点で、私どももも私どもの地域に大きな運動を組織してそのことにまた大きな力を注いでいるわけなのです。そしてその運動そのものは、逆に言えば十六坪とも言えるような、その場所での実践の強さ、そこでの質というものが高まらなければ、実際には進めることができないという関係になっているわけです。従って、教育実践はどうでもよい、運動だけがあればよいというわけではないのです。といって、大事なことは運動でなく、教育実践だけなのだというような問題でもないのです。教育実践と運動とのかかわり合いの中ではじめて子どもは、自らを把み得る子どもになっていくというか、把み難い子どもが変っていくということがあると思うのです。

そのために、今、私たちが、教師が子どもとの関係で必要だ、と考えることは、教えることができる自由を確保しなければならないということです。ああしたことをしておいたらええなあ、あのことを教えておくとええなあ、あのことをきちんとしておかねばあとで困るだろうなあと思いながらも、教科書の進度の方が先に来ちゃって、本当に教えておかなければならないことを教えてないということがあります。教えるということは、アラゴンが言うように〝ともに未来を語ること〟で〝学ぶとは誠を胸にきざむこと〟である限りまさに子どもと一緒に、共に未来を語っていかなければならないということを、今、子どもと共に語る自由がないという問題の中で深く考えてみなければならないと思うのです。先ほどの長崎の方のお話のように原爆の日の登校に原爆の歌を禁止するということもそうでしょうが、それは教師が真実としての過去を語る自由がない問題だけじゃなしに、未来を子どもと一緒に語る自由について抑圧してくる問題だと考えなければならないように思うわけです。そういう点では、未来を子どもたちと語るということを、例えばルイ・アラゴンの言う、教えるという言葉からひきだすとすれば、このことが本当に行われる自由というものをどう私たちが確保していくのかということが大事なのです。そのためわたしどもは、そういうことを教育実践の上で具体化するための一つの課題として〝私の教育課程づくり〟という問題を提唱しております。教育課程は私としての教師がつくらなければいけないのだとか、私がつくりさえすればよいということを決して言うのではありません。でも、教師が自らの責任で私がつくるという立場をとらなかったら、その学習は子どもの中にはピンとこないという意味であえて〝私の〟というわけです。実際は子どもとの関係で教師が実感する教えなければならない問題については、どんな方法をとってもやらなきゃいかんのだと思います。その時に、教える内容や教材が何もなかったら、自分が作らなければいかんのだと思います。本当に教師が子どもとの関係の中で、一生懸命汗みどろになって作りだしていくことが重要です。

先ほど申しあげましたように子どもたちは本当にわかりたいことを持っていますが、今日の指導要領ではそれが満たされないのです。例えば性の問題などはまさにそうだと思いもするのです。私は、恥かしいものですが私なりに勝手に性についての教育課程を編み、それで学習をやってみたことがあるわけなんです。先ほど紹介頂いた『思春期の生きかた』の本でもそのもとは、私が実感した子どもとの関係における私の教育課程づくりのテキストなんです。私はそういうものをテキストとして子どもに使ったのです。それは、私だけに留まらず、中津川市の教育研究所で編纂したものとして発行したりして、もっと多くの人に使ってもらって検討するということもしましたけれど、とにかく、そういうふうにまず思いついたことからやっていく必要があるのではないか、そういう自由がなければ、子どもを本当に把むことはできないと思うのです。したがって、教師自らがまず自由にそこのところを切り拓くということが、実は教師の内面上の問題になるのだろうと思うわけです。

子どもとの行事の問題や、父母との間におけるさまざまな事業の問題というふうなことも最大限の努力をしていますし、そういうことについても報告しなければならないと思いますがそれは省きます。これは余分なことになるのかもしれませんが私の教育課程づくりを進めようとすると、実は子どもを見つめることについて私どもの見つめ方が少ないというか、本当には見ていないという問題にぶつかります。いかにも知っているようだけれど、ほんとうに子どもを知っとるかというと、知らないままのことが多いのです。子どもを知るというのは、教室の中で現われてくる子どもの反応がわかるだけでなしに、その反応が、どういう社会的な生活の重みを持って出てきているのかを知ることです。ほとんど知らずにいて、それでああでもない、こうでもないと評定して、その限りで、いうことを聞かんとか、弱ったもんじゃと言っているような状態が多いというわけです。授業の中でもあっちの方の子にあてて「はい、おまえ言ってみよ」といっておいて、その子が発言しない前に、もうこっちを向いて叱っているというように、とにかく先生が子どもの目をじっと見るというようなことが少ないのです。目は心の窓やと承知していても目なんか見やしない。どんな目をしていようと、みんな「鰯の腐ったような目をしとる」なんて言っとるだけで、本当は目のまことに小さなところに、子どもが本物の光を輝かせていても実際はそれが見ぬけないという忙しさの中におかれているのではないかと思います。だから、あちらに指名しておいて、こちらを叱るということでは子どもは何にもおもしろくないわけです。そういう状況を、私どもは反省もしているわけです。それは同時に、子どもが書いたものの中からでも、どんなちっちゃなものでも、子どもの本心というものが、そこに含まれておるものを素早く敏感にかぎとって、それを引きだすというようなことがないと「書かせてみたけれど、つまらんことばっかり書いた。あんなもん書かせてもなんにもなりゃせん、あんなことなら算数でもやっていた方がよっぽどええわ。けれど算数やっていたってちょっともできやせんで、今度は国語の漢字をやろかしらん」というようにそんなことばっか言っていても、どうにもしかたがないというふうな問題だと思います。

ダメな生活の中で変革を自覚し始めた子どもの芽の重視を

子どもたちは、先ほど申し上げたように非常に不自由で、矛盾が子どもの中に強まっておるわけですから、新しい芽を子どもたちは持っています。それは子どもたちが自分で矛盾を克服する自らの立場を持ちはじめているという問題として重視しなければならないと思います。

一つここで例をあげてみます。最近、私どもの地域の苗木小学校の吉村義之先生が指導した中で出てきた綴方なんですけれど、六年生の男の子が書いた『お金があると』という作品です。すぐれた文章というわけではないですけれど、ここで読みとって頂きたいのは、この子どもは、この先生の話では、みんながどんなにも手におえない子と思うほど乱れた生活ぶりを示していたそうです。それなのにその子どもが自分で変わらなくてはならないと自覚するようになってきているというのが八〇年代を目前にした今の状況だというのです。

お金があると

六年　男子

僕は、今、新聞配りをしている。前から、どんなアルバイトでもよかったのでやりたいと思っていた。目的はお金だ。

僕は、今買いたい物がたくさんある。切手みたいな趣味がなかったので、一枚六百円するシングルばんのレコードを買い始めた。買い始めたら買わずにおれなくなった。買わずにおらなんだら、もうすることがなくなってしまう。

僕は、二年生の頃、お金があるとすぐにみなと屋へ行ってつかっていた。その頃、お母ちゃんの小ぜにの置いてある所を知っていた。その頃、タンスの戸の所の小物入れやった。最初、百円だけ持っていってつかってしまった。それが原因やった。もうそれから毎日使い始めた。百円や五十円を持っていった。社会見学のおやつを買う日に、わざわざ山の田まで五百円持って買いに行ったこともある。そのお金も、お母ちゃんからこそねて取ったやつやった。その日、帰ったらばれていた。お母ちゃんにだいぶおこられた。

その日から、そういうことをやるのはやめた。三年生、四年生、五年生をなんとか通りぬけた。

今年、六年生になったら、レコードやマンガを買い始めた。それらの物は、必ず三百円以上で、マンガ一冊買っても三百円はあっというまになくなってしまう。今、ブラック・ジャックという医者のマンガを集めている。そのマンガの主人公は、ブラック・ジャックというお金をたくさんとる医者や。

マンガの本を買うことで、僕はまたお金のむだづかいがひどくなってきた。レコードを買い始めたのも、それが原因やった。レコードを買っても、家にはプレイヤーもない。だから、無駄づかいにきまっている。今はプレイヤーを買ってもらってあるので、いいけど、前までは無駄やった。

僕の家には、お金がかざってある。その中に、現在使われている五十円玉や百円玉があった。僕はまた二年生頃にもどってしまってそのお金を持ち出して使ってしまった。それに、もう一つ。九月九日の「ガラスのうさぎ」を見に行った帰り、ユニーやエコーによって少し遊んだりした。そして、中津のことがだいぶわかってきたので、中津中毒になってしまった。《そんななかでいきたくなって、いきたくなってかなわんというわけですね。中津の隣りの町の子ですから》僕は、それからよく中津にさそわれた。《克服しようとする決意を持つと、また表現までが少し大人びたかなあという気がするのですけれど、中津に誘われた、人に誘われたわけでなしに、その土地にみられる退廃の誘惑にぼくは勝てなかったということですが》

中津中毒になってしまったので、ことわることがさけられなかった。アルバイトのお金が二千七百五十円だったので、千円だけ貯金して、後は中津へ行く時使うようにとっといたりした。ちょうどその頃、新ちゃんにさそわれた。レコードやマンガを買ったりした。僕は、どうしてもお金があると使いたくなるのが直らなんだ。

一週間くらいたって久人君が中津の医者へ行くと言った。その頃、広島のおじさんが来ていて、千円もらっていたので、僕も中津へ行くことにしてしまった。中津中毒も、だいぶひどくなってきた。あまり中津へ行っているうち、自分で無駄づかいが多すぎることがわかっていても、なかなかなおらなかった。みんなに、「今、いくらくらい持っとる。」と聞いてみたりすると、千円はこしていた。僕も無駄づかいに早く気付いて、お金をためていれば五千円は楽にこえていた。その五千円が残っていたら、すごくお金持ちの感じがしたと思う。本当は、レコード持ちであって、マンガ持ちであって、お金なんか一円も持っていなかった。今までのお金が、今思うに本当に無駄づかいしたなと思う。

そのうちに、僕の発明した薬ができた。《ここからよく聞いて頂きたいのです》それは、お母ちゃんに預けるようにするということやった。お母ちゃんは、市原という所につとめている。その市原は、朝八時から十二時まで、一時から五時まで働くとこや。僕は、学校から帰って、ひまな時はすぐお金を使いたくなる。昨日貰った百円を、自分の机にかくしてある。だからたとえ五十円でも使いたくなる。このまま中学や高校へ行くと、金づかいが荒くなり、いつもゲームとかやっとる人になっちゃうかも知れない。だから、僕はお母ちゃんに預ければ、使いたいと思えばすぐ使うということを防げる。

お母ちゃんは、昼に家へ帰る。その時は、学校で給食を食べているのでお金を貰うことはできない。仕事が五時に終わっても、買い物、帰り道の時間、残業などで五時半くらいになる。それから買いに行っても暗くて行けない。そうすれば、たとえ十円や二十円でも防げる。そのうち、たくさんたまって、無駄づかいもしんようになると思う。アルバイトの二千七百五十円は、千七百五十円は貯金して、千円はお母ちゃんに預けるようにすればいい。そうすれば、中津中毒もなおる。

今、おばあちゃんが内職をしている。松を一つ作っても、一円八十せんにしかならない。いつもおばあちゃんが、

「一円八十せんの松を五百作っていくらや。」

と聞く。僕が計算してみると、五百作っても九百円しかたまらない。お金の大切さがよくわかった。おばあちゃんが内職したお金は、いつも臣じと僕と美佳の貯金になる。

だから僕は、もう無駄づかいはやめるようにする。いくら百人で、

「中津行こ。」

と言われても行かんようにする。十回さそわれたうちの一回くらいにして、ぼくは自分の法律をつくる。

一、現金は、お母ちゃんに預ける

一、中津へ行くことをさける

一、無駄づかいはやめる

これからは、これを守るようにする。

（指導・吉村義之先生）

この綴方を書き終わったころから、この子どもがうんと変わってきて、今度は学級の中で、あまり勉強をしなかった子だったのが、勉強をしない子について問題を出してきたといいます。〝こんなグループあかんやないか〟っていっとるわけなんです。いうなれば、先生が、どんなに仕かたがない子やと思っていても、子どもは、そのどうにもしかたがない中で新しく自分を脱皮しなければならないと決意しはじめているのです。この子の場合は簡単なんですけれど、自らの道をみつけたのです。それは何かというと、金を持たんようにするというだけです。持っていたら中津中毒になってしまう。だから、金は、お母ちゃんに預ける、もっていなければ行きようがないということにやっと気がついたのです。そし

て子ども自身が自ら気づくというところに今の明るさがあるようにも思うわけです。そういう点で子どもが把めないということの中には、今日の教育体制のもたらす焦りというものがずい分多いというふうにも思うわけですけれど、今申しましたように、子どもの内面的矛盾というものが、子どもの中ですでに新しい活路を拓くという保障を情勢がつけてきていると言えると思います。八〇年代こそ、じっくり腰を落ちつけて人間の基本のところから、子どもが自分で変革していくように、努めなければならないと思うわけです。

資本主義の爛熟期と言われる今日の状況は既に一〇〇余年も前にマルクスが、一方の極での無知、粗暴、道徳的退廃など、人間の貧困を増大させずにはおかないと指摘していますように、資本主義そのものの矛盾として貧困を増加させています。しかも、その貧困の増大は最も無力である子どもの中に集中的に現れます。無知、粗暴、粗野など貧困の問題は、子どもの側に最もつよく現れてきてどうにもならない退廃の状況というものが誰の目にも明らかになってきています。そういう人間的貧困の極致の状況では、弁証法でいう「否定の否定」という面がつよくはたらくものだと思います。現状の否定を更に否定する状況というものが矛盾として生まれるものだと思います。今子どもたちがダメだといわれる否定の中で、そのダメとしての否定を自ら否定する状況というのが子どもの意志の中に生まれ始めてきているという所に私たちが目をつけていく必要があります。その否定の否定という気持ち、なんとかしなくてはならないというように子どもたちが考えてきている新しい目を大事にし、その目から否定すべき、生活の現実をありのままに、見つめさせていくということが、今、子どもたちをして自分で否定の否定をつくりだすということになるのではなかろうかと考えるのです。先程の綴方はたとえ小さい芽であってもお金があるとえらいことになる、おれはお金は欲しいけれど、お金はお母ちゃんに預けるということで、自らが否定の否定を生活として具体化し始めていくという、一つの例なんですけれど、そういう子どもたちの芽というものをするどくとらえ、大事にしていくことが必要だと思うのです。

教師が子どもと共に歩む　自分のテンポをつくりだし八〇年代をきりひらく

二七余年前に、第一回の作全協が中津川で行われた時、先年亡くなられました今井誉次郎さんが「ゆっくり急ごう」ということを提唱されました。今、私たちは八〇年代という所へ本当にさしかかって、ゆっくり急げば勝つんだという実感をもつことができるようです。言うなれば否定の否定を子ども自らが自覚的にやり始めているというのが教育における新しい芽なのです。その新しい芽をどう勇気づけ、引き出し、組織化し発展させるのかということがこれからの重要な課題になるわけですが、それが実際に可能なのだという展望を、私たちは、既に子どもの中に見つけ出しているようにも感じているのです。そういう意味では、教師が本当に教育をやったということができる実感というものを自分のペースとしてつくりださなければ、押しつけられる体制のペースでいくらがんばっても、子どもはよくなりようがありません。いやでも応でも、教師が子どもと共に歩む自らのテンポでほんものの教育をつくる自由をどう拡張していくのかということとの関係で八〇年代を切り拓いていきたいものだと考えているわけです。お互いにゆっくり急ぎたいと思います。

＊一九七九年一二月、九州民教連研究集会が別府で開かれた。恵那地域からも数名の参加があった。七〇年代後半東濃民教研は、員弁、奥丹後、北海道など各地域の民間教育研究団体との交流を深めた。石田はこの講演で、恵那が長年追究してきた「子どもをつかむ」ということについて、とりわけ生活綴方教育との関係を具体的に示しながら展開した。『人間・生活・教育』八〇年春号。なお、これに加筆訂正したものが『恵那の生活綴方教育』別巻3にもあるが、ここでは、当時の雰囲気を伝えるために前者を掲載した。

◆論文19（一九八〇年）

学校の民主的再生と教師の仕事

一　学校と学校教育の無力化

今日の学校にはさまざまな矛盾が渦巻いており、その渦中にいる私たちは日々をうめくような思いですごしております。うめき苦しみつつ私たちが、今日の学校と学校教育の無力化をどのように見、問題をどのように克服しようとしているのかについて、日頃考えている一端をここに述べてみます。

学校と学校教育の無力化という場合、その中心は〝子どもをつかむ〟という点での無力化だと私は考えています。子どもを取り締って形の上で〝うまく〟やっている学校、監獄のようにキチンとしている学校はたくさんありますが、それはまた教育とは無縁です。しかしながら強制や取り締りによってではない方法で成功している学校が、全国でどれくらいあるでしょうか。現代の学校は〝子どもをつかむ〟ということについて、まことに無力だといわざるを得ません。

一九八〇年代に入って、子どもたちの状況は一層ひどくなりました。その例をひとつ紹介します。以前、アメリカでつくられた『暴力教室』という映画の再放送を見たある教師がこんな言葉をもらしました。

「昔あの映画を見たときは〝なんてひどいものやろう〟という恐怖を感じたものだったけど、今度はそういう恐怖感もなく冷静にというか、当然のことのように見てしまった」「ニタニタとうす笑いをうかべる子どもが映画のなかに出てくるのだけど、どうしてあのひどい暴力と差別の嵐の中でこんな表情をする子どもがいるのかと、かつては疑問に思ったものだったけれど、自分のクラスを見ると、どうも最近同じような、ニタニタした表情の子どもが増えてきているように思える。暴力と差別の嵐の中では、ああいうニタニタした表情でしか生きることができない子どもたちが出てくるんだ、と感じたとき、『暴力教室』の映画を当然のことのように見てしまったことと考えあわせて、あらためてゾッとした」

こういうことを、その教師がいっておりますが、この八〇年代に入って、あらゆる問題がふき出してきました。こうなることが予測され、警告されていたにもかかわらず、それに対応できない学校の無力状況が生まれ、授業が成立しないという教室が続出してきています。

おとなしく座っていても心ここにあらず、前を向いていないと叱られるから目は前を向いていても頭はまったく別のことを考えている――こうした無気力な子どもの状況は、それを生み出す社会的背景をぬきにしては考えられません。

「学校が生徒の自殺をおしとどめる能力を失ったとき、生徒は自殺する。これは何よりもロシアの重苦しい現実が子どもの上に暗くのしかかっているからだ」と、クループスカヤがいっていることを考えてみる必要があります。彼女はさらに、「学校は生徒の自殺をとめる力をもっていないばかりか、自殺に拍車をかける存在にさえなっている」と、一九一〇年代にいっています。今日の学校は、子どもたちのニタニタしたまことに無力な状況をなくすどころか、反対にそうさせるために拍車をかける役割しか実際に果たせなくなっているのです。

このような学校の無力化状況を促進しているのが、岐阜県においては、「教育正常化」政策です。岐阜県では、「教育正常化」政策が県議会の決議によって行なわれるという、他に例を見ない形をとって進んでいます。この進行にともなって、卒業式に日の丸がないという学校は一校もなくなりました。それどころか毎朝日の丸をたてて「国旗掲揚」を子どもにさせている学校も、ずいぶんふえてきました。教育の軍国主義化に拍車がかけられているのですが、ことは単に「日の丸」にとどまらず、「指導要領の完全実施」を掲げて教師の管理統制をも強めてきているのです。「カレンダー体制」と称するものがそれです。県教委は校長を通して教師たちに、来年の何月何日の何時間目にはどういう授業をやる、ということをカレンダーと同じようにつくらせます。教師たちはそのとおりにできないことを承知のうえで、ウソであることを知りながらカレンダーをつくらねばなりません。このようなカレンダーがいったんつくられると、実際上はこのとおりに実行されないにしても、指導要領が貫徹される形はととのいます。そして、校長はこのウソのカレンダーを本物にするために週案を書かせます。教師の書く週案を信用できずに、子どもが毎日書く学級日誌とつけあわせて点検するというような学校まででてくるしまつで、こうなると学級日誌にウソを書かせる教師もあらわれます。まるで狐と狸のだまし合いです。ウソだけがまかりとおり、真実が隠されて、管理だけが残る、こうした状況が学校を無力化し、教育現場を荒廃に追い込んでいるのです。

二　不自由な子どもたち

一九七〇年代から一般化しつつあった傾向ではありますが、近頃とくに強く目立つのは「わからないがやらねばならぬ」「わからないままにともかくできる」というように、「わかる」と「できる」が分離していく傾向です。なぜこの行為をするのか、この行為にはどういう意味があるのか、ということがわからないまま、ともかく「こと」だけはできていく、そんな子どもが多くなっています。たとえば、性の問題にはこの傾向が典型的に表われています。

私はかつて性の問題について調査し、子どもたちと考えあったりもしましたが、そこでわかったことは、子どもたちは性的行為をたくさんしているにもかかわらず、それに相応したわかり方をしていない、ということです。

第一に、子どもは性について科学的にわかっていません。性行為をした子ども自身が「子どもはキスするとできるものだと思っていた」といっているのです。科学というより常識的な知識すらもちあわせていません。次に、愛がわかりません。今の子どもたちは「好き」が愛の一切をあらわしているように感じていて、愛の根底にある深いものについてわかっていません。愛が全体としてわからないので、何が性行為を支えているのか、何のためにそういう行為が行なわれるのか、がわかりません。したがって、性行為を表面的にとらえ、性の技巧だけが関心の的となります。小学校六年生の子が、自慰行為において非常に技巧的に、ここをこうするとこういうふうになって……などという話をします。子どもの自慰行為を一般的に否定はしませんが、行為自体の意味もわからないままに技巧化したかたちでそれを行ない、その性行動を行なうこと自体が目的となる——これは大変考えさせられることです。「できる」という意味ではできているのですが、それはわからないままにできているのです。

今日問題になっている中学生の暴力も同じで、自分の行為が一体どういう意味をもっているのか、なぜこうしなければならないのか、子どもたちは少しもわかっていません。

「センコーなんかに俺の気持ちがわかるもんか」

彼らはこういいます。「気持ち」というういい方でしか説明できないのです。いったいこの「気持ち」とは何なのか、自分でつきとめることができませんし、またつきとめようともしません。そして、「気持ち」としかいいあらわせないままに行為せずにはいられないのです。何もわからなくても身体が生理的に発達してきて性的行動が生まれてくるのと同じに、暴力の問題でもさまざまな非行の問題でも、なぜそうしなければならないのかはわからないけれども、そうしなければやりきれない、というふうに身体が行動に走ってしまうのです。

このことこそ人間にとって最大の矛盾です。文字どおりの不自由がここにあります。たとえば性の問題でも、あんなに派手にすき勝手なことをやっているように見えるけれども、実は本当に不自由な思いを彼らはしているのです。校内暴力の問題でも同様です。子どもたちにとって不自由さはますます強まってきています。それだけに、本当のことをわかりたい、自由になりたいという子どもたちの内的な要求もまた強まってきています。しかしながら、彼らは不自由な状況におかれているが故に自由にそのことを問題にできないのです。

子どもは性の問題には実に強い関心をもっていて、多様な学習をしています。性的な話題が教室のどこかにあれば鋭く聞き耳をたてています。しかし学級全体での公然とした学習を組織しようとすると、「そんなエッチなこと」と顔をそむけたり、あるいは「もうそんなこと卒業したよ」という顔をしてみたりします。本当にわかりたいという要求を十分もちながら、自分が不自由な立場におかれているために、それを公然とした学習要求として主張できないのです。

「溺れるものワラをもつかむ」というほどに、子どもたちは本当のことについて知りたいと思っています。子どもたちの感じている不自由が大きければ大きいほど、わかりたいという気持ちもまた大きいのです。そういう子どもたちの状況の中で、私たちは学校のあり方を考えていかなければなりません。

三　学校の民主的再生のために

1　人間的真実と信頼の回復

こういう状況の中で、私たちは学校と教育を民主的に再生するために学校を真に人間的に影響力をもつ学校に変えていくために、人間的な教育の行なわれる学校を回復するために苦しんでいるのですが、そのためには、

「人間的真実と、人間への信頼」ということが学校の一番の基礎としてキチッと座をしめることが肝要です。

けれど、前述したように、ウソが公然とまかりとおって真実がおおい隠されているような状況の中では、真実といい、信頼といってみても実にむなしい気がします。しかし、学校の民主的再生は人間の真実について信頼する以外に道をひらくすべはありません。信頼する以外に打開できない性質の問題なのです。教師と子ども、子ども同士が、学校という場で、人間関係に信頼をとりもどす以外に、学校の民主的再生はなしとげられません。

しかし、この信頼ということほどむずかしいことはありません。教育現場の教師ならわかるはずですが、すべての子どもを信頼せよといわれても、信頼できる状況ではないのです。「あの子さえいなければ楽なんだが……」という、子どもを疎外する気持ちが、民主的といわれる教師の中にも生まれています。「あの子とあの子がいなければ、もう少しましな教育ができるのに。今年一年はあきらめよう。早く四月がこないかな」と。これでは、信頼できない子どもがふえるばかりです。子どもを疎外しているという自覚をもたないままに、現実にはそうしている教師が多くいるものです。

教育は人間的信頼の上に成り立つものです。しかしながら、教師からの信頼に子どもがつねに信頼でこたえる、という状況ではありません。子どもに裏切られるというケースは日常茶飯事です。この矛盾——信頼できないものを信頼する——こそ、今日の教師がかかえている最大の困難であります。

教師と子どもが信頼しあう場合、まず子どもの側に信頼を要求する、というわけにはいきません。どうしても、信頼の鍵は教師の側が作りださなければなりません。子どもはもののことわりがわからないままに行為せねばならないという矛盾の中で苦しみ、傷ついています。その子どもたちの苦しみより以上にずっと、私たち教師が苦しみ悩むところからしか、信頼しあう鍵を手中におさめることはできないと思います。

裏切られることを承知の上での信頼、などというと神様・仏様のようですが、例えばユーゴーの小説『レ・ミゼラブル』を思い出して下さい。ジャン・バルジャンが銀の燭台を盗んだことを知りながら彼にそれを与えたというきる神父が出てきます。その神父の無償の信頼によって、ジャン・バルジャンが人間の真実に目覚めたように、人生の永い永い歴史の紆余曲折のなかで立派な人間に子どもたちが育っていくのだ、というふうに子どもたちの歴史を永い目で見なければなりません。今日私たちが子どもを信頼するのは、明日子どもたちが私たちを信頼しかえし、すばらしい子どもへと変わることを期待するからではありません。さしせまった答を期待してではなく、何時そうなるかを問うことなく、しかし信頼しつくすところに私たちは踏みきらなければならないと思います。もだえ苦しみつつもそうすることが、現代の教師に課せられた試練であります。

2　子どもの内面をとらえる

子どもからの見返りを期待することなく一方的に信頼する、といっても私たちは宗教家ではありません。では、どのようなときに子どもたちを信頼できるのでしょうか。それは、私たちが子どもの人間的真実をみたときではないでしょうか。外見がどんなに荒れていても、どんなにひどいことをしても、それがひどければひどいほど、その子が不自由であり、もだえているというその子の内面をつかむとき、私たちは信頼の鍵を握るのではないでしょうか。つっぱっている子どもたちは実に気が弱いのです。中身がないから外見を飾り、数を頼む。人数がより集まって何かをするときはひどくなるのですが、一人になるとまったく気が弱いのです。

そういう彼らの内面に私たちが人間的真実をさぐりあて、つかみとることができたとき、私たちは彼らを人間として信頼することができ、すべての子どもを発達させるという立場をとることができるのです。

「そんな理屈をいったって、信頼できないものはできない」

「あいつを信頼するなんて無理だ。俺が殺される」

こういう反論を多くの教師がされるだろうと思います。現に、死ぬほどの暴力を受けたり、ノイローゼになって登校拒否をしている教師がたくさんいます。けれども、それでも信頼しつくすんだ、という立場に立ちきらないと、学校と教育の民主的再生をどれほど口にしても、それは不可能だと思います。

信頼を回復するために、私たちはいろいろな意味での、いろいろな形での「対話」を、運動としてひろげています。「対話」をとおして子どもの内面をつかみたいからです。形として「対話の時間」があれば信頼が回復できるわけではありませんが、さまざまな形の「対話」を考え、試みることなしに信頼は回復できません。

たとえば、授業中、子どもが「ハイッ」と手をあげたからあてる、あげないからしかる——これでは、教師が見ているのは手だけで、子どもの目を少しも見ていないことになります。目は心の窓です。じっと目を見て、その子がものをいわなければなぜものをいわないのか考える、というようなことが大切なのです。「対話」を形式的にとらえず、子どもの内面を知り信頼を回復するためのさまざまな「対話」を追求し、試み、運動として広げる必要があるのです。

3　事実をありのままに見つめさせる

対話があり、「死んでも信頼する」という気持ちを教師がもてば、それで子どもたちはよい方へ変わるでしょうか。そうはいきません。信頼の回復は、教育の再生の土台であり出発点です。結局は、子ども自身が自覚する以外にありません。子どもの自覚を基礎に、すべての問題を解決し、発展させることが基本です。そして、子ども自身が「わかる」「自覚する」ためにまず大切なことは、事実をありのままに見つめさせることです。

物を「見ること」と「わかること」とはイコールではありませんが、深い関連があります。子どもが物を見て実感したことは、低い段階の認識でしかないかもしれません。しかし、このような「見ること」によって得た理解なくして、高次の認識は生まれ得ません。事実をありのままに見つめるということは、やがて科学によって内的な構造や関連が明らかにされるその対象を、実感としてとらえることなのです。この実感が、高次の科学的認識を獲得するための土台です。生活綴方にかぎらず、すべての教科の学習の中で、また、その他の活動の中でも、事実をありのままに見つめるということを教育の基礎としてもっともっと重視すべきだと私は思います。

4　子どもたちに哲学を

事実をありのままに見つめることはきわめて大切なことですが、それだけではまだ足りません。その上で更に、人間と世界についての基本的視点を子どもたちにもたせることが必要です。ものごとに対応する基本として、価値観の基礎になる視点をきちんと子どもにつかませることです。バラバラの事象の一つひとつに対して、これはいい、これは悪いというような、こまぎれの知識や価値を教えこむことではなく、人間として生きていくという点でのもっとも基本的な価値観をつかませることです。

といっても、人間と世界についての非常に高度な哲学を要求しているわけではありません。社会科学の高度の理論を理解させようとしているわけでもありません。教師自身がもっている最高の科学的見地を、小学校一年にも高等学校の生徒にも、その発達に応じてわからせていくことです。こういう努力がなければ、子どもたちはものを見ても「わかる」に至らず、実感としてとらえたものの地点にとどまってしまいます。

人間はものごとをわかることができるし、みずからを変えることもできます。そしてまた、世界を変えることもできます。こうした哲学的・科学的見地の基礎を、私たちは子どもに与えなければなりません。子ども自身が哲学をもち、変革の視点をもつようにすることです。こうしてはじめて、子どもたちは、事実をありのままにみることによって実感としてとらえた地点からさらに一歩進むことができます。

事実をありのままにみつめたその現実がまことに暗くつらいものであったなら、これを変革することができるんだという視点がもしなければ、私たちは絶望するしかありません。いま荒れている子どもたちは、この視点を自分のものにできていないのです。だから、ものごとがわからないのです。わからないままに行為する苦しみの叫びを、彼らはあげているのです。

では、どのようにすれば、このような哲学を子どもにつかませることができるでしょうか。文部省にお願いしていつか作ってもらう、というわけにはいきません。新しい社会が生まれ、新しい政府ができて、そこで作ってくれるまでまつ、などということもできません。今の子どもに必要なことを、今、私たちはやらねばなりません。教育委員会から叱られようと、ヤミだといわれようと、私たち自身がこれをつくり、子どもにつかませる以外にありません。このような試みの一つに、「私の教育課程づくり」とよんでいる私たちの運動があります。

一時間一時間の授業で、自己の最高の能力を発揮して、子どもたちの学習を保障すること――これが、子どもたちと一緒にたたかっていく私たち教師の特性的任務です。そのためには、私たちは自分の教育内容について全的な責任を負うことができ、自信をもってすすめることのできる教育内容を、自分たちでつくりあげることからはじめなければなりません。今の教師は、文部省によって否応なしにバラバラな知識の切り売りをやらされています。その代償として賃金が支払われる仕組みになっているのですから、どうしてもそうなります。自分は民主的な教師だと思っている人間でも、客観的にはバラバラな知識の切り売りをさせられているのです。

しかし、人間や世界についての科学的見地がしっかりしていれば、このバラバラな知識を統一していくことができます。自分の授業をバラバラなものにせず、子どもたちが生きていく上での価値観をハッキリさせるためにも、人間と世界についての教師自身の科学的見地をしっかりもつことが求められるのです。

そのような教師の科学的見地にもとづいて、教科書どおりにではない、教師自身がつくりあげた教育課程、子どもの現実と地域の現実に根ざした教育課程を、一人ひとりの教師がもつことが望まれるのです。子どもをとことん信頼しつくすという、まことに人間臭い面と、同時にものすごく高度な科学的な面とを一体のものとして私たちが子どもたちに立ち向かうことなくしては、学校の民主的再生は不可能なのではないかと思います。

四　共育の思想と地域での教育構想

最後に大切なことは、学校で共に生きる立場をつらぬく仲間との生活をつくる、ということです。一緒にいるから仲間なのではなく、一緒に生きるから仲間なのです。一緒に生きる立場を子どもたちとつくらなければなりません。一緒に生きる生活をどうつくるか、その工夫と努力がなければ、集団だ仲間だといってもそれは言葉だけに終わってしまいます。かつて久保栄が、『火山灰地』という作品の中で、こういいました。お祭りの夜、「人々が同じ手振でおどっていても離ればなれな心と心」と。このような意味で、今子どもたちを同じような手振りでおどらせることにのみ腐心しても、それでは子どもたちの心は離ればなれで、ほんとうの仲間とはならないでしょう。離ればなれな心と心にしないものは、共に生きるという課題なのではないかと思います。

少しばかり前の「朝日新聞」に、松下電器の広告が出ていましたが、「松下電器は共育を考える。共育の松下である」というようなことがそこには書かれてありました。教育とは教えこむことではなく共に育つことではないか、とあるのです。実に独占資本は盗むにすばしこく上手だと思います。私たちの地域にはずっと以前から「教育は共育である」と考えてきた人がいます。そして現在では「恵那の共育」ということばで地域に市民権を得、父母と教師の間の運動も広がっています。共に生きる、共に育つということを一つの思想として、この立場に立ちつづけることが、本当に大事だと思います。

政治や社会の変革が優先して行なわれたとしても、それだけでは教育の変革にはなりません。自治体の革新が行なわれても教育委員会は文部省に忠実だったというような実例が示すように、政治の改革と教育の改革はイコールではありません。教育の変革は、もっと永い時間をかけて、下から、地域から行なっていかなければならないと思います。

そういう意味で、教育内容の自主的編成を含めた、地域の教育づくりの構想を、教育運動として私たち自身が推しすすめていかなければならないと思います。地域の実情に根ざした、父母や教師や行政が共に進めうるものをつくり出そうということです。

そのことをここで詳しく述べることはしませんが、それがなければ本当には学校の民主的再生は保障されないと考えるのです。

それにしましても、日々子どもたちと対峙しての教育を特性として仕事にしている教師である私たちは、やはり目前の子どもたちとの間に信頼関係をつくりだすということが、学校の民主的再生へのなによりの、急務ではなかろうかと思うのです。

＊一九七六年八月に行われた民主教育全国交流集会「日本のなかで恵那の教育を考える」以来、その地域の必要に応じて、他の地域に呼び掛けながら研究交流を進めていくという動きが高まっていった。これはやがて、地域民主教育全国交流研究会へと発展を遂げることになる。この講演は一九八〇年に札幌で開かれた交流集会で、石田が行ったものである。この石田報告を含んでこの集会でのいくつかの重要な報告が、大槻健・坂元忠芳編『現代の子どもをどうつかむか』としてあゆみ出版から一九八一年に刊行された。

◆論文20（一九八一年）

心を拓きあう活動で真の自立と連帯をつくりだす子どもに

はじめに

あけましておめでとうございます。長良館のこの会場で行う冬季集会もこれで四回目を数えることができるようになりました。年毎に参加者がふえて今年度は四五〇名を越す申し込みがあったと聞いておりますがたいへんうれしいことだと思います。最初の年はあの幅の大きい机がずっと並んでそこに座ってやっといっぱいだったのですが、今年はもう机が一列もないというような状況ではじまるというふうで、たいへん盛会だと思います。

戦後第二の反動攻勢の時期というようにいわれます昨今の情勢を象徴するような、この年末年始にかけての厳しい寒気の中をいろいろご苦労ねがってご参集いただきまして、本当にありがとうございました。

ところで、昨七日は故今泉太朗先生の御葬儀がありましたが、この時期に私共のすぐれた指導者であり、あるいは恵那地域での民主主義の先達でもあった今泉太朗先生を失ったことは誠に悲しいことだと思うわけです。先生の遺業をしのび、御冥福をお祈りしますと共に、志半ばにして去られました先生の御意志をついで民主主義と民主教育の旗を守り育てる決意をこめてここで、故今泉太朗先生への黙禱をささげていただきたいと思うわけですが、御賛同をおねがいします。

冬の寒さが厳しければ厳しい程、春を待つ草木はその内部で燃焼を強めると思います。そして新しい芽と蕾をその燃焼の中で準備していきます。民教研の冬季集会も今日の情勢の凍てつきにめげないで活発な論議によって燃焼を強めて凍てついた情勢に見合った実践の質をうみだすようにお互につとめていきたいと思うわけです。

さて、報告の中心は本集会のサブテーマになっています「心を拓きあう活動で真の自立と連帯をつくりだす子どもに」ということでなければならないわけですが、私にははっきりしない部分が多くて、うまく整理ができませんので話があちこちにとんでお聞き苦しいと思います。その点もみなさんで整理いただきたいと思います。

順序としましては大きくいって

（一）　情勢の特徴と子どもの状況

（二）　自立への課題と自立のための実践の具体化

（三）　民教研活動

といった三つのことについて申し上げてみたいと思います。

一、情勢の特徴

危機の全面化と民主的なものへの攻撃の全面化

戦後第二の反動攻勢の時期というようないい方で一口にいわれます今日の情勢はあらゆる部分で危機が全面化しているわけですし、同時にその危機が極めて計画的につくられてきていて、それがあらゆる形で民主的なものに対する攻撃を強めているという点に特徴があると思うわけです。

昨年、鈴木内閣が成立しまして、この内閣によって軍国主義・生活破壊・民主主義抑圧といった政策が急激に強められているのが昨今の状況だろうと思うわけです。そして今年、就任するアメリカのレーガン大統領の当選によって更にそれに拍車をかけた形で、外圧として日本に強まってくると見なければならないと思うわけですが、私共の上にのしかかってきているこの厳しさというものは、単に「ひたひた」というような形容ではすまされない、「ごうごう」という音をたてたその凄まじさとして迫ってきていると感じるわけです。反動化が非常に公然化してきているということでみんなが危機を強く感じる、そういった状態だと思うわけです。

反動化推進県岐阜県に現われている攻撃のきびしさ

特に教育におきましては、指導要領に愛国心をもり込むということを中心にしながら、軍国主義化のための教育というものを躍起になってつくりあげようとしていると思います。自民党の昨年度の「自由新報」に掲載されました教科書問題をみましても、あるいは鈴木内閣になってから各大臣が提言しております指導要領の改訂で、愛国心を教育内容としてもり込めというようなことをみましてもそれらの攻撃が支配の衝動としてどんなに強いものであるかということを感じざるを得ないわけです。例えば自民党の機関紙である「自由新報」にのりました現代の教科書批判でみますと「夕鶴」や「大きなかぶ」という教材は偏向なんだといっていますが、戦後いろんな形でみんながつくりあげてきた民主的な教材を再び偏向の名によって押し返そうとしている状況が如実にあらわれているわけなのです。また、岐阜県の教育正常化政策の進行は目にあまるものがあると思うわけです。県議会では一昨昨年の教育正常化決議にひき続いて、昨年度は教育基本法の改悪決議を自民党だけの多数採決で行うという中で県行政が先頭をきってその推進者になってきていて、昨年は非常に露骨に岐阜県の中で行政責任者によって教育正常化政策が展開されてきたと思うわけです。

　高山の県ＰＴＡ連合会の研究会の席上で上松知事は愛国心決議（教基法改悪決議）にからんで「戦争のない世紀はないんだ」というい方で愛国心決議は当然戦争を予想しているし、愛国心教育は、戦争のための教育なんだということをはっきりと公言されているわけですが、その愛国心決議が当然だということは戦争をいかに具体化するかということとして今の子どもたちを「再び戦場へ送るんだ」という意味になるのだと思います。

　あるいは、みなさんも御承知かと思うわけですが昨年末行なわれました栃木の国体で、岐阜県の選手団長上松知事は、開会式で天皇が退席される時「天皇陛下萬歳」を三唱されたそうです。私は直接見ていないわけで話を聞いたのですが、他の県の誰もが思いつかなかったようなことを国体の席上で岐阜県の代表がやってのけるというようなところに岐阜県政のもっている今日の反動性の強化が如実にあらわれているという気がするわけです。そういう意味では岐阜県は反動化を推進するモデル県でもあるし、推進県だというふうにもなるわけで、私共の上におおいかぶさってきているさまざまな困難というものが今日、全国の他と比べて比較にならない厳しさをもっているのもまた当然なんだとも考えられるわけです。

　例えば靖国神社への首相公式参拝というようなものを下から決議させて実行していくというやり方は自民党の方針のようですが、鈴木内閣の閣僚の大半が靖国神社に参拝するという暴挙を行うときに同時に、県議会あるいはその他市町村議会において自民党によって決議をおこない、その決議に従う国民の声なんだという形で反動化を計画的に推進するやり方をとっているわけです。そのことでも昨年末の推計でいいますと、全国で靖国神社の公式参拝を決議した地方自治体は約五五〇といわれていますが、その中で岐阜県では五四の自治体議会で公式参拝を決議しているのです。日本の中で一〇分の一を岐阜県の地方議会が背負っているというところにも反動化の強さをみることができると思うわけです。また、高等学校で、生徒の訓練と修学旅行をかねた国立青年の家など研修センターへの参加ということでは、特に江田島の元海軍兵学校の研修センターへ行った高校の数でも岐阜県はとびぬけて多いようです。広島で平和教育をだいじにしておられる教師が調べて何とかならないものか、なぜ岐阜県はそんなに多いのかというようなことを言ってこられたそうですが、全国で江田島へ行く高校の数が二番目だという愛知県でそれが三校なのに、岐阜県は第一位で一四校だということの数の大きさというものをみましても、岐阜県の教育における反動化の政策推進状況がなみなみならぬものだとみてとることができると思うのです。

それらは特に一昨昨年あたりから昨年にかけて恵那の地域の民主的な教育に対しても各種各様の中傷・非難として展開されてきたわけです。中津川の場合、市議会の一部議員による民主的な教育に対する非難と中傷を頂点にさまざまな運動が展開されて、片時も休みなく民主的な教育に対する中傷・誹謗が強められています。また、恵那の各地では、民主教育を中傷した書物を頒布宣伝することを教育行政機関がおこないながら、全面的で集中的な、親をもまき込んだ形での攻勢を展開するということが広くおこなわれてきています。

反動的教育攻撃のねらいと内容

こうした反動的な攻勢の狙いは民主教育の抹殺による子どもと教育支配の徹底にありますが、現段階で具体化するために現在の民主的な教育方針・内容への攻撃を民主教育の実践や運動をすすめる教師や父母・行政への非難や中傷を繰返すことで教師と子ども・父母の不安を助長させ、教育現場に動揺をかりたて、教育を混乱させるというところにさしあたり中心をおいて展開されているように思います。従ってあらゆる形で混乱をかもしだし、それを助長するための戦術がとられてきています。最近目立つことでは子どもの登校拒否を親が強要することがあります。子どもと先生との間に小さなトラブルがあれば、それを理由に子どもを学校へやらせないとか、学級内で子どもの相互批判がおこなわれれば、それは特定の子どもに対する集団的なリンチ、だから子どもを学校へやらせないなどと問題にしていくのです。あるいは民主的な教育実践をつみ重ねている他府県の学校へ子どもをつれて交流に行こうするとその府県がかって革新行政だったからそれは偏向なんだ、それをやれば特定の親に働きかけて、その子どもたちを登校拒否させ、交流に参加させないというようにさまざまないいがかりをつけながら登校拒否ということを親の立場から戦術として利用し、実際に登校拒否の事態をつくりだし、それを社会的・政治的にひろげることで、教育的、社会的な混乱をおこし拡大していくといった状況がみられます。そして事態を悪化させることで学校教育の民主的な管理や行政に対する批判を社会的に強めさせ、責任をとらせるところまで追いこむことによって、管理や行政を非民主的で、反動化推進の道具に変質させ、上下関係の強化によって、権力的にでも民主教育を破壊するためのさまざまな手だてがとられているわけです。そのたくらみは単にその地域の教育とその自治体行政における反動体制を確立するというだけにとどまらず、地域に根ざした教育を破壊し愛国心教育を貫徹させるというところに真のねらいを持っていることは間違いありません。その意味で、再び教え子を戦場へ送らせる教育と、そのための教師をつくりだすための執拗な攻勢に他ならないと思うわけです。

つぎに、その反動的な教育攻勢の内容ということでいいますと、直接的にはすべて子どもへの攻撃と支配になってあらわれるわけですが、その中心は指導要領の徹底と愛国心の名による日の丸と君ヶ代の強制という点に象徴されているように思うわけです。また学力が低いという場合、指導要領に準処した業者の模擬テストや高校入試の点数を基準として、それが低いのだというい方になり、他の基準はありません。最近では利用してはならない高校入試の学校別点数を資料に利用して特定地域の学力低下を問題にすることがあります。高校入試の点数は外部に持ちだして公表したり、政治的に利用したりすることはできない性質のものであるのにかかわらず、どこの高校が何点で岐阜県の中で何番目だというい方をして特定地域の学力低下宣伝をするのです。けれどその資料は私たちには見るすべも何もないのです。実際に低いという一方的な宣伝があるだけで、その実態をその地域の教師や父母は誰も知ることができないのです。利用し得るものだけが勝手に利用し得る資料で攻撃を展開するということの中には、県行政が先頭に立って攻勢を強めるという反動的モデル県の状況があらわれています。

あるいは生活綴方といえば偏向教育だということの中には、生活綴方といえば盗みを認めるものなんだ、盗んだことを綴方に書けばそれがいい綴方だというように、ひどく短絡し、歪曲してそれでもって生活綴方というものを一切代表するような中傷を強めているということも事実です。また、科学的な事実に目をつけること自体を偏向という名で排除するということが指導要領の徹底という中で実際に進められてきているのです。それが子どもへの攻撃として強まってきているというのが昨今の状況だと思うわけです。

市民・父母への攻撃というのは真面目な親を敵視するという形で強められてきているわけですが、特に昨年の一一・二三恵那地区教育集会への中傷にみられますように教育集会は有事立法反対のための教師におどらされる集会なんだといういい方で民主教育を育てる会、あるいは民主的な教育を願う親を敵視するということが頻繁に行なわれているわけですし、PTAの反動的再編成といったことにしても役員を何とかして反動的人物でのっとる意図と工作が強められています。民主的なPTA役員の選挙が行なわれればあれは教師の一方的な指示による役員の構成なんだというい方の中で、何とかしてPTAを反動的に再編成させようとする動きも強まってきていると思うわけです。更に、教師に対してはいい先生と悪い先生というい方で教師の分裂をはかりながら、よい先生が下積みになって、組合活動ばかりして役立たない教師たちが大手を振っているということすら平気で公言する状態がでているわけです。これは教師の自主性や自由を剥奪して教師を支配の伝声管にしていくためのものですが、このように、教師への圧力が一層強まってもきているわけです。特に教師の活動に対して、それは組合活動だ、それは公務員外の活動なんだというういい方で「けじめ」という言葉を用いて、教師の変質を制度的に強要してくるといった状態も強まっているようです。

反動的教育攻撃の方法と子ども、教師、父母のようす

以上簡単に申しましたが、反動攻勢の強化は、さまざまな分野で混乱をひきおこし拡大させながら支配の意図を達成するまで執拗にくり返えされているわけですが、その方法の特徴というようなものを少しみてみますと民主的な教師と民主的な管理者、行政者への攻撃を個別的、一般的に集中し、その孤立をはかりながら全体の動揺をうみだし、混乱を具体化するという点に最大特徴をもっているという気がします。したがって教育行政を通じての人事、警察行政を通じての事件、それから反動的な住民運動を通じてPTAを分裂させていくといったように、関与できる所でさまざまな圧力をかけながら、そこでの支配を強めていくということが特徴的に強められていく状況になっていると思うのです。

それはあらゆる場で、あらゆる形でウソを拡げていくということとしてあらわれますが、かつて、ヒットラーがいったように「ウソもくり返えせば本当になる」ということが実際にくりひろげられてきています。

そういう中で、子どもや教師あるいは父母や学校、地

域ではさまざまな変化をうみださざるを得ないと思うわけです。まさに混乱があらゆる分野で全面化しはじめてきているというのが一般的な状況なのです。子どもたちの中では、綴方が書けない状況が目立っているように思います。それは、ものが見えない、自分の頭で考えられないということが一層深刻化してきているあらわれだと思うわけです。いま綴方が書けないということは単に綴ることをしないというだけでなく、綴っても綴方になっていないという状況の問題としていうわけですが、いわゆる内面の真実が客観化されないということです。事実をら列してさまざまなことが書かれはしますが、非行をしたとき警察署でその自白調書がとられるわけですが、その自白調書のように、何と何と何をしましたということはいえても実際にそれらが自分の内面で重くのしかかっている自分の人間というものを、その問題を通じて表わすことができないと同じような状態として生活綴方が書けない問題が深刻に存在しているように思うのです。

したがって勉強の方でも、学問だとか科学だということに対して真に興味のない生徒が増加していますし、絶えず目は友達の動向を見ているだけで、実際にどう人間として生きていくのかという生き方が自分の視点とならない子どもの状態が目立ってきています。そのことが荒れとして、さまざまな荒れた行動をひき起しているというようにも思います。それは非行の増加となってあらわれているわけですが、万引き、暴力、性、薬物等を含めてほとんどあらゆる非行というものの芽が今子どもたちの中に因子として入り込んできていると見て差し支えないと思いますし、事件としてそれが表面的にでてくるという数も昨年は非常に多かったと思うわけです。

それらの状況は同時に一方で、無気力を増加させて、意欲的でない生活に子どもたちをひきずり込んでいく状態にもなってあらわれていると思うのです。

教師は多忙に追われ、教育実践に確たる自信を持ちえないような状態のまま、毎日追われつづけているといった状況が昨年はひどく続いてきました。攻勢の激しさの中で動揺もまたでてきていると思うわけです。

文句をいわれないように目立たんことをやる。下手なものを出して悪く言われては困るから、悪くいわれないようにやるということで、例えば家庭通信もださない方が良い。出したばかりに下手なことをいわれるよりも出さなくてもすむのだからその方が良い、というような言い方の中にも動揺がさまざまにあらわれてきているとも思います。そして、毎日の実践で子どもがつかめないといった状態が教師にさまざまな不安をよび起していると思います。

親もまた、生活の乱れがまことにひどくなってきていて、子どもに向ける背を一切持たないという親の生活破壊といったものが急速に進行しています。子どもをそっちのけにしてスポーツや娯楽、スナックや賭け事へといった状態が本当にたくさん見受けられます。それらを通じて子どもをどう導いていくかというところに方向を持たないまま、自分だけがそうせざるを得ない、まさに衝動としてそうなっていくといった親の生活状況が目立ってふえてきているようにも思います。それはまた、同時に子どもが親のいうことを聞かないといった事態をうみだすわけですから、子どもに対して親のけん責や暴力といったものも一層はげしくなるようです。そしてまた、際限のない甘やかしによって実際には子どもを放てきする状態もひどくなってきていると思います。

攻撃の矛盾の中で強まる反撃の芽

しかしそういう中でも子どもの悪口ばっかいっていてもダメだ。自分で何とかしなければならないと考えざるを得ない思いが片方で強まって、一一・二三集会のような新しい動きが同時にうみだされることもまた当然ですけれど、一般的にみれば、さまざまな形での親の教育的危機がひろがってきていることは間違いないと思うわけです。

学校は指導要領の徹底として、いわゆる計画体制が深まり、時間数確保と教科書進度や安全管理の言葉だけが横行し、子どもが何を思っているのか、子どもがどう生きているのか、そのことが少しも話題にならないままで子どもたちへの規制としつけの支配を更に強めていくという学校の堕落もまた進んでいると思います。

こうした諸々の状況が渦巻くなかで、子どもをめぐる新しい体制として社会参加の方向で交通少年団、少年消防隊、ボーイスカウト、スポーツ少年団、官製子ども会、その他さまざまな子どもたちの組織化が進められてきているることも目立ちます。

そういう点で攻撃は実に広範な部分に及んでおりますし、それがうみだす危機は実に深刻な内容をともなってきていると考えるわけです。が、同時に、まだ大きなうねりにはならないけれども反撃の芽もまたひろがりと深さを増してきています。一般的にいえば、昨年度の一〇・二一反戦集会に「予想外の人々が」と誰もがいう程多くの人が集ったわけですし、続いて一一・二三の教育集会にも、予想外のたくさんの人が結集するといったことの中に、どうにもならない中にどうにかしなければならないという思いと、どうにかする自らの動きを私たちを含めて、多くの人々が強めてきていると思います。それは今日の不安や不満が必然的に新しい行動をうみださざるを得ない内面を形成し、いわゆる否定の否定としての新しい動きをつくり出してきていることもまた事実なんだと思うわけです。それは教育の中で嘘が公然とまかり通る体制そのものがもつ矛盾なのだともいえますし、タテマエとホンネとの矛盾が誰もの実感となって理解できるようなそういった状態が私たちのまわりにひろがっている証しだともいえます。その実感は不自由やばからしさや窮屈として存在しますが、学校の中で教育の名によって行なわれるさまざまな事態がタテマエとホンネとの矛盾となって誰もの中にひろがってきているということなのだと思うわけです。ただ、犠牲や危険がまだ自分の所へは来ないという見通しの甘さや、展望のなさが、今、行動へのバネをどうしても自らにひきだし得ないという弱さにもなっていますが、少なくとも現在の不安や不満の中に嘘とホンネの矛盾を誰もが実感として持つように、また、そういう性質を持つものとして不満や不安が私共にあらわれてきていると思います。いわば本当のことがわかればエネルギーがでてくるというところに本当に大事な問題があると考えられるわけですし、今誰もが、本当のことがわかればというところへむけて大きく一歩踏みだし始めているといったあたりに今日の攻勢に対する反撃の足並みの中心があるように思われるのです。

二、現在の子どもの状況

年令に応じて自立できない子ども

こうした状況の中で私たちは一体何をしていくのかという問題になるのですが、それは先程から申しますように、第二の反動攻勢の時期といわれるこのとき、しかも岐阜県がその先進県となっている、その中に私達はまさに生きているわけですが、その中で誰の目にもはっきりしてきたタテマエとしての嘘の矛盾に対して私たち自身がその矛盾を越えて新しい道を拓くことだと思います。

そのための課題ということで少し申しあげてみます。

先程、申し上げましたような岐阜県に一般的にあらわれているさまざまな状態、東濃恵那地域にあらわれている民主的教育に対する攻勢の中で、子どもたちは一層学ぶ意欲と生きる力を低下させてきていることは間違いないわけですが、ここでとりあげてみたいこととして、昨年一二月一日の新聞記事となりました川崎市での両親を殺害した二浪生の問題があります。これは全国的にもたいへんショッキングな事件として、その後も追跡していた新聞が多くあったようです。二浪生が両親を惨殺したという事件が報道された日、私共の職場でも朝の話題となりました。「親が東大を出とるとえらいこっちゃなあ」というようなことからはじまって、いろいろの感想や意見がでましたが結局、その子どもについて「カッとすると止まらんようになる子になっとるな」と推そくし、「そういうのはおれらのまわりにもいっぱいおるんやないか」というところへ落着いたようでした。そこで直観的に考え、感じた問題というのは「子どもがカッとしたら止まらない」ということで、それがバットでなぐり殺す行為にあらわれているが、そのカッとしたら止まらないことは自分らの受持っている子どもの中にもさまざまな形でみてとることができる思いとしてあの事件がショッキングな話題になったんだと思います。

それは一口にいえば年令に応じて自立ができないという問題だろうと思います。以前には何歳くらいの子どもだったら大体こういうふうに考えるだろう。何年生ぐらいの子なら大体こんなふうに考えてこういう時にはこうするだろうという予測がたったけれど、もうたてられなくなってきたということは吉村義之先生などがよくだしている問題です。いわば年令に応じてそれぞれに自立していく自立の過程が全く予測できなくなってきているのです。特に人生において、真に自立するべき青年前期に自立できない状況が集中的にあらわれてきたというのが両親の惨殺事件だったと思うわけです。幼時からだんだんその歳々に応じて自立の芽というものがあるはずなのにそれがなかなか見抜けない。そして人生全体としてきちんと自立していかなければならないその時期に自立できないさまがああした形であらわれてくるのです。さまざまな社会的事件というものがそういった年代にたくさんでてきていることの中にも、今日の子どもたちが小さい時から、それぞれの年令に応じて自立できないままで過していく状態があらわれていると思うわけです。

たとえば、幼稚園や保育園の子が何かものを盗んで、それを問いただされると全く大人びた嘘をいう。何ら動揺の色も示さず……そういった例は分科会等ででることと思いますが、あるいは逆に高校生という年代になっても全く幼児のように泣きわめく子がいる話となってもでています。何をしたのかと聞くともう泣きわめくだけで自分のしたことを順序だてて説明することもできない。何が問題なのかも自分でわからない。幼児と高校生と全く逆のような現象がよく話題としてのぼるわけですが、そういうことの中にも、年令に応じた自立ができていないさまを見てとることができるようにも思うわけです。したがって学ぶ意欲と生きる力の低下ということは、自立のできない姿の反映としてそこにあらわれざるを得ないとも思うわけです。

内面的な葛藤のない子ども

明日、お話になるかと思うわけですが、坂元忠芳先生はその自立の問題に関して、「もう一人の自分」というものをきちんと持たないからだ、それがなくなってきているのだという意味のことをよくお話されるわけですが、自分の中でもう一人の自分がきちんと持てないというような状態、あるいはもう一人の自分といった時には、本当の意味のもう一人の自分になっていない、それもつくられていくもう一人の自分だといった状態が子どもたちの中にはよくあらわれていると思うわけです。この状態は人間的な荒れの姿というものにもなってあらわれるわけですが、それは内面の葛藤ができるための今一人の自分を自らの中に持たないさまのあらわれでもあると思います。いわば内面的葛藤ができないか、極めて希薄なのか、とにかく葛藤という名に値しないもので、何か自分の行為に対して反射的に生ずる否定的な思いというものに留まっている弱さではなかろうかと感じるわけです。

だから、自立できない内容は自分の頭で考えて、自分の意志できめないところに最大の特徴を持っていると思います。外見は自分で考えたかのような意見が多いと思うのです。けれどもよく聞いてみると「みんながそういっとった」「テレビでそういっとった」「本に書いてあった」あるいは「家の人がそういった」「先生がそういった」というような所が根拠であって、まさに自分で考えたように言うけれどつきつめれば、自分で考えたという内容を持たない意見というものになって自立のなさがあらわれてきているようにも思うのです。

そういった他の人々の見解・思い・ようすを要約して自らの意見のようにつくりあげていく。それが自らの意見のようにつくりあげられないとどんな小さなことでも「わからん」というし「知らん」ということがふえてきています。うまく人の意見にのっかって自分の意見めいた意見が持てないと「わからない」「知らない」という。また自分にとってわかるはずのことがわからないし、知らないことがあります。だからその時は「忘れた」というようないい方で本当に自分の意見のなさというものをあらわします。今、自分に意見がないとはいわないで、さまざまに「知らない」、「わからない」、「忘れた」というういい方でもって代弁するという状況に授業やその他の中でぶつかることが多いと思うわけです。意見がそういった実態であるわけですから行動もまたそうならざるを得ないのです。たしかに行動は自分の行動であるわけです。けれども、「なぜやったんだ」と聞けば「みんながやっとったから」「何となくやっちゃった」「どうしてやったかわからない」「あとのことなんかは思わなんだ」というような形で行動化しているといった状況が多いのです。それは自らの行動として行動化するわけですけれど、実際には自分の意志をそこにはたらかせた行動にはなっていないという状況がまた強いと思うのです。

そういう点で真に自主的な行動ではなくなってきています。事実がはっきりしなければ、「そうやったような気がする」というい方で推測にかえていく。「何や知らんけどそうやったような気がしたもんでそうやっちゃった」というのです。事実というものに対して執拗にくらいつきながらそこから自分の論理を組み立てていくということができなくなっている状態が、自立性のなさとして子どもたちの上にあらわれていると思うのです。

自立を支えきれない、ヒトとしての体の弱い子ども

けれども、先程から申しますような自立ができない、あるいは自立がゆがみ、充分でないということは子ども自身に罪があるわけではないのです。歴史的・社会的な所産としての子どもたちの現状は、家庭や学校や社会のどこかに比重の差はあっても、それらがおりなしている生活全体が生みだしているのであって、子ども自身が生れながらに自立性をなくしてでてきているというものではないわけです。そして現在の自立のなさというものは人間としての精神に弱さがあるというだけではなくて、ヒトとしての体そのものにも弱さがある所にもっと深刻な問題があるように思うわけです。ヒトとしての生物的特徴は何よりも大脳が大きく直立二足歩行の形態をとることにあるわけですが、それは猿からヒトへの進化の過程で得られた特質であると思います。形として直立二足歩行ができ、五体満足の形を持っているということは必ずしも内容としてヒトの特質を発達させているという問題にはなっていない所に今私たちが目をすえてみなければならない問題がある気がするわけです。五体満足だから発達しているのだとはならないのです。猿といっても霊長類のゴリラやオランウータンやチンパンジーと同じようなものが、獲得した特質は更に人になるに及んで発達させてきているのですが、そこの所が十分に使われないので、人としての発達をともなっていないという問題だろうと思うのです。大脳の新皮質が飛躍的に増加し

ても、あるいは立体視ができる目を持つということでも、それだけではヒトとして発達しているといえないのです。物は見るけれど物は見えない、きちんと物が正確にとらえられない、目はついているけれどきちんとした立体視ができないといった状態は今日の子どもの中にたくさん見うけることができるのです。「見とるも」というけれど「見たものを言ってみ」というと見たようにはいえない。目そのものは脳の働きになっていないというような状態も多いわけです。時には今問題になっているように、目が両方同じに見えない子がたくさんいるということもあります。両目でものを見ているけれど実際は片方でしか見ていない。両目で一つのものを見ていない。従って非常にゆがんだ形でしかものがとらえられないという状態もあるわけです。私自身が一緒に勉強している子どもの中にも、ものを片方の目でしか見ないという子どもがいます。「僕はどうしてそうなのかわからんけど、横向いて片目でしか見えん」というのです。片方の目は見ておらんというわけです。両方の目がついていてそうなっているというようなことの中に実は猿が獲得した、猿から獲得してきたものが今そのまま使われないという発達のゆがみを感じるのです。

ヒトとしての生物的条件というものは当然ヒトになるまでの生物的特性が使用されなければ獲得できないのに、それが十分獲得されないのです。例えば、直立二足歩行の生物的特質というものはヒトの体に背筋力を中心とした筋力の増加と、大脳をすっきりさせていく興奮度の上昇をもたらしてきたことは間違いないと思いますが、今、その背筋力を中心とした筋力と大脳の興奮水準の低下のところがおかしさとして問題になっているということにも、私たちは単に精神の問題だけでなく、体そのものの中にある新しい危機というものを見てとらなければならないのではないかと思うわけです。精神の健康さを支えきれない体の不健康さの問題があるように思います。そしてそれがまた、自立を妨げる問題として存在しているというようにも考えられるわけです。例えば高橋守二先生などはよくいわれもしますし、ご自分でもいつも臍下丹田に力を込めてじっとものをにらみ、見据えて生きるということが生活そのものになっていますが、そういう臍下丹田に力をいれることを子どもたちにやってみよといい、「目をきりっと開いて力を入れる所に入れてきっと物をにらみすえるように見て見よ。その時にものが見える。ぼっと目を開いているだけでは物は見えんのや」というようなことをいうと、子どもは「そんな所に力を入れりゃウンコがでちゃう」といったことがあります。

本当に片一方に力が入りゃ、片一方が開くというような体のようです。腹をすえてとか、腹に力を入れてとかいうような日本人が生き方にかかわって得てきた体のつかみ方や、腹が黒いとか腹をわるというように、腹そのものを精神のありかとしてきた考え方、あるいは体全体の構えというものを腹の中においてきた、これは一つの民族的特性だと思うんですが、そういうことが本当に体でもってできなくなってきているようです。そこへ力が入らなくなっているようなそういう体です。だからじっと見るといっても見えない。ただ長く見るというのに過ぎないのです。鋭く見るということが本当にできなくなっているようなことでは、立体視というさまはできても実際には立体視そのものになっていないという状況が随分あるようにも思うわけです。

だから、自立の内容として「がんばる」ということでも、子どもはがんばるということをよくいいますが、がんばり切れない体の問題ということも実際にはあると思うのです。

自立できないから持つ　自立への強い欲求

そういう意味で自立を阻む様々な事象が世界の重みのように子どもたちにのしかかってきているというのが今の状況なのだと考えられます。したがって子ども自身が悪いわけでなしに生活としてつくりだされてきている様々な重みが子どもたちをしてそうした状況に陥しいれているという問題なのだと思います。そのため、子どもたちには自立できないだけに自立への強い欲求がまた存在するというわけです。それはタテマエが人間的であるだけに余計矛盾が激しいと思います。タテマエが動物的であっていいということならそれはすむわけですが、タテマエだけが人間的で様々な社会的制約を受けているのに対してホンネの側がそうなっていかない為に矛盾がより激しくなっていくということだと思います。そしてその矛盾の激しさは自立への強い欲求として存在するわけです。先程の小沢公夫先生のあいさつの中にもありましたように、それが実は否定の否定の方向として自立を求めざるを得ないという問題だろうと思います。

しかし複雑化し肥大化した社会の反映として、自らの矛盾がはっきりしないという問題がまた、子ども自身にはあります。矛盾の渦の中にはいるけれども自らの矛盾が何だかはっきりしないのです。バラバラの知識をどんなに詰め込まれても矛盾の実体を自ら把握することができないのです。自らに矛盾をつかむことができないことが突如、えたいの知れない自立できない行動として両親の惨殺といったような異様な行動をおこすことになるのだと思います。非常にすぐれておとなしい子どもが生れて一度目か二度目の反抗としてとてつもないことをやってのけてしまうという、そういったショッキングな事態をひき起すのだと思うのです。

非行をおこした子どもたちの声はそういうものをある意味では反映しているようにも思います。矛盾の実体がわからない。自分でつかめない。だから「俺の気持ちをわかってくれんやないか」「俺の気持ちなんかわからんやないか」というのです。一切の反抗の元に「俺の気持ち」というい方で矛盾が実感されているように思います。その「俺の気持ち」というのが一体何なのかというところが私たちにはなかなかつかめない。そこで子どもがつかめないという問題になっていくわけですが、子ども自身が「俺の気持ちがわかってもらえん」あるいは「俺らの気持ちなんか先公なんかわからんのやないか」という形でしかはっきりしていないのです。校内暴力の事件がおきたあとテレビ等で見ていましても子どもたちは「俺の気持ちをわかってくれん」、「先公なんか俺らの気持ちはわからんやないか」「大人なんか俺らの気持ちなんかわからんやないか」等、「俺の気持ち」というい方で実は矛盾をはきだしているわけですが、それは自立への強い要求を秘めた言葉なのだと感じるわけです。この人間的な矛盾としての気持ちというものの中に自立への芽があると考えます。けれど自らで矛盾をつかみ、洞察する力がなければ自立することはできないのだから、そこに今、私たちが実践上かかえている問題があるように思います。

気持ちがわかっただけでは、自立にはなっていかないのです。自立するためには子ども自らの洞察が必要になってくるのです。洞察をともなわなければ人間化への方向が得られないが、それを子ども自身が得られないというところにきていると思うのです。放置すれば矛盾は方向のない自立化への衝動になっていくのです。そして衝動化された行動として様々な事件が今ひき起されてきているのです。そして、それは、非人間的な行動へとだんだん暴発していくのです。

「俺の自由やないか」、「俺の勝手やないか」としかいうことができない時の内容というのは実は衝動でしかないと思うのです。それは「俺の気持ちがわからん」ことで、それが何たるか自分自身にははっきりしないことに起因しているからです。そして子ども自身は、衝動として自立への欲求を行動化するためますます自立を実現し得ない深刻な矛盾におかれていくのだと思うわけです。

三、自立への課題

1 「俺の気持ち」の整理を対話の活動で

したがって子ども自身を自立させていくためにはそこからいくつかの課題が生れてくるように思うのです。

一つは、「俺の気持ちがわからんやないか」「俺んたあの気持ちがわからんやないか」というわゆる「気持ち」を整理してみるということがない限り自立への足がかりを子ども自身が真に自らのものとして作りだすことができないのではないのかという問題です。

いわば、気持ちの実体を自分で明らかにすることですが、教育としていえばそれは対話という方法によって気持ちを子ども自らに吐露させて、気持の実態をつかんでいくことなんだとも思います。確か付知中学校だと思いますが、つっぱりでどうにもならない生徒が、自分より弱い立場の子をいじめているという中で、職員室へとび込んできたりしたこともあったりして、その突っ張りの生徒とある部屋で話をするということで対話の形で、いろいろ聞いて見たらその生徒が泣きじゃくって、なぜいじめるかという真の理由というものが、だんだん泣きじゃくりの吐露の中からでてきたという話を聞いたことがあります。その時は自分の学力不振に対する焦りがいじめの行動になっているのだがまたその底に教師への不満が非常に強く存在していて、それらのことが、自分の中でどう整理していいかわからないままに、自分より弱い立場の子へのいじめとして行動化されていたため、自分の矛盾を余計はげしくしていき、行動がだんだんエスカレートしていっていたことがはっきりしたようです。

その子どもの行動だけを見ていれば、とてつもなく手におえない子どもだとなるのですが、対話という形で子どもに吐露させてみたとき、子どもが泣きじゃくっていく中で何が問題なのかを子ども自身がどれだけかはっきりさせることができはじめたのです。いわば先生に対して、学習について様々な不満というものが一番基調にあるのだということが自分で泣きじゃくって話す中でわかってきて、それ以降、つっぱりの行動がとれて落着いてきたという話を聞いたのです。この事例にみられますように、いわば心の安らぎとでもいえるような、あるいは平静さとでもいってもいいような、そうしたものを子ども自身が得るということがない限り、自らの気持ちを整理してみることができないのですが、今日ではその場すら、その時間すら子どもたちには保障されていないのです。そういう機会が教育的にも全くなくなってきているのです。よく、困難にぶつかったら、自分と自分のまわりをじっくり見つめなおしてみることが必要なんだと子どもたちへいうことがありますが、実状としては自分と自分のまわりをじっくり見つめなおしてみるというような余裕が全くなくなってきていますし、それが今の情勢の特徴でもあるのです。だから、そうした実状のなかで、自分をみつめなおすことを「お前が自律的につくるべきだ」というのでなしに対話という方法で、子どもたちにその機会を教育として保障していくことがなかったら子ども自身は自らの気持ちが何であるかということを整理することすらできないのだと思うのです。

そのことがこの集会のサブタイトルに反映されていることなのだと思いますし、そういう子どもたちに、今、対話を教育の必要な方法として具体化しなければならないというところが実は情勢の問題でもあるのです。考えてみれば対話なんてまるっきりなしで済まされているという状態がいっぱいあるようです。叱ってばかりいた、注意はたくさんしていた、けれども本当にその子と面と向かいあってその子の話を一〇分間黙って聞いてやったことはないということが多く、そのことをすべての子どもに保障したということは耳にもできないようです。そんなことをしている間に算数や国語を教えなければならないというような状況が計画体制の中ではひどく強められてきているからです。

本当に、対話というものを私たちは新しい立場でとらえて自立を保障していくための、うんと底の底の問題として考えてみなければならないのではなかろうかと思います。しかし、対話というのはある意味でいえば心の安らぎを得るための、そして自らの気持ちを自らが整理する糸口をつかむためのものに過ぎないわけですから、それで自らの気持ちが整理されるというようなわけにはいかないと思いますし、いま、私たちが必要とする対話によって論理的思考が発達するというわけにもなかなかいかないと思います。

昔から対話の方法で科学の書物や哲学の書物がだされていますが、いま必要としているのは、ああいう意味の学問的対話じゃないわけです。そこまで高まることを目的としなくて本当にさしででも気持ちが安らぐような場が子どもに保障されていくということを大きく対話というい方でいうわけなのですが、そんなことを基底にしながら、子ども自らに自らと対話させなければならないという問題です。教師と対話することによって安らぎを得る、安らぎというとちょっと語へいがあるかとも思いますが、どれだけか気持ちにゆとりというものを生みだすことができないならば、そこで子どもが自らと対話するという作用を行わなかったならば、本当は対話にはならないと思います。いわばそれが今日でいう生活綴方の具体化なのだと思うわけですが、子どもが自らの気持ちの実態を客観化させてみなければならないのです。自分でいう気持ちとは一体何なのか、「俺の気持ちがわからんじゃないか」という俺の気持ちは何なのかということを自らが綴ることによって明らかにしてみるという、生活綴方の作用というものもまた、極めて大事なことではないのだろうかと思います。

それは実感となっている自分の気持ちとしての内面的真実をありのままの事実として表現する、いわゆる生活綴方ということになるわけですが、それは気持ちの実態を外界とのかかわりにおける生活の事実として再現することで整理し、意識させ、認識させることになるのです。いわば生活に根づいて科学を自らのものとして理解するための主体的な意識というものを子どもに生みださせることがなかったなら、本当の意味で気持ちは整理されないのです。気持ちを整理するといえばそういうことになるのです。そこを抜きにしてしまってただ話してみて、どれだけかの安らぎを得たから、ああこれでよくなるんだとすれば、それは下りのエスカレーターで足踏みするみたいなものだと思うのです。もう一つ子ども自身が自らと対話するということが必要になるのです。自らと対話できない子どもがいるという事態だから、それに対して自らと対話できるその基礎を私たちが対話によって生みだしながら綴方が書ける状況を子どもたちの中に生みださなければならないという問題が、子どもたちを自立させていくための第一の課題だと思います。

2　自立を洞察する世界と人間についての新しい視点を

それから、今一つの課題は、人間的に自立していくために、その自立を洞察するための基本的な視点を子どもたちが持つという問題だろうと思います。

洞察といえば見通すことであるわけですし、見抜くことだと思うんです。人間的に自立することを見通す、見抜いていくためには自分の矛盾の集中点としての気持ちといっているものに対して自立への発展の方向をきちんと持たせていくということ、いわば科学的な展望を開いていくという問題です。

それは、エンゲルスが、「自由とは必然性の洞察だ」と、ヘーゲル哲学をうまくまとめていうような意味での「洞察」になるわけです。必然性というものをある意味で私たちは科学と呼ぶわけですが、その必然性を子ども自身の様々な今の矛盾と、生き方にかかわってもっとはっきりさせてやらなければならないと思います。それは基本的な視点でいえば「人間と世界についての質の高い把握」がもとになるのではないかと思います。人間と世界について質の高い視点を持たなかったら洞察ということはできないからです。教育としてみれば人間と世界についての「私の教育課程づくり」の課題になるのです。そしてその学習の具体化が必要なのです。人間と世界についてわかっているようで実際にはその本質がなかなかわからないということだと思います。それを私たちが私の教育課程としてどうしてもつくりだして、子ども自身にとっての最高の科学として、人間と世界についての基本的な視点を持たせなければ、子どもたちはどう生きていくか、どう自立していくかという発展の方向を持つことができないのです。いくら気持ちだけが整理されても、発展する方向を子ども自身が持ち得ない、さぐり得ないということだろうと思います。

それは、直接的には人間とか世界ということについての学習ということになるのかも知れませんが、子どもたちの状況によっては、人間だとか世界だとかということでの命題は不適切な場合もたくさんあると思います。けれども教師にとっては自己のもつ最高の科学的見地での人間と世界についての新しいつかみなおしを通しておかなければ、子どもたちにそれを視点として与えることはできないと思います。教師自身が古い陳腐な人間観と世界観でもって今の事態を生きていくというわけにはいかないのです。教師自身にとってまさに最高の獲得物としての人間と世界についての科学的な観点を自らの学習を通して得ることがなかったなら、また子どもたちの学習に適切な命題を見つけることもできないのだと思います。

人間とは、あるいは世界とはということを、教師自身が考えることもなく、子どもたちに対しては、「お前らは人間とは、世界とは、について考えなければいけない、考えてみよ」というだけでは自立への学習ということでの基本的視点を得させることにはならないわけです。

子どもたちに自立を洞察させることができない所が実は支配の矛盾であり、あせりだと思うのです。子どもたちの実感をもとに、真に科学的な人間、世界への視点をつかませるという方向でもって自立させることができないから、あげて愛国心の強制と道徳教育の徹底ということで子どもたちの人間的行動を規制してくるのです。だからアンリ・ワロンがいったように「道徳と科学の統一」という意味での基本の視点を、人間と世界についてきちんとさせていくことが大事だと思います。それは道徳の徳目として、それを明らかにするという問題ではありません。一般的にいえばそれは科学と生活だとか、あるいはわかることと生きることだとか、知識と生き方だとかの統一した視点ということになると思うのです。

一つの例で申してみます。先程の両親惨殺事件がおきた時に私はその新聞記事を持っていって、五年生の子どもと一時間勉強してみました。「こういう新聞記事があったが知っていたか」と聞くとほとんどが「知っとる」といいました。何を知っているのかということでは非常に断片的に知っているわけです。バットでなぐった、親が東大出身、両親を殺したということが中心ですが、わかっていることと、わかっていないこととがすこしも整理できないわけです。もちろん新聞記事をたんねんに見て自分で整理するということもなくて、あの事件も、最近のショッキングな出来事として子どもの脳裏をかすめたに過ぎないみたいなことでしたが、殺した事実をはっきりさせるため、どのように殺したのか、殺した動機は何だったのか、殺した方法や殺したあとの処理は、また、殺した背景としての家庭の生活は一体どうだったのかなどを問いただしていきますと、子どもたちは「エリートの家や」ということでそれ以上はっきりしないわけです。それでいろいろつめながら「どういうことが君たちは理解できるのや」というと「気持ちはわからんでもない」というのです。

「僕はあんなことはようしないが（まあ五年生の子どもだから気持ちに随分ずれがあるのですが）二浪生の気持ちがわからんでもない」という子どもが五年生にいるというあたりが今の特徴みたいな気がしたのです。気持ちということでしかわからない。そこで「気持ちって一体何なのか」、そこからつっ込んでみました。気持ちが何によってつくられてくるのかとそこをついてみると、「そんなことはわからん」というのです。もちろんそれは気持ちがつくられてくる一般的な特性と、個性的な意味でつくられてくるその過程、たとえば「のぶや」という二浪の次男がその気持ちをもつに至る個性まではわかりません。けれど「自分ならどうするか」と思いもよらんわけです。けれど「自分ならどうするか」といったとき「自分はそんなことはようせん」というい方の中で、「ようせんというけれど気持ちがわかるんなら、そうなっていく可能性はあるんじゃないか」というような問題までつっ込んでみると、子どもたちは全くわからなくなるのです。それは気持ちがつくりだされてくる背景を科学としてとらえていく視点がないからわからなくなるのです。だからあの事件を自分のこととしてはなかなかとらえられないのです。しかし同じ状況はその子どもたちの中にはあるわけで、いま殺したりはしないけれど「のぶや」の気持ちに通ずる気持ちを今の五年生なりに持ってきているのです。そこが共通の問題にならないから「自分はあんなことはせん」ということですんでいくのです。

この時の学習はそこで終ってしまったのですが、考えてみれば、これは学歴社会という概念が明確にとらえられなかったらわかりようがない問題だとも思うのです。学歴社会という概念を子どもたちが正確に持った時に自分がおかれている位置がまさに「のぶや」と同じ社会的基準を持ったものとしてとらえられるのです。そして「のぶや」の気持ち、両親を殺した人間の気持ちの社会的・体制的意味がつかめ、それにみあったものとして、自分の中では矛盾がどういう気持ちとして内在しているのかということがわかって、はじめて何が原因なのかということがでてくるのだと思います。そういう意味で世界だとか人間だとかについての基本的な視点、例えば今の両親惨殺二浪生の問題というようなものでいえば、本当の意味で学歴社会というような概念がきちんと持て、その概念を持った目で事態をみなかったら、真の原因を見抜いていくことができないのです。二浪生の惨殺の問題に限らず様々な現象に子どもたちはぶつかって問題を持つわけですが、そこで本当に生きた力となる基本として、やっぱり人間と世界についての新しい視点、科学的な視点を持たざるを得ないだろうと思うわけです。

今の二浪生の両親惨殺の事件は、一般的にいえば人間の全面的発達と矛盾しあう学歴社会のもたらす惨劇であるわけですが、それは同時にその矛盾の中での人間としての生き方にかかわる問題でもあります。いま、子どもたちが同質の世界に生きていることは間違いないわけです。たとえ自分が東大を卒業した父親をもつエリートの家庭に住んでいなくても、自分が今二浪して早稲田に入れないような点数しか取れない状態になっていなくても、同質の世界に現に生きている自らの人間のあり方の問題として具体的にとらえさせていくことをしなければならない。今の問題でいえば学歴社会のとらえ方、観方がなかったら、そのことを自分の問題として考えることはできずに「変った子や」、「家のおやじさんが悪かった」、「誰が悪かった」、あるいは「そんなとろいことするもんやない」、「むごいことや」、というだけで、自分とは無縁の話題になってしまう状態だと思います。五年生あたりでは受験期が迫っているわけではないのですが、それでも同質の生活環境の中にいるわけです。そういう意味では今日の子どもたちの気持の中には二浪生と同質の因子が含まれていることを子どもたち自身に気づかせなければならないのだと思うのです。

そこのところで子どもたちが問題にするときに、はじめて自分の生き方にかかわって、今日の社会的矛盾の中でどう生きていくのかという問題として本当の学習になっていくのだと思います。

そのように本当のことを知る、本当のことがわかるということがなければ、自立ということは洞察できないものだと思うわけです。したがって自立を真に達成させるための洞察力、また真に自立を洞察していく力としてのその基本的な視点を私たちが今、教育実践上の課題として考えなければならないのではなかろうかと思うのです。

３　体自身が生活的に自立していく生活規律を

更に、もう一つの課題は先程も申しましたように、精神が自立できないだけでなしに体そのものが自立できないという状況の中で、身体的にも自立を成立させる必要があるということです。そのためには、体についての生活的な規律をつくるということ、いわゆる体自身が生活的に自立していくという生活規律を通しての体の自立を具体化することをしなかったら、体を自立させることはできないということです。いま、子どもたちのうえには意欲のわかない体という問題がたくさんあります。だるい、疲れた、あるいはしゃんとしておれないというようなこととして子どもの体の上には意欲のわかない状態があらわれるわけですが、それは同時に人間的感覚の鈍さなんだともいえると思うのです。体を統御しているのは大脳であるわけですが、大脳の活動を強める体全体の感覚が弱まっている状況があるようです。大脳と体全体の感覚との関係をきちんと私たちがとらえてみることが必要ですが、大脳の活動が弱いからといって、その部分だけに目をつけても、それで大脳活動が活発化するというわけにはいかないと思います。それは生活全体がつくりだしている人間的感覚の弱さなのですから。本来、自然に基礎をもつ人間の体は感覚的に強まるための生活リズムを自然に持つというのが特性だと思いますが、特性にあわないその狂いは正さなければならないと思います。人間的な生活感覚は体が人間的感覚として充実してくるような生活のリズムを生みだすことをぬきにしては育たないものだと思います。そういう意味では今日の子どもたちの生活リズムはその身体を人間的に身体化する上で狂っているという問題があるといえます。たとえば中学生ぐらいの子どもが家の中でごろん、ごろんとしていることがよく目につきます。ごろんごろんとしているとき子どもは少しも休んでいるわけではありません。大脳や体全体をうまく休ませているのではなく悩みごとをいっぱいもってごろんごろんしているのです。体は緊張しきっていて、それでごろんごろんしているという状態がいっぱいあります。だらしのない姿勢とみられるような状態でいても、それでもって身体的な快感を生じさせているわけではありません。体が緊張したら次に一定の弛緩が生じてくるとすれば、その弛緩は体の快感をよびおこすものですが、弛緩にならない弛緩では生活のリズムの狂いとしての身体的感覚しか得られず、人間的快感にはならないのだと思います。いわば子どもたちの生活の乱れが、姿勢のおかしさだとか、ごろんごろんの状態だとかになってあらわれていると思います。だから子どもたちに、全身的、全体的な緊張や弛緩あるいは興奮と抑制が節度をもってうまく繰り返えされるようなリズムを生活の規律としてつくりださせていく必要があると思うのです。いわば自立にふさわしい、そして自立を可能とする体を生活規律を通してつくりださせるということがなかったなら、精神の側だけで自立を強調しても、実際には自立し得ない体の問題は解決しないと思うわけです。自立を人間的な身体的感覚として体の深部からひき出して意識にふさわしい体に改造するということ、そのために、それが可能な生活リズムをもつ体を子どもたちにとり戻させる、あるいは新しく発見させるというのではないかと考えるのです。

四、自立の課題の実践化の問題

1　質の高い目標の具体化を

その自立の課題を実践化するための問題について少しのべてみます。

第一には、質の高い目標を具体化する必要があるということです。

子どもをかえるという問題では、子どもをかえるというだけで自然発生的にかわることをまっているような状態があります。子どもの人間はかわるものだということについて楽天的であることは結構ですが、楽天的にとどまっているだけでは自然発生的にかわるのを待つしかないわけです。けれど自然発生的にはかわらないものだという意味で申し上げるのですが、子どもをかえるという場合のかわる目標を、私たちが人間的な質の高いものとして、きちんと明確にする必要があるということです。

それはまた、子どもたちの中に自立の可能性と発展性を具体的にとらえるということになるわけですが、自立した人間の質を目標として具体的にもたなければならないと思うのです。それは一口にいえば「生活に根ざし、生活を変革する人間」と私たちは一般化した命題としていつも主題にかかげているわけですが、生活を変革する人間としての質は一体何なのかということを考えてみなければなりません。それは自分とか、友達とか、家族とか、みんなだとか、いわば、自らをかえながら世界をかえていくことができる人間として、子どもたちに対する「生活に根ざし、生活を変革する人間」の目標をうんと明確にもたなければならないだろうと思うのです。

子どもが生活として具体的に存在している場（社会）の人間関係をかえることができる人間として、子どもをもっと見ていかなければならないと思うのです。子どもは人間関係をかえることができないし、子どものおかれている社会環境としての人間関係はいつだって崩されていくもので、子どもは崩される人間なのだということではないのです。そこをかえていくことのできる人間というところに基礎をおいてその人間的内容としての質を具体的に明らかにすることが今必要なのではないでしょうか。いわば人間教育という場合の人間的変革の環としてのその質というか、その人間の質を子どもとの関係において一人ひとりの教師が明確にとらえていくということがなかったら、子どもをかえることはできないと思います。様々な方法の部分だけでかえていくということではなくてもっと教育の目標そのものとして新しく高い目標を掲げなければならないのだと思います。

それは、また、ただ単に「民主的人間」だとか、「真理と正義」というようないい方だけではだめなんで、そこのところを子どもとの関係において具体化した目標として私たちがどう探りだすことができるのかということが第一の問題のようにも思うのです。

2 自立を保障する集団づくりを

第二には自立を保障する集団をつくりだすということだと思います。

それはある意味でいえば、集団のつくりなおしということとしてもいわなければならない問題だろうと思うわけです。自立ということは個人の課題ではありますが集団の保障がなければそれは達成することができない課題なのだと思います。その点で昨年秋の民教研生活綴方研究会のとき、岩村高校の藤井先生が生徒の述懐《じゅっかい》として紹介された言葉に、「つれではだめだ、友達でなければいけない」というのがありましたが、いまそれを思いだすのです。高校生自身がつれと友達といういい方の中でつれとして流されていく関係でなく、真の友達という関係のなかでこそ自立することができるのだといっているわけです。そのことはまた友達がなければ本当に自立することができないということを示しているのです。だから、子どもたちは友達をいっぱいつくることがなければ本当に自立することはできないだろうと思います。特に昨年度、いろんな意味でみんなでひろげてきました言葉に「いっしょにいるからなかまなのではない。いっしょに生きるからなかまなのだ」というのがありますが、その「いっしょに生きるなかま」の関係を本当に子ども自身につくりださせることをしなかったら、子ども自身が自立するということはできないのだと考えるのです。

それはいっしょに生きる視点でなかまに結ばれあうようにするということになるわけですが、そのためには目的が一致するというだけでなくて、心のふれあいが存在するなかまということが非常に大切だと思うのです。

先に対話といいましたが、対話があって心のふれあいが基底となっていて、そして目的が一致できるような、そうしたなかまの関係を子どものなかにつくりだしていく必要があると思います。そのことは集団組織や学級集団の自主性の強化、共同目標の設定や共同行動の計画といったこととして教育実践上は具体化されるものだと思いますが、実践上心がけることとして、非常に通俗的ないい方でいえば、子どもたちの日常に対話が多様に存在する集団にすることがだいじだということです。集団という形はとっているけれど子ども同士の間に対話は全く存在しないというようなものではなくて、対話が多様に存在し、心がふれあうことがたくさん存在するということがだいじだと思います。そしてまた、集団的な生活規律をつくりだすことができるようにすることが必要ですが、それは集団として生活を変革する目標と行動をもつことができるようにすることでもあります。そうした集団の中で子どもたちの自立が具体的に進展していくものだと思うのです。

昨年の夏の集会の折にも問題としてだされたことですが、子どもたちはよく教室に自分の目標として、学級目標とは無縁な短冊《たんざく》目標をかかげています。それには「僕はこうする」、「私はこうする」といったことがいっぱい書いてあるわけですが、それはどこまでいっても個人の目標でしかなくその算術的総和として集団目標ができるというわけにはいかないと思います。全体のなかでうみだされた集団目標の質を具体化した個人の目標をもたせなければ個人と集団の関係での自立を集団的に保障していくことはできないと思うのです。その点では集団の目標の質が非常に大事だと思います。個人の目標を算術計算してどれだけか割り引いたら集団目標になったというような目標のたて方があるとすれば、それは逆にみていかなければならないと思うのです。

その意味で私は、戦後の民主的な教育の遺産として京都市、旭丘中学校の生徒会綱領をあげてみたいと思います。戦後、第一の反動攻勢の時期に民主的な教育をつくりあげた旭丘中学校の生徒会綱領をもう一ぺん読みかえしてみまして、この綱領となっているような集団的目標の中で個々の子どもが、自らの個人目標を生みだすような質の高さを私たちが子どもたちの集団の中へ教育作用を通して要求していく必要があると考えるのです。

綱　領

京都市立旭丘中学校

だれもかれもが力いっぱいにのびのびと生きて行ける社会、自分を大切にすることがひとを大切にすることになる社会、だれもかれもが「生まれて来てよかった」と思えるような社会、そういう社会をつくる仕事が私たちの行手に待っている。その大きな仕事をするため私たちは毎日勉強している。

私たちは次のことがらをいつも忘れず、大きい希望と強い自信とをもちみんな力をあわせてがんばっていこう。

一、祖国を愛しよう
私たちみんなが幸福になるために古いしきたりを打破り、美しい自然と平和な国土をきずき上げよう。
二、民族を愛しよう
かくれたかがやかしい民族の歴史を学び、人間の強さと尊さを知り、自由で平和な社会をつくる人になろう。
三、勤労を愛しよう
責任を重んじ、みんなのためにはたらくことの尊さを知り、いいことを進んで実行しよう。
四、科学を愛しよう
人間の幸福のための学問を尊敬し、なんでも、なぜ？と考える人になろう。
五、公共物を愛しよう
私たちの生活をゆたかにするみんなのものを美しく大切に使い、平和な国、美しい町、明るい学校を育てよう。
六、「仕方がない」をやめよう
自分や友だちを見すててしまわず、いつでももっといい方法がないか考え、みんなの力で一つ一つ解決していこう。

七、しりごみをやめよう

いじけたりかくれたりしないで不正を見のがさず、正しいことをどしどし実行する勇気をもとう。

八、いばるのをやめよう

生徒も先生も、女子も男子も、いばったりおどかしたりこわがったりしないで、親切にあたたかくたすけあって行こう。

九、ひやかしやかげぐちをやめよう

おたがいに親切に忠告しあい、よろこんで忠告をきくようにして、かげでこそこそするのをやめよう。

十、ムダをやめよう

時間や資源をムダにすることをやめ、みんなの幸福のために役立てよう。

これを戦後の教育の中で中学生自身がうみだしてきているのです。今日の社会状況の中でこの綱領から得た教訓を最大限に生かしながら本当の集団の目標を子どもたちに生みださせ、その目標にもとづいた個人の目標をもう一つつくりださせていくということをしなかったら、自立を達成させる集団と個人の関係をつくりだすことはできないのではなかろうかと思うわけです。

3 魂あいふれあう作用を強めることを

第三には、心をつかむというか、魂あいふれあうような作用を強めることの必要についてです。

それは子どもを本当にすきになるという問題でもあります。よく私も「眼は心の窓だ」といいますが、最近は目を見て話すということが子どもとの間にうんと少なくなっていると思います。こっちの方を見て誰か手をあげると「はいっ」とあてておいて、あっちの方で何かしているともう叱っている。発言している子の目を何にも見ていないのが普通のようです。このような目を見て話すことがない状況から、心をひらくような対話で子どもたちと魂あいふれあうことができるようにならねばならないと思います。子どもと対話をするのは注意するために話し合うわけではないのです。心をひらかせていくために話し合うわけです。だから、ある場合には目を見ただけで何もしゃべらないことがあるのかもしれませんが、それならそれで、話をする気がないのだということを理解しなければならないのだと思います。子どもが口を開かないことについて「あいつはおれがいくら話せと言っても何も話さない。なんというひねくれたやつだ」と思うかもしれませんが、その子がひねくれていることと理解するだけでも大変なことだと思うのです。普段は目をみつめあって話ができないほどひねくれていることもわからずにいるのですから。そんなにひねくれていないと思ってその子どもにあたるため、後から逆にひねくられることが多いのです。本当にしゃべってみたが何にも返事をしなかったとか、目をじっと見たら目がうるんでいたというようなことから教師としてどれだけその子どもの心の中をのぞけるのかということです。そのことがなかったら子どもの心のはだにふれるということはできないと思うのです。だいじなことは、子どもの心の絹のようなやわらかさを私たちが本当にとらえられるかどうかだと思うのです。子どもの心は必ずしも鋼鉄のような強いはだではなくて、実際には絹のようなやわらかいものだと思うのです。その絹のようなやわらかいはだに私たちがふれることができる、あるいはそれを発見することができるかどうかが、子どもの心をつかむことができるかどうかの境にもなることだと思うのです。

校内暴力や非行事件が起きると必ず教訓としてどの学校の場合も、生徒との話し合いやふれあいの時間が少なかったとまとめています。そしてその後はふれあうことにしました、といって教師が無理に掃除をいっしょにしてみたり、校庭へでていってにこにこ笑った顔をしているテレビ画面をみることがあります。けれどその教訓というのは、事件が起きる以前にわかっていることなのです。ただわかっていてもそれを絶対に必要と考えない体制が、ことのあとに教訓をまとめさせるのが現実ですが、その教訓を生かすという場合、子どもは絹のような心のはだをもっているけれど、現状ではその絹を閉ざして鋼鉄のように見せているというところを今つかまなかったら本当に教訓を生かすことにはならないと思います。とにかく子どもとのふれあいという場合、子どもの心の奥にひそむ真実というものを私たちがきちんと見抜いていくことが実践上非常に大切ですが、それを対話として教育的に具体化しなければならないのが今日の緊急な課題の一つだと思います。

最近、水上勉の小説『父と子』が出版されました。私は、感動してというか、夢中になってこの本を読みました。教師を刺した高校生と父親が父親の生まれた故郷へ向って旅立っていく間の、親と子とのふれあいが描かれているのですが、真実こそがふれあいのなかみなのだという感じがしみじみしました。あの小説の中では親父が息子にたいしてさまざまな配慮をしています。たとえば、子どもが口をきかなければきかないで、その時に親はなぜこれはものを言わないのかと考えこみますし、ひねくれた返答をすればそれに対してなぜこうした返答しかしないのかと親は考え、適切な対応をみつけます。こうした親の配慮を細かく分析してみると、私たちが今、教育のうえで対話によって子どもとふれあわなければならない場合のいくつかの原則をあそこからも得ることができるようにも思うわけです。

子どもの表現にはいろいろありますが、目もむけてくれないというのは一番心が凍っている時だと思うわけです。それならそれでそこから心を読みとらなければならないのですが、子どものどんな表現の中からでも子どもの心をよみとっていくということはある意味で生活綴方教育の初心にかえるという問題だろうとも思うのです。その点では子どもの書いた文に対して「ちっともいいものを書かん」とか「書かせてみたって何にもなりゃせん」というような高踏的ないい方をお互に口にしないようにしたいものです。どんな文であれ、子どもがそれだけ書いたことから何を私たちが子どもの心として読みとるのかということがだいじだと思うのです。ひねくれて書いてあったのなら、何故ひねくれて書いたのかと読まなかったら教育的に読むということにはならないと思うのです。こんなものは面白くないといっているだけでは面白いものなんか書く訳がないのです。子どもの書いた心へ教師の心をよせることが必要なのです。その書いた心をみつめ、よろこんで書けなければなぜよろこんで書けないかというところへ思いをはせるということを今しなかったら、いつまでたっても本当に書ける子どもにはならないと思うのです。また何にも書かなきゃ書かんで、なぜ書かないのかなぜ書いてくれないのか、なぜ書けないのかということまで考えてみるということがなかったら生活として書かれた小さなことのなかに、子どもの喜びや感動を発見することはできないと思います。

いま、子どもたちの書くものには、感動のない無表情なものが多いのですが、それならそれで無表情な中に実は深い悲しみや苦しみや喜びが無表情な表現としてでてきているのだと私たちが読みとらなかったなら、子どもたちにものを書かせても心をみるというわけにはいかないのだろうと思います。

よく私たちが研修という名で強制されたレポートを書くように、ああいうものとして子どもたちが綴方提出の心情を持っているとしたら、そこを本当に読み、くんでやらなければならないと思います。本当のことを書きたいというのは子どもの誰もの願いだと思います。けれどもそれが書けないということが悩みでしょうが、それは字がわからないから書けないというだけではないのです。書けない様々な条件があるわけです。ものが見えていないいということもあるでしょうし、書けば都合が悪いということもあるでしょう。書けないということのなかには実に多様なものが含まれているわけで、そこを私たちが一人一人の子どもとの対話の中でもういっぺん見直してみるということが必要になっているのだと思うのです。

4　教師自らが、人間、世界などについての基本的観点の整理を

第四は教育内容の質を高めることです。質が高いというのはむつかしいということを意味するのではありません。いわゆる真理へ接近する度合いとしての質といってもいいと思うのです。先程、課題のところでいいましたように、自立を洞察できる力を教育内容として子どもたちに学習させなければならないのです。それは基本的には人間や世界・社会や自然などについて、人間としての生き方にかかわって基礎・基本の知識と観点を学ばせること、いわばそれを科学させることになるわけですが、その視点からいま、子どもたちに必要な私の教育課程をつくることなのだと思います。

そうした私の教育課程をつくるためには、まず教師の具体的な作業として自分の全智全能を注いで人間と世界についての基本的な説明というか視点を子どもたちへの教材のつもりでまとめてみたらどうだろうということです。それは易しいことのようですが、実際にまとめようと思うと実に困難だと思います。

たとえば、私は六年生のある学級で子どもたちと一緒に人間について勉強しています。いろいろ人間のことで勉強してきましたけれど結局、人間というのはどういうもので、何故人間について勉強するのかということが勉強をすすめているうちに子どもたちにとってちぐはぐになっていくのです。そこで私は私なりに、人間の勉強についての一区切りとしてなぜ人間について学習するのかということを子どもたちへの手紙の形で整理してみようと思いました。けれど、それはうまくまとまらないのです。自分の力の貧しさを覚えるのですが、恥をしのんで紹介してみます。

〈六年二組のみなさんへの手紙〉

人間とはなにか

――人間の生き方を考えるために――

この四月、みなさんといっしょに週一時間だけの勉強をはじめた最初、私はみなさんに「自分はなぜここにいるのか」ということについて考えあってほしいという問

題をだしました。「そんなこと今まで思ってみたこともなかった」という大畑さんの感想のように、みなさんは何てへんな問題だろうというような顔をしてまず問題にとまどってしまったようでした。

それでも、あなたがそこにいる限りこの問題に答えることは必ずできるわけですから、みなさんは自分がここにいるわけについて、それぞれ考えてくれました。

南小学校の六年二組の生徒として、今朝も学校へ来たから、そして自分の席という決まった場所にいるから、自分は今ここにいるのだというようなことがはじめに頭の中に浮かんだことのようでした。なぜ、南校の六年二組の生徒になったのか、なぜ、今朝も学校へ来たのかということをいろいろ問いただしているうちに結局は自分が人間として誕生したからだという所にみなさんの考えは進んでいったようでした。

この人間として誕生したということがみなさんのここにいる共通したわけになることですから、なぜ人間として誕生したかということを考えてみなくてはならなくなって、それでヒトの生殖や思春期のことまで学習してきたのです。

みなさんがここにいるように地球の上のすべての生物もまた、自然のきまりの中でそれぞれ個体をもった生きものとして存在しているのですが、それらはすべて生物の生き続けることと生きることの作用がつくりだしているものなのです。その意味では、みなさんが今あるのは三〇億年もの長い地球の生物の進化の中で生みだされてきたヒトの発展にみあった人間の子どもとして、自然のしくみによって存在しているわけです。

また、直立二足歩行をはじめた生物としてのヒトは、集団生活の中で道具をもち、言葉を発明し、労働することによって文化をつくりだしながら人間としての社会生活を発展させてきたのです。そして人間の社会は生産の発展にみあうしくみとしてつくられてきたのですが、生産と社会のしくみがうまく合わない時は人間が存在できないことさえあったのです。

たとえば、封建社会の間引きのように、人間の子どもとして誕生しても、その子どもが成長することはできなかったこともありました。そのように、人間の歴史のなかでは、社会のしくみによって存在していることが許されない場合もあるのです。今の社会の中でも戦争や公害、貧困や病気など、いま在ることがうばわれる危険もあります。その意味ではみなさんがいま在るのは、三万年ともいわれる文化的な人間の歴史の中で、特に労働の生産が社会にゆとりをもたらしてきた二千年程の社会の発展にみあった人間として、社会の歴史的条件によって存在しているわけです。

　このように考えてみますと、みなさんが人間としていまここにいるのは自然のしくみと社会のもたらしている歴史的な条件によって存在しているのだということになるわけです。だから人間は自然と社会の歴史的存在だといえるのです。これは自分はなぜここにいるかという問題のわけをうんと短かくまとめたものになりますが、少しむつかしくてわかりにくいのかも知れません。

　けれども、何度も読みかえしながら、偶然のようにも思えるここにいるわけを、歴史的必然としてとらえるまでに深めてほしいと思います。人間は歴史的存在だということになりますと、みなさんが今生きていることについて、あらためて考えてほしいことがあります。（後略）

と、いうようなものですが、こうしたものを自分で整理してみながら、子どもにあった教材をつくりだしていくということの必要性とむつかしさを改めて考えるわけです。もちろん、これがそのまま教材にならなくても結構ですが、こうしたものを自分で整理してみることによって、教育内容（教材）をまとめるためには子どもとの関係で何が問題なのか、また、自分は何をはっきりさせたいのかということに気づいていくのです。そうしたことがなかったら、私の教育課程を編成するというようにはなかなかならないだろうと思うのです。いわば教師自らが自分のもつ人間や世界、自然や社会についての基本的観点を科学的に整理し、具体化する作業を私たちはいろんな形でやってみる必要があるのだと思います。そうした基本的観点を整理することから私の教育課程としてのテーマと教材を生みだしていくことを進めていきたいものだと思うわけです。それは何も日本一立派な教育課程にならなければならないということをいっているわけではありません。問題は毎日教えているいろいろなことをばらばらにしないため、個々の教師が自らの教育を統一するための前提のようなものをどう持つかということにあるわけです。今日の教育体制の中では否応なしに知識をバラバラに切り売りする仕事を負わされていますが、そのバラバラのものを統一したものに変える、あるいは長い間に統一していくための前提として、私たちが今、人間や世界について自分で整理してみるということが必要なのではないだろうかと考えるからです。

　だから、そのことが教育課程として直接に新しいテーマを生みだして、子どもとの間に教材をつくりだすことにならなくてもやっぱりやってみなくてはならないことなのだと思うのです。

それは今日、私たちが子どもと共に生きるための教育内容の上で、共に生きていく保障となるものだと思うのです。よく子どもと共に生きるということをいうわけですが、教育内容の上でそれを具体化する保障といったら、私たちが全智全能をかたむけて、今、物の基本についてきちんと自分で整理し、科学として統一する観点をきちんと持つことが必要だと思うわけです。

5　教師集団の質を高めることを

第五には教師の集団の質を高めるということです。

それは、子どもと教育に本当に責任をもち、喜びと生きがいをもつ状況を教師の団結の内容としてつくりだすことなのだといってもよいことです。

最近教師のあいだでグチやカゲ口としてたくさん存在しているようです。二人よれば必ずなにかのグチがでて、望ましい対話にはなっていかないけれど、対話めいた形でグチやカゲ口が吐かれるということが多様に存在し過ぎているような気がするのです。

それは教師のうえにあらわれる問題がいかにも教師個人の問題であるかのようにとらえられているからそうなっていると思うのです。グチやカゲ口になっている内容がその人の個人的な、あるいはその個人の特性的なことであるかのように考えられているのです。グチやカゲ口のようなことには教師全体に共通の問題が、特定の個人にあらわれていることが多いのです。だから、個人のカゲ口になっている問題をもっと教育の問題として私たちがつかむようにする必要があると思うのです。あの人は「うるさいて」とか「全くやかましいて」とか「おかしいて」などの言葉でささやかれるカゲ口ですが、そこには「おかしいて」の中味があるのですが、その中味がその人の生れながらの個性みたいにとらえられているから、「あの人は」になりますが実はそうではなくて、今の教育支配からくる共通した問題が、ある人にはおかしく、またある人にはうるさくしかとられないような、そういう人間関係のこととしてあらわれてくるところに中心があるわけです。その点では非常に教師個人のことにみえる問題を、教育の問題としてつかむことが大事だと思います。それは教師の人間的な不自由さの結果としてのあらわれにもなるわけですが、教育の不自由の進行が生みだした状況でもあるのです。そういう意味で私たちは教育的自由をひろげていく保障を教師集団のなかにもたなければならないと思うのです。

教師の集団を自由と民主主義の体得できる集団として

きちんとしたものにしなければならないと思います。学校は嘘の公然化体制によってタテマエとホンネがまるっきり矛盾しあっているという状況がひろがっています。それだけに学校に自由と民主主義が体得できる集団をつくりだしていく必要があるのです。そのためには、みんながタテマエとホンネとの矛盾を矛盾として具体的に語ることが何より大切だと思うのです。「おかしいぞ」と言うだけでなくタテマエとホンネの矛盾を具体的に話しあえることが学校での教師の団結をつよめるためにたいへん大事だと思うわけです。それは嘘の公然化体制のなかで本当の公然化を教育習慣としてつくりだすことになるからです。本当のことが公然化されていくところが教育の場なんだということをひろげていくためには、嘘となっているタテマエとホンネの矛盾を矛盾としてありのままに話し合うことが実際の力になると思うからです。

6　父母との合意を広げ、合意の輪を大きく

第六は、父母との対話をひろげ深めながら、合意の輪を大きくして、教育を真に地域に根ざしたものに育てあげていくことです。簡単にいえば、教師が親とともに子どもと教育についてのいわば生活綴方を書くことができるようにすることだと思うのです。ここで生活綴方を書くというのは単に文章でもって書くことをいうのではなく、子どもと教育についてのほんとうの気持をわかりあうため、その気持ちをつくりだしている具体的な事実をありのままに語りあっていくことをいうのです。

それは綴方というような形で交流しあえれば、それはそれとして最も早い道かとも思いますが、文章で綴るということをしなくても、実感を具体的な事実で話すことによって本当の気持をわかり合うということが合意を生みだし、ひろげていくうえで特に大事なことだと思うのです。

生活綴方的な対話をひろげることのなかで共通課題についての合意として具体的に政策化し、それをひろげることで運動になっていくと思うわけです。ところで、どういう時に親とわかりあえるかということで、ある先生にお聞きした私にも関係ある話を紹介したいと思います。

過日、ある小学校ＰＴＡの一つの委員会で私にきて話をせよということがあってお邪魔をしたことがあります。その時に、私が話にくるということを同じ町のある先生が家庭通信に書いて学級の親に知らせようとしたけれど、その町は非常に反動攻勢が強い所で、ＰＴＡ全体としては私をよべないというような条件があるので、家庭通信で参加を呼びかけて良いのか悪いのかということでその

先生はものすごく悩んだそうです。その日の朝まで家庭通信で知らせたいと思ったが、ＰＴＡ全体の行事でもないものをその先生だけが勝手に書けばまた攻勢がはげしくなり余計ややこしくなるのではないのか、というようなことで書いた方が良いのか、書かない方が良いのかと相当迷ったあげく、結果としては書けなかった、書かなかったという話ですが、問題はその後のことです。その先生は、それが苦になっていたのでそのことを母親の集まりで話したのです。そうしたら母親のみんなは「なんでそんなこと位書けんの」「ええて書きさえすりゃ、よかったて」といったというのです。けれどその先生がなぜ書こうと思っても書けない気持になっていくのかということや、朝の朝まで迷いながら書かなかったのは何なのか、私をしてそうさせたのは一体何だったかということで、ある文書を中心にしてその町にあらわれてきている様々な民主教育への攻勢が実際に教師にどう響いているのかということを、ありのままに話した時に、はじめて親が「わかった、あの文書ってそんなに先生を苦しめるの」というように攻勢の性質をわかってくれたという話なのです。

実は、生活綴方を親との間で書くというのはそういうことなんです。今の攻勢の中で耐えている、あるいはもがいているそのもがきを、「もがいております」というのではなくて、それは教師にとって、何なのかということが具体的に親にわかる時にはじめて親は、それが今の教育への攻撃の性質としてわかっていくわけです。先程の例でいえばあの文書は悪いのやといくら言っても、その限りでは、先生のことが書いてあるだけで、子どもにひびくわけではないし、家の子はあんな文書がいくら出されようが関係はないと親は思うだけなのです。それが家の子どもに関係が大ありなんだということは、教師の悩みとして具体的に事実をもって語られる時、子どもたちのために悩む悩みの性質がわかるのだと思います。教師の気持ちは、実感を具体的な事実で語らない限り親によく理解されないように、親の気持ちも、具体的な事実で語られるとき、ほんとうに教師に理解できるものとなります。こうした気持ちの伝えあいを、父母との間で対話として展開していくことが大切だと思います。対話は面到だからといって何かのスローガンで、大網をかけるようなやり方では大きな合意にはなりようがないと思います。八〇年代は間違いなく大きな合意ができる条件をもつわけですから、だからこそ今、あわてないように一番底辺で本当に小さな事実の中にあるわかりあいをうんと強めていくことを本気にやらなかったら、父母との合意の輪をひろげることはできないと思います。今までの七〇年代の運動を食いつぶしていくような親との関係に甘んじていてはだめなのだと思います。

教育への反動攻勢がはげしいだけに親との対話をひろげることに私たちがうんと真剣にとり組まなかったら、私たちが進めていく民主的な教育を地域に根づかせていくほんとうの力はできないのだと思うわけです。

五、民教研活動の改善、強化の問題

自立の課題を追求する実践の成否は間違いなく民主教育研究会の活動の強さにかかっていると思います。

私たちは民教研の会員でありますが、会員であるということだけではいつだって間違いのない民主教育を実践しているのだということにはならないと思います。自らの参加する組織的活動を抜きにして自分の教育実践を絶えず発展させていくということにはならないからなのです。そのためには職場を基礎にした組織活動を強化することが第一だと思うのです。特に今日の子どもや教育についての教師としての実感と、日々の教育として実際に教師が行っている実践を真に交流しあうことを職場で丹念につみ上げていく仕事をうんと重視したいと思います。それと同時に職場で新しく学習を具体化することが必要です。特に子どもについての観方を高め一致させていくような学習を共同ですすめることがだいじだと思います。そのためには、もっと多様な形で、職場での民教研活動を進めていきながら、職場の教育を動かせる方針を民教研班がもつようにしたいものだと思います。それは一人ひとりの教師が何となく方針を持つというだけではなくて、民教研の組織として、その職場の教育を動かす方針をもつことができるように、職場の活動を強めていく必要をいうのです。

そのためにはもちろん、事務局を中心とした地域やブロックでの活動を強めるということは当然ですが、ブロックでの今までの活動も随分発展してきていると思います。特に恵北や恵南ではブロックの合宿集会が持たれるまでに発展しているわけです。事務局を中心にした全体の活動につきましては本年度の方針にもとづいて新たに具体化しなければならない問題も多いように思います。

それから、昨年のこの集会で初夢みたいな形で、活動のセンターとして恵那教育研究所の設立を考えたいものだと申しましたが、今年度、いろいろな動きの中で、教育会館の移転にともなって教員組合の御理解や支持を得ながら、いっしょになって民主的な教育研究センターを確立することができそうな状況になってきているわけです。そうなればそれに応じて一層新しい活動を生みだしながら、本当に八〇年代の活動の母体となるような教育研究センターに育てあげなければならないと考えます。

更にオーストラリアへ教育交流と見学の旅にいったらどうでしょうという問題が昨年度からだされて、相当な関心をよびおこしていると思います。外国を学ぶため、外国へいって学習をするということが八〇年代をひらいていくために、なぜ必要なのかという討議からそれぞれやっていかなければならないのかも知れませんが、いろんな意味をこめて、できれば大勢うちそろって外国へも行ってみたいということも民教研として考えておりますので、行ける条件をみんなでつくりだして、うんと飛躍した年にしていきたいものだと思うわけです。

最初に申しましたように、寒さが強ければ強いだけ樹木は内部で燃焼を強めるということになりますが、嵐の強さはまた、樹木の根をひろげ幹を太くしていくと思います。それは法則的なことではあるわけですが、根本的には樹木の生命活動が強まらなければどうにもならないことだと思います。

現在の私たちの活動における生命活動ともいえる問題は人間としての心がわかりあい、それを基礎にして人間と世界のいわば変革がわかることだとも思うわけです。

そのためにも五〇年代からこの地域での教育の基調となっております生活綴方の精神をより深い所から根づかせて、強めていって、嵐の強さ、寒さの厳しさに負けない強い実践と活動を生みだしたいものだと考えるわけです。つまらぬことを申しましたがこれで終ります。

＊一九八一年一月、東濃民主教育研究会冬季集会での基調報告。八〇年代初頭の困難な状況のなかで子どもたちが自立へのもがきで苦しんでいる事態を「大人なんか俺の気持ちがわからない」という矛盾した形で表現しているのだと述べて、子どもが自分の気持ちを整理することを支える「対話」の必要性を強調した。石田はここで「対話」が生活綴方の精神の具体化であり、これを出発点にした恵那の教育のさらなる発展を展望しようとした。『人間・生活・教育』八一年春季号（16号）に掲載。

◆論文21（一九八二年）

民主的な教育研究組織の問題

――地域民教組織の特性的な役割を考える

はじめに

日本における戦後の民主的な教育研究運動は、多様で複雑な形態をとりながらも着実に大きく進展してきています。それは、全国的には、毎年の日教組・日高教の教研集会や民教連傘下の各種の民間教育研究団体の研究集会、あるいは、地方ブロックでの教研サークル合同研究集会などに代表される運動となって花をひらかせています。この運動を今後どのように発展させたらよいかという問題は極めて重要で、また必要な課題となっていますが、いまここでそれを論じるつもりはありません。ここでは、私たちが毎日かかわっている「地域民教」と呼ばれる、各地域の民主的教育研究組織の運動と全国的な連携・発展の問題について、私たちの地域での経験と教訓をふまえていくばくかの問題提示をしてみたいと思います。その場合、今日の全国的な教育研究運動の現状とのからみあいでいえば、「民教連」を統一母体として、その運動を真に強化発展させることを基本的なねがいとしていることを最初に明らかにしておきます。

一　独自的で多様な各民教組織の統一の大切さ

民主的な教育研究運動の問題が論じられる場合、よく民教連のほか教科研・日生連・日作・全生研などなど、全国的な民間教育研究団体の動向が問題にされますが、同時に、北海道（道民教）から沖縄（沖民教）まで、全国各都道府県でのサ連協の動向も問題にされます。そして、その枠には入らないけれど、宗谷、石狩、西津軽、東葛、足立、恵那、員弁、奥丹後、紀南、十津川、丹波、高岡、人吉、那覇などなど、ある地域でのまとまった民教組織の活動も問題になります。

こうした、全国、県、地域を単位としたそれぞれの民教組織は、相互に関連をもちながら発展してきていることは事実ですが、必ずしもその関係のあり方や特性的役割が明確になっているとは思われません。それは、戦後の日本における民教組織の性格と発展過程が極めて独自的で多様であるため、一律的にその関係や役割を論じ規定することができない複雑さを持っているからだと思います。だからといって、この現状はそのまま放置されていてよいわけではないと思います。

日本民教連では、全国的な民教運動の統一的発展のために、さしあたり県段階の民教連（サ連協）の加盟を含めた運動案を検討することにしています。また、県段階の民教連でも、そこでの民教運動の実態にあうように、県単位のサークルだけでなく、地域（郡市等）の民教組織を含めた綜合的で統一的な組織体に再編することが実現される（例・北海道民教組織）など、それぞれの必要に応じた問題提起や検討がおこなわれていることは間違いありません。そうした意味で、一九七六年の恵那集会からはじまったこの地域民教全国交流集会もまた、地域民教の特性的な立場で連帯を組織しながら、今日の状況にふさわしい民教運動の統一を模索してきた動きだともいえると思います。

けれども、これらの民教運動における統一をめざした主体的な動きはまだ弱いものです。私の知る限りでは、三年越しの熱心な努力によって北海道全体の民間教育研究団体（道サークル）と地域民教（支庁区別サークル）との合体による文字通りの統一運動体として新しい質の民教組織に再編した道民教の実績以外に、実際には論議と努力が実を結んでいないと思うからです。

1　指令・押しつけでは発展も統一もできない

教育が画一的な押しつけと詰め込みでは教育にならないと同じく、教研活動もまた命令や押しつけでは教研になり得ません。特に自主的で民主的な教研活動とその組織では、理解と納得、自主と自立こそが重要であることは論をまちません。だからこそ、戦後日本の民教運動は複雑に発展してきているわけですし、それだけに根強さをもっているわけです。そのため、この民教運動の発展や統一についても、それが指令や押しつけですすむことはあり得ないのです。それは、民教運動の土台である子どもたちと教育現場の実態と、その実態に対応する自らの運動の実状をきびしくみつめ、その中に発展の方向と統一の必要性を発見しないかぎり自覚的にすすめることはできないと思います。

その点で、今日の教育現場における統一的な支配と反撃の実態を冷静にみつめてみることが必要です。いまここでその実状を詳細に述べることはできませんが、総体としては、今日の支配権力が臨調路線の一環として、反動的に統一した力で教育の国家主義化・軍国主義化を推進強化するための教育研究と実践内容を、学校・教室の隅々にまで全面的集中的に押しつけ強制しているのに、民教運動はそれに抗し得る統一的な方針と運動を持つという点で極めてたちおくれているといわざるを得ないのです。もちろん、反動的に統一した力に対しては民主的・革新的に統一された力で対応しなければならないのですが、支配の焦点が教師を通した研究と実践による教育内容の反動化に置かれていますので、その反動化の意図を阻止し、教育内容の民主性を堅持し発展させるだけの研究と実践を教師が力量として保持し、日常的に具現するということになると、やはり民教運動の統一的な方針が必要ですし、その活動が職場に定着しなければならないからです。

教育実践の民主性は、支配状況がどんなにひどくても、部分的一面的には具体化できるものでありますし、教師の力量という面を加えれば極めて高い水準で個人的には実現できるものであることもまた確かだと思います。あの戦時下にあっても「山芋」の詩を生みださせた故寒川道夫先生の実践ひとつをみても、教育実践における民主性の追求と創意が不可能だということはできません。そうした実践例は戦後でも、いや、今日の支配のひどい状況下にあってもいくらでもあります。その意味で教師はどんな状況下にあっても、自らの実践の中で民主性を追求すべきですし、その創造は可能ですが、やはりそれは部分的、一面的なものであって、全面的な民主的実践ということはできません。だから、実践の民主性については一面的な可能性だけに目をうばわれて、それで事足りとすることは間違いだと思います。

今日の教育現場の実態という場合、支配の側からは全面的な反動化の計画と体制が地域・職場で推進され、それが教師をしてくもの巣の糸にからめられたように浸透しているのに対し、その糸の毒性（粘着性）にとらわれない実践の民主性保持と全面的な発展についての統一的な方針把握と運動の糸が職場・地域を結びあわせるという点では、まことに弱いと思うからです。

そして、ここで考えてみたいのは、支配の教育の全面的な反動性に対応するための全面的な民主性ということでは、戦後の民教運動が創造、発掘、継承しながら日々に発展させている民主的教育実践のさまざまな経験の実績と教訓の蓄積としての財産が存在している事実についてです。また、これらの財産が統合・整理されるならば教育内容の全面的な民主性ということでは教師に対して優に反動性を凌駕し得る説得力をもっていることは間違いないと考えられるのです。そして、この財産の優位性は、今日のきびしく複雑な教育現場にあっても、実践の民主性保持と発展に具体的な効力を発揮し、教師の力量を高めながら、職場・地域の教育活動において教師を結びあわせる作用をもたらすこともまた確かだと思うのです。

2 〝共通している基本的立場〟が財産になる

ところで、この現実的に存在しながら、全面的には未組織のために実際的に効力を発揮し得ないままの財産は、戦後の民教運動の中でどのように蓄積されたのでしょうか。これについても詳細に語ることはできませんが、私は大筋としてつぎのようにとらえています。

戦後日本の民教運動のはじまりは、教育全体の在り方にかかわりながら、教育内容と実践については全面的・統一的見地から、教育現場における子ども・地域の実態に即した問題として民主性が追求されてきたと思います。中央における各種の民主的な教研団体の動きでも、またその機関誌や教育誌発行の場合でも、主張の異りはあってもすべてそうした立場にたったものだったのです。

そして、それに呼応した場合でもそうでない独自の場合でも、教育現場における民教運動は、教育全体の在り方を念頭においた、全面的で統一的な見地からの実践・研究運動として、地域の教育に責任を負うべく、自主的な地域民教運動として出発したのです。その運動体が主題として何を掲げようと、子ども・地域の実態に目を据え、学校・地域の教育に根をもっていたことは確かだったのです。

しかしこの運動は、教育内容と実践研究の民主性について全面的で統一的な見地をもっていても、日々に発展する諸実践の特性的問題に対しては、科学的・専門的に対応する能力に弱さをもっていました。そのため、この弱点を補うものとして、全国的に各分野の専門的な研究組織（サークルとしての民間教育研究団体）がつくられてきたのです。当初は、地域民教の構成員が、自らの専門的関心にもとづいて積極的に研究組織に加わり、その成果を地域民教に拡げて、実践研究の専門性を学校・地域の実態の中で、全面的・統一的見地での教育性と結合するように努めたものです。

こうして当初の民教運動は、職場・地域に根づきながら、教育実践に対する全面的で統一的な視点で、科学的専門性と教育性を結びつけて民主性を強めていたと思います。

先に日本の民教運動は複雑に発展したといいましたが、こうした民教運動の進展と共に教組独自の教研運動が加わり複雑さを増してきました。それは教組の教研運動が極めて広い範囲での、職場（分会）、地域（支部）をもとにした民主性追求の運動で、民教運動の構成員もまた、教組教研の運動に加わるため、地域の民主的な教研運動における教組教研と地域民教の関係と性格的な役割について明確でない部分が生じたこととなってあらわれました。それは、あるところでは地域の民主的な教研の総てを教組活動の一環として位置づけることとし、地域民教の特殊的役割までを教組教研に委ねることとしましたし、またあるところでは、教組教研に民主性追求を期待できない――教研運動の教育性や科学性、また日常的継続性が保障されないために教組教研とは無関係に独自の地域民教を組織しましたが、教組指導部の「妨害」などもあって職場・地域に広がるという点で新しい困難をかかえるということもでてきました。

このように、あれやこれやの複雑さも生じましたが、全体としては民教運動が教組教研の内容を豊富にすると同時に、教組教研が民教運動を促進するという相互関係を維持しながら、今日まで持続・発展しているわけです。

また、民教運動は教組教研の進展とのからみや、科学的専門性の重視から、時には学校・地域に根づいた実践の全面的で統一的な見地が弱まるというような傾向を示すこともありましたが、全国的な専門組織（各種教育研究団体）の全国的な連絡組織としての日本民教連の発足や、その活動進展と共に下部組織であるサークルが地域に責任を負うということから、地域的に連合して共同活動を進展させる動きを生みだし、専門性を深めることを軸に置きながらも、学校・地域の現実に対応できる、実践の全面的で統一的な見地をもった新しい地域民教としての運動をつくりだし拡げてきています。

しかし、民教運動には主体性と自主性がつよいため、時にはそれがセクト主義を生み、他との一致点より相異点のみに固執したりして、その成果を学校・地域を基礎にして実際的に子どもたちのために役立てるために統一した集中力を発揮することをさまたげていることもないとはいえないように思います。

現状の民教運動にはまだまだいろいろな問題があると思いますが、この現状の中で私たちは学校・地域に根づいた真に自主的民主的な民教運動の発展と統一を何としてもつくりだし、今日の子どもたちの荒廃と教育の危機を実際的にやわらげ、反動的な教育支配の意図を教育実践の上で挫折させ阻止させねばならないと考えるのです。それが教師に課せられたもっとも日常的で特性的な任務でもあると思います。

しかし、先にも述べましたように、民教運動は極めて自主的で自由なものであるため、指令や押しつけで動かすことはできないし、またそれでは動きもしないという原則にたって考えてみますとき、手のとどかないところで統一の気運が盛りあがるのを願望しているのではなくて、手がとどく問題として日常的に教育現場に密着し、直接的に子どもと学校・地域の教育に責任を負わねばならぬ立場において、全国の民教運動の成果を日々の実践の中に総合的、集中的に生かす必要に迫られている地域民教の特性と役割を明確にしてみることが大事だと思います。そして、その地域民教の拡がりと連帯をつよめることで、全国的専門的な民間教育研究運動を学校・地域で支えながら、その成果を全面的・統一的見地で実践に具体化することが必要で可能なことと考えます。

それはまた、私たちの手のとどく形での民間教育研究団体と地域民教の相互補完でもありますが、そのことは必ず全国的な民教運動の統一母体である日本民教連の内実と、その統一的役割を強めることになるのだと考えるからです。

二　恵那の民教運動の特徴

以上のような問題関心から、つぎに私たちの地域（恵那）での戦後の民教運動の特徴を述べて、地域民教の特性と役割を明らかにするための問題の素材を提供いたします。

1　「子どもをつかむ」を焦点にした実践

第一は、恵那の民教運動の前提的特徴ともいえることについて述べます、その一つは、民教運動の中心である実践研究では、一貫して「子どもをつかむ」という点に努力の焦点がおかれてきたということです。いまここで「子どもをつかむ」ということについての私たちの見解を申しあげている余裕はありませんが、ごく簡単にいえば、教育を、人間を育てる――人間を変革する事業だという観点でとらえ、子どもと教育活動を社会の現実生活との関連において、総合的統一的に把握する努力だととらえて、民教運動の中心はその努力の連続だったということです。私たちが教育活動の基礎として生活綴方の教育を重視したり、教育活動全般を生活綴方の精神で取り組むなどというのは、生活綴方が「子どもをつかむ」うえで特性的にもたらす作用の重要性を強調していることに他なりません。

このことは、この地域民教研究交流集会の最初から今回までの内面的な基調になっている課題でもあると思いますので、言い方の適・不適はあるのかもしれませんが、共通的にご理解いただけるものと考えます。

いま一つは、当初から教組活動と民教運動とは、それぞれ独自の組織をもちながら、協力共同の関係を保ち、相互に補完しあって全体としての民主的な教育運動を発展させてきたということです。

それは教組結成時の方針にもかかわることですが、よき教師はよき組合員であると同時によき実践者でなければならないという考えから、教育実践研究の特性に深く着目し、教組が民教運動とその組織を独自的に生みだすこと、その自主的な発展を援助してきたということにもよります。だから、個々の自覚的な教師にとっては、組合と民教が表裏のような関係で自分の中に存在していることが当然となっているのです。

このことは、民教運動が組合活動の一環にとどまらないで、全国的なあるいは他地域の民教組織と独自の交流をすめることを可能にしましたが、同時に教組と同じく学校（職場）、地域に根をもちながら、実態に即してそこの子どもと教育に直接責任をもち得る実践研究を追求するという点で、内容においては実践課題を全面的・統一的な視点でとらえることと、形態においては学校・地域に基礎をおいた総合的な地域民教組織であることが必要であったわけです。いわば、職場をもとに学校とその教育に対して実際的に影響力をもつことができる研究組織でなければならないと考えてきたのです。

2　全国的な課題を地域の中に具体化

第二は、課題把握においてたえず全国的な一般性をもつことを重視しましたが、それと共に、その一般的な課題を地域の現実の中で具体化した課題としてとらえるように留意してきました。

たとえば、高度経済成長期の人づくり政策がつくりだした「期待される人間像」を目標とする教育支配に対しては全国的・一般的には「期待される人間像」に反対の立場をとりましたが、私たちはそれに対し、単に「期待される人間像」に反対というだけでなく、それに対して地域の子どもの実態の中で具体化した実践的課題を追求し、六〇年代末期には「地肌のでる教育」という目標をかかげて積極的に対応した実践活動をすすめましたが、七〇年代からの「生活に根ざし、生活を変革する教育」というスローガンも、あるいは「地域に根ざした教育」という主題も共にそうした立場でつくりだしてきたものです。

しかし、私たちが地域民教運動の課題をこのような形で具体的に把握することができるのは、戦後のはじめから全国的な民教の動きと強く結びあってきたからだと考えます。それは、主として、民教運動のセンター的役割を果たしてきた教育雑誌を組織的に頒布購読することを地域民教運動の一つとして重視してきたことにあらわれています。いまそれらをふりかえってみますと、最初は『明るい学校』(『明るい教育』)でした。その後は『教育新報』『新日本教育』など途切れの経過がありますが、『教師の友』に続いていったわけです。この雑誌は廃刊になっていますので、新しい方ではご存知ないのかも知れませんが、当時の民教運動にかかわってはたいへんすぐれた雑誌で、いわゆる地域民教の運動を続けてこられた方々にはたいへんなつかしい思いのする雑誌だと思います。

この他にも、『生活学校』『教育』『生活教育』『国民教育』『子どもと教育』『教育実践』などなど、創刊された頃から多くの人が読者になっています。

これらの綜合的な民主教育誌によって、全国的な立場での政治的・社会的課題の教育的意味や、教育としての課題のとらえ方などを学んできたのです。こうした雑誌で学ぶ全国的な課題を私たちは地域で具体的な民教運動の主題としてきたのですが、それをごく大雑把にまとめると、「現実直視」「質の高い」「地肌」「生活に根ざし、生活を変革する」というようなことになっているかと思います。

3　影響を地域全体に拡げる

第三は、民教の活動ということでは、職場を基礎にあらゆる分野、学校種を含め、学校・市町村・地域に影響を拡げることを重視してきたことです。

いまは故人となりましたが、戦後の恵那の民教運動の火種をつくったような人として近藤武典という先生がいました。その人が一九五二年のはじめに、『教育』へ寄せた文章に「ボンクラがあつまって」という題で書いた、当時の地域民教である恵那綴方の会についての報告があります。そこには、当初から今日にまで続く、私たちの活動の基本姿勢が描かれていますので、その一節を紹介します。

彼らは、だれもかれも皆一様に「ボンクラ教師」なのだ。たとえてみれば「篤農家」とでも言えるような「トクベツの教師」は一人だっていない。そして、みんなが、自分たちのような「ボンクラ教師」の肩にこそ、日本の教育を一歩前進させるための重い荷物が背負わされているということをどうにか自覚しているのだ。

だから、彼らは、何よりも孤立することを恐れる。ボンクラの身、一人だけでいったい何ができようというのだ。なんでもかんでも、より良いこと、よりすぐれたことがあれば、たちまち「その教室から、となりの教室へ」なのだ。そうして、さらに「その学校から、となりの学校へ」とおしひろげていこうとする。どんなしごとでも、一人のしごとはみんなのしごと、みんなのしごとは自分のしごと、ボンクラはボンクラだから、ボンクラなみにみんなで考え、みんなでつくり上げようとする。

こうして民教の方針を単に民教だけにとどめておくのではなく、実践を通してひろげながら、学校や市町村の方針として定着させていくような努力を絶えず繰り返してきたわけです。時々の情勢の変化でうまくひろがらないことはいっぱいありましたが、こうした姿勢だけは持ち続けてきたのです。

こうした活動をするためには、また、子どもの中に情勢をつかみ、子どもの問題で共通課題をとらえるということを特に大事にしてきました。これは一般的な形としては、子どもの状況についての話合いをうんと多くするということにもなりますが、子どもの状況を徹底的に出しあい話しあうことの中で子どもに反映している情勢をはっきりさせ、政治課題を教育課題として具体的、共通的に理解しあうことにもなるわけです。

さらに、私たちの民教運動は分野、職種、学校種を問わず地域にひろがってきましたので、いまでは保・幼・小・中・高校のすべてにわたって共通組織がありますし、障害児教育担当や事務職の人たちも加わっています。そして、それらが特性に応じて専門部門を構成することもありますが、全体としては「東濃民教研」として単一に組織されています。そこをつなぐ中心の糸はどうしても子どもの問題ということになりますし、そこで子どもの特徴をはっきりさせることが大事になるのです。

4　地域に単一の研究組織（地域民教）を確立

第四はすでにどれだけかふれましたが、地域に単一で統一的な研究組織（地域民教）を存続させ発展させてきているということです。このことは私たちが自覚的に留意してきたことですが、それは学校＝教室というのは民主教育の生産点であるわけで、支配との関係でいえば最も厳しい対決点となるからです。だから、職場から離れてどこか遠いところの人と自分だけが結びついていても、それでは対決点でのたたかいを組織することはできないと思うのです。そういうことから、民主教育の実践の生産点であり、反動支配の教育との対決点である学校職場に単一の民教組織がなければならないと考え、これまで努力しているのです。このことは職場に民主教育実践研究の砦を持つこととしてたいへん大事なことだと思います。また、職場に単一の民教組織をもつということは「子どもをつかむ」という共通の原点からも必要になるわけです。それは、子どもは部分人間でなく、人間的には統一した存在であるため、ある分野やある教科の実践からだけではつかむことができない場合がいっぱいあるからです。いくら専門教科のベテランであっても、その人の授業だけで教育に代わることにならないのです。あるいは、授業はあっても教育はないということもあります。だから、複雑に統一されて存在している子どもの人格に対して、個々にはつかむ力量がなくても、みんなで統一的に対応することで全体としてつかむという必要があるのです。最近の生徒非行に対して全校教師の一致した対応が強制的に強調されていますが、そのことなどは部分的ですけれどひとつの例だと思います。

こうした私たちの単一的な地域民教組織ですが、それは戦後一貫して存在しているといっても、名称や機能は必ずしも同一のまま続いているわけではありません。一九五〇年代は「恵那綴方の会」でしたが、六〇年代は「恵那教科研」になりました。そして七〇年代以降は「東濃民教研」ということで、組織も次第に大きくなって今日に続いています。なぜこのように変わったのかということについては、「花より団子」といいましょうか、名称にこだわることより、民教の特性としての実質を大切にして、変わるたびに太っていくことを考えたからです。もちろん、名称や機構を変えて機能を強化するためには、それだけの理由が旧組織の活動に矛盾として生まれてきたからでもありました。

5　全国的な組織との交流

第五は、組織の地域的単一性と全国的な多様性との関係の問題です。このことは、簡単にいえば井の中の蛙のままで平気でいたり、地域モンローでほかとは関係をもたないでいることはできないし、そうかといって、そっくり全国的な特定組織の下部組織として安住することは、地域民教の性格上無理があるという中で、私たちはどう考えてきたのかということです。

職場や地域というのはおもしろいところで、前にも申しましたように、一方では民教が統一された単一体として存在していることが必要だという面をもっています。しかし、そこでの活動といいますか実践研究にあたっては、関心や専門性にかかわって、地域民教だけでは満たしきれない高さや深さを必要とする面もあるのです。そしてそれは、何も民教組織ということだけでなく、個々の教師にとっても同じ二面を必要とすることを意味します。

だから、私たちは個々に全国的な民教諸団体に積極的に加わったり、専門的な機関誌の読者になることをすすめていますし、現にそうした人々がたくさんいます。また、それらの人々のなかで、同じ分野の者や購読誌を同じくする者が自主的に研究会議を開いたり、時にはそれが全国団体の下部サークルとしてまとまることもありますが、それらの独自的な専門研究はおおいによろこばしいことと考えています。ただそうした個々の専門的な関心による実践研究の成果が、いつでも職場・地域の民教運動に生かされるために、それらの人々が地域民教組織にも加わっていてくれることを期待するのです。

そうしたことではいままでの運動で矛盾をはげしくしたことはありませんが、地域民教の共通課題を全国的な専門研究分野へ反映したり、種々の団体がもつ全国的な課題と実践成果を地域民教の中へ積極的に取り入れて、職場・地域での民教運動の質を高めるために、その相互作用を単に個人の善意にゆだねているだけでなく、地域民教全体で組織的に対処することも考えてきました。

たとえば『教育』の読者は私たちのまわりに比較的たくさんいますので、東濃民教研事務局の活動の中に「教育読者の会」を組織することを設け、読者通信を『教育』発行のたびに作って、『教育』から学ぶべき問題について地域民教の立場をはっきりさせることをやったこともあります。こうした積極的な取り組みを『教育』だけでなく、他の雑誌にもひろげようという気持ちはありますが、忙しさに追われる現状では、なかなかうまくすすまないというのがほんとうです。

また、井の中の蛙にならないということでは、各種の全国的な団体と組織的に交流したり、毎年ひらかれる各団体の全国研究集会や、ブロックの合同研究集会へ多くの教師が積極的に参加することも地域民教の仕事として取り組んできました。それは中津川市での教科研中間集会、日生連集会の開催や、その他の全国的団体の恵那地域での集会開催となってあらわれもしていますし、毎年夏期になると「だれもが一回以上、ブロックや全国の民教集会に参加しよう」という地域民教の呼びかけとなって繰り返されているのです。そして、こうした交流や参加の経験・教訓は地域民教が主催する秋のはじめの報告集会や機関紙誌上でみんなにひろげるように心がけてきたのです。

6　全国各地の地域民教との交流

第六は、名称や構成、組織方法の違いはあっても、地域で民教運動をすすめている全国各地の地域民教組織との連絡・交流・提携を一貫して重視し強化してきたことです。

それは戦後初期からの伝統のようなものですが、機関紙誌の交換はあちこちの民教組織との間でおこなってきました。時には途切れたりすることもありますが、細々であっても続いているところはたくさんあります。

そしてこうした機関紙誌の交換や、個人的な形での交流の積み重ねの結果として、時々、地域民教が呼びかけ組織して各地の民教へ大量の人員で交流にでかけることもあります。また、反対に私たちの地域へでかけてくださることもよくあります。私たちがこれまでに「教育見学・交流」と名づけて大量にでかけたところは、奥丹後、員弁、与謝海、北海道（道民教）、沖縄（那覇）などですが、道民教や沖縄は共に一二〇名を越えた参加者になっています。

このような大量参加の押しかけ的交流では、交流を受けてくださった地域民教の方々に格別なご迷惑をおかけすることになり、本当に申し訳ないのですが、地域民教として活動しておられる生身の人間教師に接することで、参加者の感激はひとしお大きいものがありますし、直接的な対話を通じて実際に問題が把握できますので、私たちの地域民教としては大きな活力を得ることになってたいへんありがたいのです。

そしてさらに、地域民教の交流ということでは、一九七六年からのこの「地域民教全国交流集会」への積極的な参加です。この集会は、最初を私たちの地域で開かせていただきましたが、地域民教の運動とその問題を共通的に検討できる場としては、これをおいて他にないと考えています。全国的な民教運動からみれば、地域民教は職場・地域に根ざすという点で極めて大きな役割をもっていると思われますのに、組織地盤と規模が小さく見映えもしないということもあって、民教運動論議の場合、実際には日蔭草のように置き忘れられているようにも感じます。

こういうと少しひがみっぽくきこえるかもしれませんが、全国的な各種民間教育研究団体がいくら自らの組織の強大さを誇っても、反動的な教育支配の末端である教育現場で、実践を通して全面的、統一的に反撃するためには、その成果が職場のみんなにひろがり、みんなの反撃として生かされなければ意味が少ないわけです。その点で地域や職場に総合的・一般的な民教運動を根づかせそれを強大なものにすることは、全国的な民教団体にとっても極めて大事なことになってくるのだと思います。しかし、現実には民教組織という自らの組織ばかりに目がゆき「名もなく貧しく美しい」地域民教のことは余り論じられないのが実態だと思います。

そうしたことから考えても、この自主的な地域民教の交流集会は、地域民教の特性をそれぞれの運動の中から教訓的に明らかにすることができる極めて重要な場であると思うのです。だから、私たちは恵那以降、奥丹後、支笏、西津軽、箱根、定山渓、高知と続いたこの集会にできる限りの努力をして参加し、たくさんのことを学ぶようにつとめてきたのです。

7 自前の教育研究機関の設立

第七は、地域の民教運動と民主的な地域の教育研究機関との提携についてです。

恵那での民教運動と組織のことは前述した通りですが、その運動には当初から全国のさまざまな学者・研究者の指導・協力が重なってきています。その方々の中でもまたどれだけかの方々は単なる調査や講演というだけでなく、さまざまな連絡や機会を通じて、私たちに密着していただく形で共に運動をすすめてくださいました。それはある意味で私たちの地域民教に専門の研究機関（研究者）が付き添っていたのと同じほどの意味をもっていたのです。しかし、その先生は、常時私たちの地域におられるというわけではありませんので、地域の研究機関のように日常的専門的に地域の問題に取り組んだ研究をすすめることはできません。

そうしたことから考えてみますと、地域には民教運動に密着した民主的な研究機関が設けられることが望ましいことです。そしてその研究機関にすぐれた研究者集団がいて、地域民教の運動課題を専門的立場から深めたり、基本的問題や教訓を運動の進展に応じて適切に提示してくれたりすれば、地域民教の運動発展にとても大きな力になると思います。

小さな力しかない限られた範囲での地域民教運動では、自前でその条件を満たすことはとても困難です。だから恵那では、公立の教育研究機関を設立する運動をおこし、その研究機関の自主性や民主性を強めることに寄与しながら、民教運動との協力提携をすすめたのです。五〇年代には恵那郡教育研究所が設けられましたので、民教運動はそことの協力を大事にしました。しかし、公立の研究機関は政治情勢に左右される宿命をどれだけか持っていますので、この研究所は民教運動との提携が強いということで廃止させられました。六〇年代にはこうした研究機関は設けられませんでしたが、七〇年代に入ると中津川での教師の運動を中心にして各地に公立の教育研究所が設置されました。民教運動との協力提携ということでは、もっとも自主的・民主的であった中津川の教育研究所とその関係を強めましたが、支配側にとってはそれが目障りなのか、中津川教育研究所への圧迫が強まり、民教運動との協力関係は弱まらざるを得ない状況が生まれました。

八〇年代になり、それまでの地域民教運動のひろがりを基に、これからの運動を展望してみるとき私たちは地域民教に密着した、真に自主的で民主的な教育研究機関の必要を痛感しました。そのため、教組事務所のある教育会館の新築移転を機に、「恵那教育研究所」の設置を思いたち、東濃民主教育研究会（地域民教）や教組、高教組などが協力しあって正真正銘、自主的な地域の教育研究機関を新教育会館の中に自主的に設立しました。その開所は八二年の四月一日でした。

まだ「恵那教育研究所」はできたばかりですし、研究所員も現職の教師ばかりで、とても専門的な研究者集団とはいえませんので、その活動は運動の要請やみんなの期待には程遠い現状で、いまここでその活動や成果を報告することはできないのが残念ですが、地域民教でも独自の研究機関をもつことが可能になっているところに、八〇年代の情勢や戦後の民教運動の発展をみてとることができることだけを申しあげておきます。

以上で私たちの地域における戦後の民教運動と組織の特徴についての報告を終わります。たいへん粗雑にまとめましたので、よくご理解いただけない部分がたくさんあったかと思いますが、こうした私たちの経験と、最初に述べました今日の民教運動の現状ということをからめて、今後の民教運動を発展させるために、次に若干の問題を提起してみなさんのご検討をおねがいしたいと思います。

三　民教運動の現状と当面の課題

先に述べたことと重複することになるのかもしれませんが、もう余裕がありませんので、民教運動の現状と当面の課題ということで要点を箇条的に述べたいと思います。

第一は、今日の反動的な教育支配は究極的には支配のための教育内容の貫徹を意図しているということです。そのために学校の管理体制強化を武器として教師の自由を剝奪し、実践研究の統制に血道をあげています。そして、その教育支配と統制は、さまざまな矛盾をはらみ、多くの弱点をそのままにしていますが、形式上の実践研究では、学校に深く浸透するまでに至っていると考えられるのです。

第二は、戦後、民主的な教育研究の運動と組織は多様な形態をとって発展しましたが、全国的にみれば日本民教連としての連絡的な統一母体を結成し、定期的な機関誌発行が維持されるまでに至っています。そして、その民主的な教育実践と研究の成果は、総体とすれば支配の内容を阻止し得る質と量をもっていると考えられますが、それを職場で反撃の内容として全面的、集中的、創造的に活用できる現状にはなっていないと思うのです。

第三は、こうした今日の状況に即応して、民主的な教育実践研究の運動を全国的に発展させるためには、さしあたりつぎのことが大事になると思います。

まず各地域で職場を基礎にした、独自の全面的・統一的な民教運動と組織を生みだし、学校と地域の教育に実際的な影響力をもつ活動を創りだす必要があると考えることです。

また、現に地域に存在している、あるいはこれから生みだされてくる地域独自の民教運動とその組織の連絡、交流を全県・全国的に組織することが大事だと考えます。そして、地域民教の特性的活動が各県・全国の民教連へ反映するように努めることが必要だと思います。そしてブロック、全国的な各民教団体の活動と組織の交流を強めて、教育現場で真に反撃の武器となり得る全面的で統一的な指針がつくられ、民教運動の成果が実際的に効力を生むようにするために、日本民教連の統一性と指導性を主体的に強めることが必要だと考えられます。

四　地域民教全国交流集会の役割

教育現場の現状と全国的に共通した民教運動の課題を

このようにとらえてみますとき、この地域民教全国交流集会は、こうした運動課題に応えるためにどのような役割を果たすべきでしょうか。そのことについて、私たちの期待と提言とでもいうべきことを述べて終わりにしたいと思います。

この地域民教全国交流集会は、ある地域の教育運動の教訓を全国的に学びあうことを主にしながら、各地の地域民教がかかえる共通課題を全国各地の経験にもとづいて協同的に検討することに主眼がおかれていますが、その構成は主催地域の呼びかけに応えた各地域民教組織と全国的な民教組織の運動に加わっている有志であるわけです。その特性を十分に理解したうえで、私たちはこの集会の成果を各地域民教と全国的な民教組織に反映させることにつとめねばならないと思います。

『現代の子どもをどうつかむか』（あゆみ出版）の書物なども、この集会の成果を反映させることに大きな力をもつと思いますが、書物に頼るだけでなく、それぞれの民教組織がもつ独自性と主体性を尊重しながら、多様な形での反映を実現し、実践を通した民教運動を広げ強めると共に、今日の反動的な教育支配に対応し得る民教運動とその組織を職場・地域で発展させることをもとに、全国的な民教連の統一機能を高めることが必要だと思うのです。

従って、この集会はそれが不要となるまで継続しながら、民主的な教育実践研究の運動を地域的・全国的に発展させその統一の内実を強めることへ特性的に寄与しなければならないと考えます。

その特性の一つとして、この集会を構成する有志が、自らの加わる民教運動の諸問題を日常的に交流しながら、そこで生まれる共通的・統一的な課題をまた自らの加わる民教運動を通して日常的に追求することによって地域民教全国交流集会を日常化することが大事だと思います。

そして、集会の日常化を組織することで、より広範な人々にこの集会の特性的意味を理解していただくことも可能になるわけですが、それには戦後の民教運動の進展に、この集会と同じ意味での特性的役割を果たした『あかるい学校』（「明るい教育」）『教師の友』誌の精神を今日的に継承発展させた全国的教育誌が発行され、それによって日常的な組織化が実現されることが適切ではなかろうかと考えるのです。

この集会がそのための一つのステップとなっていくことを期待し提言を終わります。

＊これは地域民教の一九八二年高知集会での石田報告で

ある。この中で、石田は恵那の研究組織論を整理するとともに、そのような組織論を持った多様な各地の民教運動が全国的な連携を強める必要性を訴えた。『子どもたちの明日をめざして——子ども・学校・地域2』（あゆみ出版、一九八三年十二月）に掲載。

解説

解説1　「子どもをつかむ」ということ――石田和男の教育実践の思想の核心　田中孝彦
解説2　「私の教育課程づくり」と生活綴方の精神　佐藤　隆

解説1 「子どもをつかむ」ということ——石田和男の教育実践の思想の核心

田中孝彦

(1) 石田和男の生活史と一九七〇年代半ばの仕事

石田和男の生き方

石田和男(一九二八年〜)は、一九八六年一〇月に、第八回中津川市生活綴方研究会での「今、なぜ生活綴方か」と題する講演のなかで、自らの人生と教師としての生き方の根っこにあるものを次のように語っている[1]。

「私は、前の戦争中に師範学校にいました。その当時、戦争が終わるということについて、私は確信が持てませんでした。そのくせ、私自身がいつか戦争で死ななければならないということだけは、はっきり自覚していました。……そのことが、私の人生といいますか、今まで生きてきたなかで、最大の迂闊だったという気がします。……私自身が感じていました痛みと同じことが二度と起きないように、……子どもたちに対して考えなくてはならないということだけが、教師になる決意の一つでありましたし、教師になってからの理想の一つでもあったのです。……考えることができるというか、考える力をきちんと子どもに保障する教育が、これからの日本の民主主義教育では最も重要な課題にすべきだと思いました。そして、私は、今日まで一貫してそのことを思い続けてきています。」

一九七〇年代半ばの仕事

その石田は、東濃民主教育研究会[2]（以下、東濃民教研と略す）の事務局長として、一九七五年八月の夏季研究集会と七六年一月の冬季研究集会の基調報告で、教育実践の課題を次の四点に整理し、恵那の教育運動の全体構図を描いた。（i）「子どもをつかむ」という思想を深める、（ii）戦後の恵那の地域で続けられてきた生活綴方教育の実践の蓄積を生かす、（iii）「わかる学習」とそのための「私の教育課程づくり」の実践を具体化する、（iv）子どもたちが交わりながら育つ関係を地域・学校に広げる。

そして、七六年八月に東濃民教研の呼びかけによって開かれた「民主教育研究全国交流集会」で基調報告を行い、「子どもをつかむ」という根本課題を、地域に根ざす教育実践・教育運動に携わる全国の人々・教師たちに、共に考えあいたい問題として提出した。

また、石田自身、七〇年代を通して、性の問題をテーマとして、「わかる学習」「私の教育課程づくり」の実践・研究にとりくんだ。その歩みは、二冊の著書『生き方を考える性の教育――恵那の教育実践』[3]、『思春期の生きかた――からだとこころの性』[4]にまとめられた[5]。

この稿では、こうした七〇年代半ばを中心とする時期における石田の課題整理・問題提起と教育実践の試みをふりかえり、恵那の教育実践・教育運動の到達として、同時に石田自身の教育思想の結晶として読み直し、今、それらを、世代の異なる教師・援助職・研究者が共同で読み深める必要性について考えてみたい。

(2) 生活綴方教育への私の関心と石田和男との出会い

その前提として、私が、どのようにして日本の教師たちの生活綴方教育の実践に関心を抱くようになり、恵那の教育実践・教育運動と出会い、石田和男と出会ったか、その経緯を手短に記しておく[6]。

「戦後改革期」の教育を受けた「最後の世代」として

私は、敗戦直後に生まれ、一九五二年四月から六年間、地域の公立小学校に通った。この時期、政府は、戦後教育改革を見直す「逆コース」の諸施策を推進していた。そして、五六年には教育委員会制度が公選制から任命制に改められ、五七年には任命制教育委員会によって教師に対する勤務評定が実施され、五八年には学習指導要領が改訂され、官報に告示されて法的拘束力を持つ文書とされ、「道徳」時間が特設されるまでにいたった。

だが、私の通った小学校では、教師たちの多くが、日常の学校生活の様々な機会に、憲法の「戦争放棄」「主権在民」「基本的人権」「民主主義」「男女平等」などの諸原則の意味を、私たちに語っていた。この時期、政府は戦後改革に逆行する施策を次々と進めていたのだが、学校現場では、憲法・教育基本法を軸とした戦後教育改革の具体化の模索が続けられていた。私は、そうした戦後教育改革の具体化が模索されていた頃の小学校教育を子どもとして実際に受けた、「最後の世代」の一人である。

「受験学力」「高度成長」への違和感、生活綴方教育への関心

一九五八年四月、私は、中高一貫の「進学私学」に進み、その中学・高校にそれなりに適応した。だが、時間が経つにつれ、私の内部には、小学校で経験した雰囲気とは異なる、「受験学力」を価値とする学校生活に対する違和感が膨らんでいった。また、その頃本格的に進行し始めた「高度経済成長」がひきおこしつつあった社会と日常生活の変化についての違和を覚えるようにもなった。しかし、中・高校生の私は、それらを本格的に考えると自分の手には負えない大きな問題になりそうだという予感がして、考えることを先送りした。

一九六四年、新幹線が開通し、東京オリンピックが開かれ、「高度経済成長」がピークを迎えた年に、私は大学に進学した。そこで、それまで先送りしてきた自分自身の生活と「学力」の質への疑い、それに影響

を及ぼした中学・高校の教育への疑問について、考えないわけにいかなくなった。そして、友人に勧められて大関松三郎詩集『山芋』[7]と山形県山元中学校の生徒たちの綴方集『やまびこ学校』[8]を読んで、そこに収められていた子どもたちの生活詩・生活綴方に驚き、そうした子どもの育ちを支えた生活綴方教育の実践が戦前から日本に存在していたことを知って驚いた。そして、生活の現実とその実感から出発して、自分の生き方と社会のあり方を重ねて問うような学習の仕方と、それを支える教育の可能性について関心を抱くようになった。

　そうした関心は学生時代を通じて持続し強まり、子どもと教育についての歴史的・思想史的な学習・研究をしてみたいと考えるようになった。ちょうどその頃、思いがけなく勝田守一と相談する機会を得て、私の内部に発生した子どもと教育への関心を聴きとめてもらうと同時に、生活綴方教育の研究に「素手」で向かうことの難しさについて指摘された。

子ども・教育に関する学習・研究へ

　一九六八年四月に大学院生としての生活が始まったが、その直後に「大学問題」が本格化し、それから一年近く大学院の正規の教育活動もストップした。そのなかで、私自身、大学・学問の在り方を考えないままに子ども・教育の学習・研究に入って行くことはできないように感じて、修士課程の期間に、戸坂潤の「科学の大衆化」論を、戦前日本の民衆的な教養・道徳・教育の思想、大学・学校を問い直そうとした思想の遺産として読んでみた。そのなかで、「民衆」「生活」「日常性の原理」「常識・良識」「新しい型の教養」「自己一身上の真理としての道徳」など、戸坂の思想の鍵となる言葉を知ることができた。それらは、その後の私にとって、子どもの生活・発達・学習と、生活綴方教育の意味を考える上での大切な手がかりとなった。

　また、七〇年代に入って、フランス留学から帰国した堀尾輝久のゼミナールで、子どもの発達を社会のなかでの子ども自身による主体的・全体的な達成としてとらえようとしたアンリ・ワロンについての手ほどきを受けた。そして、ワロンが、「子どもから」を共通のスローガンとする第一次大戦後の新教育運動に積極的に参加すると同時に、「子どもから」という主張のあいまいさを批判し、その意味を明確にしようとし続けたという、世界の新教育運動における彼の理論的位置について教わった。それをきっかけに、私は、ワロン研究を始めるとともに、発達理論史・教育運動史上のワロンの位置と重ねて、日本の生活綴方教育と私自身の子ども・教育への関心の歴史的位置を意識するようになった。

さらに、その頃、教育科学研究会の「道徳と教育」部会の月例会に参加するようになった。そこでは、国家が「道徳の主宰者」になることを批判しながら、道徳性の中核を「価値判断の自主性」に求め、その「自主性」の発達を、乳幼児からの子どもの生活・成長の実際の過程に即し、現実に行われている保育実践・教育実践との関連で検討しようとする試みが重ねられていた。そうした実践者・研究者たちに接して、私は、日本の同時代の子どもの発達と教育実践についての研究の対象と方法を具体的に考え始めた。

恵那訪問の始まり、石田和男との出会い

このような自分自身の研究の課題・対象・方法・概念の模索の過程で、私は、一九七二年一〇月に、国民教育研究所の「子どもの発達と教育」研究委員会の共同研究者の一員に加わった。そして、この研究委員会の研究活動として、深谷鍋作・坂元忠芳両所員の引率の下に、東濃民教研の年二回の研究集会に参加するようになり、そこで行われていた石田の基調報告を聴き、恵那の教師たちの実践報告と討論を聴くようになった。

恵那に通うようになって間もなく、あまり豊かでない生活をしていた一大学院生への配慮であったと思うが、何度か石田宅に泊めてもらい、近くの定食屋で夕食をごちそうになった。その何度目かに、私は、唐突だったが、石田に、「『生活と科学と教育』の関係について、どのようにお考えですか」と質問したことがある。それは、日本の教育実践・教育運動と教育研究の基本方向にかかわって六〇年代末から論争になってい

た問題であり、私自身が選びとろうとしていた教育研究の基本的な立場にかかわる問いでもあった。

それに対して、石田は、「生活から出発する教育は科学を位置づけることができるが、科学から出発する教育が生活を位置づけられるとは限らない」という趣旨のことを語った。その時、「生活」と「科学」を機械的に対立させせず、しかし、あくまでも子どもの「生活」から出発し子どもの「生活」に帰るという、子どもと教育実践にかかわる石田の思想の根幹にふれた気がしたことを覚えている。

(3) 一九七〇年代半ばの恵那の教育実践・教育運動の課題と構図

東濃民教研における二つの基調報告

こうして、一九七〇年代の前半に、私は、恵那の教育実践・教育運動に出会い、石田和男と出会った。この時期、石田は、「戦後史の転換」と言われた日本社会と子どもの状況の構造的変化のなかで、恵那の教師たちと共に、恵那における生活綴方を軸とした教育実践・教育運動の歩みをふりかえりながら、その新たな展開の道を探っていた。

「はじめに」で簡単にふれたように、当時の石田の実践的・思想的な課題追求の跡は、東濃民教研の一九七五年八月の研究集会での基調報告「子どもと教育の上にあらわれている新しい特徴と『生活に根ざし、生活を変革する教育』を進めるための若干の基本的問題点について」[9]（報告Aと略す）と、同じく東濃民教研の七六年一月の研究集会での基調報告「生活綴方精神で生活・学習意欲を高めるために」[10]（報告Bと略す）に、集約的に表現されている。そこでまず、この相互に関連する二つの報告をもとに、七〇年代半ばにおける恵那の教育実践・教育運動の課題についての石田の把握の大筋をふりかえっておこう。

「子どもをつかむ」ことを基本に

主に報告Aで、石田は、「石油ショック」をきっかけに、「高度経済成長」政策をそのまま推進できなくなった当時の日本の社会において、富の巨大な集積の一方で、人々の生活の「貧困化」が進行している事実を直視している。そして、教師たちの次のような声を挙げながら、子どもの生活と発達にも新たな状況・問題が生まれていることを語っている。「生活習慣……生活のリズムが……狂ってきている。」「……スリル、スピード、セックス……に対する関心が……高まり、……非行という形で行動化してきている。」「自分で考えることを……しない……自分できちんと……確かめない……噂だけで……物事を処理していく。」

同時に、石田は、ある教師の、「子どもがちっとも聞いてくれないし、考えてもくれん、まして反省もしてくれん。……どれだけ一生懸命やってもどうにもならない……思わず一人で、職員室で泣いてしまった」という言葉を紹介して、教師の間に「子どもがつかめない」という困難が広がってきており、「子どもをつかむ」という問題が、教育実践・教育運動の根本的な課題として浮上してきていることを指摘した。

生活綴方教育の蓄積をふりかえり活かす

そして、石田は、同じ報告Aで、「私たちは、生活綴方教育から子どものつかみかたを学んできた」として、恵那の教師たちが生活綴方教育をどうとらえてきたかふりかえり、次のように述べている。

生活綴方は、「内面における真実性としての、生活実感を客観化する作業」であり、「自分の生活を再生し、……内面を形成している外部の事実を……再生する」ことであり、そのなかでこそ、「考える作用」が生まれてくる。そして、「自分の目で確かめ、自分の頭で考え……、考えながら行動し、行動しながら考える……、子どもがそうなったとき、本当に子どもは把めるのです。だから、子どもを把むためには、把めるようにはたらきかけなければならない。」

こうして、石田は、「子どもをつかむ」ために、そして子どもをつかめる教育実践を創造するために、恵那でとりくまれてきた生活綴方教育の蓄積をふりかえり、その精神を活かすことを重要な課題とした。

「わかる学習」「私の教育課程づくり」にとりくむ

また、石田は、やはり報告Aで、子どもたちと日常的に接している教師の一人ひとりが、「いま、このことを学習させ、活動させることが本当に必要だと直感したこと」を、「私の教育課程」として具体的に計画化し、実践化することが不可欠になっているとしている。

そして、報告Bで、そうした「私の教育課程づくり」を具体化する場合に、「いま、人間としてどうしても課題とし、どうしてもそのことについて考え、そのことについて知らなくてはならない問題」、とくに「タブー視されているような……三つの『せい』――生活と政治と性――」の問題を、「大胆に教育の内容として具体化」する必要を強調した。

地域・学校に子どもたちの人間的な交わりを広げる

さらに、石田は、主に報告Bで、子どもたちの間に、「生活をとおして心から理解し、助け合える仲間の関係が簡単には生まれないようになってきて」いるという状況を問題にしている。同時に、「どんな調査を実施してみても……、今日の限られた生活のなかでの生きがいや楽しさの第一に、友だちとの関係を子どもたちはあげている」ことに注意を向けている。

そして、「学校・地域に子どもたちの生活をつくっていきながら本当の仲間をつくり出し、そして親といっしょになって地域を変えていく」ことが重要であるとし、とりわけ「子どもの人間的な発達にとって……基本的なものは、生活の場での異年齢の集団化」であるとして、異年齢の子どもたちの交わりを創り出す必要にふれた。

(4) 「子どもをつかむ」という問題提起

「民主教育研究全国交流集会」の開催

東濃民教研は、こうした基調報告に凝集されたような、恵那の教育実践・教育運動の課題についての論議・検討を踏まえて、一九七六年六月に、全国的な研究交流集会の開催を次のように呼びかけた。[11]

「私たちは、子どもをつかみ直し、子どもの姿のなかに、世界の重みをみつめ、そこで私たちをとりまく情勢をはっきりさせ、民主教育を打ち立てねばと願っております。……『子どもをどうつかむか』の課題で……交流すること自体、私たちの地域のみならず、どの地域にとっても大きな意義をもつことになるのではないかとも思うにいたりました。」

そして、同年の八月一九日～二〇日に、恵那の岩村の地で、「民主教育研究全国交流集会」が、「戦後の教育をふりかえり民主教育の原点を探る――子どもをどうつかむか」を主題にして開かれた。これには、日本の各地で教育運動にたずさわってきた人々が自発的に集まり、「子どもをどうつかむか」ということを軸に、それぞれに重ねてきた実践・運動・研究を交流し、直面する問題を考えあった。

この研究交流集会で、石田は、集会の主題と同じテーマで、基調報告を行った。その冒頭で、石田は、「教育の成否」は、「子どもをつかむことができるかどうか」にかかっており、「子どもをつかむということは、……教育をそれとして成り立たせるための基本とでもいえる問題」であり、同時に七〇年代半ばの「危機」的状況の下で深く問われている課題でもあるとして、この根本課題を実践的・研究的に掘り下げて検討する必要について問題提起を行った。そして、戦後の恵那の地域で、この問題がどのように考えられてきたかを、自らの実践と思索の歩みを軸としながら報告した。

「子どもをつかむことについての補足的問題」について

この集会については、翌一九七七年七月に、記録集がまとめられた。それは集会の内容の忠実な記録であり、そのなかに石田の「基調報告」の全文も収められたが[12]、その最後の部分に、「子どもをつかむことについての補足的問題」(以下、「補足」と略す)というコンパクトな文書が追加されていた[13]。そしてそこには、「これは報告の末尾に加えるために準備していた部分ですが、時間の都合で報告することが出来ませんでしたので、ここに付加させていただくものです。」という石田自身の「断り書き」が付されていた。

この文書からわかるように、「補足」は、石田が、集会当日の「基調報告」の締めくくりに、「子どもをつかむ」という問題の核心にかかわる部分を総括的に語ろうとして、準備していた草稿である。したがって、この「補足」は、基調報告の本体と共に読まれるべきものである。そうした理由もあってのことであろうが、これは、恵那の教育実践・教育運動に関するこれまでの文書・資料集にも収められておらず、本著作集(第三巻論文12)に初めて収録されることになった。

私は、この「補足」を、「子どもをつかむ」という石田の思想のエッセンスが凝集されている重要な文書のように感じて読んできた。そこで、ここでは、わかりにくくしてしまう心配もあるが、多くの人々によるこの「補足」についての検討・論議が進むことを期待して、その内容を私なりに整理して紹介しておきたい。

「子どもをつかむ」という言葉の意味

(i)「補足」では、まず、恵那の地域で教育という仕事がどのように考えられてきたかが、次のように記されている。

「教育という仕事については、子どもが人間として全面的に発達することを促し、保障するものでなければならないと考えてきた……。」「同時に、子ども（人間）が社会的諸関係の総体であるという見地から、子どもの発達も、それが存在する社会的諸関係とのかかわりにおいて把握することにつとめてきた。」「これらのことを、私たちの間では『生活とのかかわりで人間を変える』こととしてとらえようとしてきた。」

（ii）その上で、「子どもをつかむ」という言葉の狭義と広義の意味が、次のように説明されている。

「狭義の場合でも、子どもを変えるために、その生活とのかかわりで、子どもが変わる環が何かをはっきりさせることとして理解……してきた……。」「広義の場合には、その生活とのかかわりにおいて、子どもを変えることができる作用そのものとして……、教育実践そのものの問題として論じてきた……。」

（iii）そして、「子どもをつかむ」ということの中心が、「子どもの人間としての総体を、現実の生活の総体との関係において考察し、発達の矛盾の実体を探りだすこと」にあるとして、そのことについて次のような説明が加えられている。

子どもが抱える「発達の矛盾」は、「子どものなやみやねがい、要求などとして外見上にあらわれているし、子どもの生活状況や人間的変化となってもあらわれる場合が多い」が、重要なことは、「外面にみられる問題を、子どもの内面まで含めた問題の大きさとして、どう理解し、それをどのように子どもに意識させ、自覚的に発展の方向を持たせ、行動化させるかということである……。」

これらの文章からは、石田が、「子どもをつかむ」「発達上の矛盾の実体を探り出す」「子どもが人間的に変わる環としての問題をつかむ」という場合に、「外面に見られる問題」を、「子どもの内面まで含めた問題としてつかむ」ということを、決定的に重視していることが伝わってくる。そして、「子どもをつかむ」とは、子どもの「外面」に現れる問題を、子どもの「内面まで含めた問題の大きさ」として理解することであり、それを「子どもに意識させ、……発展の方向を持たせ、行動化させる」ことでもあるとして、教育実践そのもののありかたにかかわる問題として考えていることがはっきりとわかる。

「子どもをつかみきる」うえでの実践的教訓

さらに石田は、「補足」で、「子どもをつかむ」ことが困難になっている今日的理由が、「社会の変化の中で、子どもが人間として発達する基底を破壊され、問題に対する内面活動が希薄になっていると共に、外面と内面が結びつかない傾向を持っている」ところにあるとしている。そして、そうした現実の下で「子どもをつかみきる」ためには、「戦後の私たちの実践的経験」から「教訓」を引き出す必要があるとして、以下の諸点を記している。

（i）「子どもの内面の問題は……内面の真実をつくりだしている生活の事実をありのままにみつめさせる（綴り再現させる）ことによって、真に子どもの問題として意識化させることができる……。」

（ii）「その場合、子どもの変革の環となり得る（させ得る）問題をどのようにするどく把み、それに教育作用を与え、子ども自らに発展の方向と行動の方針をつくらせるかということが、実践的見地としてたいせつ……である。」

（iii）「子どもが抱く内面の問題の大きさに基礎をおいて子どもの問題をとらえないときには、……実践の重点が、問題の解決の方向と行動の形式におかれる傾向が強く、問題の内容把握が希薄になって、その問題が本当に子ども……を変える環になり得ない場合が多い……。」

（iv）「社会的認識の一般的な発達を獲得させることをぬきにして、内面の問題の大きさを、子どもの内面活動の強さとして生みださせることはできない……。が……子どもの社会的認識の高さだけから、内面の問題の大きさをおしはかることができない……。」

（v）「教育の実践にあたっては、学級その他の集団的な人間関係における連帯のあり方をぬきにしては、子どもの内面を客観化させ、吐露させることはできない……。」

（vi）「自らの内面の真実を具体的な生活事実として客観化することによって、生活現実が具体的に把握され、主体的な意識となり得る……。この生活認識から生ずる人間的自覚としての主体的意識こそ、ものを考えて行動する……、人間としての基本的な生きる力といいうるものなのである。今日の子どもが、人間をうばわれているという場合の、人間の基本がそれなのである。」

これらの文章からは、石田が、「子どもをつかみきる」教育実践の姿を、「子どもの変革の環となり得る問題」をこそつかみ、「問題の解決の方向と行動の形式」だけを急いで探すのではなく、また「社会的認識」「科学的認識」の高さだけを追求するのでもなく、子どもたちが、「生活を綴り再現する」ことをとおして、「自らの内面の真実を具体的な生活事実として客観化」し、そこから生まれる「生活認識」を基にして「主体的意識」を育くんでいく過程を支える実践として描いていたことがわかる。そして、石田において、「子どもをつかむ」という思想と、生活綴方教育の本質の把握とが重なっていることも、はっきりとわかる。

なお、私は、この「補足」を読んできて、子ども・人間を、「社会的諸関係の総体」としてとらえることと、「社会的諸関係」を創りかえる「自由」の主体となりうる存在としてとらえ、その可能性を実現しようとするいとなみとして教育実践と教師の仕事をとらえようとする思想が、その全体を貫いているように感じている。

(5)「生き方を考える性の学習」の実践的追求

「子どもをつかむ」ことと「性」の問題

ところで、先にふれた「民主教育研究全国交流集会」での石田の基調報告に対しては、討論の場で他の地域の参加者から、「私の教育課程づくり」という言葉の意味とその実際について質問が出された。それに応えて、石田は、次のように語っている。[14]

「『私の』というところが大事で、……教師は、その最大の力量を発揮して子どもに責任を負う……ことを先ず前提として考えなきゃならん……。……実際に生きておる子どもたちに必要なものを教師の全能力をあげて作りだしながら、教育課程の体系と言われているものの内容を詰めていかなきゃならん。……」

そして、東濃民教研が自主的に試みていた「生活教室」での石田自身の経験に基づいて、子どもたちが人間として生き成長していくために必要としている学習の大きなテーマの一つに「性」の問題があるとして、次のような趣旨の発言をしている。

――「性を科学として教える」というと、「人間の種族維持の機能」だということになってしまうことが多い。しかし、子どもは、「ちがう面」を知っている。子どもたちは、人間が、「性という形で動物的に所有しているもの」を「愛の発見」によって「変化させて人間化してきている」ということを、学び考えることを必要としている。――

こうした応答からもわかるが、石田は、七〇年代を通して、「子どもをつかむ」という根本課題と関わって、子どもたちの性への関心と学習要求をつかもうとし、人間の性と愛を結びつけて考える教育実践と、そのための教育課程を創る試みにとりくんだ。

子どもたちとともに、性の学習にとりくむ

石田は、中津川市のいくつかの小学校で、教師たちとともに、性についての子どもたちの学習に関わったが、ここでは、詳しい記録が残されている坂本小学校での実践をふりかえっておこう。[15]

一九七七年の一月から三月にかけて、石田は、中津川市教育研究所の所員として、坂本小学校六年二組の子どもたちの性の学習に、担任の丹羽徳子の「補助員のような役割[16]」で関わった。その記録には、石田が子どもたちの性の学習に関わることになった経緯が、丹羽の文章によって次のように説明されている。[17]

丹羽学級の子どもたちは、性的成熟の兆候と性への関心がそれぞれに表れはじめた六生年の夏休み明けから、中津川市教育研究所作成の学習テキスト試案『人間の男女』[18]を資料として、性の学習を始めた。丹羽によれば、子どもたちは、このテキスト試案にそって学習にとりくんで行ったが、「受精のしくみ」などの箇所に進んできた頃に、「……性技術の方法にこだわり始め」た。そうした状況に直面して、丹羽は、「私自身がもっと原則的なことを学び直して、……『生き方』のところで大きくわからせる以外、これを打開する道はない」と判断して、子どもたちとの性の学習を中断した。そして、「教育研究所で性教育を追求している石田先生に指導を請い、学校長の了解も得て、共同授業という形で指導してもらいたいことをお願いした……。」

学習テーマを変更し、学習資料を作り直す

こうして丹羽学級の子どもたちと出会って、石田は、自らが関わって作成した学習テキスト試案『人間の男女――ほんとうの性と愛を考える』のテーマとその構成・内容が、思春期の入口にさしかかった子どもたちの関心と考えることを必要としている問題に、十分にかみ合っていないことに気づかされた。そこで、石田は、学習のテーマを「男女のからだと思春期の生き方――ヒトと性の問題を考える」に変更した[19]。そして、そのテーマにそって、新たに「性の学習メモ」を作り直し、子どもたちに届けた。それは、次のような柱からなるものであった。

思春期はヒトが人間になるための第二の難関である。／すべての生物は体を持ち、生きることと生き続けることをする。／すすんだ生物は雌雄両性の細胞を結合させて新しいからだをつくり生き続ける。／生物の性徴は、そのあらわれ方にちがいがある。／ヒトのからだには、生き続けるためのしくみと機能が自然にそなわっている。／動物の受精のしくみは、哺乳動物までに長い道のりを経て進化してきた。／ヒトは、直立二足歩行と労働をもとにして、文化を獲得し、動物とはちがった人間としての性行動のできるからだをつく

りだした。／人間は、生き方が混乱すると、生きることと生きつづけることが混乱して、からだが動物的にひとり歩きする。／思春期のからだの変化は、ヒトとして自然なものであるが、その表れは一人ひとりちがっている。／思春期はヒトが人間になるための第二の難関である。

子どもたちの学習と感想

子どもたちは、三学期に入って、丹羽とともに、この新たなテーマと、新たに構成された資料にそって、学習を再開した。しかし、進行の過程で、やはり、「子どもたちの学習関心が、どうやって精子と卵子を結合させるかということに集中し……、それを微に入り細にわたるまで全部知ろうとして質問してくる」という状況が生まれた。そのことを丹羽から聞いて、石田は、子どもたちに、「『男女のからだと思春期の生き方』をなぜ学習するのか」という、次のような文章を含んだ手紙を届けた。

「いま、『男女のからだと思春期の生き方』を学習するのは、思春期を迎え始めたみなさんに、自分の、自分たちのからだや気持ちの変化が、どういうことから生まれてくるのかをみつめながら、これからの思春期というたいせつな時期を、どのように生きていったらよいのかということについて、じっくり考えてほしいからです。人間は、はじめから何もかもがわかって歩むものではありません。……これから歩む思春期……が、何のために起き、人生にとってどういう時期であるのかということが、大きく腹へおちればよいのです。」

このように性の学習を重ねてきて、子どもたちは、この石田からの手紙を読みあい・語りあった。そして、卒業を間近にした三月に、石田は、「男女のからだと思春期の生き方を考える」をテーマとして、次のような三時間のまとめの授業を行った。「第一時　思春期のからだとこころの変化を考える」、「第二時　人間の性を考える」、「第三時　思春期の生き方を考える」。
ある一人の子どもは、このように性の学習を重ねてきて感じ考えたことを、「思春期って、いそがしいけど、ものすごくだいじなんやね」と題して、次のように綴っている。

「『男女のからだと思春期の生き方』を勉強してきて、……思春期って、いそがしい時期やなって思えた。……『六年二組のみなさんへの手紙』のなかで、『……人間は、はじめから何もかもがわかって歩むものではありません。みなさんがこれから歩む思春期……が、何のために起き、人生にとってどういう時期であるのか……が、大きく腹へおちればよいのです。……』というところは、石田先生が言ったことばにもあったように、『全部おぼえちゃおうなんて……できるもんじゃない。それより……なぜそうなっているかということを考えてほしい。……』と言ったこととといっしょに　私の頭にこびりついたみたいや。……そう思ったら、『学ぶことに欲を出し　生きることに精を出す』ってことが、だれかに教えてもらってやるんじゃなく、自分たちで考えてわかっていくことやなぁと思えた。……そう思ったら、思春期って、ぼさぼさしておれん、いそがしくって、わかりだしゃぁたのしい時期になるんやなぁって思った。私は、もう思春期に入りかけとるなあとうれしくなった。」

この実践記録は、単純な「成功事例」の記録ではない。それは、石田が、丹羽とともに、思春期にさしかかる時期の子どもたちの性への関心と学習要求をとらえ直し、学習のテーマを「思春期の生き方を考える」に定め直し、それにふさわしい学習の資料・テキストを作り直していった、模索の過程の記録である。[20] それは、子どもたち自身が、自分たちの性についての関心と学習要求を考え、つかみ直していった過程の記録でもある。この記録からは、「子どもをつかむ」ことが「教育実践そのもののありかた」にかかわる問題であるということが、具体的な姿で伝わってくるであろう。

(6) 今、「子どもをつかむ」という思想を深めあうために

日本の生活綴方教育の実践・思想の到達として

以上にそのあらましをふりかえってきたが、石田は、一九七〇年代の半ばに、「子どもをつかむ」という思想を深める、「わかる学習」・「私の教育課程づくり」を具体化する、地域・学校で子どもたちの人間的交流をつくるという課題を提起し、みずから実践的・思想的にそれらの課題にとりくんだ。そして、その過程で、恵那で積み重ねられてきた生活綴方教育の実践の本質についての定義の試みを重ねてきた。一九八一年初頭の恵南民主教育研究会の研究集会での講演「恵那の教育と生活綴方――過ぎたこと・いまのこと・あれこれ」[21]では、七〇年代に石田が試みてきた生活綴方教育の本質についての定義が、次のように語られている。

(i)「……子どもが生活を通して自分のからだでつかんだこと……が生活実感であり、生活綴方は、その実感を構成している生活……の事実を客観的に再生する仕事」である。

(ii) その「再生」は、「写真」のようではなく、「自らの意識を通しての再生」であり、「再生の作業によってより意識化される」という相互作用を伴う。生活を綴るということは、「意味化された経験を意識する」「経験を意味的に再構築する」という性格を持つ。

(iii) その作業は、「文章表現」の形をとり、「文字言語がもつ特質」に添わねばならず、「はっきりしないことは書けない」。そこには、「書くことによって考え、考えることによって書くという相互作用が必然的に起きる」。したがって、「生活実感を客観化する生活綴方は、子どもたちが自らのからだでつかんだことを、自らの頭で考える仕事」なのである。

(iv)「与えられるすべての知識を、自らの意識の中でつくりかえる」と言われるが、その「自らの意識」とは、「生活実感を客観化する作業の中で明らかになる生活認識がつくりだす自らの生活意識」であり、「生

活に根ざしたこの自意識こそ、真に知識を自らのものにつくりかえ、知を力とする主体的な内容」である。

これを、私は、戦後の恵那で追求されてきた生活綴方教育についての石田による定義の試みの到達と言ってよいように思う。そのなかの「生活実感」「生活実感を構成している生活の事実」「生活の事実の再生」「客観化」「生活認識」「経験の意味的な再構成」「生活認識がつくりだす自らの生活意識」「生活に根ざした自意識」などの言葉とそれらの連関についての説明を頭において、(3)で紹介した「子どもをつかむ」ということについての石田の説明や、(4)でふりかえった性の問題をテーマとする「わかる学習」「私の教育課程づくり」の実践記録を読み返してみると、それらの意味がより鮮明に理解できるであろう。

日本の教師たちの生活綴方教育の実践は、戦後日本の教育学の出発に大きな影響を及ぼした。[22]だが、ここ三〇年ほどの日本の社会と教育・学問の世界の表面では、生活綴方教育への関心は全体として薄れているように見える。しかし、私は、本稿で辿りなおした七〇年代半ばを頂点とする恵那における教育実践・教育運動の展開と、石田の実践的・思想的探求が持つ意味は極めて大きく、それを日本の生活綴方教育の実践とその思想の重要な到達として受けとめ、検討を深める必要があると考えているのである。

世界の人間発達と教育の研究の動向との関連で

ところで、人間の生存・発達とその援助・教育に関する世界の研究動向に目を向けると、この三〇年余りの間に、「新自由主義」の浸透の下に地球的規模で格差・貧困が広がる現実の下で、人間は生活史の「語り」(narratives) を通して「自己」(self) を形作るという根本的な事実への着目と、その過程についての「質的研究」の動きが、いくつかの潮流を含みつつ生まれてきた。[23]ここでは、そうした研究動向を象徴的に示すものの一つとして、アメリカの心理学者J・S・ブルーナーの研究の軌跡を辿っておこう。

一九五〇年代後半から六〇年代初頭のアメリカ社会では、人工衛星打ち上げでソヴィエトに遅れをとったとして、科学技術教育の振興と教育内容の「現代化」が叫ばれ、教育内容を「構造化」すれば子どもの知的発達を促進できるという論理に基づいて、教育課程改革が進められた。六〇年に出版されたブルーナーの『教育の過程』[24]は、その理論的根拠とされた。だが、そうした教育課程改革の下で、貧困層の子どもたちが「落ちこぼれる」傾向が進行した。そこで、六〇年代半ばには、「ヘッドスタート計画」（Head Start Project）と呼ばれる、就学前の知的教育の強化によって子どもたちの就学時のスタート地点をそろえようとする国家的なプロジェクトが推進された。これにもブルーナーは関与したが、貧困層の子どもたちが「落ちこぼれる」傾向を食い止めることはできなかった。

そうした現実を前にしてブルーナーが一九七〇年にまとめたのが、論文「貧困と子ども期[25]」である。この論文で、ブルーナーは、貧困層の子どもたちが、「テスト」（彼はそれ自体にすでに階層的性格が浸み込んでいることを指摘している）で測定される「知的」な能力だけではなく、より深い情動的・人格的なレヴェルでダメージを受けていると考えた。そして、彼らは、周囲の人びとと共に、世界に働きかけ世界を変革しながら、「自己」を育んでいく経験を持てないでいることが多く、「無力感」が彼らの奥深くに浸透していると考えた。ブルーナーは、そうした子どもたちには、周囲の人びととともに、世界に働きかけながら、「自己」を育む経験を重ねられる社会・文化と教育を実現することが重要であると考えるようになったのである。

ブルーナーは、そうした自らの研究の歩みを、一九九六年に出版した『教育という文化[26]』の「序」で、次のように反省的に記している。「私は、『教育の過程』に、当時の私が理にかなったと思ったいくつかの結論を書きとめておいた。今省みると、私はあまりにも『知る』という単独な精神内部の過程と、それがいかに適切な教育学によって助長されるものかということに心を奪われていた。こうした教育改革についての独りよがりから、われわれのほとんどを目覚めさせたのは、アメリカにおける『貧困の発見』と公民権運動であった。衝撃的な貧困、人種主義、それらに因り犠牲となった子どもたちの精神生活や成長への疎外等の発見である。」

そして、それに続けて、彼は、「我々が世界の中の自己自身についての見方を構成するのは、自分自身のナラティヴを通してである」として、その後の主な研究関心を、子ども・人間が生活・人生を物語ることを通して「自己」を形づくるという事実と、その過程を支える社会的・文化的・教育的条件に向けるようになったと記している。これは、半世紀余にわたって大きな仕事をしてきたアメリカの一人の心理学者の研究の軌跡であるが、それは、とくに一九八〇年代以降に世界に広がってきた人間発達とその援助・教育についての「質的研究」の動向とその意味を象徴的に示すものでもある。[27]

私は、こうした世界の人間発達と援助・教育についての研究動向とその意味について、関心を向けてきた。そして、今、こうした世界の人間発達と教育についての新たな研究潮流と大きくは重なり、むしろそれに先行し、生活を書き綴ることを徹底して重視してきた独自の実践・研究の動きとして、日本の生活綴方教育、とくに恵那の教師たちと石田和男による実践的・思想的模索の到達に改めて注目し、その検討を深め、その発展・深化を図る必要があると考えている。

「子どもをつかむ」という言葉をめぐって

(1)に記したように、私は、一九七〇年代半ばに石田の「子どもをつかむ」という問題提起に接して、それに大きな思想的刺激を受けながら、子ども研究・教育研究にとりくんできた。ただ、私自身は、「子どもをつかむ」という言葉には、おとな・教師・他者が子どもを一方的に左右するというニュアンスがつきまとうように感じて、ここ二十年ほどの間は、「子ども理解」という言葉を使ってきた。[28]

だが、「子ども理解」という言葉も、おとな・教師・援助職の側からの一方的な理解という意味合いで使われることがしばしばある。そこで、私は、「子ども理解」という言葉と、おとな・援助職・教師の「自己理解」という言葉とをセットにして使うようにしてきた。しかし、そうしても、その「自己理解」が、結局は独善性の強いおとな・援助職・教師の「自己理解」になってしまい、自らの子育て・援助・教育の実践の質を問うことには必ずしもつながらない場合がしばしばあることを感じてきた。

また、私は、教師にとって決定的に重要なものは、ある子どもと出会ったときに、身体的・情動的・感情的な反応を含めてその教師のなかに生まれる直感の有能性であり、教育実践の過程とはそうした瞬時の直感に基づく判断の連続であると考えてきた。しかし、日本の社会で流通している「理解」という言葉には、知的・言語的なわかりかたを意味する傾向が強く、「子ども理解」という言葉を使いながら、それでよいのかとも考えてきた。

しかしまた、「理解」と訳されている英語の understand という言葉には、もともと「〜の下に立つ」「〜のそばに立つ」という意味があり、知的・言語的・論理的な理解の仕方だけを意味しているのではなさそうである。「理解」という言葉の意味を、understand の本来の意味に近づけて深めていくことで、石田が「つかむ」という言葉に込めた意味に近づけていく道がありうるのではないかとも考えてきた。

石田は、比較的最近の「子どもをつかむ」という短い文章[29]で、この言葉に込めた意味について、次のように記している。

「『子どもをつかむ』とは、教師の側からの単なる子ども観察・理解だけではなく、子ども自体が現実を理解し、自らの生活を通して未来を拓くための教育実践全体の在り方を問題にするものです。……いまの教育現場において、子ども理解を含む実践総体を指す言葉がどのように共通化されているのかが気になります。おかしな疑問なのでしょうか。」

この文章で、石田は、「子どもをつかむ」ということが、「教師の側からの単なる子ども観察・理解」だけではなく、「子ども自体が現実を理解し、自らの生活を通して未来を拓くため」の「教育実践全体の在り方」を問題にするものであることを、改めて強調している。石田が強調していることは、私が子どもを「つかむ」という言葉を使うことにためらいを感じてきた理由と、内容的には重なっている。そして、「いまの教育現場において、……実践総体を指す言葉」がどのように共有されているのかを問う必要があるという石田の指摘には、私もそれが重要な問題であると感じ考えている。

私は、今回のこの著作集の刊行が、石田の教育実践の思想の核心をなす「子どもをつかむ」ということの意味を、言葉の吟味も含めて検討し深めあう動きが起こるきっかけとなることを期待しており、その動きに参加していければと願っている。

注

1　石田和男「今、なぜ生活綴方か」、第八回生活綴方研究会記念講演、一九八六年一〇月一九日。「恵那の教育」資料集刊行委員会編『「恵那の教育」資料集』第三巻、二〇〇〇年四月三〇日、桐書房。

2　東濃民主教育研究会は、一九六六年に、「憲法・教育基本法を教育実践、研究に具現化することにつとめながら、民主的な教育遺産の継承発展を行い、子どもを人間として育て高めること」を目的として、恵那の教師たちを中心とする自主的研究会として発足した。

3　石田和男『生き方を考える性の教育——恵那の教育実践』、一九七八年一一月、あゆみ出版。

4　石田和男『思春期の生きかた——からだとこころの性』、一九七九年六月、岩波ジュニア新書。

5　さらに、一九九三年一二月には、恵那教育研究所の編集による調査報告書『子どもたちの性学習をどう考えるか』が発行されている。これには、石田の講演記録「生き方を考える性教育を考える——七〇年代の小さな経験から」（一九九二年六月）と、七〇年代の性教育のとりくみに関するいくつかの資料が収録された。

6　詳しくは、拙著『子ども理解と自己理解』（二〇一二年一月三〇日、かもがわ出版）の「第Ⅳ章　子どもだった私」「第Ⅴ章　教育学のあり方を探る」を参照されたい。

7　寒川道夫編著『大関松三郎詩集・山芋』、一九五一年、百合出版。一九七九年に、講談社文庫の一冊に収録された。

8　無着成恭編『山びこ学校』、一九五一年、青銅社。一九六九年に、『ふぶきの中に――山びこ学校の詩集』（一九五二年、新潮社）を加えて、新潮文庫の一冊に収録された。

9　本著作集第三巻論文9。

10　本著作集第三巻論文10。

11　この呼びかけの「民主教育研究集会にぜひご参加ください」の全文は、この集会の記録集『日本のなかで恵那の教育を考える』（東濃民主教育研究会編、一九七七年七月一五日）に収録されている。四―六頁。

12　石田和男「戦後の教育をふりかえり民主教育の原点をさぐる――子どもをどうつかむか」、前掲『記録集』、九―三五頁。

13　石田和男「子どもをつかむことについての補足的問題」、前掲『記録集』、三六―三九頁。

14　前掲『記録集』、九六―一〇〇頁。

15　『生き方を考える性の教育――恵那の教育実践』の「Ⅲ、実践記録『思春期の生き方――ヒトと性の問題を考える』」。一二一―一二〇頁。

16　これは石田自身の表現である。前掲書、一二三頁。

17　前掲書、一二二―一四三頁。

18　中津川市教育研究所編・学習テキスト試案『人間の男女――ほんとうの性と愛を考える』、一九七三年。その目次・構成は以下のとおりであった。

小さいときの大きなふしぎ／どうして男子はエッチなのか／人間のからだの成長を考える／男女のからだの特徴／男女の生殖器官／陰茎の勃起とは／月経とはなにか／受精のしくみ／受胎＝子どもができた／妊娠＝おなかの中に子どもがいる／分娩＝赤ちゃんがうまれる／育児＝赤ちゃんを育てる／すべての生物はなかまをふやす／異性を思う気持ち／ほんとうの愛を考える／精神のよろこびと生物的なよろこび／男女の平等を考える／日本国憲法と男女の関係。

19　『生き方を考える性の教育――恵那の教育実践』「あとがき」、二三六―二四三頁。

20　一九七九年にまとめられた『思春期の生きかた――からだとこころの性』（岩波ジュニア新書）は、こうした実践にもとづきながら、思春期にさしかかった子どもの性への関心と学習要求の中核をどうとらえるかということと、それにふさわしい「私の教育課程」をどう具体的に創り出すかということを結びつけようとした石田の試みの到達である。

21　東濃民主教育研究会編『人間・生活・教育』一九八一年春季号。「恵那の教育」資料集刊行委員会編『「恵那の教育」資料集』第二巻、二〇〇〇年四月三〇日、桐書房。本著作集第四巻論文2。

22　勝田守一「子どもの幸福を守る教師たち」（教育科学研究会編『教育』、一九五二年一一月号、国土社）参照。勝田守一著作集』第三巻（一九七二年六月、国土社）所収。

23　医療人類学の開拓者のアーサー・クラインマン Arthur Kleinman）の『病いの語り』（The Illness Narratives, 1988）、精神医学の分野でのジュディス・ハーマン（Judith Herman）の『心的外傷と回復』（Trauma and Recovery, 1992）、そして以下で扱う心理学者のジェローム・ブルーナーの『文化としての教育』などを、参照されたい

24　J. S. Bruner, The Process of Education, 1960. 鈴木祥蔵・佐藤三郎訳『教育の過程』一九六三年、岩波書店。

25　J. S. Bruner, Poverty and Childhood, 1970. The Relevance of Education, 1971 に収録。この書は、平光昭久によって、『教育の適切性』（一九七三年、明治図書）として訳出され、この論文は「貧乏と子ども期」というタイトルで、その最終章に収められている。

26　J. S. Bruner, The Culture of Education, 1996. 岡本夏木他訳『教育という文化』、二〇〇四年、岩波書店。

27　なお、ブルーナーは、二〇一六年六月に、一〇〇歳で亡くなった。

28　拙著『子ども理解――臨床教育学の試み』（二〇〇九年一二月、岩波書店）、拙著『子ども理解と自己理解』（二〇一二年一月、かもがわ出版）、編著『子どもの生活世界と子ども理解』（教育科学研究会講座『教育実践と教育学の再生』第一巻、二〇一三年四月、かもがわ出版）などを参照されたい。

29　『地域・伝統・連帯』、恵那教育研究所維持会報、二〇一三年八月、七―八頁。

解説2　「私の教育課程づくり」と生活綴方の精神

佐藤　隆

はじめに

石田和男は一九五六年に岐阜県教職員組合恵那支部書記長をつとめて以降、一九六〇年代の終わり近くまで、県教組専従書記長等の立場にあって教員組合運動の組織者としての活動を精力的に行った。その間、勤務評定反対闘争においては「転換の方針」を打ち出して日本教職員組合（日教組）「中央」の指示の下で全国的な統一行動を主要な戦術としてきたそれまでの教育労働運動の常識を覆して、組合員の「自由論議の徹底的な保障」でたたかいを組織した。また、いわゆる「行政・校長＝敵」論の立場をとらず、行政や校長とも合意をつくりながら地域全体で民主的な教育の展望を切り開くという、その組織論・運動論の独自性は、これをめぐっての論争や批判も含めて注目を集めた。[1]

一方、六〇年代末に「教育現場」に戻って以降の石田は、中津川市立西小学校の学校づくりのリーダーとして、また東濃民主教育研究会（東濃民教研）事務局長・会長として、教育研究活動を展開した。とりわけ、生活綴方教育の復興・発展を支えた理論的問題提起は、日本の教育研究運動全体にも大きな影響を与えた。その意味で、一九七〇年代は石田の教育研究活動がもっとも活発に展開された時期であり、著作・講演記録等も数多い。ところで、石田の論考全体についていえることだが、とりわけこの時期の石田の教育研究活動は、あくまでも時々の課題に対して恵那の教師集団のなかの一人として行われたところに大きな特徴がある。したがって、自分を含めた恵那の教師たちが集団としてどのような教育実践を進めていくのかを、現実との鋭い緊張関係のなかで見出そうとしていたことに留意しておかなければならない。そのことを簡単に振り返ってみるならば次のように言える。

一九七〇年代初頭、能力主義と国家主義の教育を本格的に展開しはじめた教育政策に、教育研究運動は国民の教育権論の主張で対抗した。それは教師の教育の自由を中核として、政治による教育の内的事項への介入を防ごうとしたものであり、家永教科書裁判を勝利に導くという点で画期的なものであった。

恵那の教師たちは、これに加えて、「教師の教育の自由」を主張するだけでなく、勤評闘争時の恵那教育会議の経験を踏まえて、保護者・教師のみならず住民や教育行政までをも含む地域全体を教育の主体へと位置づけ、国民の教育権論の内実をいっそう豊かにしようとした。また、そうした努力と緊密に結びつきながら、教育実践面では学力のとらえ直しを生活綴方教育の復興と「わかる学習＝私の教育課程づくり」の提起を通して行おうとした。それは、子どもの生活や生き方への深い注目を通じて、恵那の教師たちが、その基盤と見なした「地域」を、教育実践と教育研究の主要なテーマにせり上げるものでもあった。一九七〇年代半ば以降、日本の教育に「地域にねざす教育」という言葉を定着させていくうえでも、石田たちの果たした役割は大きいものであった。他方で、恵那では教育実践の核心を衝く言葉として共有された〈子どもをつかむ〉、〈内面の真実性〉などの言葉や、地域を巻き込む教育運動となった「民主教育を育てる会」や「教育市民会議」などは、その当時の研究者・実践家・運動団体において多様な受け止め方がなされ、誤解に基づく批判も招いた。

これらも含んで、生活綴方教育を旗印にした「恵那の教育」は、一九七〇年代には全国に知られるものとなっていく。しかし、一九七〇年代後半から八〇年代にかけては、保護者による「受験学力」要求やそれを助長する政策誘導、さらには「恵那の教育」つぶしとも言える「教育正常化」攻撃によって、学校「現場」での生活綴方教育実践が難しくなっていった。本稿では七〇年代初頭の生活綴方教育の復興・高揚から八〇年代へむけての新たなとりくみへとむかう一〇年間のなかで、石田和男が、恵那の教師の一人として、どのように「恵那の教育」とそれを支える教師像を探求したのかを検討する。

(1) やっと探しあてた生活綴方 一九六〇年代から七〇年代へ

一九六〇年代後半の東濃民教研設立時から追究してきた「地肌の教育」の総括とその発展的継承をめざす動きが、一九七〇年代にはいるといっそう明確になっていく。

石田は、「生活に根ざし生活を変革する教育の創造――東濃の地域にて」[2]（第二巻論文19）のなかで、「地肌の教育」の取り組みを通して課題化された「子どものつかみ直し」「表現による一点突破」「立場の教育」などの観点を発展させるものとして、「子どもの生活の実感をひきだし」、「子どもを生活の主体者として、生活の変革にむかわせる」教育実践が課題として意識されるようになってきたことを明らかにし、その課題を前進させるものとしての生活綴方教育の復興を「宣言」している。

この「宣言」の背景には、西小学校での学校づくりを通して確認された取り組みがある。「私の教育方針」づくり、学習改善運動を経て、かつて恵那教育科学研究会が「質の高い教育」をスローガンにしながら実際には教科研究に傾斜していった問題を克服し、「子どもをまるごとつかむこと」、そして子どもの「内面からの自発性」を教育実践の出発点にすることの意味と意義が語られたのが「やっと探しあてた生活綴方」（本巻論文1）である。この石田論文は、生活綴方教育研究会が西小学校で行われた際の研究集録に収められたものである。[3]

恵那地域ではじめて学校単位で行われたこの研究会の開催は、一九五〇年代に生活綴方教育に親しんだ恵那の教師たちにその復興を告げるものであった。石田はここで、生活綴方教育こそ、子どもが自分自身の生活を変革する意思と意欲を生み出すものであるとの確信を表明している。一方で、高度成長がもたらした地域の変貌と五〇年代には考えられなかった「生活の抽象化」のなかで、子ども自身の「生活実感」を引き出すことの難しさと、それにも増しての重要性を述べている。これは、貧困や封建的習慣が残存する現実が教師にも子どもにも具体的に見え、この問題が課題として意識されやすかった五〇年代とは異なる質を持った生活綴方教育として展開させようとする覚悟を表明したものであった。

複雑さを増す時代に即した展開を求められながらも、生活綴方教育の研究と実践は恵那地域全体に広がりを見せるようになっていく。一九七三年二月に、付知中学校での石田講演「ありのままの教育と生活綴方」（本巻論文6）もこのような背景のなかで行われた。[4] 講演のなかで石田は、中央教育審議会（中教審）答申に象徴されるような政策的に作り出されている学習の「わからなさ」が、生き方の「わからなさ」にまで浸透し、子どもたちが生きる自信を奪われている現状に対して、「ありのまま」を貫くことを通じて教育に人間らしさを取り戻すことができることを強調した。このなかで石田は、前年秋の中津川教育文化展覧会によせた「教育百年記念祭への二つの便り」（本巻論文3）で主題とした「なつかしいと思える教育」を再び取り上げ、「ありのままに物事がみつめられ、ありのままに物事をうけとめたとき、非常にすなおなかたちで、懐かしさとなって残る」ものなのだと述べている[5]（本巻論文6）。そして「懐かしさが一杯あることは、一生懸命生きてきたことになる」とした。これは、わかることと生きることを「事実をありのままに見つめること」を通してつなぐという重要な内容を含んでいた。

この講演で、石田はさらに踏み込んで、教科の学習をありのままの精神で貫くことを全面的に展開している。それは現実の生活や具体的な事物を基礎として、科学の原理や法則を自分のものとしてつかんでいくことだというのである。こう述べる根拠として、石田は「科学というのは、現実の物質との関係で作り出されていくものであり、そのはたらきかけの中で人間が認識してくるもので、あるいは、それを認識としてまとめあげていくもの」だという科学観を示し、だからこそ「本質的なことを子どものことばで引き出しながら、それを科学として検証していく仕事が、実は教科の仕事なのです」と、述べている。そして「教科の中に生活をくぐらせる」という独特の言い回しを用いながら、生活綴方で自らの生活を直視することよって得られる目が、科学の基本をとらえる目や態度をつくるとして、生活認識と科学的認識の形成の相即性を次のように表現している。

「この生活をくぐらせて得られた科学の目と態度で、生活の中に新しい驚きと、疑問をひろげ、新しい問題をみつけていくのです。そして生活の中の問題を広げることで、綴方の題が広がり内容が深まっていくようになることです。生活の目と科学の目はそうした関係をもっていると思います」。

ここには、科学を客観的・静態的な知ととらえるのではなく、学習者が対象に能動的に働きかけ、知を自分で編みなおしていくことで初めて科学的な認識が形成されるという主張が込められている。石田によるこの学習・学力論の提起は、一九七〇年代初頭の全国的な教育研究運動に照らしてみたとき、その先見性が浮き彫りになる。

一九七〇年代に入るまで民間教育研究運動の多くは、科学的認識の獲得が民主的人格の形成に直結するという楽観的な図式のもとで、教科の系統的な教授を構想するところに研究を集中してきた。「恵那の教育」に注目し、一九七五年には「『わかる』ことを『生きる力』に結びつけ、地域に根ざす教育の創造を」という大会テーマに掲げるようになる教育科学研究会（教科研）でさえ、一九六〇年代後半まで、教育政策が科学と教育を分離せしめる体質を持っていたことを問題として設定し、それとの対抗関係の中で「科学と教育の結合」の意味を明確にすることが重要課題であると強調していた。それは、いまから見れば、国家による教育への不当な介入を許さないための抵抗の武器としての科学への過大とも言える信頼に基づくものでもあった。

しかし高度成長のもとで、子どもの認識の不確かさや体の不自由さが問題になりだした一九六〇年代の後半以降、民間教育研究運動にも、科学と教育の結合の論理だけでは、「三無主義」に象徴される学習や生活に対する意欲や主体性の欠如の問題を乗り越えられないという認識がようやく生まれてはじめてきた。こうしたなかにあって、恵那の教師たちが、生活綴方の精神を教科の学習にも貫くことを課題として追究していたことの意義はきわめて大きい。彼らによる生活綴方教育の探求が、子どもが「どう生きるか」を根底に据えて、教科の学習も「わかる」ということを「生き方」がわかるというところに常に結びつけていく教育実践イメージを喚起するものであったからである。

(2) 私の教育課程づくりへの発展

生活綴方教育の展開に欠かせなかったものとして「わかる学習」と「私の教育課程づくり」がある。その出発点は、一九六八年の学習指導要領改訂によって、能力主義的・国家主義的教育政策がますます幅をきかせ、「わからなくさせられている」子どもが増えていることへの注目だった。全国教育研究所連盟の調査によって「半数以上の子どもが落ちこぼれ状態にある」ことが明らかにされて以来、この問題への関心は高まった。

恵那でも「勉強のわからない子がふえている」として、中津川市教育研究所『研究紀要第一集』（一九七二年）はこの問題を取り上げ、石田はこのなかで「わかる学習を創るため若干の問題提起」と題した論文を執筆している[6]（本巻論文2）。石田はここで、子どもがわからないということを単に教育内容の量的な問題と見るだけでなく、教育実践の質の問題としてとらえ直すべきこと、そして「わかる」とはどういうことなのかを子どもの生活実感に即して明らかにする必要があることを提起した。

さらに一九七四年一月に行われた東濃民教研冬期集会の基調報告では、「わかる」とはどのようなことなのかをあらためて整理している[7]（本巻論文8）。その大要は、第一に「わかる」ことの基礎には、人間の五体

（感）を使って向きあうことがあり、第二に、こうした経験を自分の実感を伴いながら概念として物事をつかんでいくこと、それは自分の言葉で物事を表現できるようになることを意味する。そして、その言葉を通じて物事の因果関係や相互の関係性・法則性をつかまえることができたとき、わかったと言えるのではないかと述べ、「ありのままに見つめる」ことと、それを綴り・表現することが、「わかる」上で特別の意味を持っていることを強調した。

また、一九七五年の東濃民教研夏季集会〈基調報告〉では、「生活綴方の精神による教育」という言葉を用いて、その具体化としての「わかる学習」と「私の教育課程づくり」の提起を、きわめて明瞭に行っている（本巻論文9）。この基調報告こそ、七〇年代前半までの「恵那の教育」の到達点を示すものであった。それだけでなく、これは教育課程の自主編成運動に取り組んでいた日本教職員組合や「科学と教育の結合」論を軸に研究を進めてきた民間教育研究運動の研究動向に対する批判的問題提起の意味も含んでいた。

一九七〇年初頭、中教審「四六」（一九七一年）答申をうけた文部省は、明治の学制、戦後の教育改革に次ぐ、「第三の教育改革」と称して、国家主義・能力主義のさらなる徹底をはかるなど、制度・教育内容両面で戦後教育改革理念をあからさまに否定しようとした。

一方、日教組もこれに対抗すべく「教育制度検討委員会」を発足させるとともに、「自主教研を中心とする自主編成活動の成果にたって『わかる授業』『楽しい学校』にしたいという現場教師の要求に応える」運動（日教組一九七四年度定期大会）を提起し、「自主編成研究講座」を開催するなど、「中教審路線」との全面的な対決の構えを見せていた。

石田は、こうした動きについて、文部省の教育課程政策が破綻していることは明らかであるとする一方で、次のように日教組の取り組みについての課題も述べている。

「教育制度検討委員会というもので、試案ができあがっている。けれど、これも教師や父母の声を全面的に採択してつくったものではないために、さまざまな欠陥というものがありますし、同時にみんなの中へ、具体的になかなか拡がらない」。[8]

こう述べて、「試案」が民主主義的価値を尊重し、自主編成運動によって科学の系統性に沿って教育内容の精選が行われた内容であったとしても、日教組が「上から」あるべき姿を指示するのでは「現場」においてリアリティを持ち得ないことを示唆した。

それにかわるものが、恵那においては「私の教育課程づくり」であった。それは、教師自身が自分の教育方針なり、自分の教育計画として具体化していくことであり、教師一人ひとりが主体性を取り戻すことにほかならないものであった。もちろん、それが教師の独りよがりであってはならないのもまた当然のことである。そこで石田は、「私の教育課程づくり」の目標を事実をありのままにとらえることができる子どもたちの人間と生活を作り出すことによって、自ずと適切な教育方針が定まっていくという見通しを述べている。

もう一つ注目すべきは、石田が「わかる授業」ではなく、「わかる学習」と言い表していることである。ここには、教育課程の自主編成でめざされる「わかる授業」では、教科の科学性・系統性に傾斜し、子どもの主体的契機が軽視されるならば「子どもにどうそれ（知識）を押しつけていくのかというような問題としてしか作用しない」ことへの批判意識が強く働いている。その意味で「授業」ではなく「学習」という言葉が使われているのは、子どもが自分自身の文脈のなかでの目的とわかり方に基づいて主体的に学ぶことができる教育実践のあり方を探求しようとしたことのあらわれであり、「わかる」ということの本質を子どもが自分の生き方がわかるというところに求めたからである。

見てきたように、石田は、「私の教育課程づくり」を、子どもの「わからない」という現実と「わかりたい」という願いとを出発点に進めることを恵那の教師たちに提起したが、石田自身は、そのことを象徴するものとしての性の問題を取り上げた。一九七三年の中津川市教育研究所『研究紀要第二集』「〈ある調査報告〉今日の子どもたちと性――その教育についての提言――」は、本格的にこのテーマに取り組む第一歩であった[9]。

このなかで石田は、①子どもたちの性への関心は、今日の社会の退廃現象の反映であること、②子どもたちの性理解には、「学習がわからない」状態が典型的にあらわれている、③しかし、同時に「わかる学習」への要求と可能性が含まれていること、④これを学校教育全体の問題として取り上げる必要があること、⑤性についての科学的認識だけでなく、生き方がわかる学習へと組織していく必要があること、などの観点を提起していた。

これらの提起は、丹羽徳子と共同で取り組んだ「性の学習」実践や中津川市教育研究所の『性の学習ノート』などで具体化された。

また、「性の問題」を含めて、子どもたちがわかりたがっているにもかかわらず、今日の学校教育のなかでは回避され、あるいはその問題への接近がきわめて不十分なものとして、「政治の問題」、さらに「生活として生きるねうちを考える問題」を「三つのせい」と定義し、これを「わかる学習」の実践の中心に据えようとした。石田はこの「三つのせい」の探究を通して、子どもが自らのうちに生きる力を自覚し主体的に獲得していくことこそ、わかることの本質と見なしたのである。

(3) 地域に根ざす教育とそれを支えたもの

一九六〇年代前半の第一次「教育正常化」による打撃から立ち直り、どのようにして民主的な教育を創造していくのかということが一九七〇年代の恵那では最重要課題の一つであった。それにはやはり勤評闘争のなかでの「転換の方針」とその具体化であった恵那教育会議を基礎にした地域との対話と共同の経験をもとにした取り組みを進める以外になかった。一九七二年の中津川教育百年記念祭をきっかけにして生まれた、教育委員会、ＰＴＡ、教職員組合など一一八の教育関係団体で構成された中津川市教育市民会議をはじめとして、同様な「教育市民会議」が恵那各地で結成され、地域全体で子どもを育てるという運動が大きく発展した。例えば、中津川では「毎月五のつく日は子どもの教育を考える日」として、地区集会・ＰＴＡでの学習会など多彩な取り組みが行われた。ある学校では 毎月、各学級から綴方作品を出し合って、月刊文集をつくり、そのいくつかを親子共同研究作品として、五の日に各家庭で読み合い、感想が親から寄せられるなどの応答関係をつくりだしていた。

これらを通じて、教育市民会議は、「教育の主権者が、国民であるという自明の理が地域に『教育市民会議』の形を持って具体的に示された」と自己規定し、「父母と教師が結びつく度合いに応じて、まともな教育の発展が保障される」という実感を獲得していった。

後年、石田が教育市民会議について、「ほんとうに壮大な、下から教育内容を、親が教師といっしょになってなんとかしようとしてきた」と述懐しているほど、学校と保護者・住民との関係は緊密なものとなっていった。[10]

同時に、「生活に根ざし、生活を変革する」ことを、人々や自然との直接的な関わりのなかで追究することを教育の本質とみなした恵那の教師にとって「地域に根ざすこと」は、自らの実践にとって必要不可欠なものと認識されるようになっていった。

石田は、教育百年記念祭の企画・運営において主導的な役割を果たすとともに、この取り組みの意義を「教育百年記念祭への二つの便り」（本巻論文３）のなかで次のように述べている。それは、人が振り返ってみてなつかしく思い出さるような教育がほんものの教育であること、そして、そのほんものの教育は、地域にねざした教育文化の創造と一体となって追究されなければならない、と。ここではまだその意味は暗示的だが、一九七三年の東海保育問題研究集会での講演「地域に根ざす教育」（本巻論文５）の中での石田の地域と教育についての認識は、より構造的・立体的なものとして提示されている。[11] それによれば、地域とは、人間の歴史的発展のなかで人間としての基本的な生活・資質を身につけていく場であり、人間的実感を持ち続けながら自分が納得できる生活が存在する可能態である、と定義している。そして、子どもの生活実感を実践の出発点とする生活綴方教育にとって、地域はまさにその基盤であり、不可欠のものであるとの認識を示し、だからこそ東濃民教研が追究してきた「生活に根ざし、生活を変革する教育」は「地域に根ざす教育」と同義、あるいはその実質的な内容としてきたのはこのためであることが述べられている。また「地域に根ざす教育」が本当に実現されるためには、教師の教育の自由が保障されるだけでは不十分であり、子どもの学習権、父母の教育権を実質的に組み込んだ国民の教育権を確立することが不可欠であるということもここで述べている。しかもそれは「転換の方針」以来の恵那教育会議の伝統、さらに教育市民会議の取り組みに裏打ちされてきた点で、石田ら恵那の教師たちにとっては現実的なものとして認識されていたことは重要である。

しかし、「恵那の教育」の独自性とそこから発信される大胆な教育実践と運動にかかわる問題提起には、さまざまな反発や批判が寄せられたことも事実であり、京都などでの教職員組合の力を背景に政治的対抗関係を築こうとした教育運動などと対比的に語られることも多かった。こうしたなか、一九七六年八月に開かれた「日本のなかで恵那の教育を考える」民主教育研究全国交流集会は、これまでの恵那の教育の到達点を示す一つの画期でもあり、はからずも「恵那の教育」への批判に対する応答の場ともなった。

石田は、この集会の基調報告の冒頭で「子どもをつかむことは古くて常に新しい問題である」というところから説き起こし、それまでの恵那の教育の歩みを振り返りながら、子どもをつかむことを通して、地域をつかみ、日本をとらえるという方法が確かめられてきたのであり、ここにこそ恵那の教育が「恵那の教育」たるゆえんがあることを強調した[12]（本巻論文11）。

⑷ 新たな困難に直面して　一九八〇年代における展開への模索

一九七〇年代後半から八〇年代にかけては恵那の教師たちの実践記録が次々と刊行され、さらには記録映画『夜明けへの道』が製作されるなど、「恵那の教育」は文字通り全国的に知られるようになっていく。

しかし、到達点は新たな困難の始まりでもあった。全国的には、いじめや不登校といった、それまでの学校ではおよそ考えられなかったような事態が「噴出」していた。そして、こうした事態への対応をめぐってさまざまな言説が飛び交うなかで、教育実践が何をめざすのかという本質的な議論が相対的に弱まっていった。こうした状況の間隙を縫うかのようにして、従来から政策側が打ち出していた能力主義・国家主義に加え、「商品（消費物）としての教育」イメージの拡がりによって、教師の言葉が、子どもや保護者そして地域の人々に響かない深刻な事態を生み出した。

石田は、一九七六年一月東濃民教研冬季集会で、「子どもをつかみきれない」という新たな困難が、恵那の教師たちにはっきり自覚されてきたと述べ、その背景に、経済的、文化的そして政治的な危機が構造的に存在しているとした。しかも「これらの危機は、子どもたちの心の奥底でさまざまな問題として重く渦巻いているが、それを綴方で表現すれば自分が傷つくような事態に陥りかねないことを子どもが直感している」ところに、「子どもをつかみきれない」原因があるととらえた。そしてこの困難を切り開くためには、「わかる学習」をより一層徹底するほかなく、わかることと生きることを結びつけるための格別の努力と勇気を教師たちに求めていた[13]（本巻論文13）。

しかし、これ以降も事態はより深刻さを深めていった。一九七七年七月、岐阜県議会では「東濃の子どもの学力が低い」という攻撃的な質問が保守系議員から提起され、さらには「日の丸・君が代」の取り扱いを中心にして恵那各地の市町村教育委員会への圧迫として働くような「教育正常化要望決議」が自民党から提出され、強行採決された。

恵那地域でも、これに呼応して保守政治勢力による「恵那の子どもの学力が低いのは生活綴方教育のせいだ」とするキャンペーンがはられ、教育実践の自由を奪う力が強く働いた。

具体的には、子どもの内面をつかむ教育実践の典型の一つとして恵那では高く評価された綴方作品「自分の心をしっかりさせるために思いきって書く！」が、日本子どもを守る会編集『子どものしあわせ』に紹介されたことに対して、担任として指導した丹羽徳子への個人攻撃が行なわれた。市議会では保守系議員がこの作品を「万引きの手引き書」だと決めつけ、県議会でも偏向教育として問題視された。マスコミは、事実を確かめることもなく、保守系議員の主張にそった報道を流し続け、住民の動揺を誘った。また丹羽の勤務校のある坂本地区では保守政治勢力と右派労働組合を中心にしてつくられた「教育懇談会」によって、「綴方よりも学力を」「先生、授業の手を抜かないで」などのキャンペーンが張られた。攻撃の矢面に立たされた丹羽は、体調を崩し二年間の休職に追い込まれる。

石田自身にも、石田が行っていた「性の学習」に対しても子どもに性行為を推奨するものだなどと誹謗・中傷する攻撃がしかけられた。また、「恵那の教育」の一端を担ってきた中津川や上矢作の教育委員会にもさまざまな圧力がかけられた。さらに戦後恵那の教育を担い、生活綴方教育の復興を支えた管理職やベテラン教師世代が退職の時期を迎え、それにかわって、「恵那の教育」を知らない、あるいは軽視する管理職、教職員を配置するような体制がとられたことも、恵那の教育に困難と混乱を招いた。それらは、後年石田が「夜学」のなかで証言しているように、保守政治勢力による警察、マスコミ等を総動員してのものであり、その攻撃は執拗で、公然・非公然に、また事件・事故をねつ造してまで行われたものであった。[14]

こうして生活綴方教育を集団的に生み出す条件が大きく制約されていったのである。もちろん恵那の教師たちは「第二次正常化」攻撃に対してもさまざまな反撃を試みた。一九八二年には中津川市教育研究所にかわるものとして恵那教育研究所を設立し、石田が初代所長に就任し、恵那における新たな教育研究運動の中核となっていった。恵那教育研究所は東濃民主教育研究会と共同して、教師たちの実践と研究の成果を『生活綴方　恵那の子』（全九巻）をはじめとして数多くの教育実践記録を刊行するなど、七〇年代にもまして全国から注目を集めた。

「第二次正常化」の激しい攻撃は、一九八〇年代に入ると形の上では一応の「終息」を見るが、「正常化」によって恵那各地にあった「教育市民会議」は崩壊し、あるいは活動を停止するなど、教師と地域の絆は著しく弱められた。そして、地域から切り離された教師は学校の管理体制の中に徐々に組み込まれざるをえなくなった。石田はこの状況を『人間・生活・教育』の「『ひどい』『ひどすぎる』その本質」（一九八三年、第四巻論文5）のなかで、教師に対する時間と空間の管理を通じて、行動を規制し思想を統制し、結果的には教育実践を有名無実化させる計画体制の問題に焦点を当てた。[15] ここで言う「計画体制」とは、学習指導要領にあわせて時間を確保するカレンダーの作成であり、それをそのとおりに実施するための週案の作成と提出を強制し、学習指導要領の絶対化を進めるためのものである。また、これを徹底するための研修への参加の強要などが行われ、点検のための指導主事等による訪問指導が日常化していった。こうした計画体制は、激しい「正常化」攻撃とは違って、教師の身分や労働条件をすぐさま危険にさらすようなものではないだけに、かえって危険性を意識化しづらいものであった。それだけに、教師はいつの間にかその体制に埋没し、「忙しい」「おもしろくない」という感情だけは芽生えても、それとたたかうということにはなりにくい。石田は、こうした状況に強い危機感を表明したのである。

こうして、「計画体制」という新しい支配のなかで、「全体として言えば、『物言えば唇寒し』」といえるような状況が数多く生まれてきた。そして教師が自由にものを言えなくなるのと歩調を合わせるように「子どもが綴方を書けない、書かない」「子どもをつかめない」という問題が多くの教師を悩ませるようになっていった[16]（本巻論文16）。しかし、それは単に政治的な「正常化」攻撃だけによるものではなかったところにより大きな、そしてより深刻な問題があった。一九七〇年代以降、恵那の教育に注目し、その子ども把握・情勢把握の方法論を共有する努力を重ねてきた教科研は、当時の子ども・若者をめぐる否定的な現実について次のように指摘していた。

「(それは)『能力の商品化』を求める社会の深部の動きに根ざしている。とくに我が国では六〇年代から始まる急激な『高度経済成長』によって、地域における共同体に根ざした子どもをめぐる人間環境が急速に破壊され、それに代わって膨大な消費的商品とマスコミ情報のシステムが子どもをとりまくにいたった。子ども・青年は、このなかで、幼児期から物質欲を刺激され、その結果、人間的な関係と交流のなかで、ものや人に真に人間的に働きかける機会を奪われている[17]」。

これは、地域の人々や自然とのかかわりのなかで、ものごとが「わかる」ことを重視し、さらに、そのことを通じて子どもが「値打ちのある生き方」を自ら見出すことをめざした生活綴方教育の実践基盤そのものがほり崩されていたことを意味していた。こうした新たな状況のなかでの石田は、計画体制の非教育性に対して教師自身が自分で考え、自らの哲学を持つことなしには突破できないことを繰り返し呼び掛けている。

一九七六年夏に行われた民主教育研究全国交流集会から二か月後の一〇月に石田は『みんきょうけん』通信第三七号に「子どもの荒廃の放置は、教師の荒廃」と題する一文を寄せ、子どもの荒廃は人間的基本の歪みに基づくものだとして、この荒廃を「治癒する」ためには「自分の頭で考え、自分の意志で行動する子ども」を育てることを目標とする「わかる学習＝私の教育課程づくり」の一層の徹底を、と訴えた[18]。同時に、そのためには教師自身が、「事実に基づいて、自分の頭で考え、自分の意思で行動することによって人間の自由を獲得する」必要があるとしていた。

また、先にも触れた一九七八年夏季集会での基調報告では、「教育実践を何のためにやっているのかという目標を持つことなしに、その場限りの評価とこま切れの活動のなかで」考えることが剥奪されるという状況が、今の困難さを生んでいると指摘している。そして、この状況を乗り越えるためには、一〇年前に「人間的復興」をめざして生活綴方教育に取り組んだ原点を確認し、これまでの取り組みをさらに前進させる必要があることを強調した。同時期に行われた道民教合同研究集会での講演「子どもをどうとらえるか　子どもの内面からの出発」では、その手立てのひとつとして、「なぜ」という問いを教師にも子どもにもつくりだすことの重要性を次のように述べている。[19]

「子どもが事実を事実としてとらえながら、そこから『なぜ』という問いを自分に発しかけてくるようなそういう内面活動をどう引き起こすか」を生活綴方の精神として実践を行ってきた。しかし、今日、子どもにも教師にも「『なぜ』という問題は形式的には存在するけれども、自分の内面の問題としては『なぜ』は必要なくなってきており、そんな面倒なことを考えずとも選択すべき答えが決まってしまっている」。

このように問題状況をもう一度対象化する必要性を述べるとともに、その上で、「『なぜ』と考えるということは、事実をきちんと見ることから出発する」ことになるとして、そこに生活綴方の精神の不可欠性を主張した。これは、いわば生活綴方教育の原点の再確認であるといえる。

一方で、綴り表現することが難しい状況をどう見るかということへの洞察を通じて、否定的状況のなかに「反撃の芽」を見出そうとする叙述が増えるとともに、生活綴方教育の新たな実践形態の模索をはじめていったこともこの時期の特徴のひとつであろう。

たとえば、一九七九年夏の東濃民教研集会でのあいさつのなかでは、自分のことを「ダメだ」と言っている子どもの内面にこそ「本当の人間への要求」が見えると述べ、「新しいものを含んだダメ」という見方が必要だとしている。八一年の冬期集会でも、自立できないからこそ持つ自立への欲求が「大人なんか俺の気持ちがわからない」という矛盾した形で表現されているのだと述べて、子どもが自分の気持ちを整理することを支える「対話」を教育実践として位置づける必要があることについて次のように述べている[20]（本巻論文20）。

「対話というものを私たちは新しい立場でとらえて自立を保障していくための、うんと底の底の問題として考えてみなければならないのではなかろうかと思います」。

石田は、ここでの「対話」のイメージを、子ども自身が安らぎを得ることができるものであること、そこで得られた安心を通して子どもが、自分の内面との対話を促すものでなければならないと述べ、「それが今日でいう生活綴方の具体化」だとさえしたのである。

「恵那の教師たち」がめざしたもの

ここまで、「恵那の教育」の高揚期から新たな困難のなかでの模索を続けた一九七〇年代から八〇年代前半の石田和男の論考・発言を見てきたが、それらが提起したものを教師の仕事と自己形成の観点からあらためて整理するならば、次のように言えるだろう。

第一は、「教師の専門性とは何か」ということについて、「教育の全体性」の観点から問い直そうとしたことである。石田は何よりも教師自身が主体的に子どもの現実と向き合い、子どもに「問い」を生み出させること、そして子どもの提起する「問い」に共鳴するような「教育課程づくり」を期待する。さらにこの「教育課程づくり」は子どもが「わかる＝わかっていく学習づくり」のプロセスを含んでいるものでもあるから、学習主体としての子どもの内面の真実を「つかむ」力量を教師の専門性の内実とみている。恵那の教師たちにとって「わかる学習」と「私の教育課程づくり」は、表裏一体の関係であることが前提とされている。そのことは必然的に、教師には子どもを「私の教育課程づくり」の共同主体となしうるような働きかけが求められることを意味する。それは「子どもをつかむ」行為そのものだといってよい。その成否は、子どもの表現、とりわけ綴方作品に示される内面の真実を読み解く力量の形成へむけた研究の積み重ねと、「三つのせい」に代表される子どもの「問い」に共鳴しうるような、人間存在にかかわる「問い」への関心を教師自身が持ち続けることによってはじめて可能となるものである。このように、子どもが「値打ちある生き方」を自分の力でつかむことができるようにすることを教育実践の目標に据え、そこから教育の目的・内容・方法を一体的に把握し、創造することを教師に求めた。

だからこそ、石田は一九八〇年代に計画体制が進む状況に危機感を募らせたのである。一九八一年東濃民教研夏の集会あいさつでは、最近の教育現場でよく使われる「授業で勝負」という言葉があるとして、授業のうまい下手ばかりが問題とされるが、この言葉によって「教育の進むべき方向から教師の目を離脱させていく」役割を果たしているものが計画体制なのだとした。こうした技術主義が教師たちを体制内化させる機能を持つことを鋭く指摘している点は今日の時点からみてもきわめて重要なことである。[21]

一九八〇年代の半ば以降、全国的に見ても教育技術の「法則化」運動を筆頭に教科研にも「授業づくり部会」が生まれるなど教育技術への関心が教師たちのなかに急速に高まった。それらの多くは、子どもたちに授業を理解してほしいという教師としての当然の願いから出発しているのだが、その意図とは別に、教育内容や教育という行為自体の政治性への無自覚がそこにはあった。そして、一部には教育への「政治的介入」を無批判・無意識に受け入れるような「教育運動」も現れたことは、石田の指摘の正しさを示している。

これらの傾向に対して石田は、「なんのために、なにを、どう」という「意図・内容・方法」に一貫性を持たなければ教育実践とは言えないことを強調した。[22] もちろん、「どう」という教育方法をともなわなければ、教育実践として具体化できない特性があることを十分に承知した上で、だからこそ「どうするかということを迫られる教師の日常のなかで、教師はやり方だけの技巧で実践の成否をとらえる傾向に陥りやすいし、教師の目をやり方だけに釘付けする」のが今日の支配の方法なのだと石田は警鐘を鳴らしたのである。

第二は、恵那の教育を「恵那の教育」たらしめた教師たちの集団性の追求である。それは教育実践における協働であるとともに、教師の自己教育へ向けた研究と学習の共同であった。いわば、この学びと実践の集団性が教師の専門性を担保するものとみなし、そこでの集団性・協働性を意識的に追求した。

東濃民教研や生活綴方研究集会では、抽象的な議論を極力排し、子どもの事実をありのままに見つめ、教師の教育実感を率直に出し合う議論が求められた。また、東濃民教研は、職場を基礎単位として組織されていたから、管理職・一般教員の垣根を越えて、子どもの作品を読み合い、学びあう関係がつくられ、子どもと教育をともに考え、実践する気風を支える契機として重要であった。

こうした研究によって教師の自己形成・成長をめざしたわけだが、その成長は個人的なものとしてではなく、職場全体の成長、「恵那の教師」としての成長として意識され、それを集団的な教育実践に結実させようとしたことは日本の教員文化を考える上で重要なものである。よく知られるように、日本の教育界では優れた教育実践にたいして「〇〇実践」などと教師の名を冠して評価されることが多いが、恵那ではそれを極力避けることを意識してきた。石田をはじめ丹羽徳子、吉村義之など、全国的に有名となった理論家・実践家も生まれたが、彼らにしても「外から求められ、引き出される」ようにして知られるようになったのであり、自ら進んで自分の実践を全国にアピールしたわけではなかった。

また、時代は少しさかのぼるが、石田の在籍した西小学校では、一九六八年から「学校教育方針」を決定する基礎として「私の教育方針づくり」によって、「形式的ではない、偽りのない、教育と子どもへの思いを交流し合い、教師どうしが相互に理解し合う」取り組みが進んだ。この「私の教育方針づくり」では、次のような観点が重視された。

「話し合いはよく行われるが、みんなの腹の中まではいって『よし、これなからやれる』という共通の実感を得るまでにはなかなか至らない。それでいて一人ひとりでは『教師』の名において、毎日、具体的には教育活動を進めなくてはならない。教師個々が教育方針を持ち、それを明らかにすることとその調和（統一点）としての学校教育方針を明確にすることこそ肝要である。方針づくり、この作業を共同して進める中で、みんなが得心でき『よし、これならやれる』という確信と『こうすべきだ』という共通の計画を生み出したい[23]」。

ここでも、教師が自由に考えを出し合い、一人ひとりが納得して実践を進め、それを集団の力として発揮するという、個人の自由と集団としての成長が同時に追究されていた。これらは「転換の方針」以来の伝統である「自由論議」の尊重と「よい教師とおぞい教師」問題への取り組みのなかから生まれ、一九七〇年代にも一貫して追求されたものである。

さらに、「地域に根ざす教育」の具体化の一つとして構想された教育市民会議は、これに参加する市民が、教育を共につくる主体として発言し、行動するものであった。その発言はときに教師にとっては厳しい内容も含まれてはいたが、それを受け止め、それに応える努力や取り組みを行うことを通じて、共同的関係づくりと民主的専門性が同時に追究されていた。

しかし、保守県政によって行われた「正常化」攻撃によって、教育市民会議が衰弱したことは、教師を地域から引きはがし、共同的な関係を壊し、弱めたことはまちがいない。そして、そのことが学校内部においても、上からの管理（計画体制）への従属を促し、教師から主体性を奪い、技術主義へとむかわせる原因のひとつとなった。逆説的に言えば、教育市民会議での緊張を含んだ共同関係が、教師たちの集団性と専門職性を支え、教師たちに研究と学習を促すものであったと言える。

このように七〇年代を通じて、恵那の教師たちは生活綴方教育を軸として教師の仕事の意味を確認し、その実現のために集団的に自らを鍛えていったことが確認できる。

しかし、八〇年代に入るとさまざまな条件の変化の下であらわれた新たな困難に直面した時、あらためて子どもと教師の関係の編み直しを迫られ、教師の仕事の再定義を模索せざるをえなくなっていった。

生活綴方教育は、なによりも子ども一人ひとりの個別性への注目を実践の基礎としていた。しかも、一人ひとりの子どもが自らの生活を課題として認識し、それに働きかけ、変革していく主体として成長するというプロセスを教育実践の内実としていた。同時にそのような個人の一身上の問題を綴り、表現し、読み合うことを通じて、相互に理解し合い、自らの生き方を見つめるところにその存在意義があった。したがって教師には、子ども一人ひとりに即した「子ども理解と学習指導」と同時に学習集団としての共同性を同時に追求する、という複雑で繊細な働きかけが求められた。

しかし、八〇年代に顕著となっていった日本社会の巨大な構造変化とそのもとでの人々の生活と意識の変化は、子どもたちの生活感情にも大きな変化をもたらせ、「恵那の教育」の代名詞ともいえる生活綴方教育は困難に直面したといわざるを得ない。

石田とともに「恵那の教育」を実践的に創造してきた教師のひとりであった丹羽徳子は、一九八〇年代に入ってからの子どもたちの状況を、「ちぐはぐな子ども」と再三評して、「不安やさみしさ」「せつなさやもだえをすごく敏感に持っている」一方で、そういう気持ちをうまく表現できないために、「つっぱったり、しらけたり、群れたりして、開き直っていたり、そこにこだわることなく、表面的にはケロリとしている姿」としてとらえている。そのような子どもたちに対して、これまでの実践は、「考える子になってほしい、考える力をつけてほしいというあまり、どういうことが考えることなのかをわからせないでおいて、ことばだけで『考えてみ』『考えてみ』と迫っていた」と反省をこめて述べている。[24] 石田の問題提起を最も深く理解していた教師の一人である丹羽のこのような総括はやや「悲観的」にも見えるが、丹羽はこうした反省をふまえて、教師が子どものことばにならないつぶやきさえもじっくり聴き取り、そのことばを励ますことによって、子ども自身が自分をいとおしむことを支えようとした。

石田もまた同時期に、子どもの声を聴きとることの重要性を「訊くのではなく、聴くことで、子どもたちの内面にひそむ分別の芽とそれを引きだす鍵をみつける」ことができると述べるとともに、それには「ガラス細工に触れる慎重さと人間を信頼する大胆さが必要になる」と、聴くことに関わる教師の覚悟を促している。[25] ここには、子どもの人間存在を丸ごと受け止め、子どもの声を聴きとり、生き方を励ますという、「治療的実践」の萌芽ともいえる教育実践概念の探求が始まっていったとみることができる。

子どもが安心して、自分を表現できない現実に対して状況を切り開いていく、石田をはじめとする恵那の教師たちが「対話」のなかに生活綴方の精神を模索しようとしていたことは、今日の教師の仕事を考える上でも重要な意味を持つものといえよう。

注

1 当時とりわけ『教師の友』誌は、「転換の方針」を全文掲載する（一九五八年五月号）などして恵那の勤評闘争を積極的に取り上げ、これに対する疑問や批判も寄せられる一方、竹内良知（「勤評闘争と国民教育の発展」一九五九年三月号など）らの国民教育の発展のための重要な取り組みであるという肯定的な評価もあわせて紹介した。いずれにしても恵那の勤評闘争は新たな教育運動の形態・内容の検討を促すものとして全国的に話題となった。

2 「生活に根ざし生活を変革する教育の創造　東濃の地域にて」一九七一年一月『子どもと教育実践』鳩の森書房　九一―一二四頁。

3 「やっと探しあてた生活綴方」『西の綴方』一九七二年二月『恵那の生活綴方教育』（『生活綴方　恵那の子』別巻3以下別巻3）七四―八三頁、『「恵那の教育」資料集』第二巻（以下『資料集』2）五五三―五五七頁。

4 「ありのままの教育と生活綴方」一九七三年二月　別巻3　八四―一一六頁、『資料集』2　五五七―五八一頁。

5 「教育百年記念祭への二つの便り」『目で見る地域の教育一〇〇年史　展覧会記録』一九七二年『資料集』2　六六五

―六七五頁。

6 中津川市教育研究所『研究紀要』第一集、一九七二年、五四―七五頁、「わかる学習を創るため若干の問題提起」六七―六九頁。

7 「ありのままの精神でわかる学習の実践的追求と運動を」一九七四年一月『資料集』2 五二九―五四八頁。

8 「子どもと教育の上に表れている新しい特徴と〝生活に根ざし生活を変革する教育〟を進めるための若干の基本的問題点について」。別巻3 一一七―一六三頁、『資料集』2 五八二―六二一頁。

9 〈ある調査報告〉今日の子どもたちと性――その教育についての提言 一九七三年 中津川市教育研究所『研究紀要』第2集「調査と提言」『生き方を考える性の教育』所収五三―六九頁。

10 「戦後の恵那地域における父母と教師の協力と共同の歩みと現在」一九九五年五月。

11 「地域に根ざす教育」一九七三年 民主保育一三号 第七回 東海保育問題研究集会講演 六二―七二頁。

12 「戦後の教育をふりかえり、民主教育の原点を探る」『日本のなかで恵那の教育を考える』民主教育研究全国交流集会。

13 「子どもの荒廃の放置は教師の荒廃」「みんきょうけん」37号、一九七六年一〇月。

14 亜里臥踏（ペンネーム）「恵那の民主教育と新しい反動攻勢の始まり」『恵那の夜学』第27夜、一九九二年五月。

15 碇充照（ペンネーム）「『ひどい』『ひどすぎる』その本質」『人間・生活・教育』一九八三年冬季号。

16 一九七八年夏季集会基調報告「生活に根ざし、生活を変革する教育の創造 学力、体力、生活を充実する私の教育課程づくりを進めるために」『人間・生活・教育』一九七八年冬季号。

17 教育科学研究会「八〇年代の活動方針（案）」『教育』国土社、一九八一年一〇月号、九四頁。

18 前掲「子どもの荒廃の放置は、教師の荒廃」『教育』一九七六年一〇月に再録。

19 「子どもをどうとらえるか 子どもの内面からの出発」『人間・生活・教育』一九七八年秋季号。

20 基調報告「心を拓きあう活動で 真の自立と連帯をつくりだす子どもに」『人間・生活・教育』一九八一年春季号。

21 東濃民主教育研究会夏季研究集会あいさつ『人間・生活・教育』一九八一年秋季号。

22 『恵那教育研究所通信』六号　一九八五年一二月一七日。

23 『私の教育方針――真実の学校教育を考えるために』中津川市立西小学校、一九六八年七月、あとがき。

24 丹羽徳子「子どものなかに人間をとらえ　共感するあたたかい　やわらかい営みを」『人間・生活・教育』一九九〇年四〇号。

25 山川三郎（石田のペンネーム）「T先生への返信　荒れをみつめて……安心できる学校づくりを」一九九七年四月『資料集』3。

石田和男教育著作集編集委員会

坂元忠芳（東京都立大学名誉教授）

片岡洋子（千葉大学教授）

佐藤隆（都留文科大学教授）

佐貫浩（法政大学名誉教授）

田中孝彦（教育思想・臨床教育学）

森田道雄（福島大学名誉教授）

山沢智樹（首都大学東京院生）

石田和男教育著作集　第三巻「子どもをつかむ実践と思想」

2017年５月25日　　初版第１刷発行

編者 ――石田和男教育著作集編集委員会
発行者 ―平田　勝
発行 ――花伝社
発売 ――共栄書房
〒101-0065　東京都千代田区西神田2-5-11出版輸送ビル2F
電話　　03-3263-3813
FAX　　03-3239-8272
E-mail　kadensha@muf.biglobe.ne.jp
URL　　http://kadensha.net
振替 ――00140-6-59661
装幀 ――三田村邦亮
印刷・製本―中央精版印刷株式会社

ISBN978-4-7634-0808-2　C3037